# HISTOIRE UNIVERSELLE

# DU THÉATRE.

POITIERS. — TYP. DE A. DUPRÉ.

# HISTOIRE

DU

# THÉATRE CONTEMPORAIN

EN FRANCE ET A L'ÉTRANGER

DEPUIS 1800 JUSQU'A 1875

# A LA MÊME LIBRAIRIE

---

EN VENTE :

# HISTOIRE UNIVERSELLE DU THÉATRE

(Depuis les origines jusqu'à la fin du XVIII° siècle)

## PAR ALPHONSE ROYER

Théâtres : grec, — romain, — hindou, — chinois, — néo-latin, — français, — italien, — espagnol, — portugais, — allemand, — persan, — anglais, — néerlandais, — russe, — polonais, — danois, — suédois.

**4 VOLUMES IN-8°.**

Les deux volumes de l'**Histoire du Théâtre contemporain en France et à l'étranger, depuis 1800 jusqu'à 1875**, font suite aux quatre volumes de l'**Histoire universelle du Théâtre** que nous annonçons ici.

---

POITIERS. — IMPRIMERIE DE A. DUPRÉ

# HIST IRE

DU

# THÉATRE CONTEMPORAIN

## EN FRANCE ET A L'ÉTRANGER

DEPUIS 1800 JUSQU'A 1875

PAR

ALPHONSE ROYER

TOME PREMIER

PARIS
PAUL OLLENDORFF, ÉDITEUR
28 *bis*, RUE DE RICHELIEU
1878

TOUS DROITS RÉSERVÉS

# HISTOIRE
## UNIVERSELLE
# DU THÉATRE

TOME CINQUIÈME

## HISTOIRE
DU
## THÉATRE CONTEMPORAIN
EN FRANCE ET A L'ÉTRANGER
DEPUIS 1800 JUSQU'A 1875

PAR

ALPHONSE ROYER

PARIS
PAUL OLLENDORFF, ÉDITEUR
28 *bis*, RUE DE RICHELIEU
1878

TOUS DROITS RÉSERVÉS

# AVANT-PROPOS.

Les deux présents volumes forment le complément des quatre volumes déjà publiés sous le titre d'*Histoire universelle du Théâtre*. Il n'a pas tenu à moi de les faire paraître plus tôt. Le premier travail, partant des origines, s'arrêtait à la fin du xviiie siècle; le second embrasse la production dramatique européenne du xixe, depuis 1800 jusqu'à 1875.

La partie française occupera ici une place plus étendue que la partie étrangère, non seulement parce qu'elle a plus d'importance en nombre et souvent en mérite, mais parce que sous l'Empire et sous la Restauration, comme sous les régimes suivants, notre scène ne cessa jamais de marcher en tête du mouvement de l'art et d'imposer ses formes.

La création française ne sera pas toujours de bon aloi, ainsi qu'on pourra le remarquer. C'est elle qui introduira souvent dans la circulation les mauvaises idées aussi bien que les bonnes, qu'elles soient littéraires, sociales ou morales; mais ce qu'on ne saurait nier, c'est l'influence très-marquée de l'esprit dramatique français sur les théâtres étrangers, influence qui ne s'est pas arrêtée depuis l'époque de Louis XIV.

Ce fait persistant, qui se produit en dehors de toute ingérence gouvernementale, et qui porte aux extrémités du monde la pensée française, est une des forces vitales qui nous restent. Cette force ne relève que d'elle-même. Elle agit sans que personne songe à l'utiliser pour le bien. Il ne viendra jamais à l'idée de nos modernes Solons de classer parmi les institutions nationales un art qui recevait jadis sa suprême direction des premiers magistrats de la Grèce et de Rome, et plus tard du grand roi de Versailles. Ils ne diraient pas même, comme le conventionnel Barère : « Les théâtres sont les écoles primaires des hommes éclairés et un supplément à l'éducation publique. » Pour les politiciens modernes le théâtre est une chose futile. Pour les hommes des grandes époques, c'était un élément social et moral du premier ordre. La censure reste le seul point de contact des gouvernements avec le théâtre. Au lieu d'élever cette commission administrative à la hauteur d'une magistrature presque indépendante, on en a fait une besogne de commis subissant toutes les influences, tous les caprices, toutes les rebuffades.

L'objectif des anciens, l'instruction des masses par les grands exemples, par les grandes pensées et les grandes œuvres, se trouve ainsi remplacé par les mesures policières se bornant à réglementer une industrie plus gênante que les autres.

Si le lecteur veut bien me suivre dans ce nouveau voyage à travers les créations dramatiques, nous allons en parcourir les phases variées durant les soixante-quatorze années écoulées depuis le commencement de ce siècle, et voir le travail intérieur qui s'est opéré dans les idées avant de se traduire en œuvres.

Juger ses contemporains sans parti pris et sans passion d'aucune sorte est assurément une chose délicate. Aussi n'est-ce pas sans une grande hésitation que je me suis décidé à le faire. J'ai dû obéir à l'engagement que j'avais contracté, en publiant les quatre premiers volumes de cette histoire, de présenter un ensemble complet du mouvement de la pensée humaine dans le théâtre et par le théâtre. Lorsqu'aujourd'hui j'arrive à publier cette appréciation de mes contemporains, je comprends combien la tâche était difficile.

Pour rester dans la limite du juste et du

vrai; il faut en effet pouvoir s'abstraire des idées du moment qui vous entourent, qui vous imprègnent, qui sont comme l'air que vous respirez. Il faut ne pas perdre un instant de vue qu'il existe, indépendamment des pays et des temps, un bien et un beau absolus qui survivent à toutes les modes, à toutes les aberrations. On ne doit pas oublier, non plus, que le succès du jour n'est pas une preuve absolue de vitalité. La liste serait longue des faux engouements du public, depuis *l'Amour tyrannique* de Scudéry et *l'École des mères* de Nivelle de La Chaussée.

M'attachant plutôt aux ensembles qu'aux individualités, j'ai cherché à prévoir, guidé par le passé, ce que je crois devoir être l'opinion de l'avenir.

Quel que soit le sort de cette étude, il en restera toujours une classification méthodique qui permettra d'embrasser d'un coup d'œil, dans son parcours intégral, l'évolution de notre siècle et ses attaches aux idées philosophiques, politiques et sociales.

On remarquera que les littératures étrangères ne vivent pas uniquement (selon le préjugé reçu) de la traduction de nos œuvres, mais qu'elles possèdent, elles aussi, une création originale très-sérieuse et très-nombreuse, absolument inconnue chez nous. Sheridan Knowles, l'auteur du *Bossu*, lord Lytton, l'auteur de *la Dame de Lyon* et de *l'Argent* (*Money*), ont illustré, ainsi que bien d'autres, la scène anglaise contemporaine, qui peut citer parmi ses glorieux interprètes les grands tragédiens Édouard Kean, Macready, la sublime mistress Siddons, la sympathique miss O'Neill. L'Italie s'enorgueillit, à juste titre, de Monti, de Niccolini et des noms plus récents de MM. Gherardi del Testa et Paolo Ferrari. La scène portugaise donne, pour digne successeur à Gil Vicente, Almeida-Garret. La scène russe a Griboiédof, Pouchkine et M. Ostrowski, l'auteur à succès du moment. Les contemporains allemands ont leurs romantiques, leurs fatalistes et leurs comiques populaires, qui ne sont, il est vrai, que la petite monnaie de Schiller et de Gœthe. L'idée dramatique a germé, et fleurit partout. Elle a donné ses fruits en Pologne, en Suède, en Danemark. Ce dernier pays possède son Shakespeare en miniature dans le poëte Œhlenschlæger. Les Tchèques, les Slaves du Sud, les Grecs modernes, les Turcs, les Arméniens, les Roumains sont attentifs au mouvement qui se produit, et font d'honorables efforts pour fonder chez eux un théâtre national. Les deux Amériques, plus curieuses de musique que de littérature, gardent leur admiration pour l'opéra italien, et ne sont en réalité que des succursales des théâtres anglais, espagnol et portugais.

Me voici enfin parvenu au bout de ce long travail, entrepris peut-être sans avoir assez consulté mes forces. Je clos par ces deux volumes mon *Histoire universelle du théâtre*, que je suis heureux d'avoir pu achever, malgré les préoccupations et les rigueurs du temps.

<small>Paris, 1875.</small>

# HISTOIRE
## DU
# THÉATRE CONTEMPORAIN
### EN FRANCE ET A L'ÉTRANGER
#### DEPUIS 1800 JUSQU'A 1875.

---

## PREMIÈRE PARTIE.
### LE THÉATRE CONTEMPORAIN EN FRANCE.

### CHAPITRE PREMIER.

#### I.

**Les changements d'idées et les changements de forme.**

Le XIXe siècle, qui n'a parcouru que les deux tiers de ses phases, est déjà tout un monde. Il a subi tant de révolutions, tant de transformations, tant de régimes définitifs dont le plus persistant ne dépasse pas dix-huit années, qu'il n'a pas encore trouvé son équilibre. Toujours debout, toujours bataillant, incessamment ballotté entre les enthousiasmes et les déceptions, il a fallu que chaque couche de ses générations successives se tînt prête à tous les événements. Cet état politique et social, sans cesse en fusion, explique les bouleversements que notre temps a vus se manifester dans l'art, et principalement dans l'art dramatique, impressionné plus directement parce qu'il est l'image vivante des sociétés elles-mêmes.

Avant d'arriver aux pays étrangers, qui ont eu leur part de nos secousses, nous allons examiner, chez nous, les divers mouvements de la pensée de notre siècle, telle que la reflète le miroir du théâtre : — dans les genres supérieurs, — dans les genres secondaires (qui ont leur importance), — dans la musique et ses annexes, — pendant la période consulaire et impériale, — sous la Restauration, — sous la monarchie de Juillet, — sous le second Empire et sous le régime actuel.

Subissant l'influence de l'esprit public, la pièce dramatique a changé six fois de forme depuis l'année 1800, et l'engouement général s'est déplacé autant de fois. Pendant le Consulat, l'Empire et la plus grande partie de la Restauration on a continué à brûler l'encens traditionnel sur l'autel classique de la tragédie, ayant pour aruspices et pour flamines les Arnault, les Raynouard, les Delrieu, les Luce de Lancival. Casimir Delavigne s'est trouvé un moment le Corneille d'un renouveau tragique; Scribe a été le souverain pontife d'un théâtre bourgeois qui déifiait l'agent de change et le négociant retiré des affaires ; puis, la girouette ayant tourné à un autre vent, on a voulu traîner à l'égout les statues de ces nouveaux Séjans.

Les triomphes de l'école romantique retentissent encore à nos oreilles. Victor Hugo et Alexandre Dumas sont portés sur le pavois. Peu à peu ce bruit s'éteint, et l'on voit s'élever une petite église qui, par opposition aux larges vues de l'école romantique, s'intitule modestement l'*école du bon sens*. Ponsard, le père supérieur de ce nouveau couvent, rentre bientôt dans sa cellule, et sa doctrine disparaît avec lui. Il ne laisse que le souvenir d'un écrivain honnête et consciencieux qui survit par la forme.

Le tableau change encore. Après avoir longtemps lutté contre l'esprit routinier des directions de spectacles qui ne voulaient jouer que les pièces conçues et exécutées d'après le dernier modèle en vogue, des auteurs nouveaux, de beaucoup d'esprit et de talent, MM. Émile Augier, Alexandre Dumas fils, Victorien Sardou, Théodore Barrière, introduisent à grand'peine dans le monde de la scène leur comédie-drame. C'est un nouveau produit greffé sur un ancien. Le côté littéraire du vieux théâtre est remplacé par l'*effet*, l'effet à outrance, habillé à la dernière mode, avec le jargon, la pointe, les habits et le mobilier modernes. Le mobilier joue surtout un grand rôle. Il sert à créer pour l'œil une mise en scène *réaliste*, qui devient un puissant élément de succès. Le public en raffole et croit fermement que Molière est dépassé.

L'opérette naît au même instant et fait de l'argot des rues le fond de sa langue. C'est une fille bâtarde de Scarron et du théâtre de la Foire, qui a traversé beaucoup de mauvais lieux et qui nous en apporte parfois le vocabulaire et le parfum. Par le succès, elle tient la balance égale entre ses produits et ceux de la nouvelle comédie réaliste.

Tel est le point où nous en sommes, en attendant autre chose. L'étranger, qui pourtant nous imite, a surnommé la période dramatique que nous parcourons la *période de décadence* (1). On dirait que nombre d'années séparent ces époques si rapprochées et pourtant si diverses. C'est que les événements ont marché vite. Les auteurs les suivent, inconscients de l'œuvre qu'ils accomplissent. C'est ainsi que nous voyons, pendant vingt ans et plus, après 1830, les théâtres du boulevard pousser aux haines des classes en idéalisant la blouse au détriment de l'habit, et cela sans que le gouvernement ait l'air de s'en apercevoir, tant il est occupé de réglementer, d'ordonner et de protéger, contre les traits des petits théâtres et des petits journaux, tel ou tel grand homme qui sera profondément oublié dix ans après. Que sort-il de cette incurie? Une révolution.

Ces choses s'expliqueront plus loin en se développant, car elles ont leur raison d'être. Après avoir reconnu l'idée dont elles procèdent, on comprendra mieux pourquoi elles sont.

Lorsque repasse sous nos yeux le tableau de ce que nous avons vu, depuis seulement quarante ans, tout ce monde ne nous apparaît-il pas comme un nuage flottant peuplé de figures chimériques? Telle admiration de notre jeunesse nous semble un monstre aujourd'hui; telle sublimité nous produit l'effet d'un

---

(1) Voir une brochure allemande de M. Adolf Rutenberg : *Die dramatischen Schriftsteller des zweiten Kaiserreichs*, Berlin, 1871. Nous reviendrons sur cet écrit.

grotesque. Parcourez une collection de l'Almanach des modes, et vous ne voudrez jamais croire que vous avez vécu, pensé et aimé sous ces étranges accoutrements, qui furent pourtant les signes de la suprême élégance. Un des plus charmants comédiens de nos théâtres de genre répondait à quelqu'un qui lui demandait où il allait acheter les chapeaux si bizarres qu'il porte dans ses rôles : « Je ne les achète pas, je les garde ». Cette bouffonnerie est profonde comme un axiome.

---

## II.

#### Le théâtre consulaire et impérial.

Rien n'a manqué au premier Empire pour devenir l'une des époques les plus glorieuses de l'art dramatique français, ni la protection du chef de l'État, ni le concours des plus brillants interprètes, ni le goût du public pour les spectacles, ni le désir très-sincère des auteurs de satisfaire un auditoire qui ne demandait pas mieux que de tout admirer. Pourquoi donc, malgré tant d'efforts combinés et malgré la prospérité des temps, la littérature dramatique impériale demeura-t-elle si inférieure à la peinture et à la musique, qui comptèrent tant d'illustrations ? La raison, la voici : la contrefaçon du grec et du romain, qui devint une mode dès les premiers temps de la République et se continua sous le Directoire et le Consulat, s'installa en souveraine sur les marches du trône de Napoléon I**er**, si bien que le grand capitaine crut toujours voir, dans la tragédie incolore et mal écrite des héritiers de Voltaire, le suprême degré du beau et du bien. Il se déguisait en romain quand il voulait faire de la majesté sous son pallium semé d'abeilles ; il couchait dans un lit capitonné de cuivres tranchants, juché sur une estrade incommode, et il s'appuyait le dos sur des fauteuils de bois. Les vers rocailleux et vides ne le gênaient pas plus que les meubles nus, car il avait l'habitude des uns et des autres. En un mot, c'était la mode, et la mode on ne la fait pas, tout empereur que l'on soit : on la subit. Ni la Révolution ni l'Empire ne purent seulement entamer cette monarchie de la mode, plus résistante que la monarchie politique.

Bonaparte avait grandi dans la contemplation de ces symboles prétendus classiques. Il avait admiré les Directeurs empanachés trônant sur leurs chaises curules. Il ne pouvait non plus oublier les fêtes païennes célébrées au Champ-de-Mars et dans le grand carré des Champs-Élysées, où l'on voyait défiler en robes *antiques*, devant des autels *antiques*, les figurants et les figurantes de l'Opéra, frottés de rouge et de blanc, brûlant de la poix-résine sur des trépieds *antiques*. Le premier Consul avait, il est vrai, aboli ces cérémonies païennes en rendant les églises au culte, mais le souvenir vivait toujours en lui, et le grand peintre David, devenu l'ami de Napoléon après avoir été l'ami de Marat, l'encourageait dans ces idées rétrospectives.

Les auteurs dramatiques de l'Empire, entraînés dans le courant, cherchèrent instinctivement, comme par le passé, la *dignité* et non l'*humanité*, et le flot des pensées banales et des déclamations ampoulées coula de plus belle, empêchant toute idée de retour à l'observation de la nature. La tragédie, d'ailleurs, par sa forme immuable et pour ainsi dire hiératique, convenait à un pouvoir qui voulait avant tout la stabilité et qui se défiait de toute idée nouvelle.

La préoccupation constante de l'Empereur fut de créer sous son règne un illustre auteur de tragédie. C'était pour lui l'idéal de l'homme de lettres. Un poëte drapé dans les périphrases, n'appelant jamais les choses par leur nom, lui paraissait un meuble tout à fait impérial, en harmonie parfaite avec la décoration et le costume de l'époque. Ce phénix, le grand ravisseur de couronnes ne put malheureusement le conquérir. Les chefs-d'œuvre de l'espèce, *les Templiers* de Raynouard, l'*Hector* de Luce de Lancival, ne parvinrent pas même à le satisfaire complétement, parce que la raison intérieure luttait encore en lui contre l'idée factice. Ce fanatisme pour la forme tragique ne se manifesta toutefois, chez le vainqueur de Lodi et de Marengo, que lorsqu'il eut chargé ses épaules du manteau césarien.

Il y avait un théâtre chez le premier Consul, à la Malmaison, mais on n'y jouait que la comédie. La manie de l'oripeau n'avait pas encore pénétré, à cette époque, dans le cerveau de l'éminent général. Arrêtons-nous un instant à cet intérieur dramatique de la Malmaison.

Parmi les *artistes* qui figuraient sur cette petite scène consulaire, on comptait au premier rang Eugène et Hortense de Beauharnais, Caroline Murat, Lauriston, Didelot, préfet du palais, Bourrienne, Isabey, le célèbre peintre de miniatures. Au nombre des pièces que le premier Consul aimait le mieux à voir représenter par son cénacle, il faut citer d'abord *le Barbier de Séville*. Lauriston jouait *Almaviva*; Hortense, *Rosine*; Eugène, *Bazile*; Didelot, *Figaro*; Isabey, *l'Éveillé*. Puis venaient *Défiance et Malice*, comédie en un acte de Dieulafoy, *les Projets de mariage* d'Alexandre Duval, *le Dépit amoureux*, *l'Impromptu de campagne*. Bourrienne dit qu'Hortense jouait à merveille, Caroline médiocrement, Eugène très-bien. Il ajoute que Lauriston était un peu lourd, Didelot passable, et que, quant à lui, il n'était pas le plus mauvais. Talma et Michot dirigeaient les répétitions. Bonaparte fournissait les costumes.

La plupart des invités aux jeudis de M<sup>me</sup> Bonaparte dans la rue Chantereine étaient reçus à la Malmaison. On remarquait parmi eux le grand peintre David et ses deux illustres élèves Gérard et Girodet, les musiciens en renom Méhul, Lesueur, Cherubini, les littérateurs Chénier, Ducis, Arnault, Legouvé, Lemercier, Hoffman et le sentimental Bouilly. On remarquait, parmi les dames, la jeune et brillante

Mᵐᵉ Regnault de Saint-Jean-d'Angély, la belle Mᵐᵉ Tallien, Mᵐᵉˢ Caffarelli, de Damas, Andréossy.

On jouait aussi la comédie et même la tragédie chez Lucien Bonaparte, à Neuilly. Un soir il invita son frère à une représentation d'*Alzire*. Le maître du logis remplissait le rôle de Zamore, et Élisa, sa sœur, la future grande-duchesse de Toscane, représentait la sensible Américaine, dans une toilette tellement excentrique que le premier Consul sortit indigné, prononçant ces mots, rapportés par Bourrienne : « Quand mon premier devoir est de rétablir les bonnes mœurs, faut-il que mon frère et ma sœur aillent se montrer presque nus sur des tréteaux ? »

Lorsque le premier Consul fut devenu l'Empereur tout-puissant, les théâtres publics et particuliers affectèrent une tenue sous les armes, un sérieux et une dignité dont le *maître* dut être content. On fit tout *noblement, théâtralement*. Le récit, la démarche, les poses scéniques se réglèrent sur l'étiquette. Les auteurs tragiques ajoutèrent à la boursouflure, à l'impropriété des termes la manie des circonlocutions les plus impossibles, espèces de rébus que le poëte Delille avait mis en vogue.

Ce fut alors qu'on nomma le sucre :

Le miel américain<br>Que du suc des roseaux exprime l'Africain.

Ce fut alors que Legouvé, dans sa tragédie intitulée *la Mort de Henri IV*, décrivit en ces termes le souhait du Béarnais « je veux que chaque paysan, le dimanche, puisse mettre la poule au pot » :

> Je veux enfin qu'au jour marqué pour le repos,
> L'hôte laborieux des modestes hameaux,
> Sur sa table moins humble, ait, par ma bienfaisance,
> Quelques-uns de ces mets réservés à l'aisance,
> Et que, grâce à mes soins, chaque indigent nourri
> Bénisse avec les siens la bonté de Henri.

Ce fut alors que Bouilly, l'auteur de *l'Abbé de L'Épée*, appela le foyer de la Comédie-Française « le boudoir de Thalie et de Melpomène ».

Ce langage cadrait parfaitement avec le costume et le mobilier. Il aurait fallu tout changer en France pour créer une autre littérature et une autre mode. L'Empereur, malgré son omnipotence, ne l'aurait pu faire.

### III.

**Organisation des théâtres par l'empereur Napoléon Ier.**

Dans son amour de l'ordre et de la stabilité, l'Empereur organisa les théâtres comme il avait organisé les services administratifs. Il comprenait d'instinct l'influence de cet élément sur les masses, et il voulait l'utiliser à son profit. Le décret du 20 juillet 1807 supprima la liberté du théâtre et réduisit à huit le nombre des scènes parisiennes, qui était alors de vingt-sept. Les huit scènes conservées furent : l'Opéra, le Théâtre-Français, Feydeau avec les Italiens comme annexe, l'Odéon, le Vaudeville, les Variétés, l'Ambigu, la Gaieté. Le 4 septembre 1808, la Porte-Saint-Martin fut autorisée à rouvrir, et, en 1811, le Cirque olympique obtint un privilége de théâtre secondaire, ce qui porta les scènes privilégiées au nombre de dix.

Le Théâtre-Français, l'Opéra, l'Opéra-Comique et les Bouffes italiens, alternant avec la troupe française sur la scène de l'Odéon, furent tout d'abord enrégimentés et déclarés théâtres impériaux. Ils reçurent des règlements qui prévoyaient tout, assuraient tout, et l'existence de ces établissements au moyen de larges subventions, et le zèle des auteurs et des artistes au moyen de gratifications d'argent dispensées généreusement et toujours réparties avec une justice irréprochable.

J'ai sous les yeux les états d'émargement manuscrits envoyés à l'Empereur, à Moscou, en 1812, où, d'un trait de plume et avec son griffonnage accoutumé, il change les chiffres des gratifications accordées à tel ou tel acteur, soit pour les augmenter, soit pour les réduire.

Le premier préfet du palais, M. de Luçay, M. Auguste de Talleyrand et M. de Rémusat, chambellans, furent chargés de diriger ce service des théâtres impériaux. Puis ce fut le surintendant des spectacles, M. de Rémusat, qui monopolisa ces charges de cour dans ses mains. On créa une caisse centrale, la *caisse des théâtres*, chargée de régler les budgets et de solder les déficits. Cette caisse s'alimentait au moyen des versements ordonnés par l'Empereur et effectués par les ministères désignés. C'était ordinairement le ministre de la police qui pourvoyait, sur son propre budget, aux besoins imprévus des théâtres de Sa Majesté. Comme il faut que l'abus se glisse partout, même dans les meilleures organisations, on avait imaginé de donner des gratifications, sur cette caisse, à des personnes qui n'avaient aucun rapport avec la comédie ou l'opéra. Ainsi l'aumônier de l'Impératrice, le comte de Rohan, se trouve porté, sur le budget de la caisse des théâtres de 1810, pour la somme de 12,000 francs ; Duplan, coiffeur de l'Impératrice, pour une somme égale de 12,000 francs. Le président du Corps législatif (chose incroyable si elle n'était pas officiellement constatée) touche sur ce même budget une indemnité de table de 1,000 francs par jour (51,000 francs pour la session), et la feuille d'émargement porte en note : *comme l'année dernière.*

Le total des gratifications accordées sur la caisse des théâtres pour cette année 1810, que je prends au hasard comme type, se monte à 232,000 francs. L'Opéra figure dans le tableau pour 39,000 francs, le Théâtre-Français pour 10,000, l'Opéra-Comique pour 33,000, et diverses personnes étrangères aux théâtres émargent pour 87,000 francs. Le surintendant des théâtres touche 24,000 francs sur ce chapitre.

Sur le budget de 1812, le grand-maréchal reçoit 10,000 francs par mois « pour secours aux veuves et enfants de militaires »; M. de Rohan, 10,000 francs par mois « pour ses pauvres »; Yvan, chirurgien ordinaire de l'Empereur, reçoit 1,000 francs par mois.

La subvention annuelle attribuée à l'Académie impériale de musique est normalement de 720,000 francs, mais on accorde à ce théâtre des sommes supplémentaires chaque fois qu'il monte un ouvrage. Ainsi, en 1810, on lui donne 15,000 francs pour le ballet de *Persée*, 5,000 francs pour *la Mort d'Abel*, 5,000 francs pour le ballet des *Sabines*, 10,000 francs pour la reprise d'*Armide*, 10,000 francs pour *Sophocle*, 20,000 francs pour *les Bayadères*, 20,000 francs pour la reprise des *Danaïdes*. On solde en outre les déficits s'il s'en présente. Je trouve, par exemple, un bordereau de 228,000 francs pour l'arriéré des dépenses de 1807, 1809 et 1810. Le duc de Frioul déclare que la caisse des théâtres n'est pas en mesure de payer, et l'Empereur fait verser par la caisse de la police dans celle des théâtres les sommes nécessaires à l'acquittement de la dette. Les documents manuscrits d'où je tire ces chiffres sont officiels et font partie de la Bibliothèque nationale, sous la désignation suivante : « Papiers de l'Empire. — Maison de l'Empereur. Caisse des théâtres. » En 1811, un décret accorda à l'Académie impériale de musique un droit à percevoir sur les petits théâtres, à raison du dixième de leurs recettes, droit évalué d'avance dans le budget à 200,000 francs. Mais ce droit du dixième fut réduit par le Conseil d'État à un vingtième, ce qui amoindrit de 100,000 francs le budget prévu des recettes de l'Opéra pour 1812. De là un déficit pour lequel le surintendant réclama l'intervention de la *caisse des théâtres.*

En 1811, l'Opéra-Comique avait produit près de 300,000 francs de moins qu'en 1810 ; l'Empereur lui donna un secours de 96,000 francs. Le Théâtre-Italien demande 220,000 francs de subvention annuelle, et il diminuera de 50,000 francs ses prétentions si on lui permet de quitter le théâtre de l'Odéon, dont l'éloignement du centre de la ville fait le plus grand tort à ses recettes. La troupe de comédiens français qui alterne avec les Italiens à l'Odéon ne reçoit que 24,000 francs. Le surintendant réclame pour elle ; il dépeint sa gêne voisine de la misère, et lui fait allouer 36,000 francs. La subvention de l'Opéra, y compris le droit payé par les petits théâtres, s'élève alors normalement à 830,000 francs. A cette somme il faut ajouter (budget de 1813) 84,000 francs de secours extraordinaires pour mise en scène des ouvrages, ce qui donne un total de 914,000 francs de subvention. Les recettes directes de cette année 1813, locations, perception aux bureaux et bals publics, donnèrent 550,000 francs en chiffres ronds ; total général des recettes, 1,464,000 francs.

Les artistes de l'Opéra avaient tous droit à une pension de retraite après trente ans de service, mais en revanche les appointements des premiers sujets ne pouvaient dépasser le chiffre maximum de

10,000 francs. Il est vrai que les gratifications et les *feux* augmentaient considérablement le chiffre de ce maximum quand il s'agissait d'un artiste exerçant une influence sur le public. En somme, tous trouvaient le métier bon, puisque l'ambition de chaque artiste récitant, chantant ou dansant était de parvenir un jour à faire partie des théâtres de S. M. l'Empereur et Roi. L'Empereur pensionnait aussi le théâtre de Turin, à qui l'on accordait 20,000 francs par an, sans compter le chapitre des gratifications.

La Comédie Française avait une position spéciale parmi les théâtres impériaux. C'était, comme c'est encore aujourd'hui, une société exploitant à ses risques et périls. L'État lui payait et lui paie encore une rente de 100,000 francs, non pas à titre gratuit, mais pour l'indemniser de la perte de ses immeubles du faubourg Saint-Germain qui avaient été confisqués et vendus sous l'appellation de biens d'émigrés. Le décret de Moscou, qui ne fait du reste que régler ce qui se pratiquait depuis l'établissement de l'Empire, nomme un commissaire impérial chargé de transmettre aux comédiens de Sa Majesté les ordres du surintendant des spectacles. Il est créé vingt-quatre parts de sociétaire ; une de ces parts est tenue en réserve pour les besoins imprévus ; sont également réservées : une demi-part pour augmenter le fonds des pensions, et une autre demi-part pour réparations, décors, costumes, etc. Le maximum pour chaque sociétaire est une part entière, le minimum un huitième de part. Tout sociétaire contracte l'engagement de jouer pendant vingt ans ; il a droit à une retraite de 4,000 francs de pension viagère.

L'Opéra-Comique national s'était également constitué en société après sa fusion avec la troupe de *Feydeau*, effectuée le 12 avril 1801. Jusqu'à la fin de l'année 1807, il eut pour surintendant spécial M. Auguste de Talleyrand, chambellan de l'Empereur, qui exerçait la même autorité que M. de Luçay à l'Opéra. Il avait pour commissaire impérial Campenon ; M. de Rémusat n'était alors que surintendant du théâtre de l'Impératrice. L'Opera-Buffa et la troupe des comédiens français de l'Odéon avaient leurs directeurs spéciaux, mais ils étaient gouvernés et subventionnés par la surintendance. M. de Rémusat, après bien des luttes contre ses collègues, réunit enfin dans ses mains les diverses surintendances et devint la seule autorité pour le gouvernement des théâtres. Il garda ses fonctions jusqu'à la chute de l'Empire.

L'autorité du surintendant sur les théâtres était absolue, et les directeurs ne pouvaient prendre la moindre décision sans son ordre. Ils le consultaient par écrit, il répondait de même. C'est surtout à l'Opéra que son autocratie se faisait sentir. Sous le vizirat de M. de Luçay, premier préfet du palais, de 1802 à 1808, les directeurs ne furent pas moins annulés que sous le règne du surintendant Rémusat, de 1808 à 1814. Tous deux intervenaient jusque dans les affaires de figurantes et de garçons de bureaux. Il est vrai que la *caisse des théâtres* payait les bévues que pouvaient commettre de temps à autre ces satrapes de la musique et de la danse. M. de Rémusat infligeait lui-même les amendes et la prison aux sujets de l'Académie impériale ; il fit écrouer deux fois Dérivis à l'Abbaye et fit rechercher le danseur Duport par la police pour lui infliger la même correction. Duport ne se tira d'affaire qu'en se sauvant en Russie.

Ces dossiers des sujets du chant et de la danse, classés dans les archives de l'Opéra, sont très-curieux. Nous profiterons en temps et lieu des documents qu'ils fournissent. Ils ont l'avantage d'être complétement inconnus, et ils sortent pour la première fois de la poudre de leurs cartons. Il en sera de même pour les collections manuscrites de la Bibliothèque nationale et des Archives de France, très-riches en renseignements. Nous connaissons maintenant le côté administratif et matériel, voyons la face intellectuelle. Nous donnerons le pas aux productions de la Comédie-Française, pour examiner ensuite la musique et les théâtres secondaires, qui deviennent de plus en plus importants à mesure que le siècle s'avance.

## IV.

**Prédominance de la tragédie sous l'Empire. — Les chercheurs. — Sébastien Mercier et sa doctrine. — Népomucène Lemercier et ses œuvres.**

La tragédie de la période que nous allons parcourir est certainement en elle-même, au point de vue littéraire, une chose essentiellement ennuyeuse et viciée ; mais ce fait, qu'il ne suffit pas de constater sans examen, porte en lui un enseignement au fond duquel il n'est pas inutile de descendre.

La tragédie occupait alors, comme au temps des grands maîtres, ce que l'on appelait les « sommets du Parnasse », et ce que le prosaïsme d'aujourd'hui appellerait le « haut du pavé ». Un auteur de tragédie se croyait de beaucoup supérieur à un auteur comique. En contrefaisant la facture sonore et cadencée de Racine, sans lui prendre l'élégance de son langage ni la hauteur épique de ses pensées ; en empruntant à Voltaire ses maximes intercalées dans l'action, qu'elles entravent au lieu de la servir, on obtenait le produit que nous voyons, c'est-à-dire un amalgame privé de saveur et de réalité, aussi éloigné du naturel que de l'idéal. Et pourtant tout le monde obéissait à cette loi comme à un décret césarien. Les rimeurs essoufflés de ces choses sans nom, qui se ressemblaient si bien entre elles qu'on les aurait crues sorties du même cerveau et de la même plume, se prétendaient hautement les héritiers des maîtres de la scène. L'Académie écrasait de ses foudres l'audacieux qui élevait un doute à cet égard. Le public et le gouvernement se rangeaient du côté de l'Académie. La tragédie devenait ainsi officielle et passait à l'état de dogme.

Il existait pourtant une opposition à cette tyrannie, mais cette opposition comptait très-peu d'adhérents ; elle manquait d'organes accrédités pour faire triompher la raison et le bon sens. Sébastien Mercier leva le premier l'étendard de la révolte contre ces prétentions à l'infaillibilité. Sébastien Mercier, l'auteur du *Tableau de Paris*, appartient au xviii° siècle plutôt qu'au xix°, mais il traversa tout l'Empire et ne mourut qu'en 1814; il eut donc le temps de maugréer à son aise, au café Procope, contre l'idole qu'il n'avait pu renverser et qu'il voyait se redresser, nouveau Moloch, sur le piédestal napoléonien. Le médiocre auteur de *l'Habitant de la Guadeloupe* et de *la Brouette du vinaigrier* se montra prophète sur beaucoup de points en politique, et l'on doit avouer qu'il ne fut pas moins clairvoyant en littérature. C'est au public parisien que ce briseur d'images s'en prend des dégâts occasionnés par la poésie tragique dans le goût du peuple français. « Le Parisien, dit-il dans l'une de ses brochures, est un mouton qui suit la foule, et va broutant le pré où on le conduit. Il demande des plaisirs et ne les choisit jamais; il les reçoit tels qu'on les lui a façonnés..... Enfin l'intention qu'il a de se réjouir lui tient lieu presque toujours d'un divertissement réel. » Mercier affirme, plus loin, que les trois quarts de nos tragédies modernes ressemblent aux contes de Barbe-Bleue et que plusieurs d'entre elles ne sont pas aussi intéressantes. Selon lui, nous avons eu tort d'emprunter aux anciens, au lieu de leurs belles idées, leurs songes, leurs oracles et leur fatalisme, qui n'ont rien de commun avec nos mœurs; nous avons mêlé aux sujets antiques les convenances modernes; nous avons formé des débris de ce théâtre un genre factice, faux, que le petit nombre admire et que la multitude n'a jamais pu comprendre. Après avoir montré nos tragédies comme des enseignes du Pont-Neuf, tirées à des centaines d'exemplaires parfaitement identiques, il ajoute : « Chaque individu a son existence à part. Lisez Richardson, lisez Shakespeare, et voyez tout ce qui se passe dans le cœur d'un seul homme, et s'il y en a deux qui aient exactement le même visage et la même attitude. » C'était assurément là une doctrine très-avancée pour le temps et pour le pays. Mercier n'était malheureusement qu'un critique savant et frondeur, incapable de joindre l'exemple au précepte. Les deux brochures de Mercier : *Nouvel Essai sur l'art dramatique*, *Examen de la tragédie française* (1773-1778), furent considérées à Paris comme des boutades, mais elles eurent un grand retentissement à l'étranger, et on les traduisit en allemand. Elles contenaient en effet la doctrine que Gœthe commençait à mettre en pratique par la publication de *Gœtz de Berlichingen*, et que Schiller se proposait de suivre, lorsque, quelques années plus tard, il fit représenter son premier drame, *les Brigands*, en janvier 1782, sur le théâtre de Manheim.

Népomucène Lemercier, qui, dès l'année 1797, s'était signalé par le retentissant succès d'*Agamemnon*, et qui partageait les opinions littéraires de Sébastien Mercier, sans oser pourtant l'avouer, tenta l'épreuve d'une réforme pratique, et il donna au théâtre une suite d'ouvrages qui eurent des destinées diverses. On ne saurait trop le louer de cet effort, que certes on était loin d'attendre de l'auteur de *Méléagre* et du *Lévite* d'*Éphraïm*. Hélas ! il avait mal calculé ses forces, n'étant pas de taille pour une telle besogne. Dans l'*Agamemnon* on avait pu remarquer qu'il ne copiait pas servilement Sénèque. La scène où Égisthe combat les remords de sa complice et la décide à l'assassinat du roi d'Argos ; celle du cinquième acte, où ce meurtre s'exécute, sont inspirées du *Macbeth* de Shakespeare bien plutôt que de l'*Agamemnon* du poëte de Cordoue. Sénèque n'a pas mis en action le meurtre du Roi des rois ; il s'est contenté de le faire raconter par la prophétesse Cassandre. Lemercier n'avait que vingt-six ans quand on représenta sa tragédie d'*Agamemnon*, qui est restée l'un de ses deux bons ouvrages. La pièce s'encadre dans le moule des unités ; elle est écrite en vers suffisamment épiques pour plaire aux amateurs de la dignité ; elle contient les tirades nécessitées par la mode, et les vers à effet s'y trouvent convenablement répartis. Ainsi cette réplique de Cassandre à Clytemnestre :

Je puis voir une Troie où je vois une Hélène.

Ainsi ce dialogue de la reine avec la prophétesse, après l'assassinat :

— Rends-moi mon fils. — Et toi rends-lui son père !

Ce dernier vers, du reste, est de Sénèque :

— *Redde nunc natum mihi !* — *Et tu parentem redde !*

Lemercier eut cela de commun avec les novateurs, qu'il manqua de forme pour faire valoir ses idées. Son style est généralement diffus et souvent rocailleux ; il ne dit jamais en vers ce qu'il pense en prose. En outre, son imagination est pauvre en moyens ; il ne sait pas inventer et il se contente trop facilement d'une action lâchée et mal nouée. Son style en prose est moins défectueux que son style poétique. *Pinto*, comédie assez audacieuse, que Lemercier fit jouer en 1800, est véritablement une œuvre très-forte pour le temps. Le petit nombre loua cette tentative ; mais ce secrétaire du duc de Bragance, ourdissant une conspiration pour sauver le Portugal de la domination espagnole, fut accusé de n'être qu'un Figaro déguisé. *Richelieu ou la Journée des dupes*, comédie que Lemercier fit imprimer en 1804, sans qu'elle eût été jouée, avait été reçue au Théâtre-Français à l'unanimité des voix, et la distribution des rôles s'était vue acceptée par Talma, Saint-Phal et toute l'élite de la Comédie. C'était aussi Talma qui avait créé l'Égisthe d'*Agamemnon* et le rôle de Pinto. *La Journée des dupes* est d'une très-faible complexion.

Après *Agamemnon* et *Pinto*, l'invention de Lemercier semble tarir. *Plaute ou la Comédie latine*, comédie en trois actes, porte la date de 1809. La pièce est écrite en vers libres, comme l'*Amphitryon* de Molière ; mais, de même qu'il y a fagots et fagots, il y a vers et vers, et ceux du *Plaute* ne sont pas bons.

A cette époque de sa vie, le style de l'auteur commence à s'embrouiller plus qu'il n'est convenable. On rencontre à chaque instant dans le *Plaute* des non-sens, tels que ceux-ci :

>     Ma vie a trop d'écueils à traverser ENTRE
>     . . . . . . . . . . . . . . .
>     S'il sied à votre sexe ET SURTOUT A VOS TRAITS
>     De rester généreuse...

On ne sait véritablement comment expliquer de pareilles absences.

Lemercier ne fut pas beaucoup plus heureux avec sa comédie historique de *Christophe Colomb*, représentée, le 7 mars de la même année 1809, à l'Odéon, c'est-à-dire au théâtre de l'Impératrice. Les premières scènes font espérer une pièce empreinte d'une certaine originalité, mais l'attente est bientôt déçue. Une fois le sujet exposé, il ne se développe pas. Le troisième et dernier acte, qui se passe sur le vaisseau amiral voguant dans l'Atlantique, n'a qu'une seule situation, encore est-elle prévue depuis le commencement de la pièce.

Dans la préface de sa tragédie, publiée la veille de la première représentation, l'auteur s'excuse d'avoir conduit le spectateur jusque sur les côtes d'Amérique. Il demande pardon « de s'être affranchi, cette fois, des règles reçues, règles qu'il a strictement observées dans tous les ouvrages qu'il a écrits pour le Théâtre-Français, règles dont les chefs-d'œuvre des maîtres ont consacré l'excellence et qu'on accuse *faussement* de rétrécir la carrière du génie... » Lemercier disait là, évidemment, ce qu'il ne pensait pas ;

mais il craignait d'être sifflé le lendemain par les étudiants, disposés à pourfendre les ennemis des trois unités. D'un autre côté, il visait à l'Académie française, et il n'aurait pu pénétrer parmi ces vestales de l'art s'il avait eu l'imprudence de jeter son verre d'eau sur le feu sacré. Ces petites lâchetés n'empêchèrent pas que *Christophe Colomb* ne fût sifflé outrageusement par *les jeunes disciples d'Esculape et de Cujas*, et que l'Académie ne prît ombrage des *doctrines subversives* du néophyte hypocrite reniant dans la pratique les dieux classiques qu'il avait encensés dans la théorie. L'Académie se montra pourtant clémente, et, le 5 septembre de l'année qui suivit, Lemercier prenait place parmi les *immortels*. Il succédait à l'*immortel* Naigeon, que les biographes qualifient d'athée fanatique et intolérant, d'écrivain tranchant, diffus et lourd.

Lemercier, dans son discours de réception, loua son prédécesseur (si c'est là une louange) d'avoir été un « vocabulaire ambulant de science et de morale, un abrégé vivant des bibliothèques ». Le comte Merlin, président de l'Académie, répondit à l'auteur de *Christophe Colomb* comme un maître d'école répondrait à un enfant qui a mérité les oreilles d'âne. Les compliments traditionnels devaient forcément entrer dans l'amer breuvage, mais ils y figuraient à dose homéopathique, comme la citation suivante le fera voir ; c'est le président de l'Académie qui s'adresse au récipiendaire : « Après avoir ainsi essayé vos talents à inspirer sur la scène tragique l'horreur des grands crimes et l'amour des sublimes vertus, vous êtes revenu au genre *moins élevé*, mais non moins difficile, par lequel vous avez débuté : la peinture des vices et des ridicules des hommes. De là les comédies de *Pinto*, de *Plaute*, de *Christophe Colomb*... Quant à la troisième de ces pièces, je ne dois en parler que pour protester, au nom de tous les hommes de goût, et par conséquent de vos vrais amis, contre l'abus que vous y avez fait de vos talents en vous écartant de l'une des règles fondamentales de la poésie dramatique, de l'unité de temps et de lieu... Si le sujet que vous avez choisi nécessitait une pareille licence, il fallait renoncer à votre choix. »

L'*immortel* Merlin terminait ainsi la semonce : « Si, tout récemment, dans des leçons publiques et savantes sur l'art dramatique, vous n'aviez pas solennellement professé une doctrine réparatrice de l'exemple que vous aviez donné, l'Académie n'aurait pu, malgré vos titres littéraires, vous admettre dans son sein... Elle aurait sacrifié son estime pour vous à la crainte d'encourager *les jeunes élèves de Melpomène et de Thalie* à suivre la route que vous leur aviez si imprudemment ouverte. »

Les leçons publiques dont parle le comte Merlin furent professées à l'Athénée par Lemercier, en 1810 et 1811 ; elles occupèrent cinquante-deux séances. Ce traité à l'usage de la jeunesse est beaucoup plus diffus et moins lucide que celui de La Harpe. Il était difficile à Lemercier, qui avait tant de peine à imaginer le plan et le développement scénique d'une tragédie ou d'une comédie, il lui était difficile de résumer dans un ensemble précis l'histoire des différents genres de littérature ; aussi, négligeant les faits, qu'il connaissait peu du reste, se jeta-t-il dans les nuages d'une esthétique générale où sa fantaisie pût se donner carrière. Le comte Merlin, qui le loua de son orthodoxie, n'avait certainement pas lu ses leçons, imprimées seulement en 1817, et dont plusieurs sont aussi révolutionnaires que possible.

Après la tentative de *Christophe Colomb*, le nouvel académicien rentra pour quelque temps dans le devoir. Sous la Restauration il prolongea l'Empire. Il traita successivement, par le procédé breveté, plusieurs sujets de tragédie et de comédie qui n'obtinrent que peu de succès. *Charlemagne*, en 1816 ; *le Faux Bonhomme*, en 1817, pièce tombée dès le commencement du troisième acte ; *la Démence de Charles VI*, non représentée, mais distribuée aux acteurs de l'Odéon, en 1820, précédèrent *Frédégonde et Brunehaut* (1821). Ce sujet de la servante devenue reine aurait facilement prêté à un poëte plus habile une couleur nouvelle et des caractères plus énergiques. Rachel le fit renaître quelques instants en l'introduisant dans son répertoire.

En 1823, Lemercier s'éveille un moment pour aller emprunter au répertoire anglais la *Jane Shore* de Nicholas Rowe. Il intitule son ouvrage drame, parce que, dit la préface, plusieurs de ses parties ne tiennent qu'à ce *genre secondaire*. « Il m'a fallu, ajoute-t-il, partout corriger la pièce anglaise, et sans cesse *in-*

*venter en imitant* pour la rendre supportable au goût noble et délicat du public français. » Le prétendu novateur n'a pourtant rien inventé dans *l'adaptation* de la pièce de Rowe à la scène française. Il n'a fait qu'affadir le sujet et délayer dans son mauvais style le dialogue énergique du poëte du Bedfordshire. S'il veut faire dire, par exemple, au pauvre mari trompé qu'il se ruinait en toilettes pour sa femme, il lui prête ce langage :

> J'épuisais les trésors d'une heureuse opulence
> Qui sur elle appelait mille ornements divers
> Des bords les plus lointains et du sein des deux mers.

La seule *invention* de l'auteur français dans le drame, invention dont il est très-fier, c'est le personnage d'un mendiant qui vient, on ne sait pourquoi, se mêler à l'action du cinquième acte et y débiter des maximes philosophiques. Le drame, qui réussit, ne produisit pas pourtant dans le public la sensation qu'en attendait l'auteur. C'était cependant Talma qui jouait le rôle de Glocester, le futur Richard III ; il joua même aussi le mendiant pendant quelques représentations. Jane Shore eut d'abord pour interprète M<sup>me</sup> Duchesnois, puis M<sup>me</sup> Paradol. Lemercier parut enchanté de ce regain de succès après tant d'années stériles.

Dans cette même année 1823, il fit jouer à l'Odéon une comédie en cinq actes intitulée : *Le Corrupteur*. Ce corrupteur, qui ne corrompt personne et qui reçoit la leçon de tous, est bien la plus grande nullité que l'auteur ait produite. Je citerai seulement pour mémoire *les Martyrs de Souli ou l'Épire moderne*, mélodrame que Lemercier fit imprimer en 1825, et qu'il appelle *l'un des plus importants essais de sa plume*. Il y a là-dedans un nègre qui parle comme les nègres de l'Opéra-Comique et qui, pour comble, met ce jargon en vers.

Le théâtre de Lemercier compte aussi quelques mélodrames de la vieille roche, mais ceux-là de vrais mélodrames, non déguisés, joués sur les scènes du boulevard : *Les Deux Filles spectres*, *L'Héroïne de Montpellier* (à la Porte-Saint-Martin), *Les Serfs polonais* (à l'Ambigu).

Après avoir parcouru cette liste des œuvres du *novateur* Lemercier, on peut se figurer ce qu'était cet auteur : un Janus à deux visages, l'un tourné vers le nouveau régime, l'autre vers l'ancien ; un faux bonhomme romantique, bizarre, mais nullement original ; un classique sans style, on pourrait même dire sans grammaire, s'il n'avait reçu *in extremis* l'absolution académique ; en somme, un écrivain de mince valeur, malgré ses prétentions à la sublimité. Lemercier fut recherché par le premier Consul et adulé par l'Empereur, qui croyait avoir trouvé en lui ce fameux merle blanc de l'Olympe tragique qu'il faisait chercher partout et qu'il ne put jamais mettre en cage. L'Empereur se brouilla avec Lemercier quand celui-ci eut refusé par caprice la croix de la Légion-d'Honneur. Cette bravade, on classant l'auteur d'*Aga-*

*memnon* et de *Pinto* dans l'opposition politique, raffermit sa popularité ; sans cet incident, le public se serait aperçu plus tôt de la décadence de cet écrivain, qui, mort en 1840, ne put obtenir un seul succès depuis 1800, année où il fit représenter *Pinto*.

## CHAPITRE II.

### LES PURS ET LES MITIGÉS.

#### I.

##### 1ᵉʳ GROUPE : LES PURS.

Arnault. — Raynouard. — Luce de Lancival. — Delrieu. — Baour-Lormian. — Brifaut. — Jouy. — Lucien Arnault. Ancelot. — La cohorte. — Évolution dans le vide.

La qualification de *purs*, sous laquelle je comprends les auteurs dont les noms ouvrent ce paragraphe, n'est nullement une ironie; mais j'ai besoin de classer les tragiques de cette période en deux catégories bien distinctes: celle qui continue les traditions de la pure tragédie selon Sénèque, avec tout ce qu'elle comporte, et qui regarde déjà Voltaire comme un quasi-hérétique, et celle qui admet qu'en *expurgeant* le *Macbeth*, le *Roméo*, le *Roi Lear* et l'*Othello* de Shakespeare de toutes leurs *barbaries*, Ducis a tenté une hardiesse *excusable*, puisqu'elle fut légitimée par le succès. Ce second groupe prit son développement sous la Restauration et conduisit à la métamorphose de la tragédie en drame. Nous l'appellerons le groupe des *mitigés*.

Arnault, l'un des premiers parmi les purs tragiques, fut assurément un homme de talent; mais, enchaîné à la forme officielle de la tragédie telle qu'on l'entendait alors, il ne put que parcourir le cercle restreint dans lequel il s'était volontairement renfermé. Il escompta sa renommée de son vivant en servant le public selon ses goûts. C'est dans les dernières années du règne de Louis XVI et sous la République qu'il obtint ses deux vrais succès : *Marius à Minturnes* et *Blanche et Montcassin ou les Vénitiens*.

*Marius* est une pièce sans femme et sans action dramatique, par conséquent sans intérêt scénique ; mais l'ouvrage est écrit d'un style relativement assez ferme. *Lucrèce*, qu'il fit représenter l'année suivante, eut moins de retentissement, et pourtant le jeune poëte avait usé de tous les moyens pour assurer son triomphe. Le grand peintre David lui avait promis de lui donner les dessins de ses costumes. L'exactitude des costumes antiques, que David venait de mettre en honneur, représentait un élément de réussite. Arnault commit l'imprudence de paraître, à l'atelier du peintre de *Léonidas*, portant sur son habit des boutons fleurdelisés : David l'injuria et le mit à la porte ; ce furent les architectes Percier et Fontaine qui dessinèrent les costumes et les maquettes des décorations de *Lucrèce*. Arnault raconte, dans ses *Souvenirs*, qu'il travailla lui-même à peindre les décors de sa tragédie. Le comédien Vanhove, qui jouait l'emploi des rois, exhiba sous ses yeux les richesses de son vestiaire. Il lui montra, entre autres trésors, une cuirasse de velours vert à quatre poils dans laquelle il jouait indifféremment Mithridate, Agamemnon et le vieil Horace. Elle était enrichie d'écailles d'or et d'un trophée composé de canons, de tambours et de fusils. Le tailleur y avait ménagé deux poches, l'une pour le mouchoir et l'autre pour la tabatière. M^me Sainval cadette, qui devait représenter le personnage de Lucrèce, s'étant retirée du théâtre, ce fut M^lle Raucourt qui le réclama. « Raucourt et Lucrèce, s'écrie Arnault, quel solécisme ! » Saint-Prix joua le personnage de Brutus.

*Cincinnatus*, représenté en 1794, réussit par l'énergie des discours républicains, qui étaient de mise alors, et que le jeune poëte sut exploiter à son profit.

*Les Vénitiens*, qui datent de 1799, devinrent la meilleure tragédie d'Arnault, grâce aux conseils de Bonaparte, qui lui fit changer toute la fin de son cinquième acte; aussi l'ouvrage imprimé porte-t-il cette dédicace : *A Bonaparte, membre de l'Institut.* Arnault accompagna le général en Égypte ; il fut chargé par lui de l'administration des îles Ioniennes. Il remplit depuis les fonctions de conseiller de l'Université.

Arnault, exilé par la Restauration pour ses opinions politiques, se retira à Bruxelles, et on le raya de la liste des membres de l'Institut, dont il avait été deux fois président. Il retrouva là David et d'autres amis compris dans les trente-huit personnes bannies par les ordonnances royales. Les bonapartistes l'accusèrent, de leur côté, d'avoir trahi l'Empereur en allant à Compiègne au-devant du roi Louis XVIII.

A la reprise de *Marius*, en 1815, on saisit toutes les allusions qui pouvaient rappeler Napoléon dans le proscrit de Minturnes. Céthégus dit dans la première scène :

> Marius fugitif est-il donc tant à craindre ?
> Autant il fit envie, autant il est à plaindre.
> Banni du monde entier, sans amis, sans appui,
> L'excès de sa faiblesse intercède pour lui.

Et Talma paraissait au second acte sur une plage déserte, au milieu du tonnerre et des éclairs, disant de sa voix profonde :

> Et seul je semble errer sur les débris du monde.

*Marius* fut interdit, et, le 22 mars 1817, le fameux *Germanicus* parut sur l'affiche de la Comédie-Française. On sait quels troubles accompagnèrent cette représentation. Talma s'était coiffé d'une perruque qui donnait à sa belle tête une ressemblance frappante avec celle de Napoléon. Les sifflets et les applaudissements frénétiques s'entre-croisèrent. On se boxa dans le parterre. Des gens de la galerie sautèrent au milieu de la mêlée, et les coups de canne tombèrent comme grêle. Une partie du public se réfugia sur la scène. Le calme étant survenu, Talma vint annoncer que l'auteur désirait garder l'anonyme. La pièce fut retirée de l'affiche par ordre de la police. L'innocuité parfaite de la tragédie ne valait certes pas tout ce tapage.

La venue au monde tragique des *Templiers*, de Raynouard, fut un événement dans Paris. C'est en 1805 que ce savant avocat de Brignolles, ex-membre suppléant à l'Assemblée législative, donna cette tragédie des *Templiers*, qu'avait précédée un *Caton d'Utique* en 1704. Cette pièce fut très-vivement applaudie et non moins vivement critiquée. On se passionna pour cette honnête composition, froide et tirée au cordeau. L'Empereur, pour se rendre compte de la valeur du *rara avis* dont ce succès lui signalait le vol dans les hautes sphères du ciel tragique, fit jouer l'ouvrage au palais de Saint-Cloud. Bausset nous apprend que Napoléon demeura fort étonné de l'enthousiasme du public de Paris pour cette tragédie. Elle lui parut glaciale, « parce que rien ne venait du cœur et n'y allait ». Le souverain trouva que Philippe le Bel, avec son caractère violent, jaloux à l'excès de son autorité, aurait pu être théâtral ; mais l'auteur, selon lui, avait manqué son but en le faisant trembler devant un inquisiteur. L'idéal personnage du Grand-Maître lui sembla sans intérêt, et l'amour du jeune Marigny complétement insignifiant. « Il est probable, ajouta Napoléon, que si Geoffroy, dans son feuilleton, n'avait pas dit tant de mal de la pièce, on n'en aurait pas dit tant de bien. »

L'Académie se remua beaucoup pour faire goûter à l'Empereur les beautés du *chef-d'œuvre*, et elle reçut Raynouard membre de sa compagnie ; mais, en dépit de ces agaceries, l'Empereur resta de glace devant la merveille. Il se montra plus tendre pour la tragédie d'*Hector* de Luce de Lancival, parce qu'il se sentit doucement chatouillé par quelques allusions à sa gloire militaire.

*Hector* valut à Luce de Lancival une pension de 6,000 francs et la décoration de la Légion-d'Honneur. La pièce avait été très-applaudie par le public ; Talma, surtout, dans le rôle d'Hector, s'était montré merveilleux. M⁽ˡˡᵉ⁾ Duchesnois représentait Andromaque ; Damas jouait Patrocle ; Lafon, le beau Pâris ; et Saint-Prix, Polydamas. Les journaux furent généralement favorables à l'auteur, excepté Geoffroy, qui, dans le *Journal de l'Empire*, reprocha à la tragédie d'être plus épique que dramatique, et de remplacer les passions et les situations théâtrales par des récits et des amplifications. Sous la République, Luce avait donné un *Mucius Scævola* ; en 1793, un *Hormisdas* ; en 1794 (non joué), un *Archibald* ; un *Fernandez* et un *Périandre* en 1797. *Hector* demeura son seul titre à la notoriété.

Legouvé ne fit représenter sous l'Empire que sa tragédie intitulée *la Mort de Henri IV*, dont nous avons cité quelques vers. Ses beaux jours datent de *la Mort d'Abel* et d'*Épicharis et Néron*, joués en 1792 et 1794. Henri IV, parlant en alexandrins pompeux, sembla un contre-sens même au parterre de 1806. Delrieu, Baour-Lormian et Brifaut, les coryphées de la tragédie impériale, complètent la pléiade des *purs*. Jouy commence déjà à se rapprocher des tragiques *mitigés* qui se développeront sous la Restauration. Delrieu, ancien régent de rhétorique à Versailles, sous la République, et qui devint, sous l'Empire, chef de bureau à l'administration des douanes, ne compte également qu'un succès dans sa carrière dramatique. Son *Artaxerce*, joué en 1808, est une imitation de Métastase, déjà imité par Lemierre. L'unique scène à effet de la pièce, celle où Artaban veut sauver son fils malgré lui, appartient tout entière à l'auteur italien, que ni Lemierre ni Delrieu n'ont égalé pour la concision et le mouvement du dialogue. Le dénouement de Delrieu rappelle celui de *Rodogune*. En somme, l'invention tient peu de place dans cette composition, qui fit entrer Delrieu à l'Académie.

*Omasis* et *Mahomet II* (1806-1811) composent tout le bagage tragique de Baour-Lormian. *Omasis*, qui n'est autre chose que la transcription en dialogue de la touchante histoire de Joseph en Égypte, obtint un succès réel, grâce au talent de Talma qui représentait Joseph, et à M^lle Mars qui faisait le personnage de Benjamin.

Le *Mahomet II*, imité d'un opéra de Saulnier, et que l'on trouva de beaucoup inférieur à la tragédie de Lanoue portant le même titre, fut sifflé depuis la fin du troisième acte jusqu'au baisser du rideau. C'étaient pourtant Talma et M^lle Duchesnois qui jouaient les premiers rôles.

En essayant de mettre à la scène, en 1813, le personnage contemporain du sultan de Mysore Tippoo-Saëb, qui fit une si rude guerre aux Anglais, Jouy eut certainement l'intention de varier le vieux fonds tragique; mais les traditions d'école l'entraînèrent à jeter sa pièce dans le moule convenu. La situation du héros indien ne varie pas du commencement à la fin, et il en résulte une monotonie extrême. Le dénouement, qui se fait au bruit du canon tonnant dans la coulisse par la voix de la grosse caisse, fut égayé par les rires et les sifflets. Jouy obtint, comme Arnault, son succès de perruque, lorsque, le 27 décembre 1821, il fit représenter au Théâtre-Français sa tragédie de *Sylla*. Dans cette tragédie, aussi vide d'action que possible, Talma renouvela les prodiges de *Germanicus*. Mais cette fois la police, plus malicieuse, fit la sourde oreille, et l'ouvrage suivit le cours de ses représentations. Tout Paris vint admirer la perruque de Talma, et les recettes furent fabuleuses. La bêtise humaine n'avait cette fois pas d'excuse, car c'était la seconde exhibition de cet élément capillaire. *Bélisaire*, autre produit tragique de Jouy, avait été défendu par la censure en prévision des allusions possibles. En 1827, Jouy faisait jouer *Julien dans les Gaules*, autre boîte à surprise à l'adresse des amateurs de doubles sens. Tout ce bagage ne constitue pas un bien sérieux effort littéraire, et le poëte acclamé de *Sylla* n'est plus aujourd'hui que « le spirituel auteur de *l'Ermite de la Chaussée-d'Antin* ». Cet ermite lui-même a bien perdu de sa fraîcheur sur les rayons des bouquinistes, où il dort relégué depuis si longtemps.

C'est en 1822 que Lucien Arnault, fils de l'auteur de *Marius à Minturnes*, débuta par un succès tragique, auquel Talma prêta le concours de son génie. *Régulus*, conçu et exécuté dans la forme de la tragédie pure, est d'un style très-correct, exempt des redondances et des lieux communs de l'école. Mais le sujet ne peut laisser place ni à l'espérance, ni même à la crainte, puisque, dès l'exposition, l'on ne peut douter de l'issue du sacrifice. L'intérêt est donc absent, et la dernière scène, prévue dès le lever du rideau, se fait beaucoup trop attendre, quoique la pièce n'ait que trois actes.

Le vieil Arnault, revenu de l'exil, assistait dans une loge à la première représentation du *Régulus* de Lucien; le public le salua par des applaudissements qui ne nuisirent pas à la gloire de son fils. En octobre 1823, le Théâtre-Français représenta la seconde tragédie de Lucien Arnault : *Pierre de Portugal* fut joué par Lafon et M^lle Duchesnois.

L'auteur s'excuse, dans sa préface, d'avoir remis à la scène le sujet d'*Inès de Castro* après La Motte.

Le style pompeux qu'il prête à ses héros empêche la nature de se révéler, et les cris du cœur de ces deux amants infortunés ne peuvent se faire jour qu'avec de grandes difficultés, sous le luxe des périphrases qui les enveloppent. Lucien Arnault fit représenter au Théâtre-Français, en 1828, *le Dernier Jour de Tibère*. La tragédie de Chénier, sur le même sujet, avait été interdite, et Talma, qui désirait créer ce personnage, décida l'auteur de *Régulus* à le mettre à la scène; mais Talma mourut avant que la pièce fût achevée. Michelot le remplaça. Talma avait répété quelques scènes de son rôle et, entre autres, celle du dénouement où Tibère apprend que Chariclès, dont il a condamné les fils, vient de l'empoisonner. Talma devait, dit-on, être admirable dans ce personnage, tel qu'il le comprenait.

*Catherine de Médicis aux états de Blois*, drame historique en cinq actes, joué à l'Odéon, fut l'avant-dernier ouvrage d'Arnault fils, qui entrait ainsi dans la voie des concessions à l'esprit novateur, surexcité par le succès récent du *Henri III* d'Alexandre Dumas. L'Odéon rouvrait alors, avec Harel pour directeur. *Catherine de Médicis*, sous les traits de M^me Georges, fut très-applaudie, mais la critique l'attaqua vivement.

La dernière tragédie de Lucien Arnault s'intitule : *Gustave-Adolphe ou la Bataille de Lutzen*; le Théâtre-Français la représenta en 1830.

Je ne dénombrerai pas les tragiques qui forment la cohorte dont nous avons nommé les chefs. Contournant le *Pyrrhus* de Lehoc et le *Clovis* de l'académicien Aignan, saluons en passant le *Phocion* de Royou et l'*Hécube* de d'Herbigny. Honneur au courage malheureux! Toutes ces ombres ont vécu pourtant, comme le *Conradin* et le *Jean Sans Peur* de Liadières, comme le *Clovis* et le *Sigismond* de Viennet. Hippolyte Bis scintilla un moment avec son *Attila*; Firmin Didot évoqua *Une Reine de Portugal*; Delaville donna sa *Démence de Charles VI*, qui servit de linceul à Talma, lequel créa ce dernier rôle, le 6 mars 1826. D'Avrigny avait vu réussir sa *Jeanne d'Arc à Rouen*, et Ancelot son *Louis IX*. Cet homme d'esprit cultivait alors la tragédie en serre chaude, pour arriver à l'Académie. Il semblait vouloir prendre place parmi les progressifs. Sa pâle imitation du *Fiesque* de Schiller détruisit toutes les espérances de ses amis, et son *Élisabeth d'Angleterre* ne les ranima pas.

On peut appeler ce mouvement des purs une évolution dans le vide.

---

## II.

### 2° GROUPE DES TRAGIQUES :

### LES MITIGÉS.

**Difficulté de produire du nouveau. — Benjamin Constant. — Chateaubriand. — L'air ambiant de la routine.**

La réaction contre les banalités du style en usage chez les tragiques avait hasardé ses premières protestations dans le roman de *René*, dans *Atala*, dans *le Génie du christianisme*, dans *les Martyrs*, qu'avait publiés Chateaubriand de 1802 à 1809. *Atala* avait même passé les bornes de ce que peut se permettre un honnête révolutionnaire en matière de langage, et, par certains côtés, cette jeune sauvage empiétait d'avance sur le domaine, encore dans l'œuf, du vicomte d'Arlincourt. La *Delphine* et la *Corinne* de la baronne de Staël; les doctrines prêchées par cette savante fille de Necker dans son livre *De l'Allemagne*, imprimé en 1810, puis saisi par la police et mis au pilon; les discours qu'elle tenait dans les salons contre la politique de l'Empire, aussi bien que contre sa littérature, discours qui la firent exiler deux fois : tous ces souffles d'orage avaient ébranlé la foi classique, sinon encore dans les masses bourgeoises, du moins parmi les esprits d'élite. Pour servir la propagande de la réforme, Benjamin Constant de Rebecque, le futur tribun du libéralisme sous la Restauration, s'avisa d'appliquer au théâtre la doctrine nouvelle. Il fondit en cinq actes la trilogie du *Wallenstein* de Schiller. Chose bizarre, et dont nous avons déjà vu de curieux exemples, le pastiche de Benjamin Constant, homme d'intelligence s'il en fut, prend le nom consacré de tragédie. En dépit de l'excellente dissertation en prose qui précède la pièce, l'arrangeur du drame allemand tombe en plein dans les fautes qu'il vient de blâmer avec tant de logique et d'éloquence, et ses alexandrins, éclos dans l'air ambiant de l'époque, ne le cèdent en rien, pour la tension de la période et pour l'impropriété des termes, aux tirades de Lehoc ou d'Aignan. Avec le pressentiment de son insuccès, le poëte de circonstance avoue lui-même que l'unité de temps et de lieu qu'il a voulu observer l'a forcé à tout bouleverser et à tout refondre. Mais alors pourquoi prendre la peine d'écrire cette imitation si peu exacte et cette préface excellente qui la condamne implicitement ? pourquoi n'avoir pas rompu de prime abord avec cette unité de lieu qui rend toutes les situations de Schiller invraisemblables ? L'idéale Thécla, dont la préface analyse si ingénieusement le caractère, devient en effet une vulgaire princesse de tragédie, une nature vague et impersonnelle ; Buttler n'est plus qu'un vil intrigant qui, au lieu de venger son orgueil blessé dans le sang de son bienfaiteur, ne pense qu'à l'argent et aux faveurs qu'il recueillera de ce meurtre. Max Piccolomini, l'amant passionné de Thécla, se nomme Alfred dans la refonte de Constant de Rebecque, et le duc de Friedland appelle ses bandes croates, wallones et lombardes, ses *guerriers!*

Chateaubriand lui-même composa plus tard une action dialoguée sur *Moïse*, qu'il qualifia de tragédie et qu'il écrivit en style officiel. Il nous apprend lui-même qu'il avait conçu le dessein de faire trois tragédies : « la première sur un sujet antique, dans le système complet de la tragédie grecque ; la seconde sur un sujet emprunté à l'Écriture ; la troisième tirée de l'histoire des temps modernes. » La tragédie antique était un *Astyanax*, la tragédie moderne était un *Saint-Louis*. *Moïse* fut le seul de ces projets qu'il exécuta. Cet esprit supérieur n'était ni poëte (dans le sens de la versification), ni auteur dramatique, si l'on en juge par l'échantillon qu'il nous a laissé. Nadab, fils d'Aaron ; la belle Arzane, reine des Amalécites, n'offrent aucun intérêt scénique. Leurs déclamations hors de propos touchent moins encore que celles des tragiques impériaux, dont elles empruntent l'emphase. La pièce ne fut point jouée, heureusement pour la réputation du grand homme, alors ministre du roi. Ses amis lui firent comprendre qu'il était *trop haut placé* pour s'exposer aux sifflets du parterre. Talma avait pourtant accepté de jouer le rôle de Moïse dans la tragédie du ministre. Si les plus forts sont dominés ainsi par la routine, de quelle indulgence ne doit-on pas couvrir les erreurs des faibles ?

Sous l'Empire et sous la Restauration il se forma un camp d'intraitables qui ne voulurent admettre aucune modification, de quelque genre qu'elle fût, et qui continuèrent, jusqu'au dernier souffle, à écrire en phrases toutes faites et à prononcer des discours contre le mauvais goût et l'abandon des saines doctrines. Le digne et excellent Viennet, auteur de *Clovis* et de *Sigismond*, était le chef de ce parti. Le bataillon sacré des purs défendit le terrain pied à pied. Voici le résumé de ses opérations : Delrieu donne un *Démétrius* en 1815; Royou, un *Phocion* en 1817, année qui vit le fameux *Germanicus* d'Arnault; d'Herbigny, une *Hécube* en 1819, la même année où le plus illustre des tragiques, Casimir Delavigne, faisait représenter à l'Odéon ses *Vêpres siciliennes*, qui furent un événement. En 1821, Mély-Janin rouvrait la série des *Oreste*, Liadières mettait à la scène un *Jean Sans Peur* parlant le langage des académiciens orthodoxes. Cette année 1821 compta deux grands succès : le *Sylla* de Jouy, et le *Paria* du jeune Casimir Delavigne, le triomphateur acclamé des *Vêpres siciliennes*. 1822 vit naître les jeunes renommées de Lucien Arnault, d'Alexandre Guiraud, auteur des *Machabées*, et d'Alexandre Soumet, auteur de *Clytemnestre* et de *Saül*, deux tragédies classiques jouées, la première sur la scène de la Comédie-Française, la seconde à l'Odéon.

Casimir Delavigne est le chef suprême de ce groupe de libéraux littéraires qui acceptèrent, un peu plus tard, quelques points de la réforme que commençaient à prêcher les romantiques. Ce chef des classiques mitigés mérite d'être étudié à part.

---

### III.

#### Casimir Delavigne et son œuvre.

Casimir Delavigne, qui débuta au théâtre, en 1819 et en 1821, par deux tragédies purement *classiques*, *les Vêpres siciliennes* et *le Paria*, ne se mitigea qu'en 1829, lorsqu'il fit représenter son *Marino Faliero*. Il prit alors une situation mixte entre les deux camps, et devint bien réellement une personnalité. Ses succès furent considérables. Sans accorder à ce Dieu d'un jour tous les rayonnements dont ses partisans ont composé son auréole, il serait injuste de ne pas lui reconnaître une véritable importance, et de lui disputer la place respectable qu'il doit occuper dans l'histoire du théâtre de son temps. Sa carrière littéraire, on le sait, avait commencé par une œuvre éminemment patriotique, *les Messéniennes*, chants de douleur sur nos gloires nationales un moment obscurcies. *Les Vêpres siciliennes* et *le Paria* ne furent que de pures émanations de l'école dite *classique*. Ainsi, pour ne pas déroger aux antiques traditions, Procida prend le soin de venir conspirer dans la même salle où le *tyran*, Roger de Montfort, médite l'asservissement de la Sicile. Amélie de Souabe paraît également sur ce terrain neutre pour y développer ses tendres sentiments tantôt avec le héros français, tantôt avec Lorédan, le fils du Fiesque sicilien. Tout cela se passe dans l'ordre accoutumé. Le style, tendu jusqu'à l'excès, reflète le grec et le romain bien plus qu'il ne s'inspire du christianisme et de la chevalerie ; le vers, du reste, a de la correction et une certaine élégance qui rappelle de loin la période racinienne. *Le Paria* remet en usage les sentences philosophiques de l'école de Voltaire. L'invention du sujet n'offre ni une grande nouveauté, ni un grand intérêt dramatique. Le style paraîtra excellent à ceux qui admettent que des Hindous ont le droit de s'exprimer comme des seigneurs de la cour de Louis XIV. Toute la fable repose sur une incroyable supposition. Un paria, un homme de la race proscrite, réussit à se faire passer pour le chef de la tribu des guerriers ou des Kchatryas, c'est-à-dire pour l'homme le plus respectable, le plus noble et le plus considéré dans un pays où les castes sont tout. Akébar, le chef des brahmes, lui accorde la main de sa fille Néala, sans même lui demander les preuves de sa généalogie. La couleur locale est, du reste, aussi fausse et aussi enfantine que celle de *Zaïre* ou de *Tancrède*.

Ce n'est qu'en 1829 que Casimir Delavigne endosse son armure de bataille et entame résolûment la lutte contre l'école romantique. Dans l'intervalle écoulé, il avait travaillé à détendre son style et donné trois comédies en cinq actes : *Les Comédiens, L'École des vieillards* et *La princesse Aurélie*. Les deux premiers de ces ouvrages avaient grandement réussi. *Marino Faliero*, préparé dans l'ombre et le silence, était le fruit d'une longue réflexion. Delavigne pressentait la réaction qui s'opérait chaque jour dans le goût du public. Empruntant les procédés littéraires de ses ennemis, il avait résolu de les vaincre avec leurs propres armes. Les amis étaient dans la confidence. Ce devait être un coup de foudre. Le romantisme naissant en resterait anéanti ; les Titans tomberaient du ciel et périraient écrasés.

La machine de guerre sortit de son arsenal le 30 mai 1829. Le *Henri III* d'Alexandre Dumas avait été joué trois mois auparavant à la Comédie-Française ; le *Marino* de Delavigne se produisit au théâtre de la Porte-Saint-Martin. Ce changement de scène contenait à la fois une vengeance et une menace. Cela signifiait que le génie triomphe toujours et partout, fût-ce sur les planches du boulevard, et que la maison de Corneille et de Racine devait s'attendre à n'être plus qu'un théâtre secondaire, puisqu'elle exilait la vraie littérature sur les tréteaux de la *Citerne* et du *Solitaire de la Roche-Noire*. En livrant au public la pièce imprimée, l'auteur prend soin de lui expliquer sa poétique particulière.

Casimir Delavigne, en se séparant des purs, commence par se proclamer chef d'école. « J'ai conçu l'espérance, dit-il, d'ouvrir une voie nouvelle où les auteurs qui suivront mon exemple pourront désormais marcher avec plus de hardiesse et de liberté. » Puis il aborde la question des deux poétiques rivales, et il conclut à l'éclectisme. « La raison la plus vulgaire, dit-il, veut aujourd'hui de la tolérance en tout : pourquoi nos plaisirs seraient-ils seuls exclus de cette loi commune ? L'histoire contemporaine a été féconde en leçons ; le public y a puisé de nouveaux besoins, on doit beaucoup oser si l'on veut les satisfaire. L'audace ne me manquera pas pour remplir, autant qu'il est en moi, cette tâche difficile. Plein de respect pour les maîtres qui ont illustré notre scène par tant de chefs-d'œuvre, je regarde comme un dépôt sacré cette langue belle et flexible qu'ils nous ont léguée. Dans le reste, tous ont innové ; tous, selon les mœurs, les besoins et le mouvement de leur siècle, ont suivi des routes différentes qui les conduisaient au même but. C'est en quelque sorte les imiter encore que de chercher à ne pas leur ressembler. »

Cette profession de foi contient tout le secret de la situation et elle explique les œuvres. Cela veut dire : ne vous exagérez pas le succès du théâtre voisin, que j'abandonne un instant, mais où je reviendrai bientôt en triomphateur. Moi, je suis un poëte harmonieux, et le concurrent d'à côté n'est qu'un vulgaire prosateur. Et encore quelle prose hachée vous donne-t-il! Des conversations découpées dans le journal de *L'Estoile*! Puisque vous voulez des choses nouvelles, je puis vous en fournir aussi bien que lui, avec un peu de grammaire par-dessus le marché.

L'éclosion de *Marino Faliero* jeta l'épouvante dans le camp classique. Casimir — c'est le nom tout court qu'on donnait au maître dans le cénacle — Casimir, s'écria-t-on, passe aux romantiques, et pour comble d'horreur il se fait jouer sur un théâtre du boulevard, par des acteurs du boulevard !

Le parti des purs ne pardonna pas à son jeune lévite un succès obtenu au prix de telles concessions. Prendre un sujet dans lord Byron, l'écrire en style haché, faire jouer au héros une partie d'échecs dans une tragédie, c'était la désertion de tous les principes. Les romantiques, de leur côté, raillèrent Éléna, la femme du doge, parlant de sa *cendre*, et Faliero appelant son épée un *glaive*. On trouva généralement que ce doge conspirateur était bien imprudent d'arrêter son plan de révolte avec Israël Bertuccio au milieu d'un bal, dans le salon de Lioni, l'un des Dix, et plus imprudent encore de venir sur la place Saint-Jean-et-Paul haranguer les révoltés. On doit avouer que cet ouvrage, qui renferme de très-bonnes parties, a le tort de contenir deux sujets qui ne sont pas assez habilement mêlés : le drame de famille, c'est-à-dire l'infidélité d'Éléna, et le drame politique, la conspiration du doge contre l'État. Il résulte de cette juxtaposition une absence d'intérêt que ne peut racheter le mérite de quelques scènes. La pièce obtint néanmoins un bruyant succès qui fit écho à celui du *Henri III* d'Alexandre Dumas.

Trois années séparèrent *Marino Faliero* de *Louis XI*, qui fut représenté à la Comédie-Française en 1832.

Achille cessait de bouder messieurs les comédiens ordinaires, et il sortait de sa tente pour les conduire à de nouveaux succès. Pour la confection de ce drame, portant toujours le nom de tragédie afin de ne pas trop effaroucher les adhérents classiques de toutes les nuances, Casimir puise des deux mains aux sources modernes; il reproduit la vérité historique autant que sa nature et son éducation exclusivement grecque et latine le lui permettent. Il a définitivement divorcé avec les formules païennes; il a lu les chroniques françaises, malgré le style *barbare* que leur reprochent les mandarins de l'Académie. Le compère de Tristan et d'Olivier Le Daim n'est plus ce tyran impersonnel qui a servi à tant de méfaits tragiques; c'est bien le Louis XI du Plessis-lez-Tours déjà mis en scène par Walter Scott dans son roman de *Quentin Durward*. Le tableau se trouve seulement un peu trop forcé en couleurs, et les mots plaisants qui résultent des contrastes sont souvent trop inattendus et trop cherchés. Le style de l'ouvrage se distingue par une élégance qui n'exclut pas la fermeté. C'est la partie la plus louable de la pièce. L'invention de la fable, qui a dû coûter de grands efforts à l'auteur, manque de grandeur dans les moyens. Ce duc de Nemours menaçant le roi de son poignard dans sa propre chambre à coucher, allant et venant à son aise dans ce donjon du Plessis dont la garde écossaise bloque pourtant toutes les issues, n'arrive à aucun résultat dramatique. Le personnage de Marie, la fille de Commines, qui passe son temps à donner des leçons de lecture au dauphin et à filer le roman sentimental le plus vulgaire avec l'envoyé du duc de Bourgogne, n'est pas empreint non plus d'une haute saveur.

Quant à la scène de la couronne dérobée par le dauphin sous le chevet de son père mourant, elle est timidement imitée de la seconde partie du *Henri IV* de Shakespeare. On ne sait pourquoi le poëte français ne lui donne aucun développement. Les reproches du roi au prince Henri constituent pourtant l'un des plus beaux mouvements du drame anglais : « Eh quoi ? tu ne peux me tolérer une demi-heure ? Pars donc et va toi-même creuser ma tombe. Commande aux cloches joyeuses de sonner, non parce que je suis mort, mais parce qu'on va te couronner. » Et la réponse du prince à son père : *O, pardon me, my liege! etc.*, avec la belle réplique du roi, expliquant à son fils comment il doit se conduire pour affermir honnêtement sur sa tête cette couronne acquise par des moyens blâmables, cette réponse ne s'appliquait-elle pas à merveille à la situation de Louis XI et du dauphin ? Mais il était de règle alors, même pour les novateurs, qu'on pouvait s'assimiler impunément Sophocle, Euripide ou Sénèque, et qu'on ne pouvait se permettre d'emprunter une scène à Shakespeare.

*Les Enfants d'Édouard*, joués au Théâtre-Français quinze mois après *Louis XI*, entrent tout à fait dans le drame moderne, quoique l'étiquette du sac porte encore la qualification de tragédie. La tragédie de Delavigne n'a cette fois que trois actes au lieu des cinq actes sacramentels. Autre innovation : une citation de

Shakespeare sert d'épigraphe à l'ouvrage. Nous arrivons là à l'un des plus retentissants succès de Casimir Delavigne. La pièce, depuis bientôt quarante ans, n'a jamais disparu du répertoire; elle y restera longtemps encore, car le sujet en est touchant et l'exécution des détails excellente. Le drame des *Enfants d'Édouard* existe en germe dans cette gigantesque épopée que l'on appelle *le Roi Richard III ;* mais il n'y paraît qu'à l'état d'épisode, comme l'accusation de sorcellerie portée contre Jane Shore, où Thomas Otway a pris le sujet de son meilleur ouvrage.

« Connais-tu quelqu'un, dit le Glocester de Shakespeare à son page, connais-tu quelqu'un qui, pour de l'or, exécuterait une œuvre secrète de mort ? — Je connais un gentilhomme mécontent dont les faibles ressources ne sont pas en harmonie avec son âme hautaine. — Quel est son nom ? — Son nom, milord, est Tyrrel. »

Shakespeare introduit Tyrrel devant Richard, qui lui désigne les deux fils d'Édouard, *les deux bâtards de la Tour.* « Donnez-moi les moyens d'arriver jusqu'à eux, et je vous aurai bientôt débarrassé de la crainte qu'ils vous causent. — Tu chantes là une suave musique, » répond Richard. Il lui parle à l'oreille, puis il ajoute : « Voilà tout. Dis-moi : c'est fait ! et tu seras riche. »

Dans le *Richard* de Shakespeare, le spectateur ne revoit Tyrrel qu'après le crime accompli. Tyrrel s'est servi pour le meurtre de deux scélérats, Dighton et Forrest, qui ont pleuré après avoir clos à coups de poignard « ces lèvres qui s'embrassaient et qui ressemblaient à quatre roses rouges sur la même tige ». Tyrrel a quitté la tour pour aller porter ces nouvelles au roi sanglant « *to bear this tidings to the bloody king* ».

Delavigne a composé son personnage de Tyrrel, à peine indiqué dans le modèle, en fondant ensemble les deux assassins de Clarence qui figurent dans le *Richard III* anglais. L'un de ces bandits a pitié de la victime, qu'il frappe néanmoins pour gagner le prix du sang. Il est vrai que la scène de Shakespeare était elle-même un peu empruntée à l'*Édouard II* de Christophe Marlowe.

La mise en œuvre du poëte français se distingue par nombre de qualités, la grâce, le caractère, le style, la richesse des rimes, la couleur historique très-bien observée, sans exagération comme sans timidité trop grande. Çà et là quelques réminiscences de l'ancienne manière des purs : « porter ses pas — ligue ennemie — le seuil de Westminster *pour mes pas* est sacré ; » mais ce sont là des taches légères qui n'empêchent pas cet ouvrage d'être l'un des meilleurs du théâtre moderne français.

*Une Famille au temps de Luther*, tragédie en un acte, représentée au Théâtre-Français en 1836, et *la Fille du Cid*, tragédie en trois actes, jouée au théâtre de la Renaissance en 1840, ne valent pas, à beaucoup près, les autres pièces de Delavigne. On retrouve pourtant quelques belles scènes et de beaux vers dans *la Fille du Cid*, empruntée au *romancero* du héros de

Valence. Rodrigue de Minaya, filleul du Cid, destiné au cloître et devenant un héros métamorphosé par l'amour, offrait au poëte un sujet plus épique que dramatique. Delavigne s'est maintenu, par la pensée et par l'expression, à la hauteur de sa tâche difficile ; mais son ouvrage, composé dans un genre purement admiratif, a toute la froideur de ce genre.

Tel est dans son ensemble l'œuvre que Delavigne appelait *ses tragédies* et que l'on peut nommer ses drames. Aujourd'hui que la passion refroidie permet d'apprécier les défauts et les qualités de ce consciencieux travailleur, qui ne fit jamais de l'art un métier, on ne saurait méconnaître sa valeur relative. C'était un poëte tempéré, plutôt lymphatique que sanguin, plus gracieux que fort, plein de goût et de timidité dans ce qu'il appelait ses audaces. Il a trop osé pour les partisans de l'ancienne école, pas assez pour ceux de la nouvelle ; c'est ce qui explique le juste milieu dans lequel la postérité enfermera sa gloire incomplète. Son talent ressemble au caractère de l'homme que nous avons connu à l'époque de ses triomphes. Il est doux, élégant, distingué ; il a de bonnes paroles pour tout le monde ; selon les besoins du moment, il incline la balance de sa poétique tantôt à droite, tantôt à gauche, imitant le jeu de bascule qu'il voit se produire dans les régions politiques de son temps.

Sainte-Beuve, le successeur de Delavigne à l'Académie, en prononçant l'éloge de rigueur le jour de sa réception, a vraiment l'air d'un diable dans un bénitier. Avec une grimace qui s'efforce de ressembler à un sourire, le malin critique se complaît à louer dans le défunt toutes les qualités qu'il n'eut pas, et qu'il aurait pu posséder, dit-il, s'il eût été un *lutteur* au lieu d'être un *conciliateur*. Le fond de l'opinion de Sainte-Beuve (et en cela nous sommes d'accord), c'est que le poëte harmonieux ne serrait pas d'assez près la pensée et le sentiment, qu'il aurait pu traduire plus à nu sans violer l'harmonie et la langue.

A bien regarder, les défauts de l'auteur du *Paria* tiennent surtout à son caractère et à son éducation exclusivement universitaire. Il n'était pas dans la nature de ce doux poëte de rompre ouvertement avec des traditions que huit années de collège lui avaient représentées comme l'idéal du beau et du bien. Pour son esprit, toute idée et toute forme se concentraient dans le monde grec et romain des livres. S'il possédait quelques vagues notions des sociétés et des littératures de l'Europe, c'était dans d'incolores traductions qu'il les avait puisées. On ne peut le blâmer du peu d'enthousiasme que ces reflets avaient allumé en lui. Toujours souffreteux, il n'aimait ni les cohues des salons, où ses poumons ne respiraient pas, ni les fatigues des voyages qui excédaient ses forces. Ne puisant qu'en lui-même ses inspirations, la source ne se trouva ni assez riche ni assez jaillissante.

Le Havre, qui vit naître Casimir Delavigne en 1793, lui éleva une statue après sa mort, survenue en 184. David d'Angers exécuta son buste en double expédition pour le Théâtre-Français et pour le lycée Napoléon, où le poëte avait fait ses études. Ce fut par une grâce céleste que le trop sensible et trop impressionnable écrivain mourut avant sa renommée, laquelle pourtant ne lui survécut guère. Il ferma les yeux, croyant avoir écrit sur le bronze.

---

## IV.

**Les satellites du genre mitigé. — Alexandre Soumet. — Pierre Lebrun. — Alexandre Guiraud.**

Je ne m'arrêterai pas longtemps aux satellites de l'astre. Si Casimir Delavigne est un chef d'école, les auteurs que nous venons de nommer sont ses disciples, quoiqu'ils ne fréquentassent pas les mêmes cénacles où se formaient les projets de domination et où se distribuaient d'avance les couronnes.

Le poëte du *Paria* et de *Louis XI* ne sortait guère de son logis, où ses amis se rassemblaient comme sous la tente de leur général. Chez Émile Deschamps, on rencontrait Alexandre Soumet, Alexandre Guiraud, Alfred de Vigny, Pichat, Jules Lefèvre. Plus tard, le salon de Victor Hugo réunit dans des causeries intimes les novateurs plus avancés, appartenant à tous les arts.

Les satellites que nous mentionnons plus haut eurent leurs jours de renommée, et crurent un moment avoir trouvé la vraie formule de l'art nouveau, qu'ils faisaient consister dans une espèce de système de compensation. La plupart d'entre eux entrèrent à l'Académie, où ils cuvèrent en paix leur éphémère immortalité. Leurs ouvrages ne sont pas restés au répertoire de l'âge suivant, et ne devaient pas y rester. Rachel a pu seule ranimer pour un instant la *Jeanne d'Arc* de Soumet, en prêtant à cette pâle composition, jouée pour la première fois en 1825 par M<sup>lle</sup> Georges, le souffle de sa personnalité. Le scrupule des unités a fait complétement échouer le poëte français dans son dessein de retracer cette brillante page de nos annales. Les premiers ouvrages de cet auteur étaient de pures tragédies selon la mode antique. *Saül*, *Clytemnestre* furent joués en 1822. *Cléopatre* eut pour interprète, en 1824, M<sup>lle</sup> Georges, dans le rôle de la belle reine d'Égypte ; Joanny représentait Antoine, et Ligier, Octave. Soumet donna, en 1831, une *Norma*, qui n'a survécu que sous la forme d'opéra.

Le poëte de *Jeanne d'Arc* ne fut pas plus heureux en empruntant à Schiller un autre sujet, celui de *Don Carlos*, qu'il traita, sous le titre d'*Élisabeth de France*, avec le même manque d'audace et le même désir de respecter les préjugés d'école. Il se vante, dans sa préface, de n'avoir pris que deux scènes à Schiller. Que ne lui a-t-il tout pris ! Soumet donna encore au théâtre un *Gladiateur*, en 1841 ; une *Fête de Néron*, en collaboration avec M. Belmontet, et, en 1844, une *Jane Gray*, à laquelle travailla sa fille, M<sup>me</sup> d'Altenheim.

Alexandre Soumet, comme l'*Enfer* de Rivarol, était pavé de bonnes intentions. Il avait une vague intuition de la *Terre promise* romantique, sur laquelle son regard s'arrêtait volontiers ; mais ce sentiment restait chez lui à l'état de rêve, et il ne put jamais dessiner que les contours indécis des figures qu'il entrevoyait comme à travers un brouillard.

La *Marie Stuart* de Lebrun, qui date de 1820, eut un regain de renommée par la reprise qu'en fit Rachel en 1840.

Il fut avéré que Lebrun, dans cet ouvrage, n'avait pas non plus assez emprunté à Schiller. Les classiques trouvèrent que, dans le *Cid d'Andalousie*, joué en 1825, il avait trop pris à Lope de Véga. La pièce, qui est pourtant bien timidement imitée du poëte espagnol, souleva une certaine opposition, quoiqu'elle fût représentée par Talma et M<sup>lle</sup> Mars. Cette distribution des rôles aux deux grands artistes qui remplissaient la salle, même quand ils jouaient séparément, était nuisible aux intérêts de la Comédie. Aussi l'ouvrage, qui n'avait obtenu qu'une médiocre réussite, fut-il abandonné après quelques représentations. Ce nouveau *Cid* paraissait audacieux au public de 1825. « Le public, dit Lebrun, voulait du nouveau, mais il se tenait en garde contre le nouveau. Il était sévère pour le mot propre ; les mots familiers lui plaisaient difficilement. » Ainsi l'auteur avait écrit dans sa pièce les deux vers qui suivent :

> Prends-le donc ce mouchoir, ce gage de tendresse
> Que pour toi de ses mains a brodé la maîtresse.

On le força à les remplacer ainsi :

> . . . . . . . ce tissu, ce gage de tendresse
> Qu'a pour toi de ses mains embelli la maîtresse.

Les mots *mouchoir* et *brodé* n'étaient pas alors dans le vocabulaire tragique accepté.

Si Alexandre Soumet n'est qu'un reflet, que dire d'Alexandre Guiraud, autre célébrité du temps, auteur des *Macchabées* et de *Virginie*, joués en 1822 et 1827, si ce n'est qu'il est le reflet d'un reflet? Mais il nous apprend lui-même que, malgré sa volonté de marcher dans les voies nouvelles, il en fut empêché par les préjugés du public et par le veto des directeurs de théâtres. Il faut tenir grand compte du mouvement de résistance dans lequel se meuvent les auteurs de ce temps de luttes, et de l'influence exercée par une longue habitude sur les esprits les plus ouverts. Ces travailleurs de la première heure furent les pionniers de la réforme. Ils facilitèrent l'œuvre des édificateurs du drame moderne, j'entends du drame élevé et littéraire, et non du drame bourgeois qui fut un lieu commun de tous les temps.

## CHAPITRE III.

**COUP D'ŒIL GÉNÉRAL SUR LE MOUVEMENT ROMANTIQUE AU THÉATRE.—SUBSTITUTION DU DRAME A LA TRAGÉDIE.**

L'idée d'affranchissement qui s'était produite, depuis le commencement du siècle, dans la littérature proprement dite, et qui se liait à l'idée du libéralisme politique, quoique certains libéraux politiques fussent demeurés fidèles au classique littéraire, pouvait plus difficilement arriver jusqu'à la scène. Là, il fallait un concours unanime de volontés, sans lequel tout devenait impossible. Le but des novateurs était d'enlever de vive force la tragédie, cette Bastille de l'art ancien; mais la place était forte et bien gardée; elle devait opposer une longue et vive résistance. L'alarme fut donnée, chacun courut aux armes ; deux camps se formèrent : on surnomma *classiques* les soutiens de la vieille formule, et *romantiques* ceux de la nouvelle. Ces appellations, venues de l'Allemagne, n'ont pas de signification précise dans notre langue. Rien, en effet, de moins classique que l'absence d'idées et le détestable style des parodistes de Voltaire le Tragique. Quant au mot *romantique*, ceux qui l'acceptaient en s'en prévalant entendaient par là exprimer la nécessité du retour au naturel et la proscription de toute convention banale. Les représentations de Shakespeare données à la Porte-Saint-

Martin par les acteurs anglais, et le succès immense de l'une de leurs actrices, miss Smithson, vinrent mettre le feu aux poudres.

Le parti classique était très-fort, non-seulement en nombre, mais par la position officielle de ses chefs. Les uns étaient ministres, les autres pairs de France, députés, conseillers d'État, directeurs d'administrations et de journaux. Parmi les vénérables de l'Académie française, beaucoup avaient *sacrifié à Melpomène* dans leurs beaux jours, et ne dédaignaient pas encore, à leurs moments perdus, de *caresser la Muse*. Si la tragédie n'était pas une chose réelle, il demeurait établi qu'ils étaient, eux, des fantômes. Ils devaient donc combattre à outrance pour leurs autels et pour leurs foyers. Il fallait à tout prix écraser, par une levée en masse, ces iconoclastes effrontés, qui parlaient de briser les vieux dieux sur leurs piédestaux.

Le lecteur qui a parcouru le chapitre précédent doit comprendre quelle horrible haine devait s'être amassée dans le cœur de toute la jeunesse intelligente, forcée de subir chaque soir le répertoire que nous avons analysé et dont le monotone ensemble montre si bien le vide absolu. En présence de ce néant, le chaos aurait déjà été un progrès. Au lieu d'un chaos, nous eûmes une renaissance. Que cette création moderne ne fût pas parfaite, je le concède, mais on ne peut nier que le fait d'avoir délivré le monde de cette chaîne de lieux communs qui tenait l'art captif ne fût un véritable service rendu au temps à venir comme au temps présent. En prêchant *l'art pour l'art*, les ultra-romantiques, plus impressionnés par la forme que par le fond, n'en travaillaient pas moins, sans le savoir, pour la cause générale de l'affranchissement. Le gouvernement d'alors protégeait instinctivement la tragédie, comme l'avait fait le gouvernement de l'Empire. Il sentait instinctivement que cet art immobile qu'on voulait détruire contenait un point de résistance dont il pouvait profiter.

Le manifeste de Victor Hugo imprimé en tête du drame de *Cromwell* retentit, dans le monde lettré de 1827, comme un coup de tonnerre. Nouveau David, le jeune auteur des *Odes et Ballades* parut résolûment avec sa fronde et sa pierre devant le Goliath académique. Il établit que les temps épiques avaient vécu et que tout venait aboutir au drame dans la poésie moderne. Lorsque Dante Alighieri eut fermé les portes de son Enfer, dit-il, il écrivit sur le frontispice de son œuvre : *Divina Commedia*. Le caractère du drame est le réel. La nature donc! la nature et la vérité ; mais la nature et la vérité selon l'art. Le Cid parlera en vers, quoique nous nous exprimi en prose dans les habitudes de la vie. Le Cid parlera français au lieu de traduire sa pensée en espagnol ; et nous voudrons bien admettre que c'est un acteur, et non le Cid lui-même, qui courtisera Chimène et qui tuera le comte de Gormas. Ce que la jeune école doit éviter avant tout, c'est le *commun*, et surtout la périphrase à la Delille, qui s'est infiltrée dans la tragédie. Le vers, qui est un ornement utile, dépouillera tout amour-propre et admettra les expressions nécessaires au drame ; alors il s'incrustera dans la mémoire de l'auditeur ; « c'est le fer qui devient acier ». Le mélange du comique et du dramatique doit être recherché au lieu d'être évité. Le maître avait dit le *grotesque*, mais l'expression, je crois, était allée au-delà de sa pensée.

Telles sont en substance les doctrines du fameux manifeste. Rien de plus simple pour nous que cette affirmation ; mais, en 1827, tout cela sentait l'hérésie. L'Académie eût volontiers brûlé l'auteur et payé les fagots. Une foule irritée de bourgeois, de boutiquiers et de fonctionnaires grisonnants, tenant au vieux système par les liens de l'habitude et par l'éducation, se forma en légions compactes pour écraser la première œuvre qui se présenterait au théâtre sous la bannière du programme hérétique. Chacun des académiciens qui avait dans son passé quelque tragédie, ou que l'amitié et la conformité de goût liait à un tragique *pur* ou *mitigé*, prêchait dans les salons une Saint-Barthélemy contre les corrupteurs du goût. Les journaux sonnaient le tocsin et aiguisaient leurs plumes en manière de poignards. La censure ministérielle ouvrait les griffes, prête à lacérer le premier huguenot de l'art qui oserait jeter le gant à Aristote.

D'un autre côté, la jeunesse des écoles et des ateliers se mettait en mesure de renouveler les luttes de *Germanicus;* mais elle était, cette fois, uniquement animée de l'esprit littéraire : la politique n'avait rien à voir dans le conflit. Les nouveaux adeptes laissaient croître leurs cheveux à la Raphaël et couronnaient leurs fronts d'un feutre enrubanné. Ils se réunissaient le jour au jardin du Luxembourg, le soir dans les cafés du quartier Latin, et là, au lieu de causer des danses de la Grande-Chaumière, réservées pour les fêtes du dimanche, ils discutaient sur l'esthétique, maudissaient les *perruques* et juraient l'extermination des Atrides dans leur dernière génération.

Le premier ouvrage qui s'offrit aux coups de la réaction classique fut le *Henri III* d'Alexandre Dumas, joué au Théâtre-Français le 11 février 1829. Tout, dans cet ouvrage, avait été calculé pour provoquer les colères des admirateurs de la tragédie. On y récitait une scène entière de Schiller, celle du page ; on y reproduisait la couleur locale du journal de *L'Estoile*, agrémentée de nécromancie, de mignons aux pourpoints taillardés, jurant par la mort-Dieu, soufflant dans des sarbacanes et jouant au bilboquet. L'action dramatique y était poussée aux dernières violences.

La traduction un peu arrangée de l'*Othello* de Shakespeare, par Alfred de Vigny, fut représentée à la Comédie-Française huit mois après *Henri III*. Alfred de Vigny, encore inconnu au théâtre, brûlait de s'offrir aussi en victime, d'autant que, sauf quelques lardons de journaux, le martyr de la saison précédente n'avait pas couru de danger sérieux, en proportion surtout avec le bruit qu'il avait excité autour de son nom. Et puis le néophyte, se couvrant cette fois de la cuirasse impénétrable de Shakespeare, pouvait toujours rejeter l'événement fatal (s'il se produisait) sur sa collaboration posthume. De Vigny dit, dans sa préface d'*Othello*, qu'il n'a voulu cette fois faire qu'une œuvre de forme, « essayer l'instrument en public avant de jouer un air de son invention. » La pièce réussit, et la traduction du *More de Venise* fut regardée comme une audace.

Le romantisme avait donc de prime saut remporté deux victoires ; mais les adversaires, se retranchant derrière le rempart de leurs alexandrins, opposèrent à Dumas sa prose morcelée et à de Vigny son absence d'invention. Lorsque Victor Hugo offrit *Hernani* au comité du Théâtre-Français, *Hernani*, une pièce en vers, écrite par le poëte lyrique dont la renommée balançait déjà celle de Lamartine, l'Académie ouvrit l'oreille. Elle sentait que là on l'attaquait au défaut de la cuirasse. Elle envahit les ministères, elle circonvint la direction et les sociétaires du Théâtre-Français, et elle obtint cette énormité que deux de ses membres des plus *purs*, Legouvé et Brifaut, feraient partie de la commission chargée d'examiner l'ouvrage. Les rapporteurs conclurent dans les termes les plus méprisants. Ils déclarèrent que la pièce de leur futur collègue était « un tissu d'extravagances auxquelles l'auteur s'efforçait vainement de donner un caractère d'élévation ». Le drame abonde, dit le rapport, en inconvenances de toute nature ; il n'y a aucun inconvénient à en autoriser la représentation, mais il est d'une sage politique de n'en pas retrancher un seul mot. Il est bon que le public voie jusqu'à quel point d'égarement peut aller l'esprit humain affranchi de toute règle.

Les termes mêmes du rapport prouvent à quel point les *purs* méprisaient l'œuvre nouvelle de leur ennemi ; ils crurent de bonne foi que la pièce allait tomber honteusement, et que de ces ruines ils bâtiraient un piédestal à *Ninus II* et à *Falkland ou la Conscience*. Malheureusement il n'en fut rien ; devant le public l'ouvrage alla aux nues, et la grande bataille d'*Hernani* fut gagnée le premier jour.

Le 3 mai 1831, l'*Antony* de Dumas s'empare du théâtre de la Porte-Saint-Martin, où Casimir Delavigne avait fait jouer l'année précédente *Marino Faliero*; puis, en août, dix-huit mois après *Hernani*, paraît le drame de Victor Hugo, *Marion Delorme*, pièce écrite en 1829 et arrêtée pendant deux ans par la censure. *Marion Delorme*, grâce à la révolution de 1830, sortait des limbes où la retenait avec tant d'autres ouvrages le ministère de l'intérieur. La Comédie-Française s'empara de *Marion Delorme*, dont le succès fut éclatant, comme on sait. C'est à ce moment que les purs se reconnaissent vaincus ; l'Académie gronde sourdement et se prépare à protester officiellement auprès du roi et des ministres. Casimir Delavigne a lui-même rompu avec la réaction, en écrivant *Marino Faliero* et *Louis XI*, lequel prend une place honorable dans le répertoire du Théâtre-Français. Le 11 septembre 1832, Frédéric Soulié fait représenter sa *Clotilde*, imitée de Milman, où M^me Mars fut si admirable, et Alexandre Dumas donne *Térésa* et *la Tour de Nesle*.

*Le Roi s'amuse* était d'avance désigné pour une entreprise. Le sujet prêtait aux lazzis. On réunit les rieurs dispersés, et la pièce, violemment assaillie le 22 novembre 1832, tomba au bruit des sifflets et des vociférations. Le lendemain la pièce est interdite par le ministre de l'intérieur. Victor Hugo intente un procès au ministre, et il répond à la proscription définitive de son œuvre par *Lucrèce Borgia* et *Marie Tudor*, drames joués tous deux à la Porte-Saint-Martin, dans le cours de l'année 1833.

Cette même année 1833 vit paraître l'*Angèle* d'Alexandre Dumas, qui, l'année suivante, donna *Catherine Howard*. Le *Chatterton* d'Alfred de Vigny, dont le jeu passionné de M<sup>me</sup> Dorval fit un triomphe, partagea avec l'*Angelo* de Victor Hugo les applaudissements de 1835. Casimir Delavigne en eut aussi sa part avec son *Don Juan d'Autriche*, où il continua de s'éloigner de plus en plus de ses anciens adhérents. En 1837, Scribe obtient un grand succès de comédie avec *la Camaraderie*, et Dumas offre aux coups de la critique son étude romaine de *Caligula*, qu'il a l'imprudence d'écrire en vers. Victor Hugo relève bientôt le prestige de la poésie au théâtre par *Ruy Blas*. *Mademoiselle de Belle-Isle* se produit en 1839 ; elle est appréciée comme l'un des meilleurs ouvrages de l'auteur d'*Antony*. C'est deux ans après, en 1841, que l'intrépide Viennet, le pur des purs, lance, au milieu d'un public ébahi, sa tragédie d'*Arbogaste*, composée pour des temps plus primitifs.

Le théâtre littéraire est à ce moment dans un calme plat. On ne voit rien surgir d'important, excepté peut-être une comédie en cinq actes de Dumas, *Un Mariage sous Louis XV*. 1843 nous fait assister à l'échec des *Burgraves* de Victor Hugo, sur la scène du Théâtre-Français, malgré la magnifique poésie qui sert d'enveloppe à la plus vide des actions dramatiques. Ce fut l'adieu de Victor Hugo au théâtre. On ne saurait trop le déplorer, car la mission du poëte n'était pas finie et il se serait relevé de cet échec avec la plus grande facilité.

Le fantôme de la tragédie mal tuée profite de l'occasion pour reparaître. La *Lucrèce* de Ponsard, c'est la tragédie qui a fait sa toilette, comme une belle fille qui veut plaire ; elle s'est amendée dans la forme, son langage s'est parfumé des thyms de l'Hymette ; elle vise à l'imitation des Idylles d'André Chénier. Avec *Lucrèce*, qui semble tout d'abord une réaction, mais qui n'est qu'une fantaisie isolée, Ponsard ouvre la porte à *l'école du bon sens*. Ponsard, couronné par l'Académie, est un moment acclamé par les *purs* comme le Messie du renouveau tragique, mais il répond à ces avances intéressées en passant au moyen âge et au moderne avec *Agnès de Méranie* et *Charlotte Corday*. Après avoir jeté cette lueur tumulaire, la tragédie, bien morte cette fois, rentra tout de bon dans le carton des spectres.

Tel est, en résumé, le mouvement d'ensemble qui

s'opéra au théâtre pendant les luttes entre les romantiques et les classiques. En somme, on ne fonda rien de collectif, et il ne reste de tous ces combats que des œuvres individuelles qui vivront plus ou moins.

Le contour de cet ensemble étant tracé, venons maintenant aux individualités qui lui donneront le relief et la couleur.

## CHAPITRE IV.

### LE DRAME.

#### I.

#### Le drame classique.

Avant d'aborder le drame littéraire, tel que l'a conçu et mis en œuvre l'école de 1830, rappelons en quelques mots, et pour servir de point de jonction et de comparaison, ce qu'était le drame, en usage à la Comédie-Française, à la fin du siècle dernier et au commencement de celui-ci.

L'invention de Nivelle de La Chaussée, qui fit les délices de la cour de Louis XV, et qui engendra *le Père de famille* de Diderot et la *Nanine* de Voltaire, avait fourni la base de ce produit, et les traductions des drames intimes allemands en avaient inspiré le détail. Le public français, désireux d'émotions fortes, ne trouvant pas ce qu'il cherchait dans la tragédie, devenue de plus en plus vide, de plus en plus incolore, courait en foule applaudir *l'Honnête Criminel* de Fenouillot de Falbaire. On voyait dans cet ouvrage, joué en 1790, un fils allant prendre au bagne la place de son père condamné pour cause de religion, la maîtresse du vertueux jeune homme l'accablant de ses mépris sans qu'il consentît à lui révéler son secret, le père accourant réclamer ses chaînes, et le fils refusant de le reconnaître. Le succès de cette action empruntée à une anecdote historique fit affluer tout Paris à la Comédie-Française ; les âmes sensibles y mouillèrent bien des mouchoirs. On pardonna l'absence de style et d'art pour ne s'occuper que des *effets* plus ou moins adroitement préparés et amenés par l'auteur.

Après Fenouillot de Falbaire, ce fut de Baculard d'Arnaud qui, dans la même année 1790, produisit au théâtre *Un Comte de Comminges*, qu'il avait fait imprimer en 1764. Cet amant passionné qui, en sortant de prison, trouve sa maîtresse mariée et va s'enfermer au couvent de la Trappe, rencontra la même sympathie que la pièce de Falbaire. Le *Calas* de Laya continua la série des succès. Marie-Joseph de Chénier donna, l'année suivante, une nouvelle version de ce sujet pathétique, et, pour le relever un peu, il l'écrivit en vers. Le jeune Talma joua, dans cette tragédie-drame, un rôle secondaire, celui du magistrat Lasalle, où il commença d'établir sa réputation.

Après *Calas*, ce fut le tour de *Falkland*, que Laya fit représenter en 1798. Cette pièce, qui obtint un succès égal à ses devancières, était tirée d'un roman anglais fort célèbre, en son temps, au-delà du détroit. Falkland a laissé condamner de braves fermiers, les Hawkins, pour un meurtre qu'il a commis. Il retrouve Caleb, un de leurs enfants, après seize ans passés dans la solitude et dans le regret de sa faute. Accablé par les remords, il avoue tout à Caleb et expie son crime en s'empoisonnant. Une certaine lenteur dans la marche de l'action nuisit d'abord à la réussite de l'ouvrage, mais la vive impression que produisit le troisième acte sur les nerfs des spectateurs fit vivre l'ouvrage. *L'Abbé de L'Épée*, joué en 1800, établit la réputation de Bouilly. L'ouvrage est resté au répertoire. Le rôle du jeune sourd-muet, Théodore, traduit par une actrice de quelque mérite, n'a jamais manqué d'intéresser le public. M^me Molé, en arrangeant pour la scène française la pièce de Kotzebue intitulée *Misanthropie et Repentir*, trouva aussi son succès de larmes, qui s'est continué jusqu'à nos jours.

Sous le Consulat, Alexandre Duval donna son *Édouard en Écosse*, dont le parti royaliste se fit une arme contre le pouvoir nouveau. Bonaparte assista lui-même à la seconde représentation. Le lendemain la pièce était interdite, l'auteur obligé de fuir. L'ouvrage ne reparut sur la scène qu'en 1814. Le drame bourgeois avait pris cette fois la forme historique; au lieu de chercher l'émotion dans les larmes, il l'avait demandée à l'intérêt de curiosité. Le prince Édouard Stuart errant à l'aventure dans une île écossaise, se faisant passer pour lord Athol, et lord Athol laissant croire qu'il est le prince proscrit, excitèrent vivement les sympathies du parterre. L'ouvrage obtint à ses deux exhibitions, à quinze années de distance, deux succès véritables, quoiqu'il ne se recommande ni par son style ni par l'habileté de ses combinaisons. Duval dit dans sa préface peu modeste : « Le public accueillit la pièce avec un tel intérêt, qu'il craignait même de se distraire par les applaudissements..... Il témoignait son plaisir par un léger cri de surprise qui, échappé à chaque individu en particulier, produisait par l'ensemble un effet d'autant plus singulier qu'il n'interrompait point la scène et contribuait encore à l'illusion. Ce n'est que dans les entr'actes qu'il se livrait à son enthousiasme par de nombreux applaudissements, qui ne cessaient qu'au moment où l'acteur reparaissait sur la scène. » Pour rendre hommage à la vérité, il aurait dû ajouter à ces éloges que l'allusion politique fut pour beaucoup dans le triomphe. Le duc de Choiseul, rentré en France depuis la veille, applaudissait à tout rompre dans sa loge d'avant-scène, située en face de la loge du premier Consul. Les cartes des anciens émigrés et des plus purs royalistes de France tombèrent comme grêle au domicile de l'auteur, tout surpris de ce nouveau succès sur lequel il n'avait pas compté. Au souper que ses amis lui donnèrent après la première représentation, un spéculateur lui offrit 20,000 francs de son manuscrit. Cambacérès, pour avoir laissé jouer la pièce, reçut une semonce de Bonaparte; le ministre Chaptal en reçut une autre de Cambacérès, et Duval, craignant que le ricochet n'allât jusqu'à lui, prit la diligence de Bretagne.

*La Courtisane*, imitée de la *Sara Sampson* de Lessing, autre drame de Duval, ne fut pas représentée; *Guillaume le Conquérant*, pièce écrite à l'époque des préparatifs pour le projet de descente en Angleterre, n'eut qu'une représentation. L'auteur allègue, pour cause de l'interdit qui frappa son ouvrage, le dépit des « plats courtisans du nouveau maître ».

Alexandre Duval n'aimait pas le drame, quoiqu'il n'eût pas non plus un goût très-prononcé pour la tragédie. Ce qui lui souriait le plus, c'était la comédie, et surtout la comédie de mœurs; mais il déclare que la comédie est impossible avec la censure administrative. Il accuse M. Guizot et M. de Barante de professer des doctrines romantiques, et il prédit une invasion des barbares sur la scène de Corneille et de Molière. « Cette direction que prendra le théâtre, dit-il, est une suite de notre position politique... Il faudra bien que le public, dont on ne veut pas satisfaire les goûts, cherche, dans les pièces imitées de l'étranger, d'autres émotions et d'autres plaisirs. Ce n'est pas que je craigne que le genre romantique s'établisse en France d'une manière durable : il y a trop d'esprit et de raison dans la nation française pour qu'elle ne force pas les auteurs à revenir à la simplicité dans leurs productions. Alors les auteurs jouiront d'un avantage que ne pouvaient avoir leurs prédécesseurs : c'est qu'ils seront *moins timides dans leurs tableaux, moins maniérés dans l'exécution, et plus énergiques dans les détails.* » Ces derniers mots de l'auteur d'*Édouard en Écosse* présentent la plus complète justification du système qu'il condamne. Qu'importe que le romantisme disparaisse, s'il a produit tous ces bienfaits !

Nous avons montré à quels précédents se relie le drame bourgeois et larmoyant, qui commence à Nivelle de La Chaussée pour arriver jusqu'à nos jours. Comme on le voit, ce drame, qui faisait pleurer le roi Louis XV, tout comme les belles dames du Consulat et les maréchaux de l'Empire, n'a rien de commun avec le drame littéraire, élevé et poétique de l'école de 1830.

## II.

### Le drame romantique.

VICTOR HUGO, *chef d'école.*

Je disais plus haut que Victor Hugo n'avait pas rempli toute sa mission en renonçant au théâtre, en 1843, après son échec des *Burgraves*. Il comptait alors quarante et un ans d'âge, il s'épanouissait dans la pleine floraison de son génie. Les vers de ce drame épique, si malencontreusement échoué, demeureront peut-être les plus beaux qu'il ait écrits pour la scène. Rossini avait renoncé, lui aussi, à la gloire théâtrale à l'âge de trente-sept ans, mais c'était après *Guillaume Tell*. Il se reposait sur le manteau de pourpre d'un dernier triomphe. Sa paresseuse quiétude ne voulut pas se prendre corps à corps avec la gloire naissante de Meyerbeer. Victor Hugo a-t-il reculé devant Ponsard ? S'est-il effrayé de cet engouement passager de la jeunesse nouvelle pour une nouvelle idole, des luttes que le succès de *Lucrèce* allait faire renaître et que proclamaient les trompettes des hérauts néo-classiques ? Lui, l'homme des luttes, se trouva-t-il réellement sans courage et sans force pour un dernier combat, et ce mot d'un ami cherchant vainement à recruter dans les écoles des enthousiasmes pour les vieux seigneurs du burg de Heppenheff : « Hélas ! monsieur Hugo, il n'y a plus de jeunes gens ! » lui parut-il un accent prophétique ? Ce qui reste avéré, c'est que le poëte de *Marion* et de *Ruy Blas* avait combiné les plans de deux pièces importantes, *Torquemada* et *les Jumeaux*, et que depuis trente années ces deux pièces n'ont paru ni au théâtre ni sous la forme de livres, quoiqu'elles aient été annoncées sur les prospectus de l'éditeur Lacroix.

L'échec des *Burgraves*, comme représentation, s'explique de lui-même par le peu d'intérêt scénique de l'action, par l'impersonnalité de ces figures de pierre, par l'absence, dans la fable, de toute passion tendre et attachante, seule base sur laquelle on puisse édifier *l'humanité* d'un drame. Il fallait publier le poëme des *Burgraves*, comme fut publié celui de *Cromwell*, et ne pas exposer ces admirables vers au froid accueil d'un public impatient, accoutumé aux explosions d'*Hernani* et de *Ruy Blas*. Devons-nous croire, à ce sujet, ce que dit un livre intitulé : « *Victor Hugo raconté par un témoin de sa vie* », lequel nous apprend qu'il ne convenait plus au poëte « de livrer sa pensée à ces insultes faciles et à ces sifflets anonymes que quinze ans n'avaient pu désarmer » ? Devons-nous ajouter foi à cette autre assertion du même livre, disant que Victor Hugo avait moins besoin du théâtre à cette époque de sa vie, puisqu'il avait la tribune ? Quel rapport voit-on entre ces deux manières de produire la pensée, et l'une excluait-elle l'autre ?

Tout le monde admire le *Paradis perdu* de Milton, et, certes, personne ne songe à l'*Areopagetica*, que le poëte sublime écrivit étant secrétaire obscur du parlement et du protectorat de Cromwell. En arrêtant, au grand dommage des lettres, le cours de sa production dramatique, l'auteur de *Ruy Blas* a évidemment lâché la proie pour l'ombre. Il reste inachevé, comme la cathédrale de Cologne. Tel qu'il se présente devant l'impartial avenir, il n'en sera pas moins le premier poëte de notre âge, parce qu'à toutes les qualités du dramatiste, l'invention, la passion, la nouveauté des moyens, il joint un grand style, et que le style est le bronze qui perpétue l'idée. Entre l'admiration absolue, qui n'est plus dans le tempérament de ce temps d'examen, et le dénigrement systématique condamnant tout un ensemble pour quelques fautes de détail, il y a place pour une juste et saine appréciation. Cette appréciation, nous tâcherons de la faire, nous qui, personnellement, avons assisté à tous ces combats de théâtre, depuis la campagne laborieuse d'*Hernani* jusqu'à la capitulation des *Burgraves*.

A cette époque mémorable de sa vie, celui qui tenait de Chateaubriand le surnom d'*Enfant sublime* devait savoir qu'il avait charge d'âmes, et que, sa forte main s'étant refermée, le domaine dramatique, par l'incertitude et par la division, s'en allait languir et dépérir, comme jadis l'empire d'Alexandre. *Les Orientales, Notre-Dame de Paris, Les Feuilles d'automne, Les Voix intérieures, Les Rayons et les Ombres*, tous ces chefs-d'œuvre qui l'avaient sacré le premier poëte de la France moderne, ne lui faisaient-ils pas une loi de rester sur la brèche au point toujours menacé ? La palme académique, conquise par lui après trois sollicitations infructueuses et humiliantes, lui avait-elle donc tari la veine, comme disait Chapelain en parlant du grand Corneille le lendemain de l'homérique bataille du *Cid* ? Toujours est-il qu'il sembla s'endormir dans ce fauteuil disputé avec tant d'ardeur, et que depuis le jour où il s'y assit il ne produisit plus qu'une seule grande œuvre, *la Légende des siècles*, dix-huit ans après la déclaration officielle de son immortalité ! En 1845, le roi Louis-Philippe avait nommé notre poëte pair de France. Qui s'en souvient, si ce n'est le grand peuple des arts, qui, dans ces deux circonstances, ne put s'empêcher de songer à M. de Gœthe coiffant d'un tricorne de conseiller aulique le cerveau qui avait enfanté *Marguerite* et *Wilhelm Meister* ?

Lorsqu'on veut être sublime en quelque chose, il faut bien se garder de diviser ses forces. Milton perdit les plus belles années de sa vie à écrire ses *Papiers d'État*; Rubens négligea, dans ses ambassades, l'occasion d'ajouter de belles toiles à ses galeries splendides ; Gœthe sacrifia trop de son temps à mendier misérablement les faveurs princières ; Victor Hugo aurait pu, peut-être, se dispenser d'être pair de France de la monarchie et de la république. Passons, l'histoire ne se refait pas.

L'aimable et excellent baron Taylor dirigeait le Théâtre-Français, lorsque, le samedi 25 février 1830, fut représenté, sur notre première scène littéraire, le drame d'*Hernani*. Ce fut même, je crois, le bon baron, tout dévoué aux idées jeunes et nouvelles, qui introduisit l'ennemi dans la place, au grand scandale des classiques. Il avait déjà commis le crime d'y admettre, l'année précédente, *Henri III et sa Cour*, et l'on soupçonnait qu'en 1826, un peu avant la mort de Talma, il avait ménagé une entrevue entre ce grand artiste et Victor Hugo pour compléter l'arrangement du rôle de Cromwell. Alexandre Dumas, dans ses *Mémoires*, donne, sur les répétitions d'*Hernani*, les détails les plus circonstanciés, depuis le refus de M^lle Mars de dire en scène à Firmin : « Vous êtes mon lion superbe et généreux », et voulant substituer au quadrupède romantique le *monseigneur* en usage, jusqu'au retrait du rôle de Doña Sol par le poëte indigné, rôle qui fut presqu'immédiatement rendu par l'auteur et repris par l'actrice pour le bien de tous. Un *tragique* (horresco referens) fut surpris, un jour, caché dans l'ombre d'une baignoire pendant l'une de ces répétitions à huis clos. Des figures errantes écoutaient aux lucarnes des corridors pour rapporter en ville les expressions excentriques; on assiégeait les acteurs pour leur arracher des bribes de leurs rôles, dont on allait faire des gorges chaudes dans les cafés. L'un des membres de la censure, abusant du secret de la confession, lacérait en public la pièce et l'auteur; les académiciens retrouvaient leurs jambes de vingt ans pour courir les antichambres ministérielles et s'aller pendre aux sonnettes des journalistes. Le Vaudeville, dans sa *Revue de l'année*, avait parodié d'avance la scène des portraits, où Ruy Gomez était représenté par un montreur d'ours. Des mains inconnues glissaient dans les journaux de ces réclames à double tranchant, qu'on appelle, en argot de presse, *des serpents*; on supposait des vers ridicules, on parlait tout bas des hésitations de la censure à laisser jouer un ouvrage *dangereux pour la politique et pour les mœurs*. C'était une manière d'éveiller son attention. La *claque* du théâtre fut soupçonnée de se disposer à trahir. Influencés par ces intrigues, les acteurs perdaient confiance et se décourageaient. Le jour de la première représentation, il n'y avait plus que Joanny, le brave Ruy Gomez de Silva, qui crût au succès de la pièce. Ce désarroi était le but que se proposait la cabale. Les grands périls inspirent les grandes résolutions. La claque officielle, soupçonnée de passer à l'ennemi, fut bannie de la salle; on la remplaça par des jeunes gens de bonne volonté, accourus des ateliers de peinture et d'architecture, des écoles de droit et de médecine, des établissements d'imprimerie, des études de notaires et d'avoués. Les jeunes littérateurs et les artistes admis dans les secrets du cénacle veillaient à empêcher toute surprise de la part de l'ennemi. Le triomphe d'*Hernani* c'était le triomphe du parti tout entier; son échec devait replonger l'art dans la nuit des tragédies du premier âge. Le corps d'armée des *jeunes* entra dans la salle du Théâtre-Français, à trois heures de l'après-midi, afin d'assurer ses postes de combat. Son arrivée en ordre de bataille, avec ces costumes excentriques, ces barbes hérissées, ces cheveux flottants, ces feutres pointus, ces bérets béarnais de couleurs féroces, lui donnait l'apparence d'une descente de la cour des Miracles. A l'aspect de ces truands, les bourgeois de la rue Richelieu rentrèrent chez eux épouvantés, les boutiquiers commencèrent à fermer leurs volets. Les quatre heures d'attente avant le lever du rideau furent employées à manger du cervelas à l'ail et des pommes de terre frites, ayant pour dressoirs les banquettes du parterre; quelques-uns cherchèrent, après boire, les coins les plus sombres de la maison de Molière pour « évacuer le superflu de la boisson ».

Théophile Gautier, tout jeune homme alors, était l'un des chefs de ces bandes; il dit quelque part qu'il assista à quarante représentations consécutives de la pièce. Il portait un gilet rouge et un pantalon gris-perle à bande de velours noir. « C'était charmant! s'écrie-t-il : on demandait par-ci par-là la tête de quelque académicien; — qui eût dit alors que notre chef passerait à l'ennemi et serait académicien lui-même! et l'on battait un peu les bourgeois, qui ne comprenaient pas... Certes cela peut sembler ridicule aujourd'hui; mais c'était une belle chose que toute cette jeunesse ardente, passionnée, combattant pour la liberté de l'esprit et introduisant de force dans le temple de Melpomène la muse moderne, dont Victor Hugo était à cette époque le prêtre le plus fidèle... »

La pièce débuta froidement; on s'observait de part et d'autre; ce ne fut qu'au second acte que la salle prit part aux applaudissements du parterre. La scène des tableaux, au troisième acte, se trouva un moment en danger, désignée qu'elle était aux moqueries par la *Revue* du Vaudeville ; mais le premier jour elle passa sans opposition. Le monologue du quatrième acte obtint un succès fou ; le cinquième acte tout entier fut acclamé. Après le troisième acte, l'auteur avait vendu 6,000 francs l'impression de son manuscrit à l'éditeur Mame. Le surlendemain, qui était un lundi, tous les journaux, à l'exception des *Débats*, dirent un mal horrible de la pièce, de l'auteur et de sa claque dépenaillée. Ce jour-là l'armée des classiques entra sérieusement en campagne et développa ses colonnes. Dès la troisième scène du premier acte, lorsque Ruy Gomez s'écrie :

Par saint Jean d'Avila, je crois que, sur mon âme,
Nous sommes trois chez vous, c'est trop de deux, madame,

une bordée de rires accueillit Joanny, qui ne se déconcerta pas. Le célèbre hémistiche : *De ta suite j'en suis* redoubla l'hilarité des galeries, de l'orchestre et des loges. Les chapeaux pointus et les bérets de la *jeune France* ripostèrent par des bravos et des cris ; des luttes partielles s'engagèrent, il plut des coups de poing ; heureusement les combattants n'avaient plus à leur disposition les cannes de *Germanicus*, puisque, par ordonnance de la police, cet appendice de la promenade devait, depuis 1817, se déposer au bureau d'entrée des théâtres ; mais les romantiques possédaient les gros bataillons, et ils restèrent les maîtres du champ de bataille. Les Philistins rirent même au monologue de Charles-Quint, tant applaudi le premier jour, et à quelques passages du cinquième acte que le public de l'avant-veille avait acclamés.

La bataille recommença à la troisième représentation et ne s'arrêta plus; mais le bruit diminua chaque soir d'intensité, et d'énormes recettes consolèrent les comédiens-sociétaires de cette campagne difficile. Je confronte mes souvenirs avec les confidences imprimées depuis cette époque, et je trouve les versions parfaitement d'accord; ce n'est donc pas un rêve, quoique cela en ait tout l'air. Le livre autobiographique, que j'ai cité plus haut, produit une lettre curieuse de Charlet, le peintre des grognards de l'Empire, où l'artiste introduit auprès du poëte quatre de ses *janissaires* (lisez de ses *rapins*), « gens à couper les têtes pour avoir les perruques. »

*Hernani* obtint quarante-cinq représentations non interrompues. Aux diverses reprises qui en ont été faites, les antagonismes que nous venons de raconter ne se sont pas reproduits. Il était absurde et injuste, en effet, de fermer les yeux aux beautés d'une œuvre de premier ordre pour quelques mots inaccoutumés dont on peut, à volonté, admettre ou critiquer l'à-propos et le bon goût. Ceux qui ne cherchent jamais que les taches dans une belle œuvre sont des cerveaux étroits, ne comprenant point que la perfection n'est pas de ce monde. Les poëtes officiels de l'Empire avaient réduit outre mesure le dictionnaire des mots réputés *nobles*; on en était venu, les exemples produits dans ce livre l'ont suffisamment prouvé, on en était venu à ne pouvoir appeler aucune chose par son nom, et la périphrase si ridicule de l'abbé Delille était née de cette bégueulerie tragique. Un pas de plus dans cette voie, et l'on parlait en charades et en rébus.

Victor Hugo, s'annonçant comme le réformateur de ces criants abus, devait nécessairement pousser son idée jusqu'aux derniers confins et employer le mot propre chaque fois qu'il le pouvait, comme l'avaient fait avant lui Shakespeare et Molière. De là les déchaînements du public contre quelques passages d'*Hernani*; de là aussi, de la part de l'auteur, une certaine affectation à mêler à plaisir les locutions les plus familières aux plus solennelles périodes de la poésie épique. Il aplanissait ainsi le terrain pour ses successeurs, et exagérait peut-être le bien pour rendre le retour au mal impossible. Après les audaces d'*Hernani*, dont pas une ligne ne laissait en repos l'irascibilité des amateurs de phrases toutes faites, on ne pouvait plus s'en prendre à quelques mots naturels émaillant isolément une phrase ou une période. Persuadé que tout tableau, en littérature comme en peinture, se compose forcément d'ombre et de lumière, Victor Hugo avait dit dans sa préface-manifeste de Cromwell : « Telle tache peut n'être que la conséquence indivisible de telle beauté. Cette touche heurtée qui me choque de près complète l'effet et donne la saillie à l'ensemble. Effacez l'un, vous effacez l'autre. L'originalité se compose de tout cela. » Applaudi ou sifflé, le poëte atteignait le principal but qu'il s'était proposé : substituer le naturel à la convention, le drame à la tragédie. De ce jour, en effet, le drame littéraire, celui qui compte parmi ses maîtres Shakespeare, Calderon, Schiller, était né pour la France et il allait parcourir la série de ses développements. Nous étions bel et bien délivrés de la tragédie officielle. Il faut avoir vécu sous ce despotisme grec et romain pour comprendre les joies de la délivrance. Je voudrais voir condamner à six mois de *Phocion* ou de *Pertinax* ceux qui regrettent la poétique déchue de cette époque de mortel ennui et d'impuissance constatée.

Hugo avait commencé sa carrière dramatique en faisant représenter à l'Odéon un drame tiré du *Château de Kenilworth*, de Walter Scott, sous le titre d'*Amy Robsart*. Ce fut M. Paul Foucher, son jeune beau-frère, qui endossa la responsabilité de cette chute, car *Amy Robsart* fut une lourde chute. Victor Hugo réclama, le lendemain, la part qui lui revenait dans la mésaventure. Cet essai avait été précédé d'articles publiés dans un recueil intitulé *Le Conservateur littéraire*, où le futur chef d'école affirmait ses principes en examinant les œuvres de lord Byron, de Thomas Moore, de Walter Scott et de Lamartine.

*Marion Delorme*, qui fut représentée dix-huit mois après *Hernani*, le 11 août 1831, avait été écrite en juin 1829. Le style de *Marion*, tout aussi poétiquement dramatique, tout aussi élevé que celui d'*Hernani*, est pourtant, dans sa forme, plus calculé, pour éviter de trop froisser les préjugés d'une certaine partie du public.

Une circonstance fortuite, la représentation d'*An-

*tony* d'Alexandre Dumas et le bruyant succès de cet ouvrage à la Porte-Saint-Martin qui devait jouer *Marion* quelques mois après, avait divisé en deux bandes les excentriques jeunes gens de la première heure, réunis autrefois et combattant sous le même étendard, à *Hernani* comme à *Henri III*. *Antony* était l'apothéose du chapeau pointu, la déification de l'homme incompris, l'opposition de la prose brutale à la poésie éthérée. *Antony* devait conquérir ses autels, ses lévites et son peuple spécial. Cette scission dans l'Église romantique devenait inquiétante pour les suites qu'elle pouvait avoir, en présence du parti classique toujours compact et uni, malgré le défaut d'orthodoxie des *mitigés*.

Frédérick Lemaître se voyait désigné par l'opinion pour le personnage de Didier, l'amant de Marion.

Le rôle fut pourtant distribué à Bocage, qui, lui, aurait préféré représenter Louis XIII ; cela eut lieu parce que Bocage était devenu l'acteur du moment, après sa remarquable création d'Antony. M^me Dorval, l'Adèle d'Hervey, qui venait de partager le triomphe de Bocage dans le drame de Dumas, reçut naturellement le rôle de Marion, malgré son peu d'habitude de dire les vers.

Le succès littéraire de *Marion* fut très-considérable, mais son résultat matériel n'égala pas celui d'*Hernani*. Le *bâtard* Didier parut trop mélancolique et trop distingué aux excentriques, après les violences du *bâtard* Antony. Quant aux opposants, ils employèrent avec succès les ricanements, qui avaient si bien réussi pendant la guerre d'*Hernani*. Tous les médaillés de la première campagne classique étaient là présents; l'orchestre leur servait de place d'armes. C'est de ce coin que partaient les *oh! oh!* et les *ah! ah!* qui tentaient d'égayer les scènes les plus dramatiques. M^me Dorval, hésitante pendant la première partie, ne se montra réellement elle-même qu'au quatrième et au cinquième acte. Elle enleva toute la salle avec ce couplet si ému, si saisissant qui finit par ces vers :

> Grâce! grâce! — oh, mon Dieu! si je savais parler,
> Vous verriez, vous diriez : « il faut la consoler,
> C'est une pauvre enfant, son Didier c'est son âme... » —
> J'étouffe. Ayez pitié!

J'ai toujours trouvé Bocage moins à sa place dans le rôle de Didier que dans celui d'Antony. La violence allait mieux que la rêverie à cette nature nerveuse et maladive; la prose lui seyait mieux que le vers; le personnage de l'amant de Marion fut avec lui plus sombre que mélancolique, et il faussa par conséquent la vérité de la composition générale. Le drame de Victor Hugo se vit interrompu, à diverses reprises, par des indispositions et des émeutes, et il fit moins d'argent qu'*Hernani*; il est vrai que Crosnier, le nouveau directeur du théâtre, l'avait joué en pleine canicule.

En ne donnant pas son drame au Théâtre-Français, l'auteur eut-il tort ou raison? Je crois qu'il eut deux fois tort, d'abord à cause du genre, ensuite à cause de la distribution des rôles. M^me Dorval, magnifique d'abandon et de larmes dans les situations finales, manquait de charme et d'élégance dans l'ensemble du personnage. M⁽ˡˡᵉ⁾ Mars avait prouvé, par sa création de Doña Sol, qu'elle pouvait tout comprendre et tout exprimer. Quant à Bocage, c'était bien Antony, mais ce n'était pas Didier.

Le nouvel ouvrage de Victor Hugo accrut considérablement sa réputation, comme poëte dramatique, auprès des gens qui pensent et qui tiennent compte non pas seulement des coups de théâtre, mais des analyses de passion et de caractères ; sous ce rapport, *Marion Delorme* est l'une des plus belles études du poëte.

La chute éclatante du *Roi s'amuse,* qui ne fut joué qu'une fois, le 22 novembre 1832, et que le ministre de l'intérieur fit retirer de l'affiche comme immoral au premier chef, fut causée en grande partie par l'oubli de Samson, qui, chargé du rôle de Clément Marot, devait dire deux vers expliquant que Triboulet n'entend ni ne voit ce qui se passe autour de lui, empêché qu'il est par le masque et le bandeau qui le rendent aveugle et sourd. On ne comprit pas, et moi, spectateur, tout le premier, pourquoi Triboulet ne voyait point que c'était son propre mur qu'on allait escalader, et pourquoi il n'entendait point les cris de sa fille. Cette scène, qui est la cinquième du second acte, fit trouver tout le reste de l'action invraisemblable et impossible. Les ricanements accoutumés reparurent au troisième acte ; quant au quatrième, celui du bouge de Saltabadil, on n'en put rien saisir, tant fut violent le concert des hurlements et des sifflets. Beauvalet et M^me Dupont avaient cependant grand air dans leurs personnages de bandit et de gitana, mais l'on ne voulut rien écouter. Ligier, au cinquième acte, se vit interrompu presqu'à chaque vers du beau monologue :

Il est là ! — Mort ! — Pourtant je voudrais bien le voir.

Il ne fut pas possible d'entendre une phrase du reste de la pièce. Les ministres du roi, assemblés en conseil pour ce grave sujet, déclarèrent que le gouvernement ne pouvait plus laisser jouer un ouvrage qui prêchait la débauche et le régicide. Et pourtant on représente aujourd'hui, sur tous les théâtres lyriques de l'Europe, le *Rigoletto* de Verdi, qui n'est autre chose que la traduction exacte du *Roi s'amuse*, où le nom du duc de Mantoue remplace celui du roi de France. Le cinquième acte, qui fut le plus sifflé, est celui que nous applaudissons le plus au Théâtre-Italien. Ainsi va le monde. Je voudrais bien que l'on reprît *le Roi s'amuse*, rien que pour voir si ceux qui l'applaudissaient en italien le siffleraient en français.

Le grand succès de *Lucrèce Borgia* (le drame devait d'abord s'intituler *Le Souper à Ferrare*) fit un instant oublier au poëte militant la rude épreuve qu'il venait de traverser. Les tragiques, cette fois, en furent pour leurs frais de cabale : les ricanements essayés à la scène du poison et à la scène finale des cercueils furent réprimés par les voix du *paradis* menaçant les *genoux*, c'est-à-dire les têtes chauves de l'orchestre.

Le sujet de *Lucrèce Borgia* est bien trouvé et merveilleusement composé. L'auteur l'explique au public dans une manière de recette médicale qu'il imprime dans sa préface : *Recipe, etc.* : « Prenez la difformité morale la plus hideuse, la plus repoussante, la plus complète ; placez-la là où elle ressort le mieux, dans le cœur d'une femme, avec toutes les conditions de beauté physique et de la grandeur royale, qui donnent de la saillie au crime, et maintenant mêlez à toute cette difformité morale un sentiment pur, le plus pur que la femme puisse éprouver, le sentiment maternel ; dans votre monstre mettez une mère ; et le monstre intéressera…. »

Les jugeurs, jusque-là très-hostiles à l'auteur et à ses œuvres, commencèrent à désarmer, ou du moins ils se montrèrent moins acerbes dans leur blâme. On n'injuria plus le poëte, on le discuta. Il lui fut facile de répondre à ceux qui l'accusaient d'avoir diffamé Lucrèce Borgia, qu'elle n'avait pas été précisément un modèle de fidélité conjugale, et de les renvoyer à Tomasi, à Guicciardini et au *Diarium*. Comme on le pense bien, ils n'eurent garde d'y aller voir. Du reste, la légende de cette blonde fille du pape Alexandre VI fut écrite en partie double. Ceux qu'elle combla de ses bienfaits pendant le cours de ses trois mariages la représentèrent non précisément comme une sainte, mais comme une femme belle, aimable et spirituelle, et ne firent nulle mention de son inconduite. Victor Hugo avait le droit de choisir ses sources.

Les caractères de cet ouvrage sont largement conçus

et dessinés ; les moyens de l'action ont généralement de l'ampleur, et ils produisent, sans trop de complaisance, des situations et des coups de théâtre d'un puissant effet. On se sent revivre à la cour lettrée et corrompue de cet Alphonse d'Este, fils d'Hercule, protecteur et ami de l'Arioste, qui émerveilla l'Italie par ses fêtes et ses tournois. « Famille de démons que ces Borgia ! » dit Maffio Orsini quand, dès le lever du rideau, et comme pour donner le ton général de l'action qui va se dérouler, il raconte le meurtre de Jean, duc de Gandia, par son frère César, cardinal de Valence, parce qu'ils aimaient la même femme. « Et qui était cette femme-là ? — Leur sœur. — Assez, monsieur de Belverana, ne prononcez pas devant nous le nom de cette femme monstrueuse. » La scène de l'affront fait à Lucrèce en présence de Gennaro, qu'on sait être son fils, celle de la vengeance de la duchesse qui rend à ses insulteurs un souper à Ferrare pour le bal de Venise, sont les deux points extrêmes que traverse cette action violente pour accomplir son évolution. La sombre jalousie de Don Alphonse, son mépris pour sa femme, cette coupe de poison qu'il l'oblige à verser en sa présence à ce Gennaro dans lequel il soupçonne un rival ; les terreurs de la mère, ses efforts pour sauver son fils ; cet amour filial, pure flamme qui éclaire les profondeurs de cette âme perverse, tout cela est beau, réellement beau.

J'aime moins *Marie Tudor*, représentée, à la fin de la même année 1833, au même théâtre, avec Mlle Georges pour principal interprète. L'auteur de la pièce a dit très-justement : « L'écueil du vrai, c'est le petit ; l'écueil du grand, c'est le faux. » Il me semble qu'il a touché le premier de ces écueils dans le rôle de la sanglante fille de Henri VIII. *Marie Tudor* affecte dans le drame un langage qui sent un peu trop, peut-être, celui des *Commères de Windsor*. Que, selon l'éducation de son temps, elle ait été capable de parler ainsi, je n'en doute pas : sa sœur Élisabeth ne s'exprimait pas autrement dans l'intimité ; mais la vérité, selon l'art, veut que, lorsqu'on prend le public pour témoin, ses oreilles soient respectées ; c'est en négligeant d'observer cette règle d'optique que le procédé devient *petit* en voulant être trop *vrai*. Pour arriver à la complète vérité historique, tous les personnages devraient s'exprimer comme la reine, et alors nous aurions une halle où pleuvraient les gros mots avec les horions.

Les répétitions ne furent pas favorables à la pièce ; et Harel, homme très-fin et très-perfide lorsque son intérêt se trouvait en jeu, eut l'audace d'annoncer sur une même affiche, avec *Marie Tudor* qu'on allait jouer, l'*Angèle* d'Alexandre Dumas, qui devait lui succéder. Sur la réclamation de Victor Hugo, l'annonce d'*Angèle* disparut le lendemain ; mais le coup était porté : le public se trouvait prévenu que le directeur ne comptait pas sur le succès de *Marie Tudor*. La première représentation vit se reproduire les scènes habituelles de rires et de sifflets. La pièce fut violemment cahotée ; M<sup>lle</sup> Georges elle-même fut sifflée. On accusa le malicieux Harel d'avoir cabalé contre lui-même pour faire arriver plus tôt le drame de Dumas, qui reparut en effet au bas de l'affiche sous la rubrique : « Prochainement ». La pièce reprit son assiette aux suivantes soirées et donna quelques recettes fructueuses. Les belles scènes furent applaudies à outrance ; les plus faibles étaient accompagnées de rires et de sifflets. Les chapeaux pointus, plus que jamais divisés entre Dumas et Hugo, commençaient à faire défection, et le parti académique ne désarmait pas.

Justement furieux contre la mauvaise foi d'Harel, Victor Hugo changea encore une fois de théâtre, et il donna le drame d'*Angelo* à la Comédie-Française, où on le représenta en mars 1835. La pièce était d'abord en cinq actes et contenait un épisode dangereux, celui de l'assassinat d'Homodei qui se passait alors en action ; ce n'est aujourd'hui qu'un récit. Victor Hugo fit cette concession aux scrupules de la Comédie-Française, qui se rappelait avec terreur les luttes du 22 novembre 1832, à propos du bouge de Maguelonne, à l'unique représentation du *Roi s'amuse*. M$^{lle}$ Mars entendit chez elle une lecture du drame, et, entre les deux rôles de femme, elle choisit celui de La Tisbe. M$^{me}$ Dorval fut engagée, à la demande de l'auteur, pour représenter l'autre personnage, celui de Catarina Bragadini, la femme du podestat. Ce choix par M$^{lle}$ Mars du personnage de la courtisane, quand le rôle de l'honnête femme convenait beaucoup mieux à la distinction de sa personne et de son talent, n'avait d'autre raison que la crainte de laisser trop d'avantages à l'actrice populaire de la Porte-Saint-Martin, en lui permettant de développer à l'aise la fougue et le naturel de ses qualités instinctives. On devine ce qui dut se passer, pendant les répétitions, entre ces deux rivales. Célimène fut écrasante d'impertinence, et la pauvre Marie Dorval supporta tout pour ne pas créer d'obstacles à la représentation de l'ouvrage. M<sup>lle</sup> Mars dit un jour à l'un de ses camarades un mot qui me revient aujourd'hui : « Quand on répète auprès de cette femme, on a envie de se gratter. »

Ce fut une véritable campagne diplomatique que l'obtention de la mise en *vedette* sur l'affiche du nom de M<sup>me</sup> Dorval après celui de M<sup>lle</sup> Mars, qui arguait de son droit pour y figurer seule. Victor Hugo alla jusqu'à menacer l'administration du retrait de la pièce, si l'on persistait dans ce déni de justice. Après bien des bondissements de tout genre, le navire entra enfin dans le port, c'est-à-dire, en termes vulgaires, que la représentation eut lieu. Les deux actrices furent admirables, chacune dans son genre, chacune avec ses qualités et ses imperfections. Quand l'une faiblissait, l'autre relevait la scène avec une autorité et un effet incomparables. Beauvalet donna une empreinte merveilleuse au rôle du podestat de Padoue. Les ricaneurs, désappointés, ne trouvèrent pas où mordre, et le drame obtint un triomphe complet.

La pensée de Victor Hugo était d'opposer l'un à l'autre deux types de femmes : la femme dans la société, la femme hors de la société, toutes deux se défendant, l'une contre la tyrannie d'un époux sans amour et sans générosité, l'autre contre le mépris. Il voulut, dit-il, « enseigner à quelles épreuves résiste la vertu de l'une, à quelles larmes se lave la souillure de l'autre ; faire vaincre, dans ces deux âmes choisies, les ressentiments de la femme par la piété de la fille, l'amour d'un amant par l'amour d'une mère, la haine par le dévouement, la passion par le devoir. » L'émotion des spectateurs, qui a toujours accompagné ce drame chaque fois qu'il a été repris, prouve que l'auteur a réussi à incarner sa pensée dans sa création.

La Tisbe et la femme d'Angelo Malipieri n'ont pas moins émotionné l'auditoire quand leurs douleurs ont été traduites par Rachel et sa sœur Rébecca. La pauvre Rébecca, morte si jeune, annonçait une actrice de premier ordre ; elle enleva à plusieurs reprises les enthousiasmes de la salle, même à côté de sa sœur, qui fut merveilleusement belle cependant. Des critiques moroses essayèrent vainement de prouver que *Phèdre* et *Athalie* dérogeaient en pactisant avec la muse moderne. Je demeure convaincu que si Victor Hugo avait écrit un rôle pour Rachel, c'eût été un triomphe incomparable pour l'auteur et pour l'actrice. Comme Rachel et Rébecca animaient cette scène cinquième du second acte, lorsque La Tisbe, pâle, une lampe à la main, entre de nuit dans la chambre de la femme du podestat : « Qu'est-ce que ceci ? — Je vais vous le dire : c'est la maîtresse du podestat qui tient dans ses mains la femme du podestat... C'est une comédienne, une fille de théâtre, une baladine qui tient dans ses mains une femme mariée, une vertu ! » Catarina nie d'abord toute relation avec Rodolfo, puis elle avoue qu'elle a peut-être commis quelque imprudence, mais voilà tout. La Tisbe ne veut rien entendre ; elle appelle à haute voix le mari qui dort dans la chambre voisine. Tout à coup la vue d'un crucifix pendu au mur révèle à la comédienne que ce gage de pardon fut jadis donné par sa mère à une femme qui l'a sauvée de la mort. Cette femme c'est Catarina Bragadini, la femme du podestat, qu'elle allait perdre et qu'elle veut sauver. Lorsque, éveillé par les cris de La Tisbe, survient le terrible tyran de Padoue, la comédienne protége à son tour sa rivale. La dernière scène de la pièce, celle où Rodolfo tue La Tisbe, qu'il croit coupable du meurtre de Catarina, est d'un grand effet scénique et elle offre à l'actrice l'occasion de magnifiques élans ; mais cette scène a le tort de trop rappeler le dénouement de *Roméo et Juliette*, déjà remis au théâtre par tant d'auteurs et sous tant de formes. Il y a généralement, dans *Angelo*, trop de mystères, de clefs, de narcotiques, de chemins dans les murs ; en un mot trop de *ficelles*, mot d'argot de coulisses qui désigne tout un système de composition, ce qui n'empêche pas l'effet d'être considérable.

Existe-t-il rien de plus saisissant au théâtre que la splendide poésie de *Ruy Blas*? Critiquez tant qu'il vous plaira le point de départ de l'action, ce laquais qui devient l'amant d'une reine d'Espagne; ce qu'amène ce point de départ n'en est pas moins profondément dramatique. Quelle exposition ! quel mouvement ! quelles silhouettes de personnages, qui, dans

les actes suivants, deviendront des figures de bronze !
C'est d'abord l'imprécation et la soif de vengeance de
Don Salluste disgracié par la reine, puis la scène avec
César de Bazan où se révèle ce caractère de bandit
si amusant et si vrai au point de vue du monde espagnol de cette époque ; puis le récit de Ruy Blas traçant,
dans le plus beau style que je connaisse, son aventureuse existence, ses misères, ses enthousiasmes, ses
projets avortés, ses vers composés en marchant sous
les arcades, son horreur pour l'habit de laquais que
la faim le contraint de porter ; puis l'aveu de sa passion pour la reine, cette passion folle qui lui coûtera
la vie. Tout ce premier acte est un chef-d'œuvre, et
pourtant ce n'est que l'exposition du drame. L'intérieur cloîtré de la pauvre reine d'Espagne ouvre le
second acte avec une grâce charmante ; la mise en présence de la souveraine et de Ruy Blas que Don Salluste
présente comme son cousin noue fortement l'action,
qui marche à son but avec une rapidité vertigineuse,
depuis l'entrée au conseil royal de l'aventurier devenu
ministre et duc d'Olmedo jusqu'à la catastrophe où,
son mensonge étant dévoilé, il meurt avec le pardon
de cette reine que, du fond de sa bassesse, il a osé
aimer.

A peine échappé du haillon de Robert Macaire, Frédérick Lemaître fit de Ruy Blas sa plus poétique
création ; il révéla, dans ce rôle brillant et hardi, des
trésors de sensibilité et de tendresse qu'on ne lui soupçonnait pas. La cabale, qui n'avait pu étendre sa griffe
sur la première représentation, plaça quelques rires

et quelques sifflets honteux aux suivantes, mais elle ne rencontra pas d'échos dans le public; elle n'abandonna pas pourtant tout à fait la partie, et, jusqu'à la cinquantième représentation, on retrouva toujours quelque tentative isolée dans le cours du quatrième acte. Les reprises de la pièce consacrèrent le succès définitif et persistant de cette belle œuvre, qui ne fut plus jamais attaquée.

Depuis 1838, époque où *Ruy Blas* fut joué pour la première fois au théâtre de la Renaissance, Victor Hugo ne donna plus signe de vie comme poëte dramatique jusqu'au 7 mars 1843, époque de l'échec des *Burgraves*. La *Lucrèce* de Ponsard parut, le 22 avril de la même année, sur la scène de l'Odéon, et Victor Hugo se retira de la lutte, laissant Alexandre Dumas et les disciples la poursuivre sans lui. Mais le drame littéraire était fondé; il n'y avait plus trace de tragédie depuis l'*Arbogaste* de Viennet, égaré sur les affiches de 1841 comme un masque attardé dans le carême. Je me trompe : le 1ᵉʳ juin 1842, M. de La Rochefoucauld faisait encore représenter une *Agrippine* à l'Odéon, et Mᵐᵉ de Girardin risquait une *Judith* en 1843; mais ces cas isolés et peu nombreux n'eurent pas d'influence sur la constitution dramatique. Toutes les barrières élevées contre l'art étaient définitivement tombées ; on avait rompu le joug des *genres tranchés*, dont Napoléon, à Erfurt, prêchait la doctrine au grand Gœthe. Chacun pouvait désormais substituer le mot propre à la circonlocution, parler en poésie d'un mouchoir brodé, sans crainte des fureurs du parterre, et les tragiques de l'avenir acquéraient le droit de mentionner la poule au pot de Henri IV sans employer une périphrase de six vers dont le mot *poule* et le mot *pot* seraient soigneusement bannis.

S'il faut maintenant juger dans son ensemble l'œuvre théâtrale de Victor Hugo, je dirai qu'à mon sens cette œuvre est sinon une complète régénération dramatique, du moins le produit d'un poëte de grande race. Comme Pierre Corneille, l'auteur de *Ruy Blas* et de *Marion* a une certaine consanguinité avec les génies espagnols de l'époque des trois Philippe. On retrouve du Caldéron dans l'allure chevaleresque de ses héros, du Lope de Véga dans la magie de ses vers taillés en pleine étoffe, de l'Alarcon et du Tirso dans ses échappées de comédie spirituelle et de bouffonnerie amusante.

Les vagues souvenirs du voyage fait en Espagne avec ses petits frères et sa mère, lorsqu'il n'avait encore que neuf ans, revivaient-ils dans l'imagination du poëte? entrevoyait-il, comme dans les vapeurs d'un rêve, les maisons à balcons de fer du bourg d'Hernani, le portail de l'église de Burgos, les vestiges du tombeau du Cid, Ségovie qu'il ne fit que traverser, Madrid et le palais Masserano qu'il habita quelque temps avant d'aller étudier au collége des Nobles, ou bien l'Espagne du romancero entra-t-elle de plain pied dans son cerveau par les lectures et par l'étude? Malgré cette empreinte de la forme espagnole robuste, chaude, vivante et colorée, Victor Hugo demeura lui-même. Son observation, son invention si originale, ses caractères si bien modelés sont tout à lui ; et s'il ne devait pas vivre par ses qualités de fond, qui appartiennent au genre le plus élevé, il vivrait par son style, qui est sans égal. C'est ainsi, je crois, que la postérité jugera le poëte dramatique chez Victor Hugo, en marquant la part des défauts que renferme forcément toute production humaine. Un écrivain ne vit pas à travers les âges par l'absence de défauts, mais par la présence de qualités supérieures. La gloire théâtrale du dramatiste s'étaie, du reste, de la haute valeur de ses poésies lyriques, de la belle prose de ses romans, et tout cela compose un monument merveilleux, que personne désormais ne pourra détruire, ni ses ennemis, ni ses amis, ni lui-même.

## CHAPITRE V.

### L'ÉCOLE ROMANTIQUE.

#### Alexandre Dumas.

Les générations, qui, depuis quarante ans, foulent les chaussées du boulevard parisien, ont connu cet aimable, spirituel et charmant causeur, ce dramatiste fécond et toujours nouveau, ce romancier intarissable mêlant la vérité à la fiction et la fiction à la vérité avec un si parfait naturel, que l'on croirait, en le lisant, entendre Cagliostro ou le comte de Saint-Germain vous raconter la vie intime de leurs contemporains de tous les âges de l'histoire. La puissance d'assimilation était telle chez Alexandre Dumas, que, par instants, il semblait convaincu d'avoir assisté aux événements imaginaires dont il retrace les plus intimes détails.

L'île fantastique de Monte-Cristo elle-même, il crut un moment en être devenu le possesseur incommutable, et il en dépensa les trésors supposés avec un entrain et un laisser-aller qui firent l'admiration de tout le monde, excepté des fournisseurs de ses mobiliers et de ses festins. La main toujours ouverte comme le cœur, il ne sut jamais rien refuser à personne, même l'argent des autres, qu'il empruntait pour soulager une misère vraie ou simulée, avec la ferme volonté de rendre la somme au premier arrivage de galion lui venant directement du Potosi, ou de Manoa la capitale de l'Eldorado. Il était impossible de jamais garder rancune à un homme si excellent, si bienveillant, si amusant même, aux jours où la caisse se trouvait vide et où les huissiers remplaçaient les magiciennes à l'horizon des jardins enchantés.

C'était quelquefois une spéculation de prêter de l'argent à Dumas ; pour deux ou trois mille francs qui le tiraient d'affaire, on acquérait le droit de déjeuner et de dîner chez lui, d'avoir des loges et des stalles dans les théâtres, et de devenir son ami intime, sans pour cela perdre son titre de créancier. Le peuple de ses *amies* était aussi nombreux que celui de ses *amis* ; hommes et femmes, il les tutoyait tous, et quelquefois, malgré sa mémoire encyclopédique, il confondait leurs noms. Pour héberger tout ce monde, il fallait que Dumas travaillât sans repos ni trêve. Dès le matin il s'attablait devant un gros cahier de papier bleuâtre de très fine pâte et luxueusement satiné, et de sa plus belle écriture, sans qu'une seule rature vînt ternir le miroir de sa calligraphie, il libellait les exploits de Porthos ou un Voyage au Sinaï qu'il n'avait jamais vu.

Je n'ai rencontré nulle part une dissipation aussi occupée, ni une richesse aussi pauvre. L'argent arrivait à flots et s'écoulait comme de la fêlure d'une bouteille. Lorsqu'il fallait payer le dîner, il ne restait pas quelquefois de quoi solder la fruitière. Tel était l'homme ; l'homme explique l'œuvre.

Dumas dit dans ses *Mémoires* combien sa première éducation fut négligée et sommaire, quelle volonté tenace et quels efforts de travail il lui fallut pour devenir auteur dramatique, de commis aux écritures qu'il était chez Son Altesse le duc d'Orléans ; comment le chef de bureau, après avoir appris par le journal que son employé venait de faire recevoir coup sur coup deux drames en cinq actes au Théâtre-Français, *Christine* et *Henri III*, lui fit d'abord supprimer la gratification sur laquelle il comptait pour nourrir sa mère, et finalement comment ce plumitif, d'après un ordre du maître, le força d'opter entre les fumées de sa gloire future et les 125 francs par mois dont il grevait le budget de l'administration sérénissime. Le pauvre expéditionnaire opta pour la perspective de mourir de faim, si sa pièce de *Henri III*, que l'on venait de mettre en répétition, ne réussissait pas devant le public comme elle avait réussi devant les sociétaires de la Comédie-Française.

Je n'ai jamais assisté à une soirée pareille à celle de la première représentation de *Henri III*, qui fut la première pièce jouée, quoiqu'elle n'eût été écrite que la seconde. A compter du troisième acte, c'était dans la salle un délire, une frénésie. Les excès de couleur locale, les bilboquets, la sarbacane, les jurons, les mignons passèrent sans résistance, sans récriminations, sans ricanements. Les violences, comme la lettre de rendez-vous que le duc de Guise contraint sa femme d'écrire à Saint-Mégrin, comme l'entrevue de la duchesse avec son amant pendant que le mari veille à la porte, comme le meurtre du jeune homme par le poignard des assassins apostés dans la rue, et ce duc de Guise leur jetant par la fenêtre le mouchoir de sa femme pour achever le patient, tout cela fut accueilli par des bravos unanimes. Les purs avaient évidemment compté sur la chute du petit expéditionnaire, et ils n'avaient pris aucune précaution contre une réussite impossible.

Le 11 février 1829 vit ainsi planter sur la brèche de la ville sainte, par un jeune mulâtre en rupture de bureaucratie, le drapeau révolutionnaire du *romantisme*. Le fils débutait comme avait fait le père, général de la République française aux armées des Alpes, d'Italie et d'Égypte, par un coup d'audace que justifiait le succès.

L'expéditionnaire en disgrâce vint dans la salle entre le quatrième et le cinquième acte, et j'eus le plaisir de lui serrer la main. Il était haletant, rayonnant, frissonnant : on l'eût été à moins ; sa chevelure ébouriffée menaçait de prendre feu aux étoiles, tant il portait le front haut. Dumas vendit son manuscrit 6,000 francs. *Henri III* valut à Dumas deux duels qui s'arrangèrent pacifiquement. Rien ne manquait donc à son bonheur.

Le voilà lancé sur cet océan sans fond et sans rivages auquel il se confie, soutenu seulement par sa foi en lui-même, qui était immense, insouciant du lendemain, oublieux du passé, tel enfin qu'il sera jusqu'à son dernier jour. Il ne s'effraie pas du labeur auquel il se condamne, sans instruction acquise, et devant au jour le jour étudier, dans les livres qu'il n'a pas, les sujets qu'il est appelé à traiter, car l'histoire l'attire plus que tout autre horizon ; c'est le miroir étincelant qui fait voleter l'oiseau fasciné autour de ses surfaces mouvantes. Il entrevoit dans cet inconnu des éclairs qui passent, des rayons qui semblent partir du soleil. Il s'y mire, il s'en repaît, il s'y baigne ; il s'en éloigne, et il y revient toujours. Les figures historiques ont en effet beaucoup miroité dans l'imagination d'Alexandre Dumas. Qu'il écrivît des drames ou des comédies, ou bien qu'il bâtît l'édifice babylonien de ses romans, il trouva toujours sa plus vive satisfaction à évoquer ces ombres de l'histoire, non pour les reproduire telles qu'elles avaient été, mais telles que les rêvait sa fantaisie. Tous les pays, tous les siècles y passèrent à leur tour : Christine de Suède, Charles VII, Marguerite de Bourgogne, Caligula, Lorenzino de Médicis, Catherine Howard, le régent de France, et tant d'autres. Rien que le catalogue de ces apparitions constituerait un dictionnaire biographique. L'une des passions malheureuses de notre infatigable dramatiste fut le désir persistant d'obtenir un succès en vers. Aussitôt *Henri III* lancé, il sollicita la mise en répétition de *Christine* au Théâtre-Français ; mais il ne put venir à ses fins, quoique ce drame eût été reçu le premier, et ce fut le 30 mars 1830 qu'il le fit jouer à l'Odéon, avec M^lle Georges dans le principal rôle. *Christine* est le plus défectueux peut-être de tous les ouvrages de Dumas ; l'action y est enfantine. Ce personnage de Paula, cette fille déguisée en page, trahie par son amant, meurt sottement, sans avoir accompli ni un sacrifice ni une vengeance. Monaldeschi est le plus lâche des hommes ; il ne peut inspirer que le mépris. Vis-à-vis de Christine, il est loin de garder, même par décorum, l'allure fière et grandiose que prête Walter Scott à Leicester entre Élisabeth et Amy Robsart. Il fut avéré, dès ce moment, que l'auteur de *Henri III* devait bien se garder à l'avenir d'écrire ses pièces en vers, attendu que son langage, si vivant dans la prose, devenait, sous cette autre forme, pénible, court d'haleine, sans élégance et même sans correction. Dumas ne se tint pas cependant pour battu, mais il eut le bon sens d'user habituellement de sa langue naturelle, la prose, qui lui donna ses meilleurs succès.

L'œuvre dramatique d'Alexandre Dumas a eu deux phases bien distinctes : le drame simple, où il cherche le développement d'une passion ou d'un caractère ; le drame-roman, où il entasse l'un sur l'autre des événements plus ou moins rapides, plus ou moins émouvants, qui défilent comme les tableaux d'une lanterne magique. C'est par un drame en six actes et en vingt-trois tableaux ajustés pour l'Odéon que, le 10 janvier 1831, l'auteur de *Henri III* et de *Christine* inaugure la série de ses pièces à tiroirs historiques. A la demande d'Harel, alors directeur de l'Odéon, il découpe en huit jours, dans les mémoires du temps, un *Napoléon Bonaparte ou Trente Ans de l'histoire de France*. La pièce commence à Toulon et finit à Sainte-Hélène. Le triomphateur avoue lui-même que, malgré son succès, l'ouvrage a peu de valeur. Il réclame seulement en faveur du rôle de l'espion, qu'il trouve suffisant pour le succès littéraire. Toute l'originalité de cet espion consiste à faire le contraire de ce qu'il devrait faire s'il n'était pas un espion de comédie. L'espion ne songe qu'à préserver l'Empereur, qu'à le protéger. Cet espion est le plus vertueux des hommes ; il sauve une femme dans l'incendie de Moscou ; il découvre à Napoléon une conspiration royaliste en Touraine ; à Fontainebleau, lui seul lui reste fidèle, quand Roustan lui-même déserte son poste ; il va rejoindre l'Empereur à l'île d'Elbe, puis à Sainte-Hélène, où sir Hudson Lowe le fait pendre à la grande vergue d'un vaisseau.

Ce n'est que seize ans plus tard que Dumas reviendra à ce genre du drame-roman, qu'il découpera dans ses propres publications. Cette période commerciale et très-lucrative, qui donne deux moutures au lieu d'une, commencera en 1847 par *la Reine Margot*, pour ne plus s'arrêter qu'à de rares intervalles. Dans le cours de ces seize années, Alexandre Dumas donnera le véritable fruit de son talent dramatique, et nous l'allons suivre, en nous arrêtant comme il convient à ses meilleures créations.

*Antony*, qui ouvre la marche de ces inventions pleines de mouvement, d'intérêt saisissant et d'action brutale, était l'accentuation du réalisme d'alors. Ce réalisme se composait du doute désespéré, mis à la mode par lord Byron, avec addition d'esprit de révolte contre toute loi sociale. Ce produit de la couvée libérale de la Restauration, couvée d'où étaient sortis, comme d'une boîte à surprise, le coq gaulois et les poussins de la meilleure des républiques, donna le peuple des *incompris*, qui trouvaient *Hernani* trop idéal et lui préféraient les violences qu'*Antony* allait mettre en honneur. *Antony* fut répété au Théâtre-Français, mais M<sup>lle</sup> Mars et Firmin n'étaient pas le moins du monde les héros d'un drame réaliste et byronien. Aussi, après bien des menées diplomatiques, l'auteur et les sociétaires tombèrent-ils d'accord que la pièce trouverait plus de chances de succès au boulevard qu'à la Comédie-Française.

*Antony*, représenté à la Porte-Saint-Martin le 3 mai 1831, et admirablement interprété par Bocage et M<sup>me</sup> Dorval, fit éclater des volcans d'enthousiasme. Enfin les chapeaux pointus avaient trouvé leur Byron en prose ! Ce bâtard aux genoux cagneux, à l'œil fatal, à la bouche moqueuse, qui, sous les traits de Bocage, brave en face les préjugés du monde ; qui arrache l'appareil de sa blessure pour pouvoir rester impunément chez sa maîtresse ; qui l'adore, qui la maudit, qui la viole, et qui la tue, tout cela dans l'espace de deux heures, pour lui prouver la force de son amour, c'était bien le modèle rêvé ! Et l'auteur, tirant à lui la couverture du succès de son personnage, imprimait l'épigraphe suivante en tête de sa pièce : « Ils ont dit que Childe-Harold c'était moi... que m'importe ! »

Ce drame, excentrique dans sa pensée comme dans sa forme, semble aujourd'hui une énormité, car aucune nuance de sensibilité n'adoucit le ton criard de cette audacieuse peinture. Adèle d'Hervey a beau vouloir fuir à jamais celui qu'elle appelle son mauvais ange, elle ne l'autorise pas moins à la poursuivre, puisqu'elle prend le soin, par une lettre, de lui annoncer son départ. Aussi Antony ne manque-t-il pas au rendez-vous ; et le rideau baisse bien à propos, à la fin du troisième acte, sur le décor de cette auberge où, selon le dire de l'hôtesse, « il n'est jamais arrivé d'accident. » Il en arrive un cependant, mais c'est dans l'entr'acte : l'adultère a été bel et bien consommé. L'*accident* de l'auberge a circulé dans le monde, et on le raconte tout haut dans le boudoir de la vicomtesse de Lacy, où se trouve en visite Adèle d'Hervey. C'est alors que le bâtard arrange l'affaire en demandant à l'imprudente M$^{me}$ de Camps, qui vient de faire le récit, si elle a, par hasard, un frère ou un mari avec qui il se puisse couper la gorge. Antony n'est pas encore au bout de ses bizarres façons d'aimer sa maîtresse, puisqu'il la relance, au cinquième acte, jusque dans la chambre à coucher de son mari, où il la tue pour empêcher qu'elle ne soit déshonorée.

Ce byronien de 1831 paraît bien extravagant, aujourd'hui que le scepticisme a changé d'habits sans changer de démence ; il demeura pendant toute une génération le modèle de la passion pour les jeunes excentriques, qui se corrigèrent lorsqu'ils devinrent des notaires, des médecins, des avocats ou des caissiers d'agents de change. L'auteur s'est complu, jusqu'au dernier moment, dans ce succès retentissant de ses premiers jours.

Dumas, qui veut manger à tous les râteliers de la gloire, imagine, après *Antony*, de composer une pièce classique; il ne manque pas de l'écrire en vers, et il l'intitule *tragédie*. Il prend soin toutefois d'animer son action de son mieux et de choisir pour modèle de style Victor Hugo plutôt que Racine. Malgré tous ses défauts, on sent dans *Charles VII chez ses grands vassaux*, représenté à l'Odéon, le 20 octobre 1831, par Ligier, Lockroy, M<sup>lles</sup> Georges et Noblet, un puissant souffle dramatique. Si la forme ne faisait défaut, ce caractère d'Yacoub le jeune esclave sarrasin, ce personnage de Bérengère la femme répudiée du comte de Savoisy, ces figures de Charles VII et d'Agnès Sorel qui traversent le tableau pour en varier les couleurs, constitueraient une œuvre très-sérieuse. Il est vrai que le fond de l'action n'est autre que l'*Andromaque* de Racine : le comte de Savoisy, c'est Pyrrhus; Bérengère, c'est Hermione ; Yacoub qui sert la jalousie de la comtesse en immolant l'infidèle, c'est Oreste. L'auteur ne le dissimule pas; il s'en vante au contraire, quand il choisit pour épigraphe de sa tragédie ces mots latins : *Cur non?* (Pourquoi non?) L'outrecuidance de l'épigraphe fit scandale en son temps; aujourd'hui on se contente d'en sourire. L'entrée du roi, reprochant à son vassal d'avoir bâti sa châtellenie sur le haut d'un rocher comme un nid d'aigle, nous reporte dans un autre courant d'imitation et nous fait souvenir de l'ancien théâtre espagnol. La scène du cinquième acte où Bérengère-Hermione pousse Yacoub-Oreste à tuer le comte de Savoisy, dont l'Église va bénir la nouvelle union, est très-belle de mouvement, mais l'expression nette et relevée manque au dialogue. Si l'effet du drame s'y trouve, le but, comme art, n'est pas atteint.

Deux mois après sa réussite de l'Odéon, Alexandre Dumas remportait à la Porte-Saint-Martin sa grande victoire de *Richard d'Arlington,* drame en trois actes et en huit tableaux, augmenté d'un prologue écrit en société avec Goubaux. Cette fois la pièce était en prose, les personnages avaient mis bas le ton solennel; Frédérick Lemaître y faisait admirer l'une de ses plus étonnantes créations. Toutes les violences sont amoncelées comme à plaisir dans cette énergique composition, dont le but est la peinture du caractère de l'ambitieux. La pièce commence par un accouchement et par la malédiction d'un père apprenant à sa fille coupable que l'amant pour qui elle a quitté la maison paternelle n'est autre que le bourreau. Beau début! et ce n'est encore là que le prologue. Dans ce temps de fièvre dramatique il s'agissait avant tout de frapper fort, on frappait juste si l'on pouvait. Dumas, trente ans plus tard, écrivait dans ses Mémoires : « *Richard* eut un immense succès, et ce fut justice. *Richard* est tout simplement un excellent drame. » Quoique l'affirmation soit peu modeste, on ne peut la contester en ce qui concerne la partie purement dramatique. Nulle part on ne trouvera plus d'effets saisissants accumulés, plus de terreur, plus d'émotion profonde. La scène où Richard, pour pouvoir contracter un nouveau mariage avantageux à sa fortune politique, jette tout simplement sa femme par la fenêtre, paraît aujourd'hui un peu excessive ; ce fut, dans l'origine, celle qui produisit la plus vive sensation. Il est vrai que Frédérick la jouait d'une façon merveilleuse. Il prenait soin de fermer la fenêtre derrière lui après que Jenny s'était réfugiée sur le balcon, et, quand il reparaissait en vue du public, pâle, agité, essuyant la sueur glacée de son front, on devinait le drame qui venait de se passer. L'écroulement de cette fortune de l'ambitieux, à qui l'on annonce, au moment où il va signer le contrat de son second mariage, qu'il est le fils du bourreau, donnait satisfaction à la moralité. *Richard d'Arlington* est en même temps le plus brutal et le plus fort de tous les drames d'Alexandre Dumas.

*Térésa*, que le théâtre Ventadour représenta l'année suivante, le 6 février 1832, et qui fut écrite pour Bocage, Laferrière et M<sup>lle</sup> Ida Ferrier (depuis M<sup>me</sup> Alexandre Dumas), continua les violences des précédents ouvrages. Térésa est une Phèdre au petit pied qui trompe son mari avec son gendre. Il est vrai qu'elle n'est que la belle-mère de la jeune Amélie Delaunay, et qu'elle a connu et aimé Arthur de Savigny avant son mariage. La découverte fortuite, par le mari de Térésa, de la correspondance amoureuse de sa femme, l'insulte qu'il adresse à son gendre au milieu d'un bal, sa provocation, la renonciation au duel de peur de rendre sa fille veuve et de faire de son petit-fils un orphelin, puis le suicide de Térésa qui termine la pièce, toutes ces choses constituent assurément un drame plein d'émouvantes péripéties, mais où l'on regrette l'absence de quelques pensées plus douces, de quelques visages plus souriants. Cette manière de comprendre et d'exprimer le drame était, du reste, dans le tempérament de l'auteur, et il avoue lui-même qu'il ne sent les nuances ni dans la nature ni dans le sentiment, lorsqu'à propos des tableaux de Paul Delaroche, il blâme l'artiste d'avoir représenté Henri III devant le cadavre du duc de Guise, plutôt que d'avoir peint la lutte du chef de la Ligue contre les assassins. Il aurait voulu voir aussi les enfants d'Édouard étouffés par leurs bourreaux, et non assis sur leur lit et devinant la mort qui s'approche. Cette prédilection pour les sensations extrêmes est tout l'homme.

*La Tour de Nesle*, écrite en société avec M. Gaillardet, et représentée à la Porte-Saint-Martin le 29 mai 1832 ; *Angèle*, jouée au même théâtre, le 28 décembre de la même année, sont des produits issus de la même poétique. Dans le premier de ces drames, que tout le monde connaît, l'inceste, l'adultère et l'assassinat forment le sujet lui-même ; dans le second, une jeune fille accouche en plein bal, une mère manque d'épouser l'amant de sa fille ; un Lovelace en habit noir, représenté par Bocage, déshonore trois femmes avec autant de laisser-aller que s'il buvait trois verres de punch. Un médecin poitrinaire joue le personnage excentrique, qui se retrouve toujours dans le drame de cette époque. Il sauve tout le monde ; il se bat au pistolet pour délivrer Angèle de son persécuteur, et il reconnaît l'enfant de ce misérable en épousant la mère avant de mourir. Après avoir fait ce qu'il appelle le

« drame d'exception » avec *Antony*, le « drame de généralité » avec *Térésa*, le « drame politique » avec *Richard d'Arlington*, le « drame d'imagination » avec *la Tour de Nesle*, le « drame de mœurs » avec *Angèle*, le « drame historique » avec *Henri III*, *Christine* et *Charles VII*, Alexandre Dumas prétend inaugurer le drame extra-historique en donnant au théâtre de la Porte-Saint-Martin *Catherine Howard*, qui s'épanouit aux clartés de la rampe le 2 juin 1834. Voilà bien des formes de drame, mais l'étiquette ne fait rien à l'affaire.

Quoi que prétende l'auteur dans l'avertissement dont il fait précéder sa pièce imprimée, sa *Catherine Howard* se compose, en bonne partie, de scènes déjà connues. Les personnages historiques Henri VIII, Catherine Howard, l'archevêque de Cantorbéry Cranmer appartiennent au domaine de la haute fantaisie. Le narcotique de *Roméo* fournit au mari de Catherine le moyen de soustraire sa femme à l'amour du Barbe-Bleue couronné, en la faisant passer pour morte. Henri VIII veut visiter dans son tombeau la femme dont il a souhaité la possession, et il lui passe sa bague au doigt, la proclamant sa fiancée. L'ambitieuse se réveille avec le désir de régner ; Henri la couronne, et le mari emploie le narcotique pour lui-même, afin de se soustraire aux vengeances du roi jaloux. La mort de Catherine, qui a trahi tous ses serments, termine ce drame bizarre. Ethelwood, le mari de Catherine, couvre son visage d'un masque et fait l'office du bourreau, puis il se livre aux exécuteurs, après avoir tranché la tête de la coupaole. En faisant la part du mélodrame, plusieurs de ces scènes sont d'un grand effet.

Le 30 avril 1836 vit se développer sur la même scène, devant une salle affamée de nouveautés, un *mystère* en cinq actes, en neuf tableaux, intitulé *Don Juan de Marana ou la Chute d'un ange*. Bocage représentait le fameux séducteur de Séville et devait donner au personnage, disait-on, un cachet de grandiose inconnu jusque-là. Le Don Juan ne fut en effet ni celui de Tirso de Molina, ni celui de Molière; mais le public ne comprit pas bien ce qu'il était et ce qu'il voulait. Le mauvais ange, le bon ange et la Vierge, parlant en vers sur des nuages, prenaient part à cette action insaisissable, où l'on ne remarqua qu'une scène, celle où Don Juan converti fait amende honorable à son frère Don José qui le contraint, à force d'insultes, à se battre avec lui et à le tuer. Malgré le talent de Bocage et la beauté de M<sup>lle</sup> Ida Ferrier, *Don Juan de Marana* n'eut pas de succès. Le drame de *Kean*, joué au théâtre des Variétés le 31 août de la même année, releva le prestige de Dumas. Frédérick Lemaître fit un chef-d'œuvre de cette création de l'acteur Kean en rivalité d'amour avec le prince de Galles. Les représentations de la pièce furent très-nombreuses et très-suivies.

Le 26 décembre 1837, Dumas revient à sa fantaisie d'écrire en vers et il donne au Théâtre-Français un *Caligula* dont le prologue est charmant, mais qui se perd ensuite, pendant cinq actes, dans des inventions un peu banales. Ce prologue, très-remarqué, nous montre l'animation des rues romaines, les causeries au seuil de la boutique d'un barbier, un jeune débauché, pour échapper aux délateurs, s'ouvrant les veines dans un bain parfumé, des sénateurs avilis conduisant par la bride le cheval de guerre de César triomphant, et ce même cheval donné pour consul au peuple terrifié qui l'acclame. Toutes ces touches sont excellentes, et ce prologue est vraiment un petit chef-d'œuvre dans son genre. Qui l'aurait pu deviner ! c'est par l'invention, c'est par le fond du drame lui-même que pèche cet édifice en cinq actes, qui a coûté tant de peines à l'auteur d'*Antony*. Messaline, si bien annoncée au prologue, n'agit pas suffisamment; Stella, l'héroïne, ne tire aucun avantage de sa qualité de chrétienne dans la scène, renouvelée de *Polyeucte*, où elle convertit son amant ; les conspirateurs, Chérea, Annius, Sabinus, se laissent prendre comme de niais conspirateurs de tragédie ; et la scène finale, l'assassinat de Caligula, n'obtient que l'effet de tous les meurtres classiques.

Dumas, toujours plein de bienveillance, Dumas qui ne savait rien refuser à personne, cède à la sollicitation du directeur d'un petit théâtre perdu dans le quartier Latin, et lui broche un mélodrame en cinq actes que ledit théâtre représente, le 12 octobre 1838, sous le titre de *Paul Jones*; puis, de la même main généreuse, il gratifie le théâtre de la Renaissance de cinq autres actes en vers, imités du *Fazio* de l'auteur anglais Milman. Frédérick Lemaître joua, le 10 avril 1839, le rôle de Fazio, où son vigoureux talent se trouva un peu à l'étroit. M^lle Ida Ferrier remplissait le rôle de Francesca, la femme jalouse, qui, après avoir dénoncé son amant à la justice, pleure sa mort qu'elle a causée. Deux jours après *l'Alchimiste*, Dumas faisait représenter au Théâtre-Français le beau drame intitulé *Mademoiselle de Belle-Isle*. Il le dédie à l'inimitable actrice qui créa si merveilleusement ce rôle de la petite-fille de Fouquet. Alexandre Dumas montra, dans cette brusque transition du drame échevelé au drame sentimental mêlé du plus fin comique, la souplesse de son esprit. L'élégante impertinence du duc de Richelieu, qui, trompé par un subterfuge de M^me de Prie, soutient de bonne foi à la jeune Bretonne elle-même qu'il a passé la nuit avec elle; cette confidence faite devant le fiancé, qu'elle a caché derrière une porte pour qu'il entendît sa justification; les désespoirs qui s'ensuivent; le duel projeté, arrêté par la découverte de la vérité vraie, c'est-à-dire de la parfaite innocence de la pauvre fille accusée, constituent la pièce la plus intéressante et la plus attrayante que notre intarissable auteur ait jamais inventée. De ce moment date la phase gracieuse de son talent, qui occupera une si large part dans ses romans, tour à tour feuilletons de journaux, livres et pièces de théâtre.

Deux ans se passent, Dumas voyage; il revient de Florence, en 1841, pour donner au Théâtre-Français, le 1^er juin, *Un Mariage sous Louis XV*, comédie en quatre actes jouée par Firmin, Périer, Menjaud, M^mes Plessis et Anaïs. Ce reflet du *Préjugé à la mode*, de Nivelle de La Chaussée, nous montre un mari n'osant aimer sa femme par crainte de se donner dans le monde un ridicule. La pièce passa sans laisser une impression durable, quoique les détails de l'ouvrage soient spirituels et bien trouvés. *Lorenzino*, représenté au même théâtre, le 24 février 1842, fut aussi un souvenir rapporté de Florence. Alfred de Musset avait déjà traité, en 1834, sous le titre de *Lorenzaccio*, ce sujet de l'assassinat du duc Alexandre par son cousin Lorenzo. Le drame de Musset n'était pas destiné au théâtre ; il promène donc son action du palais du duc à la place de San-Miniato, du quai de l'Arno au palais Strozzi, puis chez la marquise Cibo, chez les Soderini ; il quitte Florence pour Venise, revient à Florence, où s'accomplit la catastrophe finale, tout cela comme dans un roman, changeant le lieu du drame de scène en scène, selon les nécessités de la fable. Alexandre Dumas, qui dispose sa pièce pour le théâtre, ne change le décor que d'acte en acte. Sa pièce est très-mouvementée. Lorenzino, le duc Alexandre, Philippe Strozzi, le Hongrois, sicaire du duc, le spadassin Scoronconcolo sont des figures très-pittoresques, et l'intérêt de curiosité que provoque cette action ne fait pas un instant défaut ; mais le développement manque de concentration, ce qui rend la représentation un peu froide et décousue. Ce défaut, inhérent au sujet, et que n'a pu corriger tout à fait l'habileté du dramatiste, éloigna ce drame du répertoire, quoiqu'il soit beaucoup mieux construit et plus concentré que celui d'Alfred de Musset.

L'année 1842 se complète par la représentation,

au théâtre des Variétés, de la comédie en trois actes ayant pour titre *Halifax*. L'excellent comédien Lafont, alors dans toute la force de l'âge et du talent, créa ce rôle scabreux d'un mauvais sujet à qui l'on fait épouser une jeune fille dont un autre se réserve l'amour ; mais, malgré ses efforts et tout l'esprit de l'auteur, la pièce ne réussit que médiocrement. *Les Demoiselles de Saint-Cyr*, représentées l'année suivante, le 25 juillet, au Théâtre-Français, ont encore pour sujet un de ces faits dont le monde offre sans doute beaucoup de modèles, mais qui ne présentent pas une moralité absolument orthodoxe : c'est un mari qui ne commence à aimer sa femme que lorsqu'il la voit inspirer de l'amour à un autre homme. Le charme du dialogue et la bonne humeur qui règne dans nombre de scènes de cette comédie l'ont maintenue jusqu'à ce jour au répertoire. En 1843, la Porte-Saint-Martin et l'Odéon jouent deux pièces médiocres de Dumas : *Louise Bernard* et *le Laird de Dumbicky*. La dernière de ces pièces fut même égayée de quelques sifflets. Le rôle du duc de Buckingham, joué par Pierron, servit surtout de cible aux joyeusetés des étudiants.

Pendant trois années l'auteur ne donna plus signe de vie au théâtre. Il est vrai que, dans cet intervalle, il publia beaucoup de romans, dont plusieurs devinrent des drames, et entre autres *Les Trois Mousquetaires*, *Le Chevalier d'Harmental* et *Une Fille du régent*.

Cette *Fille du régent* fit son apparition, sous forme

de comédie, au Théâtre-Français, le 1ᵉʳ avril 1846. L'auteur ne la distribua pas en tableaux, comme il fit pour ses autres romans lorsqu'il les mit à la scène. Il se contenta, cette fois, de quatre actes et d'un prologue. A dater de ce moment, nous entrons à pleines voiles dans l'océan sans rivages de la fantaisie historique. Nous voyons un régent et un Dubois tout à fait inattendus. Dubois joue le rôle de Vidocq et fait sa police sous le travestissement d'un capitaine d'aventures. Un chevalier de Chanley, compromis dans la conspiration de Cellamare, le prend pour le duc d'Olivarès et lui raconte toute l'entreprise. Il paierait sa confidence de sa tête, si par hasard la jeune personne qu'il aime n'était justement une fille naturelle de Philippe d'Orléans, qui en avait, il est vrai, un peu partout. Le régent, en apercevant Hélène, se sent tout à coup saisi d'un accès de sentimentalité paternelle ; il sauve l'imprudent amoureux, et, après avoir offert sa poitrine à ses coups, il lui donne la main de celle qu'il aime.

*La reine Margot,* qui succède à *la Fille du régent,* le 20 février 1847, se joue au théâtre Historique, que dirige Dumas lui-même, devenu son propre maître Jacques, écrivant les pièces, les mettant en scène, commandant et surveillant les décors, les costumes, la chaussure, la chapellerie, l'administration, la figuration et les mille accessoires qui composent ce capharnaüm que l'on appelle une direction de théâtre. Mais il se sent les coudées franches, le voilà en complète liberté ; il n'est plus forcé d'emmaillotter en cinq actes les situations de ses romans ; il quitte la plume et prend des ciseaux, il coupe, il taille, il rogne, il arrange, il raccorde ; il en est quitte pour ajouter sur l'affiche, à l'annonce des cinq actes traditionnels, la mention de douze, quinze ou vingt tableaux. *La reine Margot* n'a que treize tableaux, ce qui est modeste. Le roman avait été composé avec M. Auguste Maquet ; le drame a donc M. Maquet pour collaborateur. *La reine Margot* remplit près de deux cents pages d'impression ; *Mademoiselle de Belle-Isle* se contentait de quatre-vingt-seize. Mais le public du boulevard aime les gros morceaux ; on lèvera le rideau à six heures et demie et on le baissera entre minuit et une heure du matin. Cette littérature de lanterne magique prend droit de cité sur le boulevard ; on ne veut bientôt que drames à tableaux, et plus il y aura de tableaux, plus la pièce aura de chances de plaire. Le fécond inventeur va bientôt inventer la grande découpure de *Monte-Cristo* qui se jouera en quatre soirées. On se croirait revenu au xv$^e$ siècle, au temps du *mystère de la Passion.*

A dater de cet avénement du drame-roman ou du roman-drame, la critique a de la besogne taillée ; il lui faut dîner à cinq heures les jours de *première*, écouter six heures de dialogue, s'éblouir aux mille becs de la rampe et du lustre et s'aveugler aux feux des piles électriques. Mais quelle satisfaction dans les hautes régions du *paradis !* comme l'action marche sans s'arrêter, sans se permettre un développement ou une réflexion ! C'est une course au clocher incessante ;

et puis, moyennant ses dix sous, on est éclairé et chauffé une partie de la nuit, et, par-dessus le marché, on suit un cours d'histoire de France ! Et quelle histoire ! Lahurière et Maurevel, deux fervents catholiques, nous annoncent d'abord que, le soir même, aura lieu le massacre de la Saint-Barthélemy ; dans la scène suivante on voit Charles IX affirmant à l'amiral Coligny qu'il veut le plus grand bien aux huguenots du royaume et à son cousin Henri de Navarre, à qui il donne en mariage sa sœur Margot. Entrent ensuite à cheval La Môle et Coconnas, dont les têtes sont vouées au bourreau. Ils vont se coucher ; le tocsin les réveille, et l'on assiste, sans désemparer, à un épisode du massacre : porte enfoncée, coups d'arquebuses et de pistolets, saut par la fenêtre, cris : à l'assassin ! autres cris : aux huguenots ! tue ! tue ! Cohue de gens armés qui courent, blessés qui tombent dans la rue au bruit des mousquetades. Patience, vous n'avez encore vu que le premier tableau du premier acte, qui en a trois.

Les assassins poursuivent La Môle jusqu'au Louvre et le blessent dans la chambre de la reine de Navarre qui lui donne asile. Charles IX fait arrêter son bon frère Henri et lui offre la messe ou la mort. Puis vous le voyez tirer un coup d'arquebuse sur les passants, du haut de ce fameux balcon du Louvre qui n'existait pas encore. Le cours d'histoire de France se continue ; nous perdrions haleine à le suivre. La Môle et Coconnas sont finalement torturés, et leurs nobles maîtresses viennent les visiter dans leur cachot. Cette démarche n'étonne personne, pas même le mari de la reine Margot. Marguerite et la duchesse de Nevers vont chez le bourreau donner le baiser d'adieu à leurs amants décapités. Pendant ce temps, Charles IX expire et fait place à son successeur Henri III.

On voit, par ce résumé, ce qu'est le *drame-roman*. Toute idée d'art a disparu. Il ne s'agit plus de dérouler sous les yeux du spectateur une action unique qui a son commencement, son milieu et sa fin ; il ne s'agit plus de développer les nuances d'un caractère ou d'une passion, d'en suivre les progrès ; ce sont cinq ou six actions que l'on entremêle et que l'on mène de front. On prend soin de n'en montrer que les parties agissantes ; c'est pour ainsi dire une collection de dénouements, une manière d'essence de drame concentrée. Le spectacle, qui s'adressait à l'âme, à la pensée, ne s'adresse plus qu'aux yeux. Les gens blasés, ceux qui sortent de table entre deux vins, ne s'endormiront pas dans leurs stalles, car ils n'ont plus besoin d'efforts de réflexion ; tout se passe mécaniquement, et il est impossible de ne pas comprendre ce que l'on voit. Des chiens, des chevaux, des coups de fusils, des bourreaux, des poignards, du poison, des têtes coupées que de jolies femmes baisent au front, des changements de décors à chaque instant, de riches costumes, de la danse, des jambes, des bras, des poitrines blanches, du gaz partout à plein feu, de la lumière électrique à tous les plans, et ces étonnements se succédant coup sur coup, sans laisser le temps de reprendre haleine : telle est la poétique nouvelle inaugurée par le *théâtre Historique*. Cette poétique a le plus grand succès, elle émerveille ; on n'a jamais eu les nerfs ébranlés de cette façon ; on est heureux, on s'est amusé, et l'on ne s'est pas fatigué l'imagination pour comprendre. Cette littérature est l'idéal de l'homme qui a peur des congestions cérébrales. La grande habileté d'Alexandre Dumas et son charmant dialogue eurent bien vite popularisé ce genre, qui a fait école.

On n'a pas oublié que, depuis la fondation du théâtre Historique, Alexandre Dumas est chez lui. Las des hôtels garnis de l'Odéon et de la Porte-Saint-Martin, il a voulu mettre sa littérature dans ses meubles ; il a fait construire cette scène qu'il destine à sa production ; le bénéfice doit l'enrichir, et, comme nul n'a le droit de le contrecarrer, il peut se livrer aux fantaisies les plus luxuriantes. Il s'y livre trop, malheureusement pour lui, et, comme il n'a jamais su additionner deux chiffres, il se trouve que ses succès le ruinent. Chaque soir la salle est comble, mais la dépense passe la recette, et ce beau système le conduit en quelques années à une liquidation désastreuse. Le 3 août 1847, il fait jouer, sous forme de drame, son roman du *Chevalier de Maison-Rouge*, dans lequel il se donne le luxe de quatre premiers rôles : Laferrière, Mélingue, Bignon et Lacressonnière. Cela est cher, surtout avec les dépenses que nécessitent en décors et en costumes les douze tableaux de l'ouvrage ; mais qu'importe ! Lucullus dîne chez Lucullus. Ce nouveau drame, composé à coups de ciseaux dans son excellent et amusant roman, obtient le succès de *la Reine Margot*. Il est précédé et suivi de deux traductions ou imitations de pièces étrangères : *Intrigue et Amour*, reproduisant le *Kabale und Liebe* de Schiller, et *Hamlet, prince de Danemark*, emprunté à Shakespeare. Cet arrangement d'*Hamlet* est écrit en vers, mais cette fois Alexandre Dumas a pris M. Paul Meurice pour collaborateur. Rouvière fut très-original et très-applaudi dans le rôle du prince de Danemark.

Au drame-roman de *Maison-Rouge*, entrecoupé d'*Hamlet* en manière d'intermède, succéda le fameux *Monte-Cristo*, joué en deux soirées, les 3 et 4 février 1848. C'était de plus fort en plus fort comme audace. A ces deux parties de *Monte-Cristo* succédèrent, trois ans plus tard, deux autres parties pour compléter le roman : *Le Comte de Morcerf* et *Villefort*; mais alors le théâtre Historique avait vécu, et ce fut le théâtre de l'Ambigu qui acheva l'épopée de Dumas et de M. Auguste Maquet. En 1847, Dumas, encore en possession de son théâtre, avait fait représenter par ses acteurs ordinaires un *Catilina* qu'il écrivit en prose, et que Mélingue joua, le 14 octobre; Fechter faisait César, et Lacressonnière le Grec Clinias. Cet épisode romain est en sept tableaux, mais il garde les formes et les proportions du drame. C'est un retour vers la pensée qui avait produit l'étude de *Caligula*. L'amour de la couleur locale domine encore l'auteur, et il s'efforce de mettre en action réelle ce qu'il a lu et ce qu'il a vu des habitudes et des mœurs de la Rome ancienne. Comme il faut qu'il soit étrange en tout, il débute par une scène de funérailles où Sylla, le vieux dictateur retiré des affaires politiques, vient verser l'eau lustrale et prononcer une oraison funèbre sur le cercueil de son vieil ami le tribun Marcius. La scène n'est pas gaie, mais elle se présente d'une façon pittoresque et intéressante. Le roman de Catilina avec Marcia la vestale, et tous les événements, qui en découlent, paraissent toutefois un peu fantasques. J'accorde que Catilina retrouve un cœur de père en revoyant Charinus, l'enfant de sa faute, que le ciel lui a conservé ; mais j'ai hâte de voir le héros-bandit tenir tête à Cicéron et à tout le sénat romain, combattre avec ses gladiateurs les légions romaines et chercher à rentrer dans Rome la torche à la main. Ces terribles choses arrivent enfin, mais seulement au cinquième acte, où un changement de décor nous découvre le champ de bataille de Pistoie, une vallée immense jonchée de morts, et la vestale Marcia, la mère de Charinus, reconnaissant Catilina percé de coups, expirant et désespéré.

Après cette étude antique nous rentrons dans le drame-roman. Deux grands ouvrages découpés dans le charmant récit des *Mousquetaires* font courir tout Paris, l'un à l'Ambigu, l'autre au théâtre Historique, en 1845 et 1846. Le même procédé est appliqué ensuite au *Chevalier d'Harmental*, qui déroule devant le public ses dix tableaux, le 26 juillet 1849. *La Guerre des femmes* suit *le Chevalier* au mois d'octobre de la même année, toujours au domicile dramatique de

Dumas-Maquet, sis sur le boulevard du Temple et ayant nom le « théâtre Historique ».

*Le comte Hermann*, joué le 22 novembre 1849, nous ramène un instant au drame simple. L'auteur prend cette fois pour thèse l'analyse des sentiments humains, et il ne cherche pas l'intérêt dans la multiplicité des événements. Il rappelle, en quelques pages de préface, qu'*Angèle* était le rêve du matérialiste, *Antony* le rêve du fou, et il ajoute que, dans le nouveau drame, au lieu de la brutalité matérielle, il veut montrer la chasteté d'une femme et le dévouement d'un homme produisant ces mêmes effets d'émotions et de larmes que quinze années auparavant il demandait aux passions physiques. Le comte Hermann, c'est la chevalerie du xv$^e$ siècle unie à la courtoisie du xviii$^e$, ainsi que le dit l'un des personnages de la pièce. Il a tout pour lui : courage, loyauté, poésie. Il a visité le monde entier, tout vu, tout usé. Maintenant il s'en va mourant d'une ancienne blessure. Son neveu Karl est, comme lui, doué d'une âme généreuse et honnête. Une femme survient entre ces deux hommes. Marie de Stauffenbuch aime Karl, qui l'aime à son tour ; mais cette passion est restée secrète pour les jeunes gens eux-mêmes. Marie épouse le comte Hermann pour lui donner les soins d'une fille. L'amour des jeunes gens se révèle malgré eux. Ils ne peuvent échapper que par la mort au crime de trahir leur bienfaiteur ; mais le comte Hermann, qui sait tout, boit le poison qu'ils ont préparé pour eux, et les unit afin de n'avoir pas à les maudire. Sur cette donnée, Alexandre

Dumas a imaginé une fable attachante, une série de scènes très-habilement conduites qui composent l'un de ses meilleurs drames de sentiment. La figure de repoussoir est un médecin athée et peu scrupuleux qui rappelle le Karl Moor des *Brigands* de Schiller. Cette pièce, très-bien jouée par Mélingue, Laferrière et M<sup>me</sup> Person, fut l'une des dernières que représenta le « théâtre Historique ». *Urbain Grandier*, qui la suivit, ramena le drame-roman et ses interminables tableaux. Ce ne fut pas un succès prononcé, non plus que *la Chasse au Chastre*, fantaisie en sept tableaux qui méritait peut-être un meilleur sort. Le théâtre Historique, auquel Dumas avait donné tous ses soins, fut alors obligé de fermer ses portes. Depuis ce moment, accablé de soucis et d'affaires litigieuses, cet esprit si laborieux et si ingénieux ne produit plus guère que pour subvenir à ses besoins. C'est sa phase purement industrielle, celle qui l'a fait accuser d'avoir ouvert des ateliers de collaboration. Il donna successivement une imitation du *Vingt-quatre Février* de Zacharias Werner (Gaieté, 1850), *la Barrière de Clichy* (théâtre National [ancien Cirque], 1851), *le Vampire* (Porte-Saint-Martin, 1851), *Romulus* (Théâtre-Français, 1854). Il fit ensuite représenter à Bruxelles *la Jeunesse de Louis XIV* (1854), dont aucun directeur de Paris ne voulait prendre la responsabilité, et qui a réussi dernièrement à l'Odéon avec un grand éclat. Puis *le Marbrier* paraît au théâtre du Vaudeville. Le 4 novembre 1854, l'Odéon joue avec un grand succès *la Conscience*, drame en six actes formé de trois pièces allemandes d'Iffland, et la Porte-Saint-Martin donne l'*Orestie*, *tragédie en trois actes imitée de l'antique* (1856). *La Tour Saint-Jacques*, *Le Verrou de la reine*, *L'Invitation à la valse*, *Les Forestiers*, *L'honneur est satisfait*, sont représentés sur divers théâtres, sans produire grande sensation (1856-1858). La liste des ouvrages dramatiques de Dumas se complète par *Le Roman d'Elvire*, *L'Envers d'une conspiration*, *Le Gentilhomme de la montagne* et *La Dame de Monsoreau*, roman-drame qui fut le dernier succès de l'auteur (19 novembre 1860). En comprenant dans cette liste *Piquillo*, opéra comique, *Le Cachemire vert*, comédie en un acte, et deux vaudevilles, *La Chasse et l'Amour* et *La Noce et l'Enterrement*, nous arrivons à un total de soixante pièces de théâtre.

Alexandre Dumas a écrit trois fois plus de volumes que Voltaire, qui était avant lui l'écrivain français le plus fécond. Le nombre de ses pièces est pourtant loin d'égaler celui des auteurs espagnols de l'époque des trois Philippe. Ses collaborateurs furent nombreux, mais, sauf quelques rares volumes qu'il a signés sans y mettre la main, il est facile de reconnaître sa manière dans tous ses ouvrages, et spécialement dans ses pièces de théâtre, qu'il a toujours remaniées et écrites à nouveau. Aucun de ses collaborateurs, livré à ses propres forces, n'a retrouvé sans lui cette composition de figures originales de premier et de second plan, cet aimable dialogue, simple et spirituel, cette impulsion communiquée à une action quelconque toujours vivante, marchant à toute vapeur et arrivant au but sans le jamais manquer. Alexandre Dumas est l'auteur français le plus populaire en Europe ; pas une langue dans laquelle ses ouvrages n'aient été traduits. Il n'a manqué qu'une qualité à son talent : c'est le style ; il le sentait malgré l'excellente opinion qu'il avait de lui-même, et il disait à qui voulait l'entendre, que la seule chose qu'il enviât à Victor Hugo c'était sa façon d'écrire.

Sa création d'ensemble, telle qu'elle se présente, est assurément un monument respectable qui mérite la haute estime de la critique, si elle n'appelle pas son admiration entière et absolue. Homme d'instinct plutôt que de réflexion, Alexandre Dumas a subi tous les reflets des temps orageux qu'il a traversés. Byronien avec *Antony*, Shakespearien avec *Richard d'Arlington*, *Kean* et *la Tour de Nesle*, il côtoie Schiller dans *le Comte Hermann*; il cherche à refaire Musset dans *Lorenzino*, comme il avait tenté de corriger Racine dans *Charles VII chez ses grands vassaux*, comme plus tard il tailla à la façon de Walter Scott ses romans historiques et ses drames à tableaux. Au milieu de tous ces reflets, il conserve pourtant sa lumière, celle qui rayonne de lui-même.

## CHAPITRE VI.

**SUITE DE L'ÉCOLE ROMANTIQUE.**

### I.

**Alfred de Vigny.**

Victor Hugo et Alexandre Dumas furent, on vient de voir dans quelles proportions, les chefs, les propagateurs et les grands ouvriers du mouvement romantique.

Nous avons maintenant à mesurer la tâche des ouvriers secondaires qui participèrent à l'œuvre commune. Au premier rang se place Alfred de Vigny, esprit très-fin, très-distingué, qui se livra d'abord à la poésie pure, à cette poésie rêveuse et délicate que Sainte-Beuve caractérise de poésie « blonde et ingénue ». La publication des œuvres posthumes d'André Chénier, que le poëte de *Dolorida* avait savourées avec délices, le jeta d'abord dans cette voie du sentiment méditatif. Il s'éclaira aussi des premières inspirations de Lamartine et de Victor Hugo, et dès lors ses poëmes prirent la forme agissante qui l'amena à donner à sa pensée la forme purement dramatique. Sa traduction ou plutôt son imitation de l'*Othello* de Shakespeare fut représentée au Théâtre-

Français, le 24 octobre 1829, par Joanny et M^lle Mars, huit mois après le *Henri III* de Dumas et quatre mois avant l'*Hernani* de Victor Hugo. Son second ouvrage, *la Maréchale d'Ancre*, représenté sur la scène de l'Odéon le 25 juin 1831, ne rencontra qu'un succès d'estime, quoiqu'il eût pour interprètes M^lle Georges, Frédérick Lemaître et Ligier. C'était le premier air de son chef que de Vigny essayait de jouer sur le grand orgue dont il parle dans sa préface du *More de Venise*. A l'imitation d'Alexandre Dumas, il chercha surtout, dans cet ouvrage, les réparties vives et la couleur locale. Les mignons de *Henri III* jouaient au bilboquet ; le Thémines et le Créqui de *la Maréchale d'Ancre* jouent au trictrac, entourés de messieurs de l'aiguillette rouge et noire. Le dialogue est charmant, quoique le *chantre* de *Moïse* et d'*Éloa* se soit privé de son principal avantage en écrivant sa pièce en simple prose. Les scènes sont bien imaginées et tracées avec art, et pourtant, malgré toutes ces qualités, la représentation de cette pièce vous laisse froid et sans émotion. C'est que le drame pèche par la base, par le défaut d'intérêt des personnages. La maréchale d'Ancre ne trouve en montant à l'échafaud que le sort qu'elle mérite ; Concini est un insolent parvenu, Luynes un homme sans entrailles. Isabella Monti, dévote sauvage, amoureuse et jalouse, n'a pas la moindre tendresse dans l'âme. De ces matériaux répulsifs, comment composer un drame qui attache et qui émeuve? De là le succès d'estime qui fut la juste récompense d'un travail consciencieux, mais peu en harmonie avec les nécessités d'une action destinée au théâtre.

Il se passa près de quatre ans avant que de Vigny découragé donnât un autre ouvrage à la scène. Cet ouvrage, que le Théâtre-Français joua le 12 février 1835, est un chef-d'œuvre de grâce et de sensibilité. *Chatterton* obtint un succès retentissant. Comme Hugo et Dumas, Alfred de Vigny eut cette fois *son jour*; cette fois il ne fut pas disciple, il fut maître. Tout est nouveau, tout est fin et délicat dans cette mystérieuse analyse d'un amour partagé, toujours présent et qui ne se révèle par des paroles ou des actes qu'au moment où la mort vient saisir les deux victimes : Chatterton, le poëte dédaigné que dévorent la misère et l'orgueil ; Kitty Bell, le modèle de la vertu et du sacrifice. Deux enfants qui sourient et caressent, un quaker pieux et indulgent qui prie et pardonne, une Bible qui sert de message entre deux cœurs candides n'osant s'avouer qu'une même souffrance les unit et va les séparer, un désespoir qui conduit au suicide l'honnête jeune homme préférant l'oubli et la tombe à un bonheur coupable, c'étaient là des éléments bien différents des violences du théâtre en vogue. Le public sut gré au poëte de s'être montré original et vrai. Tous les caractères de cette pièce sont étudiés sur le nu de l'âme humaine, depuis John Bell, le mari de Kitty, ce boutiquier de Londres, égoïste, brutal, gonflé de bière et de roastbeef, jusqu'à cette tête folle de Talbot et cette tête de bois de lord Beckford souriant seulement à la richesse et méprisant l'homme de talent qui n'a rien. Il est impossible de réunir plus d'intérêt dans une action aussi calme en apparence. C'est qu'un second drame est caché sous celui que jouent les acteurs ; ce drame se traduit par les sentiments qui se font jour à travers les fissures de ces deux cœurs blessés ; il est palpitant, et le spectateur en suit les péripéties cachées avec une anxiété qui ne s'arrête qu'au dénouement de la pièce. Ce genre de drame intime, où l'analyse remplace le mouvement brutal du drame romantique ordinaire, était toute une poétique nouvelle, à laquelle le public fit un accueil des plus sympathiques ; on doit regretter qu'Alfred de Vigny n'ait pas poursuivi la route qu'il venait d'indiquer.

M<sup>me</sup> Dorval prêta au personnage de Kitty Bell une physionomie merveilleuse ; je l'entends encore dans mon souvenir ; chacune de ses paroles, chacun de ses gestes, chacun de ses silences portait coup. On frémissait lorsque, apprenant, en présence de son mari, l'arrivée d'un protecteur de Chatterton, elle s'écriait : « Il vient lui-même, le lord maire, pour M. Chatterton ! mes enfants ! quel bonheur ! embrassez-moi ! » et que le quaker disait à part, à propos de cette femme, chaste entre toutes les femmes : « La mère donne à ses enfants un baiser d'amante sans le savoir, » et lorsque Chatterton, après s'être empoisonné, faisait pour la première fois l'aveu de son amour à Kitty, et que celle-ci lui répondait d'une voix douce et pure, plus expressive que tous les sanglots du monde : « Ah ! monsieur, si vous me dites cela, c'est que vous voulez mourir ! » La reprise de cet ouvrage, unique dans son genre sur notre scène, sera un triomphe pour l'actrice de talent qui réunira les conditions physiques qu'exige ce rôle double, aussi difficile à exprimer dans ses silences que dans ses paroles. Je n'ai jamais pu comprendre pourquoi Alfred de Vigny, après un succès auquel il fut très-sensible, avait tout à coup abandonné la veine qu'il venait de découvrir. Nul plus que lui n'était capable d'en extraire l'or pur qu'elle renfermait en ses flancs profonds. L'analyse physiologique de *Werther*, de *René*, d'*Adolphe*, appliquée au théâtre avec ce talent, avec cette divination des voix intérieures de l'âme, avec cette reproduction des détails vrais de la vie, ouvrait à l'auteur de cette belle étude un champ vaste et fécond. Alfred de Vigny s'était passionné pour son personnage de Kitty. Nouveau Pygmalion, il l'adorait platoniquement dans l'actrice inimitable qui l'avait fait vivre sous une forme plastique. Cet amour rêveur, qui remplit plusieurs années de la vie du poëte, avait transformé Marie Dorval elle-même, qui répondait à ses amis, tout étonnés de ce changement subit, par ce vers de *Marion Delorme* :

« Son amour m'a refait une virginité. »

Il est probable que cette création d'Alfred de Vigny fut une de ces inspirations isolées qui ne se présentent qu'une fois dans la carrière d'un auteur. Ce souvenir contribua sans doute au nouveau succès que Marie Dorval obtint, dans le cours de la même année, en traduisant avec tant de noblesse et de sensibilité décente le rôle de Catarina Bragadini dans l'*Angelo* de Victor Hugo. Deux ans avant *Chatterton*, l'ancien officier de la garde royale, le romancier de *Cinq-Mars* et de *Stello* avait fait jouer à l'Opéra, dans une soirée de bénéfice, un petit acte sans importance, mais très-finement dialogué, sous le titre de *Quitte pour la peur*. Cette anecdote musquée du xviiie siècle, qui nous montre les rapports passagers d'un mari et d'une femme portant tous deux une chaîne étrangère et ne se réunissant que pour donner le change à l'opinion du monde, est un peu scabreuse et rappelle trop, peut-être, le débraillé galant des romans de Crébillon le fils. On croirait, par instant, lire un fragment du *Sopha* ou du *Hasard du coin du feu*.

L'œuvre théâtrale d'Alfred de Vigny n'est pas nombreuse, comme on le voit, mais *Chatterton* lui seul suffirait pour assurer à son auteur une place spéciale parmi les dramatistes de la période romantique.

## II.

### Frédéric Soulié.

D'Alfred de Vigny à Frédéric Soulié la transition est brusque. Quoique nés contemporains et nourris du même lait romantique, leurs idées comme leurs allures ne se ressemblaient guère. De Vigny portait dans sa tenue l'élégante régularité d'un mousquetaire de la maison rouge du roi Louis XVIII ; ses traits étaient fiers et délicats ; il affichait des principes royalistes et religieux ; il tenait à sa généalogie nobiliaire, il aimait la rêverie plus que l'action ; les sentiments doux et tendres s'épanouissaient plus volontiers dans son cœur que les passions vigoureuses, tenaces et hardies. Soulié, au contraire, plus négligé que recherché dans sa mise, avait la lèvre épaisse, de gros yeux noirs surmontés d'épais sourcils ; il ne songeait guère aux pratiques religieuses, et quoiqu'il se fît appeler, dans sa première jeunesse, Soulié de Lavelanet, il professa toujours des opinions très-libérales. Les passions violentes avaient pour lui plus d'attrait que le platonisme, et, dans toutes ses compositions, romans ou pièces de théâtre, il leur donna une prédominance absolue. C'était un excellent cœur, un ami sûr et dévoué. S'il n'eût été entraîné par sa nature insouciante dans des dépenses folles, peu en rapport avec ses ressources, il eût consacré tous les instants de sa vie à méditer et à écrire des œuvres sérieuses, au lieu de se jeter dans une production incessante et insuffisamment étudiée.

Ses premières armes littéraires, il les fit sous la bannière de la poésie pure. En 1824, il publiait un volume de vers intitulé *Les Amours françaises*, qui passa à peu près inaperçu. Deux ans plus tard, il réunissait un soir ses amis dans son petit appartement très-modeste, situé à un entresol de la rue Richelieu, et il nous lisait

entre deux bougies une tragédie de *Roméo et Juliette.*
Nous fûmes tous d'avis que c'était là un excellent
début pour le théâtre, mais qu'il n'avait pas assez
rapproché son texte de celui de Shakespeare. Roméo,
marié secrètement à Juliette dès le lever du rideau,
nous parut une innovation peu heureuse. Le ton général du dialogue fut aussi critiqué, comme reflétant
dans une trop forte proportion le style de la tragédie
classique. Le cinquième acte, et surtout la scène finale,
obtint l'approbation de tous, parce qu'aux détails près,
qu'il eut le tort de ne pas prendre comme le fond,
c'était encore Shakespeare, ou tout au moins un reflet
de Shakespeare. La *tragédie* de Soulié (il tenait à
cette appellation), représentée le 10 juin 1828, au
théâtre de l'Odéon, fut accueillie avec beaucoup de
faveur. Les deux premiers rôles étaient joués avec talent par Anaïs et Lockroy. *Christine à Fontainebleau,*
seconde tragédie de Soulié, précéda de quelques jours
la *Christine* d'Alexandre Dumas. Cette fois l'auteur,
abandonnant le sentier battu, se précipitait, tête
baissée, dans les violences les plus échevelées. Pour
donner plus d'animation à sa fable, il avait entassé
l'une sur l'autre les situations les plus brutales et les
plus invraisemblables. Il y avait, entre autres énormités, une table de dissection où l'on étendait l'héroïne, en la faisant passer pour morte, afin de la soustraire à la jalousie de la reine ; il y avait un brigand
déguisé en ermite ; Monaldeschi, le héros, se voyait
accusé d'avoir volé des diamants. Le style de la pièce
s'entrecoupait de vers lyriques à l'ancienne mode et,

par opposition, de vers où la trivialité remplaçait le naturel. La chute fut profonde, bruyante, scandaleuse ; le souvenir seul de la tentative resta, comme terme de comparaison, dans les annales des insuccès de théâtre.

A dater de cette mémorable défaite, Soulié renonça aux ouvrages littéraires, et il se lança dans la fabrication du drame en prose, après avoir renoncé préalablement à la fabrication des planches de sapin qu'il exploitait avec son père dans un faubourg de Paris. Il écrivit des romans-feuilletons pour les journaux, prit des collaborateurs et s'aida le plus qu'il put de matériaux empruntés. C'est ainsi qu'il trouva dans *le Fils naturel* de Lacretelle le drame en trois actes que représenta le Théâtre-Français, le 15 octobre 1831, sous le titre de *La Famille de Lusigny*. Il avait pour collaborateur dans cet ouvrage Hector Bossange, l'un des directeurs du théâtre des Nouveautés. Bossange eut une grande influence sur l'avenir de Frédéric Soulié. *La Famille de Lusigny* est un drame de famille, en trois actes et en prose, assez intéressant; ce drame nous montre un fils naturel luttant contre un parent peu scrupuleux qui l'a privé de son état civil par un vol de papiers. Un élan de cœur de la marquise de Lusigny, la mère des frères rivaux, laquelle ordonne au fils légal de rendre à l'enfant naturel les titres qu'on lui a dérobés, dénoue cette action, qui passe par les plus émouvantes péripéties et se termine à la satisfaction de tous. *Clotilde*, drame en cinq actes, joué au même théâtre le 11 septembre de l'année suivante, fut un succès plus tranché et plus retentissant. Mᵐᵉ Mars, toujours désireuse de créations nouvelles qui missent en relief les quelques côtés encore ignorés de son talent, ne recula pas devant ce personnage d'une jeune fille de bonne maison vivant en ménage avec son *futur époux*, un misérable coquin qui assassine et vole un juif, Raphaël Bazas, pour se débarrasser de ses créanciers et porter cette dot sanglante à la femme qu'il aime. L'auteur a soin de prévenir le spectateur, dès la première scène, que, pour intéresser le cœur de l'héroïne, il faut « des amours délirantes, des jalousies furieuses, des malheurs, des crimes même ». Aussi M. Christian, voleur et assassin, se trouve-t-il justement l'objet de sa passion la plus véhémente. Elle l'aime jusqu'à l'aller dénoncer à la justice, quand la jalousie la pousse. « Il ne faut pas qu'il parte, dit-elle au magistrat. — Et comment l'empêcher? — En le faisant arrêter sur-le-champ, avant qu'il la revoie. — Mais pourquoi le faire arrêter? — Parce qu'il a tué Raphaël Bazas. »

Christian, mis en prison, est jugé et condamné à mort. Clotilde vient le trouver dans son cachot repentante et désespérée. « Maintenant, lui dit Christian, toi qui as été capable d'un si grand crime et d'un si grand remords, toi qui m'as aimé au point de te déshonorer, réponds... Outre ton repentir, que m'apportes-tu? — Du poison. — A la bonne heure! (*Il la relève et il l'embrasse.*) » Les deux amants boivent le poison; et, lorsque la rivale de Clotilde vient proposer au condamné de fuir avec son geôlier qu'elle a gagné:

« Il n'est plus temps, lui répond-il. Vous m'offrez la vie, n'est-ce pas ? Cette existence d'exil et de honte, voulez-vous la subir avec moi ? — Ah ! monsieur. — Eh bien, demandez à Clotilde ce qu'elle m'a apporté au lieu de la vie. — La mort ! — Et elle a partagé ce bienfait. Voici celle qui m'aime et que je ne quitte plus. »

Comme *l'Alchimiste* d'Alexandre Dumas, le sujet de *Clotilde* avait été pris dans un drame anglais de Milman, intitulé *Fazio*. Milman l'avait lui-même emprunté à une nouvelle de Grazzini, célèbre *novelliere* italien, plus connu sous le nom de *Lasca*. En transportant cette terrible action dans nos mœurs modernes, Soulié la fait paraître plus violente encore. Christian est plus coupable que Fazio, car Fazio a seulement volé le juif qui est venu mourir chez lui après avoir été poignardé dans la rue par des coureurs de nuit. La douce Bianca (la Clotilde de la pièce anglaise) n'est point la maîtresse, mais la femme légitime de Fazio. Son mari l'a abandonnée ainsi que ses trois enfants, pour devenir l'amant de la marquise Aldabella. Bianca ne dénonce pas un meurtre, mais un vol qu'elle ne suppose pas devoir entraîner la peine capitale. C'est à sa grande surprise qu'elle entend accuser Fazio d'un assassinat, et, quand la sentence est prononcée, elle s'attache à la robe des juges, au pourpoint du capitaine des gardes, Antonio, et elle lui crie en sanglotant : « Nous avons dans la maison deux enfants au berceau ! ils ne parlent point encore ! Vous passez sans me répondre ! Vous vous ressemblez tous ! allez !

vous vous valez tous ! » Puis, implorant Fazio : « Oh ! maudis-moi, lui dit-elle, tue-moi avec ta malédiction ! Je suis faible et chétive. Un mot me brisera ! » Le poison apporté dans la prison et partagé par Clotilde appartient en propre à l'auteur français. Dans le drame de Milman, Bianca meurt de douleur au pied de l'échafaud. Dans la nouvelle du Lasca, elle se poignarde après avoir tué ses enfants.

Le succès de M<sup>lle</sup> Mars, dans cette composition ultra-romantique, fut considérable. L'élégance et la distinction de l'actrice adoucissaient les tons trop criards du rôle. Les mots les plus simples devinrent sur ses lèvres des effets surprenants. A la fin du troisième acte, lorsqu'elle est insultée par sa rivale qui lui rappelle qu'elle ne l'a pas invitée à ce bal où elle vient pour surprendre son amant, elle répandait la terreur dans l'auditoire par ces simples paroles dites avec la menace de la catastrophe finale dans le regard : « Monsieur Christian, mademoiselle de Valery vous salue. »

*Clotilde*, malgré ses emprunts, est encore une œuvre d'art et un produit de l'école romantique des plus sérieux ; mais les pièces écrites par Soulié pour le théâtre de la Renaissance ou pour les scènes du boulevard, *Diane de Chivry*, *Le Fils de la folle*, *Le Proscrit*, *Hortense de Blengie*, *Eulalie Pontois*, *Gaëtan il Mammone*, *Les Amants de Murcie*, *L'Homme à la blouse*, *Les Étudiants de Paris*, *Le Roi de Sicile*, ne sont que des romans dialogués, sans but et sans caractères.

*Le Fils de la folle* était la seconde mouture du

*Maître d'école*, roman publié par l'auteur dans le *Journal des Débats*. Guyon jouait dans cette pièce le rôle du maître d'école Fabius, et M<sup>me</sup> Moreau-Sainti celui de la folle. M<sup>me</sup> Dorval, par son jeu pathétique, fit tout le succès du *Proscrit*, comme M<sup>me</sup> Guyon assura le succès des *Amants de Murcie*.

*L'Ouvrier* et *la Closerie des Genêts* méritent seuls d'être distingués au milieu de ces fournitures de pacotille. *L'Ouvrier* n'est qu'un mélodrame, mais un mélodrame intéressant et habilement construit. Sous l'apparence d'une prédication morale, il cache un venin qui s'est beaucoup propagé entre les deux révolutions de 1830 et de 1848, et qui n'a pas peu contribué à la démoralisation du peuple parisien. Le menuisier Lombard et son fils, l'ouvrier Auguste, sont donnés en exemple comme les types exclusifs de l'honneur et de la vertu, tandis que M. de Monnerais, un gentilhomme, est représenté comme un assassin et un faussaire à qui le menuisier pardonne du haut de sa grandeur. Nous aurons occasion de parler plus loin de cette école de préconisation de la blouse.

*La Closerie des Genêts* n'appartient pas à cette catégorie ; c'est un bel et bon drame, aux allures populaires, mais franc du collier et plein de situations attachantes auxquelles la morale n'a rien à reprendre. Il a été joué si souvent que tout le monde l'a présent à la mémoire.

Après avoir publié, outre ses pièces de théâtre, plus de cent volumes de romans, Frédéric Soulié mourut à la peine, d'excès de travail. Ce labeur forcé, il s'y condamnait pour maintenir à la ville et à la campagne un état de maison de fermier général, qui lui était bien inutile puisque ses occupations incessantes l'empêchaient d'en profiter. Alexandre Dumas, qui suivit le même système peu économique, résista plus longtemps, soutenu qu'il était par sa vigueur physique; mais il succomba de même. Ces deux exemples d'écrivains de talent qui s'épuisent de travail pour le bien-être des indifférents, qu'ils appellent leurs amis, accusent un phénomène particulier à notre époque. Ce phénomène a ses racines dans la vanité et dans la bienveillance. Victor Hugo, qui n'appartient pas à cette école de philosophie, prononça des paroles touchantes sur la tombe de Frédéric Soulié, mort encore jeune, le 23 septembre 1847, au grand regret de ses véritables amis, peu nombreux mais sincères, quoique trop oubliés par lui.

Les qualités de Frédéric Soulié, romancier et auteur dramatique, furent l'énergie et la passion; ses défauts, la brutalité et la négligence du style. Il se montra souvent analyste du cœur humain et sut trouver dans beaucoup de ses compositions le secret de l'intérêt et des larmes. Sa forme trop imparfaite et trop négligée empêchera son théâtre de lui survivre. *La Closerie des Genêts* et *Clotilde* surnageront seules peut-être quand le temps aura prononcé la sentence définitive.

## III.

**Balzac.**

Balzac, le romancier philosophe, l'observateur de ce monde contemporain, si bien décrit qui figure dans la *Comédie humaine*, fut, même aux jours de ses plus brillants succès, discuté et nié par la plupart des critiques. Je fus témoin de ses luttes, de son travail acharné, de ses rêves de fortune, de ses découragements subits et de ses désespoirs heureusement passagers. Cette époque remonte au temps où il habitait la rue Cassini. Quand il donna, lui aussi, dans la manie des grandeurs et qu'il voulut avoir sa villa aux Jardies, nos relations cessèrent tout à fait. Au temps dont je parle, c'était le bon temps de Balzac; notre petit cercle intime se composait de quelques personnes seulement, parmi lesquelles les plus assidues étaient : Jules David, fils de l'ancien consul général de France à Smyrne, auteur de quelques romans aujourd'hui oubliés, garçon d'esprit et de savoir; Charles Rabou, qui termina *le Député d'Arcis*, roman laissé inachevé par l'illustre écrivain; Regnier d'Estourbet, auteur d'un drame de *Charlotte Corday*; Louis de Meynard, si malheureusement tué en duel, à la Martinique, à l'âge de vingt-cinq ans.

Le jour où Balzac commençait un grand travail, nous dînions chez lui, et, aussitôt après le dîner,

Balzac se couchait. Les convives se séparaient, et chacun allait de son côté en se donnant rendez-vous pour le lendemain. A minuit, le valet de chambre de Balzac le réveillait et lui passait une robe de cachemire blanc à capuchon qui le faisait ressembler à un moine. On a dessiné son portrait dans ce costume. Puissance incroyable de la force de volonté ! il travaillait ainsi, sans prendre aucune nourriture, jusqu'au lendemain quatre heures après midi : seize heures de travail ! Et les jours suivants il recommençait, jusqu'à ce que les deux volumes fussent entièrement terminés. Alors nous nous réunissions de nouveau ; on causait, on riait, on faisait des promenades, jusqu'au jour où l'imprimeur envoyait le premier paquet d'épreuves, rue Cassini. Le labeur, alors, reprenait son cours, car cette première impression s'en retournait à l'imprimerie surchargée de tant de corrections et de changements qu'elle équivalait presque à une seconde composition. Une troisième et une quatrième épreuve succédaient à la première ; alors seulement l'imprimeur recevait le *bon à tirer*. J'entre dans ces détails pour montrer quelle conscience Balzac apportait dans ses travaux, dont la limpide clarté et le parfait naturel sembleraient indiquer que ces livres si excellents ont été écrits au courant de la plume.

On sait que l'auteur des *Parents pauvres* et d'*Eugénie Grandet*, deux chefs-d'œuvre, passa presque toute son existence dans une gêne véritable, n'ayant jamais pu payer complétement, jusqu'à ce moment, les dettes qu'il avait contractées dans l'exploitation de son imprimerie. Les critiques injustes de quelques journaux qui s'acharnaient sur ses défauts, sans jamais vouloir reconnaître ses hautes qualités, lui firent passer de bien mauvais moments. Pour le calmer, nous prenions la chose en plaisanterie et nous le critiquions nous-mêmes. Charles Rabou ne manquait jamais de lui demander, faisant ainsi allusion à ses descriptions d'intérieur, si fréquentes, combien il y aurait d'inventaires notariés dans l'ouvrage qu'il allait écrire. Il riait alors lui-même de ce bon gros rire éclatant et rabelaisien qui lui faisait oublier ses ennuis. Balzac nous dit un jour : « Mes amis, j'ai terminé bientôt mon monument de *la Comédie humaine* ; je vais bâtir en regard un autre édifice qui le complétera, je veux écrire un théâtre. Mais, comme on ne manquerait pas de trouver mes pièces détestables si l'on savait que j'en suis l'auteur, je prie l'un de vous de consentir à signer pour moi, au moins les premiers ouvrages. » Nous lui fîmes comprendre que cette affaire n'était avantageuse ni pour lui ni pour nous, et que ses épaules étaient assez fortes pour porter la critique de son théâtre, comme elles avaient porté la critique de ses romans. Il ne fut plus question de cette proposition bizarre, et plusieurs années se passèrent sans que nous entendissions parler de rien.

Le 14 mars 1840, *Vautrin*, drame en cinq actes, étalait son titre, bien connu des lecteurs de romans, sur l'affiche du théâtre de la Porte-Saint-Martin. Ce titre seul équivalait à une signature. Voilà donc Balzac lancé sur cet océan dont il redoutait si justement les tempêtes. « Vautrin ! se disait-on en souriant. Comment ? ce galérien, père de famille, qui élève dans les principes de l'honneur et de la vertu ce joli blondin aux cheveux bouclés qu'il a ramassé sur le grand chemin ! Mais ce sera un scandale charmant ! il faut aller voir cela. » *Vautrin* fut joué par Frédérick Lemaître, mais il ne fut joué qu'une seule fois. Les journaux l'accablèrent. Ce monde de voleurs, Jacques Colin dit Vautrin, chef de la bande, le chevalier de Saint-Charles, Fil-de-Soie, Cadet dit le Philosophe, Boulard dit Lafouraille, travaillant de concert, par les moyens les plus malhonnêtes, pour assurer le bonheur du jeune Raoul de Frescas avec la belle Inès de Christoval, princesse d'Arjos, parut d'une immoralité révoltante. La police saisit au bond l'accusation et supprima la pièce, dont la censure avait pourtant permis la représentation. La morale, toutefois, n'avait rien à voir dans la mesure prise par l'autorité supérieure. Ce diable de Frédérick Lemaître, qui représentait Vautrin, avait eu l'idée, dans son travestissement en général mexicain, de se faire confectionner la perruque et les favoris du roi Louis-Philippe alors régnant, un portrait frappant qui rappelait les fameuses *poires* du journal *la Caricature*. Le scandale n'existait réellement pas là. Tous ces bandits agissant pour conclure le mariage de M<sup>lle</sup> de Christoval ne faisaient que reproduire des choses déjà pratiquées dans les mélodrames, et les *Deux Serruriers* de M. Félix Pyat, que l'on joua l'année suivante, au même théâtre, étaient bien autrement dangereux, pour la morale publique, par leurs maximes et par leurs exemples. Un chef de voleurs comme Vautrin ne saurait exister dans les conditions où l'auteur nous le présente ; d'ailleurs existerait-il, aucun bandit ne consentirait à travailler ainsi pour l'art et sans en tirer plus de profit que celui qui revient au *Philosophe* et à *Fil-de-Soie* arrêtés par les suppôts de la rue de Jérusalem. Balzac, pour son début, avait voulu faire une pièce bizarre et adapter à la taille de Frédérick Lemaître ce personnage de forçat qui avait eu tant de succès dans *la Comédie humaine*. Il s'était évidemment trompé : le théâtre vit surtout de vérité, et il n'y avait aucune vérité dans cette histoire romanesque de Vautrin.

L'essai de grande comédie tenté par notre auteur deux ans après, le 19 mars 1842, sur le théâtre de l'Odéon, ne fut pas plus heureux que l'essai de drame. *Les Ressources de Quinola* n'obtinrent ni les suffrages du public, ni ceux de la presse. Balzac crut devoir défendre sa pièce dans une préface, et, à propos de son invention de bateaux à vapeur au XVIe siècle, il accusa les journaux d'ignorance parce qu'ils n'avaient pas lu l'*Annuaire des longitudes* et un ouvrage de François Arago. Ce qu'il y a de certain, c'est que sa comédie valait encore moins que son drame. Il faisait là son apprentissage, qu'il continua dans *Paméla Giraud*, autre drame qu'il fit représenter, le 26 septembre 1843, au théâtre de la Gaieté. Une pauvre fille qui sauve son séducteur d'un procès politique où sa tête est en jeu, en déclarant que, cette même nuit à laquelle on fait remonter le crime de conspiration, son amant l'a passée auprès d'elle, tel est l'argument développé par Balzac. Les moyens dramatiques employés dans la mise en scène de ce drame de cour d'assises ne sont pas bien nouveaux, mais on remarque déjà un progrès dans la conduite de l'action. Elle se noue et se dénoue d'une façon vraisemblable. Les personnages sont vrais et s'expriment d'une façon naturelle. L'avocat Dupré fait vibrer la corde sympathique par sa généreuse conduite envers Paméla qu'il marie à son séducteur, après avoir arraché par la crainte le consentement des parents du jeune amoureux, plus faible que coupable. Malgré ces qualités, la pièce n'offre rien de hardi et ne provoque chez les spectateurs qu'un vague intérêt de curiosité.

Six ans se passent, et le théâtre Historique représente un nouveau drame de Balzac, *la Marâtre*. Le temps a porté ses fruits. Le brillant romancier connaît enfin les secrets de la composition dramatique, qu'il avait étudiés avec cette ténacité dont il était capable. *La Marâtre* est un drame bien combiné, bien conduit. La thèse développée a de la nouveauté ; les caractères sont pris sur le vif de la nature humaine ; les effets les plus dramatiques se produisent sans que l'on y sente la main de l'auteur. Ce duel à mort qui s'engage entre deux femmes du monde, la belle-mère et la belle-fille, pour la possession d'un amant, et cela sous les yeux du mari et du père, sans que celui-ci puisse deviner tant de haine sous l'apparence de tant de calme et de vertu, rappelle les plus habiles conceptions du grand romancier. La scène où Godard, le prétendu évincé de

Pauline de Grandchamp, fait annoncer faussement que
M. Ferdinand, son rival, vient de se casser la jambe
en tombant, prend au même piége deux femmes au
lieu d'une; toutes deux trahissent leur amour par
leur émotion subite, et elles le révèlent non-seulement à l'auteur de la mystification, mais à elles-
mêmes. C'est à cette originale révélation, produisant
un magnifique coup de théâtre, que commence ce
combat de sauvages entre deux femmes ardentes et
passionnées jusqu'au crime. M$^{me}$ de Grandchamp, la
marâtre, soupçonne que sa belle-fille Pauline cache
dans son corset d'anciennes lettres d'amour que leur
amant commun lui a livrées; elle feint alors une réconciliation, se traîne aux genoux de la jeune fille, et,
dans de feintes caresses, elle presse de ses mains le
corsage de sa rivale, dont le craquement lui révèle
la présence des papiers qu'elle cherche. Une dose
d'opium versée dans une tasse de thé endort la vigilance de Pauline, et, pendant son sommeil, la marâtre lui ravit sa correspondance et reprend sa puissance sur sa victime. Le rôle de Pauline est très-habilement et très-fièrement établi et développé. C'est une
jeune fille habituée, dès l'enfance, à s'étudier et à
s'observer au milieu des piéges qui l'entourent; son
âme est pure et placide, mais les qualités énergiques
abondent en elle; elle a l'esprit, le sang-froid, l'adresse
et le courage qui forment sa sauvegarde dans le milieu
de perfidie qu'elle habite. Tant qu'elle conserve l'espoir de vaincre, elle lutte; quand elle se voit perdue
sans ressource, elle se donne la mort. Et, comme

l'esprit de justice survit toujours en elle, lorsqu'elle apprend que sa criminelle belle-mère est accusée de son empoisonnement, elle se lève de sa couche funèbre pour venir la justifier, et conserver ainsi à son père une dernière illusion. Le rôle de la marâtre avait été destiné par Balzac à M^me^ Dorval; une indisposition de cette grande actrice le fit distribuer à M^me^ Lacressonnière. M^lle^ Maillet rendit avec beaucoup d'intelligence le rôle de Pauline; mais, pour représenter dignement ce personnage, le plus difficile de l'ouvrage, il aurait fallu le talent d'une artiste supérieure.

*Mercadet*, comédie en trois actes qui fut représentée au théâtre du Gymnase-Dramatique, le 24 août 1851, après la mort de Balzac, n'est qu'un *arrangement* et une abréviation de l'ouvrage original, en cinq actes, intitulé *Le Faiseur*. Ce fut M. D'Ennery que l'on chargea de cette opération chirurgico-littéraire et qui s'en tira à la satisfaction de tous. Le directeur eut un succès d'argent; la succession y gagna de bons droits d'auteur; le public, qui n'aime pas les développements trop prolongés, eut la satisfaction de ne pas avancer l'heure de son dîner et d'aller se coucher plus tôt. Les coupures portent sur le premier et le troisième acte, les changements sur le quatrième et le cinquième. Dans *le Faiseur*, M. de La Brive a recours à un déguisement et se fait passer auprès des créanciers de Mercadet pour l'ancien associé Godeau revenant des Indes chargé de millions. Cette scène est supprimée dans la pièce en trois actes, qui gagne beaucoup, il faut le dire, à ce retranchement. Le dernier acte s'améliore également en devenant plus rapide et plus vraisemblable. Il est évident que Balzac lui-même, s'il avait vécu, aurait accepté ces modifications quand il eût dirigé les répétitions de sa pièce. En trois actes ou en cinq actes, *Mercadet* n'en est pas moins l'une des meilleures comédies de notre temps. Le portrait du spéculateur y est dessiné de pied en cap, tel que nous l'avons connu; mais nous devons avouer que depuis vingt ans cette figure s'est beaucoup modifiée, et, auprès de nos *faiseurs* d'aujourd'hui, Mercadet ne serait qu'un écolier et un aigrefin parfaitement inoffensif. A la Bourse de ce temps-ci, l'associé de Godeau ne jouerait certes plus sa faillite sur 300,000 francs, mais sur huit ou dix millions tout au moins, et il ne s'inquiéterait pas un instant des larmes et des menaces de ses créanciers, fidèle à cet axiome de comédie : « Quand on doit et qu'on ne paie pas, c'est comme si l'on ne devait pas. »

Si la manière d'exploiter la crédulité publique a varié, les principes du moins sont demeurés les mêmes. Le Mercadet de 1872 vous dirait tout comme l'autre, en tirant une pièce de cinq francs de sa poche : « Voilà l'honneur moderne ! Avez-vous fait fortune en vendant du plâtre pour du sucre, vous devenez député et ministre... Ne suis-je pas supérieur à mes créanciers ? j'ai leur argent, ils attendent le mien !... Un homme qui ne doit rien, personne ne songe à lui, tandis que mes créanciers s'intéressent à moi. » L'ami Verdelin, à qui Mercadet veut emprunter mille écus pour solder le repas de fiançailles de sa fille, lui répond logiquement: « Mille écus ! mais si on les prêtait toujours, on ne les aurait jamais ! »

Parmi les *abatages* de M. D'Ennery dans la forêt touffue de Balzac, je ne regrette réellement qu'une chose : c'est le sentiment qu'a Julie, la fille de Mercadet, de son peu de beauté, lorsqu'elle attribue à cette circonstance la rupture de son union avec le jeune Minard qu'elle aime. « Beauté (dit-elle dans la pièce primitive), incomparable privilége, le seul qui ne se puisse acquérir, tu me manques, je le sais. J'avais essayé de te remplacer par la tendresse, par la douceur, par la soumission, par le dévouement absolu..., et voilà toutes les espérances de la fille laide envolées ! » Mais, en admettant qu'un directeur sans préjugés eût agréé cette innovation, aurait-il trouvé une actrice qui consentît à dire une pareille phrase ?

S'il ne fût mort à cinquante-un ans, Balzac aurait certainement donné un pendant à son monument de *la Comédie humaine*, comme il nous annonçait vouloir le faire, et ce nouvel édifice n'aurait pas été moins riche et moins glorieux que le premier. Il comprenait parfaitement qu'il devait désormais condenser ses idées et abréger son dialogue pour donner à sa création la forme théâtrale. Dans *la Marâtre*, son ouvrage le mieux pensé et le mieux approprié à la scène, ce résultat reste acquis, et la marche de l'action est conduite avec une véritable habileté. Balzac avait trop de conscience littéraire pour songer à mettre ses romans en drames et en comédies. Il pensait avant tout à sa gloire ; et, même sous la pression la plus violente de ses créanciers, quand il travaillait hors de son domicile pour échapper aux gardes du commerce porteurs de contraintes, il ne brusqua pas son travail, il ne corrigea pas une épreuve de moins. Le monde réel était pour lui l'épisode de la vie, le monde qu'il avait créé était le vrai monde. Chacun de ses personnages, il le connaissait intimement, il avait vécu côte à côte avec lui, il en parlait comme si c'eût été de l'histoire. Il est possible, il est même probable qu'il avait choisi dans le monde réel des figures en chair et en os qu'il prenait pour types et qu'il confondait plus tard avec les enfants de son imagination. Le système général de Balzac consistait à tout reproduire sur nature ; pas une de ses descriptions minutieuses, que nous appelions en riant ses *inventaires*, n'a été faite autrement. Cette qualité d'observation eût été précieuse chez un dramaturge expérimenté. Balzac fût devenu cet homme si Dieu lui avait donné quelques années de plus.

## IV.

### Lamartine.

Le grand poëte des *Méditations* et de *Jocelyn* voulut, à l'exemple de Chateaubriand, essayer de plier son génie à la forme du théâtre. Lamartine écrivit son drame de *Toussaint-Louverture* comme il eût écrit un poëme, c'est-à-dire en se préoccupant beaucoup plus de la description des sentiments que de leur mise en action. Le style de l'ouvrage répond à cette idée première. Il a toutes les qualités des autres productions du maître, l'élégance et l'harmonie de la période, l'élévation de la pensée. Les imaginations rêveuses, qui ont comparé Lamartine tantôt à un cygne, tantôt à un aigle, tantôt à une harpe éolienne bercée à tous les vents, retrouveront là leur poëte favori avec ses images hardies, avec la tendresse de ses sentiments, avec la mélodie de ses cantilènes improvisées montant vers le ciel de l'idéal comme des nuages d'encens ; mais ceux qui cherchent dans une œuvre dramatique des actes humains et des passions réfléchies, prenant un corps et nous montrant à nous-mêmes ce que nous sommes ou ce que nous avons été, n'y trouveront certainement pas leur compte.

Lamartine nous apprend qu'il écrivit son drame, en 1840, pour populariser la cause de l'abolition de l'esclavage dans le cœur du peuple, plus impressionnable et plus sensible que le cœur des hommes d'État. « Je ne destinais nullement, ajoute-t-il, cette faible ébauche au Théâtre-Français, je la destinais à un théâtre mélodramatique du boulevard. Je l'avais conçue pour les yeux des masses plutôt que pour l'oreille des classes d'élite au goût raffiné. C'est ce qui explique la nature des imperfections de cet ouvrage. C'est une pièce d'optique à laquelle il faut la lueur du soleil, de la lune et du canon. » La mise en scène rêvée par le poëte était bien difficile à réaliser ; aussi se décida-t-il à vendre le manuscrit à son libraire, qui le fit représenter dix ans après, le 6 avril 1850, sur la scène de la Porte-Saint-Martin. M. Michel Lévy se contenta, lui, du soleil et de la lune de la rampe et du canon tiré de la peau d'âne d'une grosse caisse. Frédérick Lemaître se chargea du rôle de Toussaint Louverture ; une jeune sœur de Rachel, Lia Félix, fut engagée pour le rôle d'Adrienne, la nièce du *Napoléon des noirs*.

Des notes inédites du général Ramel, communiquées à Lamartine par un de ses collègues de la Chambre des députés, avaient donné à l'auteur le récit authentique des exploits de Toussaint, de ses superstitions, de ses malheurs, de ses sentiments de patriotisme et de ses affections de famille. Après avoir servi le gouvernement français et reçu à l'école de nos soldats une éducation militaire qui lui valut le grade de général, il se mit à la tête des noirs révoltés, fut vaincu, et, après une capitulation qui lui garantissait la vie sauve, on l'embarqua pour la France sous prétexte de conspiration. Le premier consul Bonaparte le fit enfermer au fort de Joux. Le pauvre nègre mourut dans ce froid et âpre pays du Jura, quelques années après son incarcération.

Ce qui domine dans le drame de Lamartine, ce n'est malheureusement pas l'action : le sentiment admiratif de l'affranchissement et de la liberté inspire tout le rôle du héros haïtien. Sa nièce Adrienne, née d'un blanc et d'une esclave noire, garde au fond du cœur un amour secret pour le jeune Albert, fils de Toussaint, que les Français ont emmené en otage et élevé dans les idées de la civilisation moderne. Lorsque Albert revient, hélas! combien il est changé! il a oublié sa patrie pour le sol d'adoption de la France. Au lieu de partager les idées de son père sur l'émancipation de ses frères noirs, il conseille la soumission et vante le génie du premier Consul. Tel est le point de départ de l'action dramatique; mais ce point, qui devait former le fond de la pièce, reste à peine indiqué : l'action politique le recouvre sur toutes ses surfaces et l'empêche de se traduire en émotions. La poésie fait pourtant, à chaque scène de la pièce, un accueil charmant aux hôtes conviés par le dramaturge; elle étale devant eux les fleurs les plus parfumées de ses corbeilles.

Le troisième acte contient une fort belle scène, celle où Toussaint, contrefaisant le mendiant et l'aveugle, s'introduit dans le camp du général Leclerc pour s'assurer des forces dont disposent les Français.

L'épisode d'Adrienne, plongée dans un cachot où elle retrouve son père officier au service des Français, est trop romanesque et n'offre pas un intérêt suffisant pour un quatrième acte. Le cinquième acte n'est qu'un dénouement de mélodrame où l'on voit Toussaint, investi par les Français dans les mornes du Chaos, ordonner à sa nièce Adrienne de faire flotter sur une pointe de rocher le drapeau qui appelle les noirs au combat. Adrienne tombe frappée d'une balle et s'enveloppe dans les plis du drapeau haïtien. La toile baisse au milieu des coups de canon et des fusillades.

Lamartine n'était pas né pour les combinaisons dramatiques ; il était l'homme de la rêverie et de l'épopée. Il le reconnaît lui-même lorsqu'il dit, sans toutefois en croire un mot : « Le drame veut trop d'art, et je ne suis pas artiste. » Si Lamartine avait eu la persévérance de Balzac, il serait pourtant, je le crois, parvenu à endiguer sa pensée toujours flottante et qui tendait à déborder sa volonté. Il lui aurait fallu, avant de commencer à écrire ses beaux vers, un plan sérieusement combiné qui lui fournît l'élément nécessaire à l'intérêt de son action et à l'effet de ses scènes. Mais, outre qu'il ne possédait pas l'intuition de ces nécessités, il n'aurait jamais trouvé le temps, au milieu de ses mille préoccupations, de se livrer à ce travail préparatoire, indispensable à toute œuvre de théâtre.

## V.

#### Henri de Latouche.

Henri de Latouche, le spirituel auteur des romans intitulés *Grangeneuve* et *Fragoletta*, voulut, lui aussi, avoir son jour au théâtre. Le 5 novembre 1831, il fit représenter sur la scène du Théâtre-Français *la Reine d'Espagne*, drame en cinq actes et en prose. La pièce, outrageusement sifflée, n'eut qu'une représentation. L'auteur la retira de l'affiche et la fit imprimer avec une préface. De Latouche, qui se livrait dans les journaux à la critique la plus acerbe contre ses confrères, ne pouvait pas souffrir qu'on le critiquât. Aussi, dans sa préface, s'élève-t-il avec force contre le public et la presse. « Quelques journaux de mes amis (dit-il en parlant de sa pièce) l'ont traitée d'obscénité révoltante, d'œuvre de scandale et d'horreur ; je la publie comme une protestation contre ces absurdités... On peut consentir à ce que le chétif enfant de quelques veilles soit inhumé par des mains empressées, mais non pas qu'on écrive une calomnie sur la pierre. » Puis il ajoute, en indiquant le sujet qu'il avait choisi pour son drame : « Ce que j'aurais voulu peindre, c'était la risible crédulité d'un roi élevé par des moines et victime de l'ambition d'une marâtre. Ce que j'aurais voulu frapper de ridicule, c'était cette éducation qui est encore celle de toutes les cours de l'Europe ; et montrer la diplomatie rôdant autour des alcôves royales, et comment rien n'est sacré pour la religion abaissée au rôle de la politique, et par quels événements divers les légitimités se perpétuent. » L'auteur sifflé accuse ensuite le public de n'avoir pas voulu se placer à son point de vue. Il blâme cette *masse aveugle, aux instincts sourds et spontanés*, de n'avoir vu dans l'œuvre entière qu'une sorte de défi et de n'avoir pas tenu compte des finesses et des nuances dont il s'était entouré pour adoucir la crudité du sujet. C'est qu'en vérité ces finesses n'étaient que trop transparentes et ces nuances ne faisaient que rendre le sujet plus accentué et plus inquiétant pour la susceptibilité morale de l'auditoire. Cette lutte d'intrigue entre l'envoyé de Louis XIV et le confesseur du roi Charles II d'Espagne, l'un pour veiller à ce que la couronne de Charles-Quint reste sans héritier, l'autre chargé par l'Autriche de perpétuer la race royale, fût-ce au prix d'un adultère, ne pouvait être abordée que par un auteur d'une grande adresse, comme Scribe par exemple, qui traita victorieusement des sujets aussi scabreux que celui-là. Henri de Latouche prend la difficulté par les cornes dès la première scène. A la scène cinquième du premier acte, le roi, se trouvant entre le confesseur et le médecin envoyé à Madrid par Louis XIV, est requis par le diplomate de faire pénitence et de vivre de jeûne et de privations, et par le jésuite de se bien nourrir et de ne pas quitter d'un instant sa charmante femme, Marie-Louise d'Orléans. C'est à cette scène que commencèrent les murmures, et le parterre se leva tout entier lorsqu'il entendit le confesseur recommander au roi une boisson fortifiante ainsi composée : « bouillon, vin, ambre, cannelle, œufs et un peu de girofle. » Une fois l'attention éveillée, chaque scène, chaque mot, chaque allusion parut au public une indécence et une grossièreté, et la pièce eut bien de la peine à se traîner jusqu'au baisser du rideau, quoiqu'elle fût jouée avec beaucoup de talent et de prudence par Monrose qui représentait le roi Charles II, par Périer qui faisait le diplomate français, et par M<sup>lle</sup> Brocard qui jouait le rôle de la reine. Voilà pourquoi Henri de Latouche ne devint pas auteur dramatique. Il garda toute sa vie rancune au public et à la presse, quand il n'aurait dû s'en prendre qu'à lui-même de son échec. On sent une grande amertume dans ces mots qu'écrivait l'auteur après son unique représentation : « Ce n'est pas l'ouvrage attaqué qu'on regrette, mais l'espérance ou l'illusion de l'avenir... Ainsi tombe dans le cloître un homme qu'un premier amour a trompé. »

## CHAPITRE VII.

**FIN DE L'ÉCOLE ROMANTIQUE. — UNE NOUVELLE ÉCOLE. — COUP D'ŒIL RÉTROSPECTIF SUR LA COMÉDIE DU PREMIER EMPIRE ET DE LA RESTAURATION.**

### I.

#### Vue d'ensemble.

Après la retraite de Victor Hugo, après qu'Alexandre Dumas a quitté les voies de l'art pour se donner à la littérature industrielle, on peut dire que le drame romantique a pris fin. C'est un grand fleuve qui se divise en mille branches pour s'aller perdre dans les sables. Il subsiste toujours çà et là quelques spécimens, mais le mouvement d'ensemble a cessé. L'armée s'est dispersée faute de généraux. Théophile Gautier, qui n'était pas seulement un grand poëte, mais qui possédait une appréciation très-fine des choses de théâtre et qui a écrit d'excellentes pages au jour le jour sur notre chronique dramatique, disait déjà en 1838, dans un de ses feuilletons : « Nous avons cru un moment que nous allions avoir un théâtre moderne, mais nos espérances ont été trompées. Les deux chefs qui s'étaient vaillamment portés en avant, la bannière d'une main et l'épée de l'autre, ont été lâchement abandonnés par leurs troupes ; quand ils se sont retournés, ils se sont trouvés seuls. Il est bien étonnant que MM. Hugo et Dumas n'aient produit dans le drame aucun élève remarquable. Nous croyons que les directeurs de théâtres y sont pour beaucoup... Les directeurs, qui ont des habitudes littéraires chroniques et invétérées, ne veulent rien admettre en dehors des combinaisons qu'ils ont expérimentées sur leur théâtre. » Cette observation est encore aujourd'hui de la plus exacte vérité. Chaque directeur a dans son tiroir une mesure conventionnelle sous laquelle toute œuvre doit passer. Si l'auteur ne sait ou ne peut se défendre, il devient la victime des remaniements, des amputations et des retouches qui rendent sa pièce de tout point semblable aux autres. Les acteurs en renom font ensuite subir à leurs rôles le même travail de nivellement que le directeur a fait subir à la pièce. Voilà pourquoi tous les ouvrages d'un théâtre se ressemblent. C'est à ce point que, sur certaines scènes, on croit toujours voir la même production, dont le titre seul semble avoir été changé.

C'est un mois après l'échec des *Burgraves*, le Waterloo du romantisme, que paraît François Ponsard. Le succès de la tragédie de *Lucrèce* sert de drapeau à une petite réaction. M. Émile Augier commence au même instant sa carrière, et il se trouve confondu tout d'abord parmi les disciples de Ponsard, mais il ne tardera pas à affirmer sa propre personnalité.

Avant de parcourir cette nouvelle évolution que je ne fais qu'indiquer ici, il nous faut jeter un coup d'œil rétrospectif sur la comédie du premier Empire et de la Restauration, car la comédie pure va bientôt disparaître, et nous ne la rencontrerons plus guère de nos jours que mêlée au drame ou plutôt au mélodrame.

La comédie impériale a pour chefs Picard, Alexandre Duval et Étienne. Scribe remplit les quinze années de la Restauration, les dix-huit années de Louis-Philippe, et il déborde encore sur le second Empire.

Napoléon I*er* n'abandonna pas aux sarcasmes de la comédie ses officiers, ses intendants et ses nouveaux nobles, comme Louis XIV lui avait livré ses marquis, ses précieuses et ses cuistres; sans cela la *Thalie* impériale, moins empêtrée que la *Melpomène* officielle dans les nécessités de la tradition, aurait trouvé grasse pâture. Forcée de se restreindre à la critique des mœurs générales et superficielles, et de se conformer au programme édicté dans le monologue de Figaro, elle ne pouvait même trouver dans la société nouvelle les éléments que lui avait fournis l'ancien régime. Toutes les classes étant nivelées par la Révolution, rien ne distinguait plus le financier du médecin, du notaire, du magistrat, du négociant, du gentilhomme et du bourgeois. La comédie historique, empruntant ses personnages aux temps passés et aux nations étrangères, devenait même très-difficile à manier, et à chaque pas elle se voyait entravée par les argus du ministère de l'intérieur découvrant des allusions offensantes.

## II.

### Picard.

Picard reste fidèle à la comédie pure ; il ne l'accepte pas mêlée de drame ou de mélodrame, fidèle en cela à la tradition de Molière. Il avoue ingénument que, ne se sentant pas de taille à développer les caractères généraux, ainsi que le fit le maître de notre scène comique, il s'attaquera, comme Regnard, comme Dancourt, comme Lesage, aux mœurs fugitives de son époque, sachant très-bien qu'il passera comme elles. Picard se tiendra donc dans le domaine du monde moyen ; il en observera les travers. Il écrira *Le Collatéral, La Petite Ville, Les Marionnettes, Monsieur Musard, Les Ricochets*; et s'il arbore par hasard un titre qui rappelle les audaces de Beaumarchais, *Médiocre et Rampant*, quoique la pièce soit donnée sous le Directoire, on peut être assuré que pas une épigramme n'atteindra ni un plumitif de Barras, ni un *riz-pain-sel* de Bonaparte ou de Moreau.

Fils d'un procureur, connaissant les affaires aussi bien que le théâtre, à la fois acteur, auteur et directeur de spectacles, Picard représente l'homme prudent par excellence, qui pense à lui d'abord, à ses intérêts de spéculateur sous les trois espèces, intérêts que la moindre imprudence pourrait compromettre. C'est pourquoi il est au mieux avec l'Empire, qui le nomme directeur du théâtre Louvois en 1804, chevalier de la Légion d'Honneur en 1806. En 1807 il endosse l'habit à palmes vertes de l'Académie, puis l'Empereur le nomme directeur de l'Opéra, place qu'il conserve sous la Restauration jusqu'en 1816. Il reprend alors la direction de l'Odéon, qu'il avait déjà exercée en 1801.

Rien n'égale l'ardeur au travail de Picard. Malgré les occupations incessantes de ses trois directions successives, il fait représenter plus de quatre-vingts pièces. Né en 1769, il meurt en 1828, après quarante ans d'une carrière aussi active que bien remplie. Il débute, en 1791, par la comédie intitulée *Encore des Ménechmes*, et il termine son œuvre par *les Trois Quartiers*, autre comédie en trois actes représentée au Théâtre-Français le 31 mai 1827. Il avait dans ce dernier ouvrage Mazères pour collaborateur.

*Le Collatéral ou la Diligence à Joigny*, comédie en cinq actes jouée au théâtre Louvois en 1799, fut le premier grand succès de Picard. Cette pièce n'était d'abord qu'un opéra comique en un acte, refusé aux deux théâtres qui alors exploitaient ce genre. L'auteur développa, en cinq actes de comédie, ce sujet dont il avait emprunté l'idée à un proverbe de Carmontelle intitulé *Le Sot Héritier*. Il avoue lui-même qu'il n'a eu d'autre intention que celle de faire rire, et qu'on ne doit chercher dans son œuvre ni but moral ni peinture de mœurs. Les personnages mis en scène sont des portraits du temps : un avocat farceur allant la nuit réveiller un médecin et le promenant par la ville pour laisser à un jeune officier, son ami, le loisir de courtiser la nièce du docteur ; un conducteur de diligence qui verse ses voyageurs et qui accuse le postillon de tous les retards et de tous les accidents dont il est la cause ; un comédien et une comédienne nomades étudiant leurs rôles dans la diligence et se faisant passer pour héritiers directs dans une succession dont un marchand de bois bavard leur a conté la romanesque histoire ; l'héritier collatéral Lassaussaye, espèce de Pourceaugnac dont tout le monde se moque et qui renonce à sa fiancée pour garder la fortune qu'on avait fait mine de lui disputer : tel est le fond, un peu léger, de cette comédie d'aventures, très-amusante à la représentation et qui fait encore beaucoup rire, quoique les détails en soient un peu surannés.

*La Petite Ville* était la pièce favorite de Picard ; elle fut jouée à l'Odéon le 18 mai 1801, d'abord en cinq actes, puis remise en trois. On se rappelle la chaise de poste de Desroches versant aux portes d'une petite ville. « C'est peut-être là que se trouve le bonheur ! soupire le jeune Parisien qui fuit une veuve coquette qu'il a surprise en tête-à-tête avec un bel officier. Assurément la province est exempte de l'intrigue et des mensonges de Paris. » Son ami a beau lui répondre qu'en province les vices sont les mêmes, et d'autant plus misérables qu'ils s'exercent sur de plus minces sujets, il ne veut rien entendre. Ce n'est qu'après avoir subi les jalousies de M. Riflard, notable de l'endroit, les agaceries de la vieille M<sup>lle</sup> Vernon, les sommations judiciaires de son frère, les combinaisons matrimo-

niales de M^me Guibert et de sa fille, qu'il se trouve
guéri de son enthousiasme et qu'il retourne à Paris
pour épouser sa coquette fiancée.

*Les Marionnettes*, comédie en cinq actes jouée au
même théâtre en 1806, obtinrent un tel succès qu'elles
valurent à Picard une pension sur la cassette de l'Empereur. Le sévère Geoffroy lui-même fit l'éloge de
l'ouvrage dans le *Journal de l'Empire*. L'idée philosophique qui sert de base à la pièce est un lieu
commun bien souvent exploité avant et après le
*Jeannot et Colin* de Voltaire, mais la mise en œuvre
de l'action et les détails du dialogue offrent du charme
et de l'intérêt. Les trois comédies que nous venons de
rappeler sont les meilleures des grandes pièces de
Picard, celles qui accusent le mieux son talent d'observation.

Parmi les petites pièces il faut citer au premier
rang *les Ricochets* et *Monsieur Musard*. *Les Ricochets*, qui n'ont pas disparu du répertoire, nous montrent la gamme ascendante et descendante des caprices humains, commençant à un petit groom et montant par le valet de chambre au maître de la maison
et à sa nièce, jeune veuve coquette, qui elle-même
est l'esclave d'un petit chien. Le groom s'aplatit devant le valet de chambre, le valet de chambre s'agenouille devant son maître, le maître se courbe devant
un jeune colonel, neveu du ministre de qui il attend une place ; le colonel est aux pieds de la jolie
veuve qu'il aime. Le chien favori se perd, et voilà la
belle pleureuse boudant le colonel qui brusque le ri-

chard Dorsay; Dorsay, à son tour, bourre son valet de chambre Lafleur qui envoie promener le groom et lui refuse la main de sa nièce éplorée. Voilà bien des peines pour un chien perdu. Mais bientôt un serin remplace le bichon dans les affections de la jeune veuve; M<sup>me</sup> de Mirecour redevient charmante avec le colonel; celui-ci se déride avec Dorsay qui s'épanouit avec Lafleur, lequel jette sa nièce à la tête du groom qui pense mourir de joie. Cette petite pièce offre un cadre très-original; l'action en est vive et bien conduite. On la jouait encore il y a quelques années avec un plein succès. L'action de *Monsieur Musard* est un peu plus légère. Elle esquisse le portrait d'un homme négligeant les affaires sérieuses pour s'occuper de mille futilités. Dufresny avait fourni à Picard le modèle de ce personnage dans sa comédie du *Négligent*.

*La Vieille Tante ou les Collatéraux*, pièce jouée en 1811, *La Grande Ville ou les Provinciaux à Paris*, *Les deux Philibert* se placent au second rang parmi les succès de Picard. *Duhautcours ou le Contrat d'union* représente une tentative satirique plus hardie que les précédents ouvrages. La pensée morale de cette comédie est excellente; l'auteur a le courage d'attaquer une friponnerie fort en usage après les malheurs de la Révolution et les orgies du Directoire. Duhautcours est un homme d'affaires dont le métier consiste à organiser les faillites. Un négociant peu honnête voit sa fortune péricliter. Avant sa ruine réelle, il établit une ruine factice. Ses fonds émigrent à l'étranger et sont remplacés dans la caisse par des valeurs improductives et mal famées, achetées à vil prix sur la place ; ses meubles appartiennent à sa femme, à qui il reconnaît en outre un avoir particulier garanti par une séparation de biens. Le quatrième acte de la pièce, celui qui représente l'assemblée des créanciers avec les compères munis de faux titres faisant la loi aux malheureux spoliés et signant un contrat d'union, est véritablement un acte d'une haute portée et suffisamment comique malgré l'âpreté du fond. Les autres actes ne se trouvent pas malheureusement à la hauteur de celui que nous signalons ; ils portent l'empreinte de la monotonie et de la froideur. *Les Capitulations de conscience*, qui offraient aussi matière à la verve d'un auteur comique, n'amenèrent qu'une chute complète dont Picard demeura très-affecté, car il avait refait trois fois sa comédie ; on regrette qu'il ne s'en soit pas tenu à son premier plan, qu'il raconte dans une préface et qui était positivement le meilleur. Parmi les petites pièces de l'auteur des *Ricochets*, il y en a encore de fort agréables, par exemple : *Le Conteur ou les Deux Portes*, dont les trois actes pourraient être fort allégés ; *Le Cousin de tout le monde*; *Le Voyage interrompu*, qui tient plus à la farce qu'à la comédie ; *Les Oisifs*, qui rappellent, pour le sujet, *Les Fâcheux* de Molière ; *L'Acte de naissance*, et *La Maison en loterie*, un petit acte très-amusant, écrit d'abord en comédie, puis enjolivé de couplets. Les pièces contenues dans le volume intitulé *Théâtre républicain* de Picard sont au nombre de six : une comédie en trois actes intitulée *Le Passé, le Présent et l'Avenir* ; un opéra comique, *Andros et Almona* ; une pièce à spectacle, *La Prise de Toulon* ; *Rose et Aurèle*, autre opéra comique ; *L'Écolier en vacances*, vaudeville, et *Ervard le bûcheron*, mélodrame. Dans la première de ces comédies on voit un archevêque et un marquis qui donnent leur sœur pour maîtresse au roi. Ce même archevêque joue le rôle de Colin dans une comédie de société.

*La Prise de Toulon*, qui fut représentée à Feydeau en 1794, obtint cent représentations consécutives et fit son tour de France. L'acteur Prévôt y reproduisait Monsieur (depuis le roi Louis XVIII) et il imitait la voix et le geste du prince, dont il avait pris la ressemblance et l'habit. Dalayrac avait écrit la musique de cette pièce de circonstance.

Les comédies en vers de Picard sont loin de valoir ses comédies en prose. L'auteur s'étonne plus d'une fois du jugement porté à ce sujet par ses contemporains. Son étonnement prouve surabondamment qu'il ignorait même ce qu'est la poésie. Un autre défaut de Picard, c'est le ton terre-à-terre et tout à fait bourgeois de ses personnages. Mais, ces imperfections étant reconnues, l'auteur du *Collatéral* et de *la Petite Ville* est certainement le premier écrivain de comédies de sa période. Il avait le droit, comme tant d'autres, de se jeter dans le drame bourgeois et, sur cinq actes, de s'en réserver deux pour les larmes, ce qui facilitait singulièrement la besogne. Faire rire honnêtement un public pendant cinq actes, c'est assurément une tâche très-difficile et à laquelle on a depuis longtemps renoncé.

---

### III.

#### Alexandre Duval.

La Révolution, qui avait fait du jeune Picard un comédien, brisa également la carrière politique d'Alexandre Duval. Après avoir participé aux deux dernières campagnes de la guerre de l'Indépendance d'Amérique, il servit dans le corps du génie des ponts et chaussées et fut secrétaire de la députation des États de Bretagne. Il exerça ensuite les fonctions d'ingénieur-géographe, prit part comme volontaire à la première campagne de la Révolution, et, toujours poussé par la nécessité et par le hasard des événements, il devint comédien et par suite auteur dramatique. Sa mauvaise santé l'obligea de quitter de bonne heure la troupe du Palais-Royal, où on l'avait engagé comme acteur jouant les utilités, et il put se livrer alors tout entier au goût qui le portait à écrire des pièces de théâtre. Nous avons raconté comment Duval fut contraint de quitter la France pour aller en Russie, après le succès d'*Édouard en Écosse*. L'Empereur ne lui garda pas les rancunes du premier Consul, car en 1808 il le nomma directeur du théâtre

Louvois, puis de l'Odéon. Cette faveur toute gracieuse et personnelle ne put faire oublier à l'auteur d'*Édouard en Écosse* la persécution dont il avait été l'objet sous le Consulat, et il servit l'Empire sans jamais lui pardonner.

Le grand épouvantail de l'écrivain breton était la censure gouvernementale qui proscrivait ou torturait ses ouvrages.

Il aurait voulu (excellente idée) que la censure, au lieu d'être confiée à quelques employés craignant toujours de compromettre par trop d'indulgence les appointements qui les font vivre, fût accordée à un tribunal tout à fait indépendant des ministères et que ce tribunal, environné de l'estime publique, bornât le pouvoir de sa magistrature à faire respecter la religion, le souverain et les bonnes mœurs.

Le grand chagrin d'Alexandre Duval fut de voir la mode se retirer du genre qu'il avait exploité pendant tant d'années et avec tant de succès. Il alla, dans ses rancunes, jusqu'à publier en 1838 une lettre à M. de Montalivet, alors ministre de l'intérieur, pour demander la mise au banc de toute la race des romantiques. Dans ce curieux factum il se récrie d'abord contre le charlatanisme littéraire, contre les primes, les traités, les ventes de billets d'auteur, les faux succès, les claqueurs, la mauvaise foi de certains journaux ; puis, abordant la question personnelle, il se plaint d'avoir été *dédaigné* et *outragé* par le commissaire du gouvernement chargé de l'administration du Théâtre-Français. M. le chargé des théâtres était alors cet aimable et excellent baron Taylor que Duval accuse de toutes les perfidies. Sans doute, ajoute-t-il en manière de correctif, il était de très-bonne foi et il croyait, en protégeant les jeunes auteurs de la nouvelle école, doubler les recettes des comédiens. Dans son indignation, Alexandre Duval retira tout son répertoire du Théâtre-Français pour le porter à l'Odéon ; mais il transigea bientôt avec les comédiens, auxquels il céda ses dix-huit meilleurs ouvrages moyennant une rente de 4,000 francs, et il abandonna la carrière, demeurant spectateur « de toutes les extravagances dramatiques qui ont (selon lui) déshonoré la scène française ».

Après avoir fulminé contre les sectaires du romantisme, « cette école monstrueuse de grossières voluptés et de crimes », Duval s'en prend à une autre école, « bien plus aimable et bien plus joyeuse », qui se glissa sur la scène française par la brèche ouverte. « Les productions de cette secte, presqu'aussi anciennes que les comédies de Molière, dit-il, sont connues sous le nom de vaudevilles. » Laissant cette fois Victor Hugo, c'est Scribe et ses imitateurs qu'il attaque. « Sans doute, poursuit l'irascible comique, ces nouveaux hôtes, plus spirituels et plus aimables que leurs prédécesseurs, pourraient se soutenir avec quelque avantage, si leur grand nombre et l'ardeur du pillage ne les forçaient à se détruire eux-mêmes... Pour se rendre plus redoutables, ils forment de nombreuses associations qui embrassent toute la surface de la France. Ils ont leur comptoir et leurs correspondants ; ils entreprennent tout, excepté les ouvrages en vers, et il ne se dit pas un bon mot ou il ne se fait pas un drame en province qui ne puisse être escompté sur l'heure chez le plus riche banquier de ces associations. »

En verve de satire, l'auteur d'*Édouard en Écosse* affirme qu'il serait très-riche s'il avait exploité sa facilité à traiter tous les genres, et produit chaque année deux cents pièces avec le concours de quarante associés. Il se voit dans ses magasins d'esprit, au milieu de ses vastes cartons, remplis des plus riches produits de la province, classés par numéros et par départements. Il accuse en outre ses rivaux de piller les vivants et les morts, et il regrette qu'il n'y ait pas au Parnasse de carcan pour les forbans littéraires. Duval constate avec douleur que les auteurs de vaudevilles règnent en souverains. Aussi, ajoute-t-il, le Théâtre-Français, qui autrefois avait sa spécialité de noblesse et de grandeur, n'est plus qu'un composé de la Porte-Saint-Martin et du Gymnase.

La conclusion de la brochure de Duval est très-sérieuse et très-sensée. « Si dans nos ouvrages dramatiques, dit-il, tous les liens de famille sont flétris et brisés ; si le méchant intéresse ou inspire la gaieté ; si les voleurs et les assassins y sont représentés comme des héros ; si l'impudence d'un scélérat condamné est réputée une preuve de courage et de grandeur ; si le suicide y est offert comme un remède à tous les maux ; enfin, si l'on familiarise le peuple avec tous les genres de crime, il faut que nos enfants s'attendent à voir un jour une dissolution complète de la société. »

Alexandre Duval ne supportait pas l'idée que les comédiens, dont il se vantait d'avoir fait la fortune, refusassent obstinément non-seulement de recevoir ses pièces nouvelles, mais de jouer celles qu'ils avaient reçues avec acclamation dans des temps plus heureux. Les mots de *ganache*, de *perruque* et de *fossile* par lesquels les petits journaux d'alors désignaient les anciennes gloires du théâtre l'exaspéraient au dernier point. Le calme de la bibliothèque de l'Arsenal, dont il était administrateur, les séances de l'Académie, où il aimait à épancher sa bile contre les *philistins de l'art*, ne suffirent pas à le consoler de sa déchéance, et il mourut en 1842, à l'âge de soixante-trois ans, sans avoir vu revenir le bon temps de la réaction, qu'il appelait de ses vœux. C'était bien la peine d'avoir battu les Anglais en Amérique, sous le commandement de Lamothe-Piquet, et d'avoir participé, sous Dumouriez, aux victoires de Jemmapes et de Valmy, pour finir ainsi sous les Fourches Caudines du romantisme triomphant !

Cela est triste à constater, mais il faut reconnaître que le répertoire d'Alexandre Duval a considérablement vieilli. Des quarante-neuf pièces qui composent les neuf volumes de ses œuvres, à peine quelques-unes pourraient-elles reparaître à la scène. On ne saurait comprendre de nos jours le succès obtenu par *le Tyran domestique* en 1805 et par *la Fille d'honneur* en 1818.

*La Fille d'honneur*, grâce au talent de M^lle Mars, fut le plus brillant des succès de Duval. L'inimitable actrice maintint longtemps ce faible ouvrage sur l'affiche de la Comédie-Française. L'argument qui forme le fond du sujet est par lui-même très-sympathique et même très-hardi ; l'auteur l'a malheureusement développé avec une timidité qui l'atténue au point d'en faire un lieu commun. Tout s'y passe en conversation et la véritable comédie se joue dans la coulisse. *La Jeunesse de Richelieu*, autre comédie en cinq actes, qui date de 1706 et qui met en scène le drame de M^me Michelin, femme du tapissier du faubourg Saint-Antoine, abusée par Richelieu, était d'une conception plus franche et plus décidée, quoique l'exécution en soit peut-être plus faible encore. *Le Faux Bonhomme*, joué en 1821, ne fut représenté que huit fois, et Duval accusa l'un des sociétaires de la Comédie-Française d'avoir perfidement arrêté le succès de son ouvrage en abandonnant son rôle. *La Princesse des Ursins*, *Le Complot de famille*, autres pièces en cinq actes, furent mises à l'index par la censure, ainsi que l'*Orateur anglais*, que l'auteur dut se contenter de lire dans une séance de l'Académie.

Parmi les pièces en trois actes qui surnagent dans l'oubli où se noie le nombreux répertoire de Duval, on est heureux de pouvoir citer *la Jeunesse de Henri V*, cette charmante et amusante comédie empruntée en partie à une pièce équivoque de Mercier et créée avec un si remarquable talent par M^lle Mars et Michot. Duval a aussi emprunté ses *Projets de mariage* à l'Italien Federici, son *Oncle valet* à l'Anglais Sheridan, ses *Hussites* à l'Allemand Kotzebue, ses *Tuteurs vengés* à Avisse. Parmi les comédies en un acte on joue encore quelquefois les *Héritiers* et les *Projets de mariage.*

Le niveau bourgeois, et sans élévation aucune, dans lequel s'est constamment tenu le fécond auteur dont nous venons de parler, explique suffisamment le peu de vitalité de ses ouvrages, quoiqu'on ne puisse lui refuser pourtant de l'esprit, de la gaieté, de la sensibilité et une certaine observation. Duval éprouva un vif chagrin en voyant vieillir avec lui les enfants de son imagination, dont il était si fier. Nous avons vu quelles plaintes lui arracha ce fait brutal et imprévu d'une mort morale précédant la mort physique, et de quelle haine il poursuivait les nouveaux auteurs appelés à lui succéder de son vivant. Comme Picard, Duval eut le tort d'écrire trop de pièces en vers ; son mauvais style en ce genre n'est pas la moindre cause de son discrédit.

## IV.

#### Étienne.

Parvenu à l'adolescence dans les temps révolutionnaires, Étienne eut, comme ses confrères Picard et Alexandre Duval, une existence agitée et précaire jusqu'au moment où l'ordre rétabli ramena la possibilité du travail et du bien-être. Grenadier dans le bataillon des Droits de l'homme lorsque la ville de Lyon se révolta contre l'autorité de la Convention nationale, le 31 mai 1793, Étienne retourna, après la pacification, dans son pays, à Bar-le-Duc, où il se maria à l'âge de dix-huit ans. Il vint ensuite à Paris pour tenter la fortune, et il vécut d'abord d'une place de commis à 1,800 francs, dans une compagnie de fournitures militaires. Il arrondit cette misérable somme par le produit de quelques articles de journaux et de quelques collaborations théâtrales. En 1799 il débutait au théâtre Favart par un opéra comique en un acte, *le Rêve*. Il venait de terminer un autre opéra comique, *Une Heure de mariage*, dont Dalayrac avait écrit la musique, lorsqu'il fut envoyé en Belgique comme inspecteur des fourrages, à la sollicitation de son ami le colonel Oudinot, depuis duc de Reggio. Un à-propos qu'il fit jouer au camp de Bruges lui valut la place de secrétaire de Maret.

Davoust commandait le camp ; l'amiral Bruix commandait la flotte française, et l'amiral Verhuel la flotte hollandaise. Le vaudeville d'Étienne fut joué par les officiers et leurs femmes. *Le Camp de Boulogne*, autre à-propos militaire, vint ensuite. Napoléon fit appeler l'auteur après la représentation et lui donna la direction des travaux de la secrétairerie d'État. Ce fut l'origine de la fortune d'Étienne.

En 1807 nous retrouvons Étienne rédacteur en chef du *Journal de l'Empire* et fournisseur de tous les à-propos politiques et littéraires, en vers et en prose.

Il écrivait de la même plume dévouée *le Réveil d'Épiménide* et les bulletins de victoire. En 1810, dans *le Choix d'Alcide*, il célébrait le mariage de Napoléon et de Marie-Louise ; en 1811, la naissance du roi de Rome, sous le titre de *La Fête au village ou l'Heureux Militaire*.

Étienne, sous la Restauration, fonda *La Minerve*, rédigea en chef le journal *le Constitutionnel*, et fit dans ces deux feuilles une guerre acharnée au gouvernement royal. Il fut plus tard député et pair de France. Les œuvres dramatiques d'Étienne sont nombreuses et variées ; mais, à l'exception de ses opéras comiques, que la musique fait vivre, et de quelques comédies, il n'a rien laissé de durable.

Sous le régime impérial, Étienne, pas plus que les autres auteurs comiques, ne put puiser à la vraie source que Louis XIV avait ouverte à Molière ; il se renferma donc dans les sujets anecdotiques ou bourgeois, dans les grâces de l'opéra comique et dans les joyeusetés du vaudeville. *La Jeune Femme colère*, *Brueys et Palaprat*, *Les Plaideurs sans procès* et avant tout *Les Deux Gendres* constituent la meilleure part de sa création dramatique. *La Jeune Femme colère* obtint en 1804, à Louvois, un succès de vogue qui s'est prolongé. La jolie pièce qui a pour titre *Brueys et Palaprat* fut représentée pour la première fois en 1807.

La meilleure comédie d'Étienne, celle qui le classe au premier rang parmi les auteurs comiques de l'ère impériale, est assurément la comédie des *Deux*

*Gendres*. L'acharnement de la critique contre cet ouvrage au moment où il parut sur la scène du Théâtre-Français, le 11 août 1810, rappelle à l'esprit de l'observateur impartial la conspiration organisée contre le *Cid* de Pierre Corneille. Il est probable que ce fut encore là un tour de police pour occuper l'attention publique et la distraire d'événements plus sérieux. On se souvient qu'au milieu de son retentissant succès, Étienne fut tout à coup accusé d'avoir copié la comédie manuscrite d'un jésuite, intitulée *Conaxa ou les Gendres dupés*, jouée en 1710, à Rennes, à une distribution de prix de collége. Étienne répondit, dans la préface de sa pièce imprimée, qu'il ne connaissait pas l'œuvre du jésuite, et que, l'eût-il connue, il n'aurait fait qu'user d'un droit légitime en s'appropriant ce qu'elle pouvait contenir de passable. Il fit lui-même imprimer à ses frais le fameux *Conaxa*, qui fut joué à l'Odéon le 2 janvier 1812. La réception d'Étienne à l'Académie française, en 1811, avait redoublé les attaques. Lebrun-Tossa, comme autrefois Scudéry pour Corneille, vint souffler sur le feu afin de le rallumer. Ce prétendu ami d'Étienne publia une brochure ayant pour titre : « Mes révélations sur M. Étienne, *les Deux Gendres* et *Conaxa*. » Dans cette brochure il déclare avoir remis à Étienne un manuscrit trouvé par lui dans un carton poudreux et portant sur la première page ces mots : « *Les gendres ingrats et punis* ». C'était à peu près la pièce du jésuite, mais les noms des personnages étaient changés, ce qui explique comment Étienne a pu dire qu'il ne connaissait ni le jésuite de

Rennes ni *Conaxa*. L'argument qui forme le fond des *Deux Gendres* venait d'un vieux fabliau ; il figurait dans plusieurs recueils: *L'Ami de la jeunesse*, *La Morale en action*, *etc.* ; Piron l'avait pris pour sujet de ses *Fils ingrats*. Bien avant lui, Shakespeare l'avait développé dans *le Roi Lear*, car, à bien prendre, *les Deux Gendres* ne sont autre chose que *le Roi Lear*, traduit en action bourgeoise. Dans toute cette polémique, qui éclata à propos de la comédie d'Étienne, il ne fut pas question une seule fois du *Roi Lear* ni de Shakespeare, mais seulement de *Conaxa* et du jésuite breton. A peine si l'on mentionna *les Fils ingrats* de Piron, qui étaient bien pour quelque chose dans le procès. La pièce du nouvel académicien ressemblait tout à la fois au fabliau, à l'ouvrage de Piron et à celui du jésuite ; il y avait imitation et non plagiat. Chez Piron c'est un père qui, se voyant repoussé par ses trois fils à qui jadis il fit abandon de ses biens, leur donne à croire qu'il est plus riche que jamais par l'arrivée au port de vaisseaux qu'on avait crus perdus. Les fils rendent à leur père sa fortune passée pour s'assurer la fortune à venir. Une dure semonce aux enfants ingrats sert de moralité finale à la pièce. Étienne substitue deux gendres aux trois fils de Piron, et il adoucit beaucoup par ce moyen l'odieux tableau de l'ingratitude. Il amène également la restitution des biens par un incident plus digne et moins brutal. Le vieillard quitte avec éclat le domicile de ses gendres et il les ramène à leur devoir par la crainte de l'opinion publique. Les caractères des gendres sont bien étudiés : l'un aspire aux plus hautes fonctions publiques; l'autre se pose en philanthrope et se constitue une profession lucrative de cette vertu supposée.

La comédie d'Étienne fut magnifiquement jouée au Théâtre-Français. Saint-Fal représentait le père, Devigny et Damas jouaient les deux gendres, Fleury faisait l'armateur Frémont, Michot le vieux domestique Courtois, M$^{lle}$ Leverd et M$^{lle}$ Mars représentaient les deux rôles de femmes. Il n'existe pas de femmes dans la pièce du jésuite, les deux gendres n'ont aucune personnalité. L'action de *Conaxa*, sans péripéties, sans incidents, marche avec trop de tranquillité vers sa conclusion. Le dénouement n'en est pas un, puisque le vieillard se borne à menacer ses gendres d'un testament qui les déshéritera de la fortune supposée.

Il plut des articles de journaux et des brochures pour et contre Étienne pendant l'année 1812. Que ce fût là l'effet du hasard ou un coup monté par la police, toujours est-il que ce scandale parisien ne contribua pas peu à distraire les oisifs des terribles événements qui se passaient alors en Russie. Lebrun-Tossa commença l'attaque en règle, Hoffman défendit Étienne dans le *Journal de l'Empire* et dans une brochure. Un factum signé Delpech s'intitulait : « L'auteur des *Deux Gendres* pris en flagrant délit, ou Réponse au précis de M. Hoffman. » L'auteur concluait par ce dilemme : « Ou M. Lebrun-Tossa a eu seul connaissance du manuscrit du jésuite et il a abusé son ami, ou M. Étienne se joue du public. » *Le Coup d'œil impartial*, signé

Tiepler (Dentu, 1812), conclut qu'Étienne a évidemment connu le manuscrit, et il trouve l'académicien assez puni de n'avoir pas avoué ce qu'il devait à ce manuscrit.

Une caricature du temps représente Étienne traversant le pont des Arts pour entrer à l'Institut. Il tient à la main le manuscrit de *Conaxa*. *La petite Cendrillon* (son opéra comique) le suit en frappant sur son tambour de basque. *La Fantasmagorie de l'Odéon,* autre dessin jovial, montre le jésuite en selle sur un dindon poursuivant Étienne, dont la couronne tombe à terre, et qui s'écrie : « Les morts, après cent ans, sortent-ils du tombeau ? » Une autre caricature représente Hoffman vêtu en Don Quichotte défendant Étienne contre le jésuite armé d'une poignée de verges, et Lebrun-Tossa agitant sa bourse vide. Une autre encore montre Étienne couché et agonisant à l'hospice des Incurables. Le Temps lui soutire du crâne l'esprit des autres. Le dindon du jésuite lui arrache *les Deux Gendres*. Le dieu des voleurs lui offre un plan de comédie ; Cendrillon, craignant pour elle-même, se cache sous le lit du moribond. On vit aussi apparaître *le Martyre de saint Étienne* et *le Cauchemar d'Étienne*. Hoffman lui fait prendre de ses gouttes. Le manuscrit de *Conaxa* lui pèse sur l'estomac. Son fauteuil académique est renversé et brisé. Un rat famélique ronge dans un coin sa couronne de laurier. La Vérité chasse le plagiat, qui porte un bandeau sur les yeux et des oreilles d'âne. Après la caricature, la musique elle-même entra dans la lice. Il parut une ariette avec une note marginale ainsi conçue : « L'auteur convient que les Fables de La Fontaine lui ont fourni la vignette du *Geai paré des plumes du paon*, que les paroles et la musique sont de l'opéra intitulé *Le Sylvain*, mais que le reste est incontestablement de lui. » L'épigramme suivante courut aussi les rues :

— Étienne à l'Institut ! Qui donc l'a porté là ?
— *Les Deux Gendres*.
        — C'est peu !
                — Monsieur, c'est qu'on n'a qu'ça !

Étienne donna beaucoup d'opéras comiques, de vaudevilles et quelques arlequinades aux petits théâtres, comme par exemple *les Dieux à Tivoli* au théâtre des Troubadours, en 1800. Il rencontra sous l'Empire un moment de défaveur, lorsqu'il fit représenter sa comédie intitulée *L'Intrigante*, pièce malheureuse, sans mérite comme sans effet, mais que la police sut rendre intéressante en la supprimant de l'affiche. On supposa que l'auteur avait voulu mettre en scène les mariages par ordre des riches héritières avec les officiers de fortune de Napoléon. Il n'avait certes pas songé à cette malice. Il avait pris son sujet dans une pièce allemande intitulée : *Pas plus de six plats*, tableau de famille. Son négociant Dorvillé, c'est le conseiller aulique Reinhard, et tous les autres personnages ont leur modèle dans l'ouvrage de Grossmann. Étienne y pensa perdre ses places et la faveur dont il jouissait auprès du maître. Quand vint la Restauration, en 1814, toujours fidèle à ses convictions, il refusa de laisser reprendre sa comédio, et il prouva ainsi qu'on lui avait prêté gratuitement une pensée qu'il n'avait jamais eue.

---

## V.

**Du répertoire d'Andrieux il ne reste que LES ÉTOURDIS ; — du répertoire de Roger il ne reste que L'AVOCAT, qui est de Goldoni. — Dupaty, auteur d'arlequinades, de vaudevilles et d'opéras comiques, a peu de succès dans la comédie. — Creuzé de Lesser. — Pigault-Lebrun. — Chéron. — Hoffman. — M<sup>me</sup> de Bawr. — Riboutté. — Georges Duval. — Dieulafoy. — Désaugiers. — Planard. — Gosse. — Résumé de l'évolution de la comédie sous l'Empire.**

Dans ce temps de gloire facile, Andrieux se faisait la réputation d'un grand auteur comique avec les *Étourdis ou le Mort supposé*, pièce en trois actes et en vers. « Malheureusement pour lui, dit M. Taillandier son ami et son biographe, malheureusement pour lui il débuta par un *chef-d'œuvre*. » Après cet éloge hyperbolique il faut tirer l'échelle. Les aventures d'un étudiant folâtre qui, pour se procurer mille écus, écrit à l'oncle de son ami que cet ami vient de trépasser et qu'on lui doit envoyer les frais de l'enterrement ne constitueront jamais un sujet comique de premier ordre ; mais, grâce aux détails, à l'esprit et à l'élégance du vers, cet agréable badinage obtint un succès de vogue dans son temps. Aujourd'hui il vivrait ce que vivent les bons vaudevilles. Geoffroy caractérise ainsi le *chef-d'œuvre* dans le *Journal de l'Empire :* « *Les Étourdis* sont le seul ouvrage où M. Andrieux ait annoncé quelque talent pour le comique du troisième ordre : j'appelle ainsi la comédie de pure intrigue, sans mœurs et sans caractère. » Geoffroy préfère aux *Étourdis* le *Deuil* de Hauteroche, qui renferme à peu près la même idée : un jeune homme faisant passer son père pour mort afin d'escroquer de l'argent à son fermier. M. Thiers, dans son discours de réception à l'Académie, venant prendre la place d'Andrieux, le 13 décembre 1834, dit en propres termes que son prédécesseur n'a fait qu'une bonne comédie et que cette comédie a vieilli. Il est obligé de concentrer son éloge sur les poésies légères et sur le concours d'Andrieux à *la Décade philosophique* avec Cabanis, Chénier et Ginguené.

Le premier essai d'Andrieux sur la scène a pour titre *Anaximandre ou le Sacrifice aux Grâces.* Cette bluette fut représentée en 1782 au Théâtre-Italien, et plus tard l'auteur la transporta au Théâtre-Français. *Helvétius*, un petit acte joué à Louvois en 1802, ne réussit pas. Le philosophe se venge d'un libelliste en faisant sa fortune et son mariage, voilà tout le sujet. *La Suite du Menteur* parut une outrecuidance que le succès ne justifia pas, car la pièce tomba sur deux théâtres. Refaire une pièce de Corneille, c'était là une idée bizarre. Le jeu de Fleury et de M<sup>lle</sup> Mars ne put obtenir la grâce de l'ouvrage. *Le Trésor* ne réussit pas mieux. *Le Souper d'Auteuil ou Molière avec ses amis* reproduit sans quelque gaieté l'anecdote où l'auteur du *Misanthrope*, Boileau et La Fontaine jouent de si singuliers rôles, selon la tradition apocryphe qui les représente comme des ivrognes voulant aller se noyer après boire. *Le Vieux Fat*, joué en 1810, reproduit un type trop usé au théâtre et qui ne rencontra pas les sympathies du public. L'auteur avait, à la première représentation, beaucoup d'amis dans la salle; les applaudissements amenèrent les sifflets. Andrieux ne se risqua de nouveau sur la scène que six ans après cet échec, avec une pièce intitulée *La Comédienne*. Quatorze ans plus tard, il donna *le Manteau*, qui le releva un peu de ses nombreux insuccès, et il termina sa carrière dramatique par une tragédie de *Junius Brutus* en 1828. En somme, après avoir fait représenter dix pièces, il est resté l'auteur des *Étourdis*.

Dupaty n'a pas même laissé un acte destiné à vivre, ce qui ne l'a pas empêché d'entrer à l'Académie. Ancien marin réquisitionné en 1792, il venait à Paris en 1797, et dès 1798 il faisait jouer des arlequinades sur les petits théâtres : *Arlequin journaliste*, *Arlequin sentinelle*, *Arlequin tout seul*. En 1802, il s'élevait au genre de l'opéra comique avec une pièce en trois actes portant pour titre : *D'auberge en auberge*, mise en musique par Tarchy. Puis il donnait *l'Antichambre*, qui s'appela depuis *Picaros et Diego*. Quelques mots de la pièce qui avaient déplu au maître faillirent le faire déporter à Saint-Domingue. Il fut conduit à Brest et embarqué pour cette destination. C'est à Joséphine qu'il dut sa grâce. Qui pourrait deviner aujourd'hui en quoi cet innocent ouvrage égayé par la musique de Dalayrac put jamais être séditieux? *Les Voitures versées*, opéra comique illustré par la charmante musique de Boïeldieu, et représenté à Feydeau le 20 avril 1810, est le *capo· d'opera* de Dupaty dans ce genre ; mais sans Boïeldieu la bouffonnerie ne s'élèverait guère au-dessus du *Séducteur en voyage*, vaudeville oublié, dont ce libretto n'est que l'imitation. Parmi les comédies de Dupaty les biographes citent ordinairement, comme une œuvre littéraire d'une certaine valeur, *la Prison militaire ou les Trois Prisonniers*, comédie en cinq actes en prose, jouée à Louvois en 1803. Ce n'est malheureusement qu'un imbroglio vulgaire, où rien ne rappelle la vraie comédie. Parmi les vaudevilles de l'auteur, *la Leçon de botanique* est demeurée célèbre par le bizarre marivaudage qu'elle emprunte au règne végétal. Dupaty était du reste un homme aimable et spirituel. Selon l'expression d'Alfred de Musset dans son discours académique, l'auteur des *Voitures versées* « était devenu poëte comme il était devenu capitaine de la garde nationale, par circonstance plutôt que par vocation ». Lorsqu'il se trouva en concurrence avec Victor Hugo pour le siége académique, Dupaty écrivit à l'auteur d'*Hernani* une lettre en vers finissant par ces mots :

> Déjà vous êtes immortel
> Et vous avez le temps d'attendre.

L'auteur de *la Leçon de botanique* l'emporta sur l'auteur de *Notre-Dame de Paris*.

Comme Andrieux est resté l'auteur des *Étourdis*,

on dit de l'académicien Roger : c'est l'auteur de *l'Avocat*. Or *l'Avocat* de Roger est une copie légèrement modifiée de la comédie de Jaure, *J'ai perdu mon procès*, laquelle comédie est elle-même la copie exacte d'une pièce de Goldoni, *l'Avvocato Veneziano*. Le sujet de Goldoni, reproduit par les deux auteurs français, a un très-grand fond d'intérêt. Un avocat qui doit plaider pour le seigneur Florindo Aretusi contre une jeune fille charmante, la signora Rosaura, devient amoureux fou de sa partie adverse. Il plaide néanmoins par devoir, ruine la jeune fille en gagnant le procès, et il l'épouse pour lui rendre l'équivalent du bien qu'il lui a ôté. Dans toute cette affaire, Roger n'a inventé qu'un dénouement, consistant dans la production d'une pièce qui tourne la décision des juges en faveur de la jeune fille. La comédie de Goldoni est en prose, celle de Roger est en vers, voilà toute la différence. Roger a composé neuf autres pièces, toutes plus inconnues les unes que les autres. *Caroline ou le Tableau* contient quelques jolis vers; *la Revanche* est l'imitation d'une comédie italienne de Federici, qui lui-même avait pris son sujet dans une comédie espagnole.

Creuzé de Lesser collabora avec Roger à deux opéras comiques : *Le Billet de loterie*, un acte, musique de Nicolo, représenté en 1811, et *le Nouveau Seigneur du village* (1813). Il fit seul *le Secret du ménage*, comédie en trois actes, et *Monsieur Deschalumeaux*, opéra comique en trois actes (sous le pseudonyme d'Auguste), musique de Gaveaux (1806). *Le Secret du ménage*, renouvelé d'une anecdote de Ninon de Lenclos, c'est de plaire à son mari ; il ne suffit pas d'être honnête, il faut encore être aimable. Mailly avait traité ce sujet, en 1758, dans sa *Nouvelle École des femmes ;* Creuzé de Lesser ne fit que l'arranger à sa façon ; sa pièce, trop marivaudée, produit moins d'effet que celle de Mailly.

De vingt-trois pièces que Pigault-Lebrun, le célèbre romancier, composa pour le théâtre, à peine reste-t-il un petit acte, *les Rivaux d'eux-mêmes*, joué sur le théâtre de la Cité en 1798 et porté ensuite au Théâtre-Français.

Chéron, mort préfet de la Vienne en 1807, mit beaucoup de talent dans son arrangement de la comédie de Sheridan, *l'École de la médisance*, qui, transportée sur notre scène en 1805, devint *le Tartufe de mœurs.* L'excellente distribution de l'ouvrage contribua pour beaucoup à son durable succès. Le rôle de Valsain, le tartufe de mœurs, fut traduit par Damas. Armand et Mlle Devienne rendirent merveilleusement les personnages de Florville et de Marton ; Grandménil donna un cachet fort original à l'oncle marin.

Le répertoire d'Hoffman, l'un des rédacteurs du *Journal de l'Empire*, se compose principalement d'opéras comiques, parmi lesquels *Ariodant* et *Euphrosine et Coradin ou le Tyran corrigé* avec Méhul, *les Rendez-vous bourgeois* avec Nicolo. *Le Roman d'une heure*, charmant petit marivaudage en un acte, est demeuré au répertoire du Théâtre-Français. C'est tout ce qui a surnagé des vingt-quatre pièces écrites par Hoffman.

*Les Suites d'un bal masqué* constituent un autre marivaudage fort agréable, écrit par M<sup>me</sup> de Bawr.

Les beaux jours de cette seconde partie de l'Empire inclinaient plus, comme on voit, vers les bagatelles agréables que vers les sujets grandioses ou pompeux. Riboutté eut le courage de débuter à ce moment, en 1808, par une pièce en cinq actes et en vers intitulée *L'Assemblée de famille*. Le cinquième acte se termina au bruit des plus chauds applaudissements, et la critique se prononça très-favorablement pour le nouveau poëte. Riboutté donna malheureusement, quelques années plus tard, une autre grande pièce, *le Ministre anglais*, qui fut outrageusement sifflée depuis le troisième acte jusqu'à la fin de l'ouvrage.

Des trente-trois pièces de Georges Duval, frère d'Alexandre Duval, il ne reste qu'une comédie en trois actes, dans le genre de Picard : *Une Journée à Versailles*.

On a oublié Dieulafoy et son *Portrait de Michel Cervantes*, *L'Heureuse Gageure* et *L'Hôtel garni* de Désaugiers, dont le nom rappelle un chansonnier et rien de plus. Désaugiers a pourtant fait jouer cent sept pièces, la plupart, il est vrai, en collaboration, et principalement sur les théâtres de genre.

Planard, avant de devenir un brillant auteur d'opéras comiques, débuta, sous l'Empire, par plusieurs comédies : *Le Paravent*, *La Nièce supposée* (1813), *L'Heureuse Rencontre* (1821). Le sujet du *Paravent* est égrillard et un peu risqué. *La Nièce supposée*, pièce bien intriguée et très-amusante, obtint un brillant succès. M^lle Mars s'y distingua dans un rôle de jeune fille américaine déguisée en paysanne. Fleury, Armand, Michelot et M^lle Bourgoin complétèrent l'excellente exécution de l'ouvrage.

Sous la Restauration la comédie avait retrouvé la censure impériale, devenue royale, aussi ombrageuse pour l'honneur des lis qu'elle l'avait été pour l'aigle usurpateur. La pièce de circonstance à l'éloge des Bourbons se vit encouragée et primée comme l'avait été la pièce à la louange des Bonaparte. La moindre allusion au régime déchu tomba sous les ciseaux tout frais repassés des Parques littéraires, accroupies au ministère de l'intérieur derrière le plâtre sans tache de Louis XVIII, substitué à l'effigie de l'*ogre de Corse*. Les auteurs suivirent la route traditionnelle et se réfugièrent dans la comédie de genre, dans la comédie anecdotique, dans la comédie historique. Wafflard et Fulgence continuèrent les joyeusetés bourgeoises de Picard. Ils conquirent de lucratifs succès, en 1819, 1821 et 1822, avec *Un Moment d'imprudence*, *Le Voyage à Dieppe*, *Le Célibataire* et *l'Homme marié*. Empis collabora avec Picard. Ils firent ensemble *l'Agiotage* en 1826, *Lambert Simual* en 1827. La meilleure pièce d'Empis, lequel devint, sous le second Empire, directeur du Théâtre-Français, après avoir été, sous la Restauration, chef de division à la maison du roi, est la comédie-drame intitulée *La Mère et la Fille*. A cet ouvrage collabora Mazères, l'auteur du *Jeune Mari*, charmante pièce de genre restée au répertoire. Mazères était aussi un élève de Picard; ils donnèrent ensemble *L'Enfant trouvé*, *Héritage et Mariage*, *Les Trois Quartiers*.

La grande comédie vit dans cette période quelques essais honnêtes mais infructueux, comme *Le Roman*, *Le Folliculaire* de Delaville, *L'Éducation ou les Deux Cousines*, *Le Mari à bonnes fortunes*, *L'Argent* de Casimir Bonjour. *La famille Glinet* de Merville soupçonné d'être le collaborateur du roi Louis XVIII, *le Médisant* de Gosse peuvent compter parmi les ouvrages à succès sous la Restauration ; mais Casimir Delavigne est le seul auteur de renom qui, dans la comédie comme dans le drame, se détache sur le fond un peu éteint du tableau. Deux mots d'appréciation sur cette partie de son œuvre.

La satire en cinq actes intitulée *Les Comédiens*, jouée le 6 janvier 1820 à l'Odéon, moins de trois mois après l'éclatant début de l'auteur dans *les Vêpres siciliennes*, rencontra devant les étudiants du quartier Latin un triomphe d'opposition. Les comédiens de la rue Richelieu, disait-on, n'avaient pas voulu se jouer eux-mêmes, parce que la pièce contenait des portraits trop ressemblants et des vers terribles sur la tyrannie de messieurs et de mesdames les sociétaires. Le public, avide de scandales, saisit au passage toutes les allusions malignes de la pièce, qui n'était pas bien méchante et qui se tenait dans la pénombre des généralités.

*L'École des vieillards* est une œuvre plus sérieuse. Elle s'offrit au jugement du public trois ans après *les Comédiens*, et l'on put constater un notable progrès dans la manière du jeune poëte. L'action est cette fois bien assise et bien développée ; les caractères se rapprochent de la réalité. Le rôle d'Hortense et celui de M^me Sinclair, cette mère évaporée qui compromet sa fille à force de vouloir lui attirer des louanges, conquirent tout d'abord les sympathies. L'admirable jeu de Talma et de M^lle Mars donnèrent une telle vogue à l'ouvrage, que les soixante premières représentations dépassèrent, par le chiffre de la recette, le produit des soixante premières du *Mariage de Figaro*, la plus lucrative des pièces du répertoire. En écrivant *la Princesse Aurélie*, comédie en cinq actes en vers, représentée le 6 mars 1828, Casimir Delavigne crut de bonne foi composer une pièce hardie et surtout originale. Il ignorait qu'il exécutait là une pâle contrefaçon d'un genre très-connu en Espagne et qui compte plusieurs chefs-d'œuvre, dont *El desden con el desden* de Moreto, imité par Molière dans *la Princesse d'Élide*, est l'un des spécimens les mieux réussis. La scène du quatrième acte où la princesse Aurélie et le comte Alphonse d'Avella, qui s'adorent secrètement, affectent une profonde indifférence l'un pour l'autre, n'est que la reproduction très-affadie de la scène où Moreto met en présence Diana, fille du comte de Barcelone, et Carlos, comte d'Urgel. Diana feint d'aimer et de vouloir épouser le comte de Béarn et Carlos feint d'aimer Cintia, de même que la princesse Aurélie feint d'aimer le duc d'Albano, de même que le comte Alphonse d'Avella affirme qu'il a donné son cœur à Béatrix. Seulement la scène de Moreto est charmante et pleine de traits piquants; celle de Delavigne est banale. *Don Juan d'Autriche*, qui date de 1835, est composé avec plus d'art. Au milieu de scènes communes, on trouve quelques situations intéressantes, parmi lesquelles la scène du quatrième acte où Doña Florinde échappe à l'amour du roi Philippe II en déclarant qu'elle est juive. « Oh! s'écrie le roi, reculant d'horreur et passant subitement de l'amour à la haine, pourquoi as-tu rappelé ce souvenir? il étouffe en moi toute compassion. C'est ta sentence, Florinde, ta sentence de mort! » *La Popularité*, comédie en cinq actes écrite en prose, comme *Don Juan d'Autriche*, et que le Théâtre-Français représenta en 1838, n'obtint pas de succès. La moralité en est excellente, mais l'enveloppe dramatique, dans laquelle le poëte a voulu renfermer la leçon, est trop flottante et trop indécise pour laisser saillir le corps de l'idée. Édouard Lindsay, qui refuse de se démettre de ses fonctions de député au parlement anglais devant l'injuste pression de ses électeurs, parle très-bien mais n'agit pas. Aussi, tout en accordant son estime à ses tirades d'avocat contre la popularité absorbante et impérative, le spectateur sort-il du théâtre impassible et glacé, comme on sort du sermon d'un prédicateur moral mais ennuyeux.

Nous avons vu, dans sa masse, l'évolution de la comédie sous l'Empire et sous la Restauration. C'est un mouvement sur place qui ne constitue ni une marche en avant, ni un recul. La comédie se recueille, attendant un peu plus de liberté.

## VI.

### Scribe.

SA GLOIRE, SA DÉCADENCE, SON INFLUENCE SUR LE THÉATRE CONTEMPORAIN.

> *Ardet adoratum populo caput, et crepat ingens*
> *Sejanus.* (Juvénal.)

Connaissez-vous une contrée où tous les hommes naissent colonels et agents de change, où les arbres portent des fruits d'or et des écorces tressées de billets de la Banque de France, où le bourgeois sentimental se pâme d'aise en admirant ses traits chéris dans un miroir d'argent, où les petites filles du monde parlent le langage tout rond des grisettes de la Grande-Chaumière, où la richesse et la satisfaction des appétits heureux dominent et chassent bien loin toute aspiration vers l'idéal et la poésie? Cette contrée, on l'a nommée la *Scribie*; c'est le domaine créé par Scribe, cet auteur fécond qui régna pendant trente années sur un peuple d'admirateurs qui s'étendait de Paris aux confins de l'univers civilisé.

Aujourd'hui la riante Scribie est devenue un aride désert où poussent les orties et les ronces; on a chassé le roi de son verdoyant domaine, le Dieu de son temple olympien; et les gaz délétères du dénigrement ont remplacé les nuages parfumés de l'encens qui montait jadis vers ses narines vénérées. Ce passage de l'adoration au brisement de l'idole s'effectua du vivant même du Brahma dramatique aux cinq têtes et aux cent plumes. Ce fut la presse qui commença la démolition. Les coups portés retentirent d'abord rares et mal assurés ; mais le nombre des iconoclastes crût rapidement, et il se forma une véritable croisade de critiques qui ne lâcha prise qu'après avoir achevé l'œuvre de destruction. Le bourgeois, ingrat de sa nature, laissa mettre à terre l'Homère qui l'avait chanté, flatté, préconisé sur tous les tons de sa lyre, et il courut joyeusement à d'autres distractions.

C'est que le bourgeois du second Empire ne ressemblait déjà plus au bourgeois de la Restauration. La noblesse ne le tenait plus en échec ; il se sentait le maître et n'avait plus besoin, pour soulever le monde, d'autre point d'appui que lui-même. Devant la domination de la caste nobiliaire, le bourgeois de la Restauration s'était tenu à l'état militant ; il était la richesse, il était le nombre, il était le spectateur assidu et payant des pièces à la mode, où il se faisait encenser. Scribe, sorti d'une boutique de soieries, édifia ses quatre cents pièces de théâtre à l'image du bourgeois de son temps. Ce n'était pas de sa part une flatterie, mais une honnête conviction. La *fortune* et la *liberté*, tels sont les vœux inscrits dans la devise latine qu'il fit peindre plus tard sur les panneaux de sa voiture, lorsqu'il eut gagné de quoi dorer l'avoine de ses chevaux.

Les attaques dirigées contre ce colosse de popularité, qui régna sur la scène pendant trente ans, furent-elles justes de tout point? Si l'on pèse la cendre de cette haute renommée, combien de livres y trouvera-t-on *(Quot libras in duce summo?)*? La question vaut la peine qu'on l'examine à froid et sans parti pris.

Après qu'on l'eut déposé de sa dictature dramatique, on a reproché à Scribe de n'avoir été qu'un auteur vulgaire, vantant sans vergogne l'argent et les délices qu'il procure, de s'être constamment tenu éloigné, soit par nature, soit à dessein, de tout sentiment généreux, enfin d'être resté absolument étranger à ce qu'on appelle le style, et même quelquefois à la grammaire. La critique a gain de cause sur ces trois points. Oui, Scribe est un écrivain essentiellement bourgeois, il manque absolument d'idéal et de style. Son scepticisme a jeté sciemment l'écume de la raillerie sur l'amour, sur l'amitié, sur la jeunesse, sur la poésie. Il a pindarisé l'égoïsme et tourné en ridicule les généreux sentiments; il a glorifié en homme convaincu la maxime qui se résume dans ces mots : « Enrichissez-vous ! »

Si vous rapprochez une pièce de Scribe d'une pièce de l'ère impériale, au point de vue de la facture, vous reconnaîtrez d'abord que la mise en œuvre en est toute différente. A la pauvreté nue de l'intrigue, Scribe substitue une très-savante contexture, une combinaison de moyens et d'effets qui donne à l'action dramatique un mouvement et un imprévu qu'elle n'avait pas connus jusque-là. Dans cette partie de la mécanique théâtrale, Scribe est véritablement un novateur et un *maître* : le mot n'est pas trop gros. Les auteurs en vogue d'aujourd'hui ne sont que ses élèves, et ils doivent à cette invention la meilleure part de leur réussite. Grâce au procédé de Scribe, qu'ils ont étudié et perfectionné, ils arrivent au succès pour ainsi dire scientifiquement. L'art de suspendre l'intérêt, de tenir le public constamment en haleine en lui donnant l'envie de découvrir le mystère qu'on lui cache et qu'il ne saisira qu'au dénouement, c'est Scribe qui le leur a enseigné. Ce procédé est porté aujourd'hui à son point culminant; il tient lieu au besoin d'invention, de caractères, d'observation, de moralité; il excite le transport des foules comme le pourrait faire un tour de prestidigitateur. Le gros public, qui admire d'autant plus qu'il comprend moins, préfère assurément *l'Arbre enchanté* ou *les Poissons rouges* de feu Robert-Houdin aux plus beaux développements du *Misanthrope* ou du *Tartuffe*.

C'est à l'aide de cette science de la mécanique théâtrale, science très-réelle, mais changeante, que Scribe a pu si longtemps dominer les masses. Les triomphes de l'école romantique, qui mirent à néant le répertoire d'Alexandre Duval et des écrivains de sa pléiade, ne portèrent pas à Scribe le moindre dommage au temps de sa grandeur. Les colonels du Gymnase tinrent bon devant *Hernani* et devant *Antony*. *La Marraine* n'abdiqua pas devant *Doña Sol*, non plus que la *Chanoinesse* devant *Marion Delorme* ou *Térésa*. *Michel et Christine* et le sergent Bertrand du *Mariage de raison* demeurèrent pendant bien des années les titres de gloire du plus constant des triomphateurs dont les annales de la scène aient jamais enregistré le nom. Je doute que les triomphes d'aujourd'hui durent aussi longtemps.

Scribe a aussi inventé ou plutôt ressuscité la *pointe*, le *concetto*, en si grand honneur au temps de Scudéry, et ce moyen d'*attraction*, ses successeurs en ont usé et abusé. Le public français a toujours adoré la *pointe*, qu'il confond avec l'esprit, et que l'auteur met dans la bouche de tous ses personnages, jeunes ou vieux, mâles ou femelles. Molière a eu beau ridiculiser la *pointe* dans le sonnet d'Oronte, les foules continuent à l'applaudir partout où elle se manifeste. Pour marcher plus vite vers le dénouement, Scribe hachait ses phrases, et il n'en laissait subsister que le nombre de mots nécessaire pour la compréhension de l'idée; c'était un avant-goût du théâtre télégraphique : de là son mauvais français, sec, heurté, et peu correct. Je ne puis admettre toutefois qu'ayant fait de bonnes études au collége Sainte-Barbe et remporté des prix au concours général, l'auteur du *Verre d'eau* fût aussi étranger à la littérature qu'il veut bien le paraître. C'est, je crois, de propos délibéré qu'il écrivait ainsi. Le style qui a cours aujourd'hui au théâtre, et qu'on appelle style d'*actualité*, style *boulevardier* (pardon de cet argot malheureusement en usage), est-il réellement beaucoup meilleur que celui de l'auteur de *Michel et Christine*? N'est-ce pas aussi du jargon en sa manière? et qui sait ce qu'en diront les critiques de l'avenir?

Ce que l'on ne peut nier, c'est que Scribe, à tort ou à raison, est resté, de fait, dans l'ensemble de sa production, une personnalité considérable du théâtre contemporain. Il a passé de mode comme les types qu'il a représentés, types dont les gravures d'Alfred et de Tony Johannot, placées dans ses œuvres, nous donnent de si curieux spécimens. Il a toujours cherché à être de son temps, de son moment; c'est pourquoi il a si considérablement vieilli. Tel est le sort qui attend toutes les *actualités*, puisque le mot y est. L'homme extérieur s'efface, l'homme intérieur peut seul survivre ; mais il est nécessaire, dans tous les cas, que l'écrivain renferme sa création en une forme d'art. Sans cette condition, la mort commence avant la fin de la vie. Nul siècle ne le prouve mieux que le nôtre.

La transformation que Scribe fit subir à la pièce dramatique fut certainement l'une des plus importantes. Elle fut radicale, très-étudiée, très-ingénieuse. Elle porta d'abord sur le vaudeville, élevé par lui au rang de comédie de genre, comédie étroite, si l'on veut, mais où il existe pourtant un progrès. Il métamorphosa ensuite le genre de l'opéra et celui de l'opéra comique, et il importa sur la scène de Molière ses procédés scéniques, qu'on a blâmés, mais qui ont fait école, et que même aujourd'hui l'on suit et l'on pratique avec un soin scrupuleux. Reconnaissant la difficulté de se mouvoir dans cinq actes de comédie pure, Scribe saupoudra quelquefois sa comédie de deux actes de drame, procédé qui sert de base à tous les succès de nos jours; il faut toutefois lui rendre cette justice que son drame à lui se contient dans des bornes acceptables, et qu'il n'a jamais recouru aux passions mélodramatiques, à l'hystérie, à l'adultère furieux, au poison, au poignard, aux coups de pistolet pour dénouer son action.

Telle est la part de la louange après celle de la critique générale. Nous allons entrer maintenant dans l'examen détaillé.

Villemain, répondant au discours de Scribe, lorsque, le 28 janvier 1836, l'auteur de *Michel et Christine* fut reçu parmi les membres de l'Académie française, appréciait en ces termes l'œuvre du récipiendaire : « Votre théâtre, lui disait-il, s'est rapproché de ces *proverbes de salon* où la société se peint d'autant mieux qu'elle les fait elle-même. » Comparer des pièces en cinq actes à des proverbes en collaboration avec tout le monde, c'était un peu impertinent pour un éloge académique. Il est vrai que le discours du nouvel immortel, tendant à classer le vaudeville parmi les branches de la littérature sérieuse, avait dû irriter la fibre nerveuse du malin critique, qui se vengeait à sa manière.

La carrière dramatique de notre auteur commence en 1811 avec de très-faibles vaudevilles : *Les Dervis, Les Bossus, Les Brigands sans le savoir*. Ce n'est qu'en 1815 qu'il produit le personnage de M. Pigeon, le célèbre *biset*, une *actualité* qui obtint grand succès dans la pièce intitulée : *Une Nuit de la garde nationale*. La mère Brise-Miche, marchande de galettes et de brioches, disait dans ce vaudeville aux soldats-citoyens du corps de garde :

> « Et j'défions qu'jamais on puiss' mordre
> Sur moi ni sur mes p'tits gâteaux. »

C'était l'esprit du temps que l'on adaptait généralement à la fin du couplet chanté, comme on rive le fer à la flèche. *Le Comte Ory*, qui devint plus tard l'opéra de Rossini, fut joué sous forme de vaudeville en 1816. Ce sont les deux premiers succès de Scribe. *Le Nouveau Pourceaugnac* et *le Solliciteur* firent courir la foule aux théâtres du Vaudeville et des Variétés en 1817. Ce dernier ouvrage enleva, comme on sait, la haute approbation de Schlegel, qui le trouva plus amusant que *le Misanthrope* et qui osa le dire. Félix l'Espérance, qui sollicite un entrepôt de tabac et qui s'introduit au ministère des finances par les ruses les plus incroyables, tantôt en dépistant le portier au moyen de son chien Azor, habitué à se faire poursuivre dans les escaliers pendant que son maître brave tous les obstacles, tantôt en portant le déjeuner du secrétaire général, déjeuner qu'il enlève des mains d'un garçon de café, Félix l'Espérance était représenté par l'acteur Potier, qui faisait éclater de rire la salle entière quand il reparaissait avec son axiome devenu proverbial : « Audacieux et fluet, et l'on arrive à tout. » En cette même année 1817, le théâtre des Variétés joua devant un tumulte effroyable *le Combat des montagnes*, où les commis de magasin, qui alors s'affublaient le dimanche d'éperons et de moustaches postiches afin de passer pour des officiers de l'armée de la Loire, livrèrent au parterre une véritable bataille.

Ils exigèrent le baisser du rideau et le retrait de l'affiche de ce vaudeville, qu'ils déclarèrent offensant pour leur dignité. Des agents de police, vêtus en bourgeois, semblaient calmer les récalcitrants *calicots* réfugiés au café du théâtre, et ils les marquaient sournoisement dans le dos avec du crayon blanc, de façon à les désigner aux gendarmes, qui les empoignaient à leur sortie sur le boulevard. Les *calicots* provoquèrent par un cartel en règle Scribe et M. Dupin, son collaborateur.

Ceux-ci répondirent qu'ils acceptaient la rencontre, mais que tous les *calicots* de Paris devaient se rendre un dimanche (jour de sortie) aux Champs-Élysées et se ranger sur deux lignes, afin que les deux auteurs provoqués pussent choisir parmi eux deux adversaires. L'affaire en demeura là, comme on le pense bien, et l'on continua de chanter, dans un épilogue ajouté au *Combat des montagnes* et intitulé *Le Café des Variétés*, ce couplet sur les commis éperonnés et sur les grisettes :

> Contentez-vous, heureux vainqueurs,
> De déchirer leurs tendres cœurs
> Et ne déchirez plus leurs robes.

Les années 1818 et 1819 ajoutèrent aux succès de Scribe *Une Visite à Bedlam* et *la Somnambule*, dont Gontier et M^me Perrin, une charmante actrice, firent les honneurs au public. C'était une excursion sur le terrain du vaudeville sentimental. L'année précédente, les *Deux Précepteurs* avaient rempli la caisse du théâtre des Variétés, et M. Cinglant, le maître d'école, était devenu un type.

L'ouverture du Gymnase-Dramatique, sur le boulevard Bonne-Nouvelle, en 1820, porta au plus haut point la gloire de Scribe et la fortune de la comédie à couplets. Gontier, Perlet, Léontine Fay, la rentrée de Clozel dans *Philibert marié* établirent la vogue du nouveau *temple de Thalie*. La troupe de Delestre-Poirson se montra réellement merveilleuse dans l'interprétation de ce nouveau monde de colonels, d'agents de change, de bourgeois retirés des affaires, de jeunes filles égrillardes, de belles veuves coquettes et de beaux esprits. L'Homère de cette Iliade de la Bourse et de la Chaussée-d'Antin signa un traité par lequel il s'interdisait le droit de travailler pour les théâtres rivaux.

En cette même année 1820, il avait donné de sa main gauche, aussi productive et aussi heureuse que sa main droite, un succès d'argent aux Variétés avec le vaudeville intitulé *L'Ours et le Pacha*, dans lequel Odry Vernet et Lepeintre aîné avaient exécuté des miracles de bouffonnerie. Le célèbre vaudeville *Michel et Christine* fit affluer le monde élégant à l'heureux théâtre du Gymnase vers l'année 1821. Cette fois, le colonel était resté sur le *champ d'honneur*; et le soldat Stanislas, le héros de l'aventure, disait, en parlant de son chef : « Il n'est plus au service ; c'est là-haut qu'il reçoit sa paye ! »

Le petit drame, du reste, ne manquait ni d'intérêt ni d'une certaine grâce, une fois l'héroïsme bourgeois du personnage accepté. Cette expression exagérée du patriotisme, que Charlet traduisit par le *grognard* légendaire qu'il baptisa du nom de *chauvin*, faisait vibrer alors la corde sympathique du public. On applaudissait de bonne foi Stanislas voulant contraindre Christine à l'aimer, et lui disant : « Comment! vous ne m'aimez pas, moi qui irais me jeter pour vous à la bouche d'un canon! Je vous aime bien, moi! Vous serez à moi, ou vous ne serez à aucun autre sans ma permission. »

Perlet varia le répertoire de cette année 1821 en révélant un talent réel dans *le Secrétaire et le Cuisinier*, où il représentait le cuisinier Soufflé pris pour un secrétaire d'ambassadeur, et dans *le Gastronome sans argent*, pochade sans grande valeur, mais très-bien appropriée au talent du nouveau comédien. La *petite* Léontine Fay charmait en même temps la foule dans la *Petite Sœur* et dans *le Mariage enfantin*, où l'on voyait la mariée se cacher sous le couvercle de satin blanc de sa corbeille de noces au milieu des perles et des dentelles. Déjazet représentait le mari de la petite Léontine. En 1822, *le Colonel* et *les Mémoires d'un colonel de hussards* offraient à l'admiration du parterre ce type fameux de la nouvelle poétique.

M<sup>lle</sup> Fleuriet, déguisée en colonel du 12<sup>e</sup> hussards, était acceptée sérieusement comme le vrai colonel par les officiers de son régiment : elle s'évanouissait à la vue d'un pistolet ; cette circonstance amenait le dénouement de cette action peu vraisemblable. Dans la seconde pièce, Gontier faisait l'éducation d'un jeune officier, et le résultat de ses leçons était de ménager sans le savoir un tête-à-tête de sa femme avec son élève favori. *L'Héritière*, *La Haine d'une femme* et *Le Jeune Homme à marier* montrèrent le talent de Scribe sous une nouvelle face, et créèrent un nouveau marivaudage qui eut beaucoup de vogue et qui produisit une foule d'imitations.

Pour varier le spectacle, Scribe continuait en même temps sa manière primitive dans des esquisses purement comiques : *la Demoiselle et la Dame*, où l'on voyait le duel grotesque de Draguignard, ex-employé à la mairie, avec le cuirassier Belenfant, cousin d'Adélaïde, future dudit Draguignard ; *l'Intérieur d'un bureau*, où l'expéditionnaire Bellemain copiait, sans la lire, une chanson diffamatoire dirigée contre son chef ; *le Coiffeur et le Perruquier*, où Poudret, représenté par Bernard-Léon, accordait au coiffeur Alcibiade la main de sa nièce Justine et une dot de 20,000 francs « gagnée à la sueur de tant de fronts », parce qu'Alcibiade, aussi diplomate que sublime artiste capillaire, reconnaissait au dénouement la supériorité de son ancien patron, qui lui avait, comme il le dit, mis les armes à la main.

*L'Écarté*, *Le Menteur véridique*, *Coraly*, *Le Baiser au porteur*, *La Quarantaine*, petits tableaux de genre, furent les succès de 1824 et de 1825 ; ainsi que la jolie comédie intitulée : *La Demoiselle à marier ou la Première Entrevue*. *Les Premières Amours ou les Sou-*

*venirs d'enfance* appartiennent à la même époque et à la même manière. 1825 produisit en même temps *Vatel ou le Fils d'un grand homme*, et la *Charge à payer*, tableau de mœurs très-curieux montrant les tripotages matrimoniaux auxquels donne lieu la vénalité des charges.

L'auteur, en entassant ses marchandages et ses chiffres, ne cherche pas à moraliser, encore moins à prêcher; il trouve au contraire tout cela charmant, et le parterre riait de tout cœur quand le jeune notaire Locard disait à son excellente mère, qui venait de lui déterrer une dot de 400,000 francs : « Quoi! ma mère, me faire épouser une bossue? — Malheureux! et ta charge à payer? » Sur ce mot du dénouement, un domestique annonçait que le dîner était servi, et l'on passait dans la salle à manger pour conclure l'affaire.

L'événement de 1826 fut le triomphe éclatant du *Mariage de raison*, l'une des plus retentissantes victoires du théâtre du Gymnase, devenu le théâtre de Madame. *Le Confident*, joué en 1827, revient au marivaudage élégant, qui a déjà produit *l'Héritière* et la *Haine d'une femme*. Ce grand succès est soutenu par deux autres succès, *le Diplomate* et *la Marraine*.

Scribe avait pris possession, dès 1823, du théâtre de l'Opéra-Comique avec *Leicester* et *la Neige*, suivis de près par *Léocadie*, *la Dame Blanche* et *le Maçon*. En 1828, il conquérait l'Opéra avec *la Muette de Portici*, et sa main, prodigue de succès, donnait en même temps au Gymnase: *Malvina, Louise ou la Réparation, La Seconde Année*.

Ce furent les derniers triomphes de Scribe au théâtre de Madame, qui, après la Révolution, reprend son titre primitif de Gymnase-Dramatique. *Les Malheurs d'un amant heureux*, *Le Gardien*, *La Chanoinesse* amenèrent encore la foule au théâtre de Delestre-Poirson.

A ce moment, le prestige de Scribe sur le public est toujours le même. Il règne en maître absolu dans le royaume dramatique, et nulle autre étoile ne peut scintiller dans l'immense lumière que projette ce soleil.

Je me borne à rappeler ici des faits et des dates un peu oubliés afin de mieux faire comprendre l'ensemble de cette étude.

L'évolution de Scribe au Théâtre-Français est tout aussi rapide et tout aussi étonnante que son évolution dans les théâtres secondaires. Il serre, dans le tiroir des joyeusetés, le couplet et ses flonflons; il étend sa matière d'un acte à trois et cinq actes, et il côtoie la véritable comédie, qu'il atteint parfois avec *Le Mariage d'argent*, *La Camaraderie*, *Bertrand et Raton*. Il aura moins de bonheur plus tard avec *La Calomnie*, *Bataille de dames*, *Le Fils de Cromwell*, etc. *Valérie*, qui date de 1822, n'était qu'une anecdote. *Les Inconsolables* sont taillés dans le marivaudage de seconde main qui a produit *le Roman d'une heure* d'Hoffman.

*Le Mariage d'argent*, dont nous avons déjà vu l'esquisse tracée dans le vaudeville du même auteur, intitulé *La Charge à payer*, joué au Gymnase en 1825, représentait la grande affaire de la société transitoire, dont Scribe peut être appelé l'historiographe. L'argent était l'âme de cette société; on le retrouve partout — dans les pièces de notre dramaturge, comme on retrouve le *fatum* au fond de toutes les tragédies de l'antiquité. Le Molière du théâtre Bonne-Nouvelle se garde bien de flétrir l'argent; il le caresse, au contraire, il le palpe, il le chiffre avec amour, il l'exploite comme un moyen scénique pour allécher son public, pour l'intéresser, pour le faire rêver. Beaucoup de ses dénouements se soldent par 25 ou 50,000 livres de rente, qui tombent, comme la manne céleste, en dot ou en héritage, selon les besoins du sujet. Dans *le Mariage d'argent*, le banquier Dorbeval propose à son ami Poligni une héritière fort agréable. « J'entends, répond celui-ci, elle est laide à faire peur? — Du tout, riposte le banquier, elle a 500,000 francs. » Placé entre son intérêt et l'amour qu'il avait conservé pour une jeune veuve, Poligni se décide à épouser Hermance, une petite fille qu'il n'aime pas et qu'il ne peut même estimer, car il a couru de fâcheux bruits sur son compte. Ce dénouement, où le coupable se trouve puni par un mariage déshonorant, est certainement d'une grande hardiesse, et Scribe, en le hasardant, n'a pas cru être aussi audacieux qu'il l'a été. A ses yeux, les 500,000 francs de la dot d'Hermance devaient évidemment adoucir la situation. Le public d'alors se rangea de son avis, et il rit beaucoup lorsque le banquier, malheureux de la légèreté de sa femme, dit à son ami pour conclure la comédie : « Tu deviens un capitaliste, un riche propriétaire, et tu seras dans ton ménage aussi heureux que moi. »

Dans *la Passion secrète*, que représente le Théâtre-Français en 1834, Dulistel, colonel devenu boursier, dit à son interlocuteur : « Aujourd'hui, qu'est-ce que la noblesse ? qui en veut ? Personne. De l'argent, c'est différent, tout le monde en demande. » Albertine, sa femme, qui joue à la Bourse pour oublier un chagrin d'amour, a dissipé à ce passe-temps la dot de sa sœur, qui va se marier ; elle doit 500,000 francs à son agent de change : un ami de la maison (quel ami !) lui offre la somme en échange de ses faveurs. M^me Dulistel trouve heureusement un prêteur moins exigeant qui avance le demi-million, à condition qu'il épousera la sœur d'Albertine. La moralité de la pièce est, comme on voit, non moins hardie que celle du *Mariage d'argent*; elle se balance par la même somme, 500,000 francs, qui semble être le chiffre cabalistique.

*L'Ambitieux*, comédie de Scribe jouée dans cette même année 1834, a pour ressort et pour mobile, non pas cette fois l'argent, mais le pouvoir, autre monnaie ayant cours sur toutes les places, servant, comme l'or, à payer les plaisirs, les vanités, les flatteries, et faisant ramper devant elle les dévouements serviles. « Croyez donc à l'amitié d'un ministre ! dit le vieux docteur Neuborough : pour cinq voix, sacrifier un ami ! mais pour dix, il le ferait pendre ! » Le ministre dont il s'agit est Robert Walpole, ce trop célèbre homme d'État de l'Angleterre, qui se vantait de savoir le tarif de chaque conscience et de qui l'on disait : « Il n'a pas besoin de manchon, car il a toujours ses mains dans nos poches. » Le portefeuille ministériel prend ici le rôle de l'argent : chacun le tire à soi et cherche à en rester le maître.

Le grand succès de la comédie intitulée *Bertrand et Raton ou l'Art de conspirer* date du 14 novembre 1833, et depuis bientôt quarante ans la pièce n'a pas quitté l'affiche. L'objectif de cette action est encore la conquête et la conservation du pouvoir, idée parallèle à celle du coffre-fort. Les critiques n'ont pas chômé chaque fois que les comédiens ont repris cet ouvrage. Ce succès de quarante ans de durée peut pourtant s'expliquer par deux causes. La première, c'est que les conditions d'actualité politique n'ont pas changé depuis 1833. L'émeute des rues, préparée et exploitée par les habiles, et tournant, quand la farce est jouée, contre le populaire qu'ils ont poussé devant eux, est toujours restée un chapitre de l'histoire contemporaine ; c'est une mine inépuisable que la bêtise humaine.

Il faut reconnaître, pour le second point, que cette action bourgeoise, où tout se rapetisse et se rétrécit, où l'idéal des sentiments et de la pensée brille plus que jamais par son absence, est très-habilement construite ; que les caractères de Raton Burkenstaff, le marchand de soieries de la cour, et de son fils Érik représentent des types parfaitement vrais, et qu'enfin les situations qui ressortent de cet imbroglio renferment beaucoup de gaieté et d'attrait. Que voulez-vous de plus pour un succès populaire, après que vous avez constaté que le grand art n'a rien à démêler avec ce jeu d'esprit ?

Le bruit que fit *la Camaraderie ou la Courte Échelle*, comédie en cinq actes, jouée au Théâtre-Français le 10 janvier 1837, ne fut pas moins retentissant que celui de *Bertrand et Raton*. Les reprises de la pièce ne rencontrèrent pas la même fortune. Cette camaraderie de gens qui s'associent pour arriver au succès ne repose pas sur une idée vraie.

Les romantiques formèrent dans leur temps une espèce de cénacle admiratif, mais qui n'avait pas pour base l'intérêt individuel. Le seul lien qui les unissait, c'était la conviction et l'admiration pour un système, pour une œuvre, pour un homme qu'ils arboraient comme un drapeau. Le médecin Bernardet, M. de Mortlucar, grand seigneur, homme de lettres, le libraire Dutillet, Oscar Rigaut sont des portraits fort amusants ; mais dans le monde réel on ne les vit jamais se servir mutuellement : ils auraient trop redouté que l'un d'eux ne tirât l'échelle après lui et ne laissât les autres au pied du mur. Cinq actes à bâtir ainsi sur une idée douteuse avec les simples ressources de la comédie, et sans avoir recours au charlatanisme du drame, constituaient assurément une œuvre difficile à mener à fin. Scribe s'en est tiré avec beaucoup d'habileté, personne ne le niera.

La comédie en trois actes jouée la même année sous le titre des *Indépendants* n'est, à vrai dire, qu'un vaudeville délayé dans une sauce un peu claire. *La Calomnie*, qui fit son apparition sur la scène française le 20 février 1840, ne réussit pas.

La comédie intitulée *Le Verre d'eau ou les Effets et*

*les Causes* fut jouée pour la première fois le 17 novembre 1840. Voilà donc plus de trente ans qu'elle tient le répertoire et que le public l'applaudit. Nous retrouvons dans cet ouvrage les qualités et les défauts de l'auteur. La pièce est très-bien construite ; tout y semble calculé pour l'effet ; les rôles sont à la taille des acteurs et s'adaptent à leur talent avec une notable précision. Mᵐᵉ Plessy, Mˡˡᵉ Mante, Mˡˡᵉ Doze surent corriger par leur élégante diction le sentiment bourgeois et le style peu relevé de leurs personnages. La reine Anne et la duchesse de Marlborough semblent en effet, à les entendre, de bonnes boutiquières de la Cité. Passe encore pour Abigaïl, nièce de la duchesse ; cette jeune fille, par un de ces hasards qui ne se rencontrent que dans l'heureux pays de *Scribie*, se trouve installée dans le comptoir du joaillier de la couronne.

La lutte entre la duchesse et Bolingbroke donne lieu à quelques jolies scènes et à des mots d'esprit qui ne sentent pas trop la *pointe*. En somme, ce spectacle, avec ses trivialités agréables, amuse un public dont le goût n'est peut-être pas très-délicat, mais enfin c'est le public ; à cela il n'y a rien à répondre. Ses flatteurs ont décoré du nom de *réalisme* ce penchant vers la vulgarité et cette haine de tout idéal que manifeste la société de notre temps.

*Une Chaîne* renouvela en 1841 l'enthousiasme provoqué par *le Verre d'eau*. Le parterre et les loges admirèrent l'indépendance de cœur de M. Émeric, qui, se couvrant du voile de la morale, rompt, sans crier gare, la chaîne d'amour que lui a passée au cou

M^me de Saint-Géran. L'année suivante, Scribe échoua avec *le Fils de Cromwell* (1842). La presse blâma généralement cette nouvelle glorification des sentiments bourgeois, et la confiance de ce public, si docile jusqu'alors, commença à regimber.

Ce n'est que sept ans après que Scribe retrouve un succès à la Comédie-Française. *Adrienne Lecouvreur* appartient, comme *le Verre d'eau* et *le Fils de Cromwell*, au genre anecdotique déjà en vogue au temps du premier Empire. On se souvient du relief magnifique que sut donner Rachel au rôle de la maîtresse infortunée du maréchal de Saxe. *Les Contes de la reine de Navarre* et *la Czarine* continuèrent ce système d'enjoliver l'histoire, mais avec moins de réussite. *La Czarine* fut même l'un des plus complets insuccès de Rachel. *Bataille de dames*, *Mon Étoile*, *Feu Lionel* ne ramenèrent pas les beaux jours de *Bertrand et Raton* et du *Verre d'eau*. On trouva généralement que *le Puff* aurait pu fournir le sujet d'un joli vaudeville, et non celui d'une comédie en cinq actes.

A dater de ce moment s'accentue le déclin de la popularité de Scribe. Il ne restait plus au grand homme d'hier un seul défenseur dans la presse. Le bourgeois lui-même, qui avait effectué dix ans auparavant sa petite révolution politique, voulut faire aussi sa révolution littéraire, et ce fut à son dieu de la veille qu'il s'en prit. A bas les dieux ! Et il se mit à casser les vitres. Il devint de mode de blasphémer les *grognards*, de renier les agents de change, de vilipender les nouveaux enrichis encore tout enfumés de l'encens brûlé sur leurs autels.

Scribe fut très-sensible à ce revirement de l'opinion à son égard. Il avait la conviction que ses derniers ouvrages n'étaient pas plus défectueux que les premiers, et peut-être ne se tenait-il pas très-loin de la vérité. Mais ce qu'il ne sut pas découvrir à temps, c'est que la domination de l'idée bourgeoise avait fait son temps. Les loups-cerviers de la finance, par leurs exactions et leurs tours de main, avaient découronné l'argent de son prestige, je ne dis pas de sa valeur ; on n'osait plus en faire un dogme, une religion, l'indignation populaire ne le permettait plus. Les parvenus eux-mêmes mettaient un masque sur leur audace, et ils n'allaient plus s'applaudir au théâtre, de peur de provoquer une réaction et une enquête sur leurs moyens de fortune.

Avec l'habileté qui le distinguait, Scribe, s'il avait vu clair dans les faits, pouvait retourner sa poétique et brûler, comme tant d'autres, ce qu'il avait adoré. Comme il était avant tout un honnête homme, et que, bonnes ou mauvaises, il avait des convictions, il ne pensa pas même à transiger, et il mourut bourgeois, et inconsolable du changement qui s'était produit dans les idées du public parisien.

Certainement, l'auteur de *la Camaraderie* et de *Bertrand et Raton* n'aurait jamais pu passer, l'eût-il voulu, dans le camp de l'idéal et des sentiments élevés: l'instinct de ces choses lui manquait; mais il aurait pu mettre en scène des sujets de fantaisie, en évitant toutefois les héros de l'histoire, dont, malgré lui, il ne savait faire que des notaires ou des banquiers.

Dans ses opéras et dans ses opéras comiques, il est resté le maître incontestable et incontesté. A part le style, il est impossible de ne pas reconnaître son immense supériorité en ce genre. Je sais bien que le génie de Meyerbeer et le charme puissant d'Auber ont donné la vie et presque l'immortalité à ces œuvres heureuses, qui ne représentent après tout que d'ingénieux canevas ; mais, toute secondaire qu'elle est, la part de Scribe dans le succès garde encore une proportion relative très-appréciable.

Né le 24 décembre 1791, dans la rue Saint-Denis, près du marché des Innocents, Scribe sortit de la boutique de son père pour se livrer à l'étude du droit, après avoir fait de bonnes humanités au collége Sainte-Barbe. Comme tant d'autres, il ne mordit pas à la chicane et il abandonna la perspective du barreau pour se livrer à son goût du théâtre. Nous avons vu ses luttes, son travail acharné et les phases de ses succès dans tous les genres. Depuis l'âge de vingt ans, il ne quitta pas la besogne. Dès six heures du matin, été comme hiver, il restait assis devant son bureau et il écrivait jusqu'à midi, heure du déjeuner. Il avait, à ce moment, terminé sa tâche et il passait le reste de la journée à mettre ses pièces en scène. En le voyant tout le jour dehors, causant avec tant d'esprit et d'amabilité, ceux qui ne connaissaient pas sa manière de vivre s'imaginaient qu'il laissait toute la besogne à ses nombreux collaborateurs.

L'auteur se doublait chez Scribe d'un homme d'affaires très-entendu, très-retors, très-âpre à la curée. Il ne lisait pas une pièce à un directeur à moins de 1,000 francs par acte, en dehors de tous droits. Le trait suivant me paraît caractéristique. C'était à l'Opéra, au temps de la direction de Véron. On venait de répéter généralement un ballet, splendidement monté, dont le dénouement était détestable. Véron en causait dans la cour du théâtre avec les auteurs, et personne ne trouvait de remède au mal. Scribe vint à passer. Véron courut au-devant de lui et lui soumit la difficulté, en lui demandant le moyen de la résoudre. « Rien de plus facile, répondit Scribe, je l'ai trouvé. Signez-moi un bon de 1,000 francs sur la caisse du théâtre, et je vais vous le dire. » Véron signa le bon, Scribe toucha sa prime, indiqua la correction, et remonta dans sa voiture : le succès du ballet fut assuré.

C'est à Scribe que l'on doit l'organisation des droits d'auteur prélevés sur la recette, au lieu d'être rétribués par une somme fixe, comme autrefois.

Outre ses pièces de théâtre, Scribe écrivit plusieurs romans pour les journaux, *Carlo Broschi*, *Judith*, *Le Roi de carreau*, *Piquillo Alliaga*, qui lui furent payés à des prix que Balzac ne connut jamais. Maître d'une fortune considérable, il acheta deux charmantes villas à Séricourt et à Montalais, et se fit bâtir un bel hôtel à Paris, rue Pigalle, dont il jouit malheureusement très-peu de temps. Il mourut subitement le 20 février 1861, dans un fiacre qui le conduisait chez un de ses amis. Le cocher, en ouvrant la portière, le trouva sans vie, les traits calmes et les mains dans ses poches.

Telles furent les vicissitudes de cette fortune dramatique de Scribe, qui, après avoir épuisé tous les encensoirs de l'adulation, tomba sous les dures réactions des critiques passionnés.

Le temps avait rompu le charme, l'insuffisance de la forme n'avait pu défendre le fond. Scribe laisse pourtant sa trace dans l'histoire de la scène française. C'est encore lui qu'on applaudit en applaudissant ses successeurs, qui le dénigrent dans leur ingratitude. Puissent leurs jeunes gloires, comme celle de leur maître, ne se prescrire qu'après trente ans !

## VII.

### Les collaborateurs de Scribe.

Les collaborateurs de Scribe font une singulière figure dans l'histoire de ses œuvres, qu'il eut la malicieuse politesse de leur dédier. La plupart sont des hommes d'esprit et de talent, mais leur personnalité se trouve tellement absorbée, ils font tellement partie d'un tout indivisible qu'on ne saurait les faire revivre séparément, à moins qu'ils n'aient produit des œuvres spéciales. Mélesville, Poirson, Dupin, Germain Delavigne, Saintines, Mazères, Varner, Moreau, Bayard, M. Ernest Legouvé, M. de Saint-Georges sont les compagnons des principaux succès de Scribe. M. de Saint-Georges, après avoir collaboré dès 1822 à plusieurs pièces du Gymnase et de l'Opéra-Comique, traça sa route à part, et continua à travailler pour le théâtre avec tout l'entrain d'un jeune homme. Bayard, qui avait épousé en 1827 la nièce de Scribe, mourut en 1853, après un bal qu'il donnait chez lui pour l'anniversaire de sa fille.

La famille de Bayard publia un choix de ses ouvrages dramatiques. Cette édition, composée de douze volumes in-18, contient une série de soixante-dix-huit pièces choisies; Scribe, en juin 1855, en écrivit la préface, où l'on trouve ce curieux passage : « Bayard était de l'école de Dancourt et de Picard (le biographe n'a pas osé dire de l'école de Scribe), école qui se perd tous les jours ! Le faux et le larmoyant sont faciles ; c'est avec cela que l'on fabrique du drame ! Voilà pourquoi nous en voyons tant ! La vérité et la gaieté sont choses rares ! La comédie en est faite ! Voilà pourquoi nous en voyons si peu ! »

On remarquera les points d'admiration qui terminent chacune des phrases courtes et haletantes que nous venons de citer. Cette ponctuation traduit le sentiment qu'éprouvait sans doute en ce moment l'auteur de *la Czarine*, qui venait d'entrer dans sa période de décadence. *La Czarine*, jouée au mois de janvier de cette même année, c'est-à-dire cinq mois avant l'apparition de la préface, n'avait pas rencontré le succès du *Verre d'eau*, malgré le puissant secours que lui apportait Rachel.

En énumérant les pièces de Bayard, au nombre de plus de deux cents, le biographe ajoute, faisant malgré lui un retour sur lui-même : « Cette fécondité lui fut reprochée par des critiques sévères... qui ne faisaient rien... Le vrai talent ne s'arrête pas ! il a besoin de se reproduire, de se répandre ; il lui faut de la vie et du jour. Voyez les grands peintres : Rubens, le Titien, Raphaël, Michel-Ange ; les grands musiciens : Grétry, Dalayrac, Mozart, Rossini ; les grands auteurs dramatiques : Shakespeare, Voltaire, Molière, Calderon ! Tous ont créé beaucoup, et leurs rivaux, qui ne pouvaient les suivre dans la carrière, trouvaient plus facile de décrier leur fécondité que de l'imiter. »

L'ancien collaborateur de Bayard loue justement la fécondité de l'auteur applaudi de *Frétillon*, du *Père de la débutante*, du *Gamin de Paris*, des *Premières Armes de Richelieu*, de *la Reine de seize ans*, du *Fils de famille* (en collaboration avec M. de Biéville), aimables tableaux de genre qui firent les délices de toute une génération.

Bayard avait trop de tact et d'esprit pour ne pas savoir que les esquisses de mœurs spéciales et transitoires, appelées *actualités* dans le jargon moderne, doivent disparaître avec l'occasion qui leur a donné naissance. C'est pour cela qu'il essaya d'aborder la comédie dans *Roman à vendre* et dans *le Ménage parisien*, cinq actes joués au Théâtre-Français en 1844. Il écrivit ces deux pièces en vers avec tout le soin dont il était capable, mais Bayard n'avait pas la complexion poétique ; la poésie consistait tout entière, à ses yeux, dans la rime. *Le Ménage parisien*, par exemple, ouvre par ces lignes rimées :

—Eh! c'est ce cher Arthur! Quelle bonne fortune
De vous trouver ici!
—Mais pour moi c'en est une
Dont je suis très-flatté!... Comment donc si matin!

La pièce est, du reste, absolument vide d'action ; il semble que l'obligation d'écrire en vers ait paralysé l'esprit inventif de Bayard, beaucoup plus heureux dans ses comédies en prose. *Le Mari à la campagne*, qui vit depuis bientôt vingt-huit ans sur les affiches du Théâtre-Français, forme un très-amusant imbroglio que le public revoit toujours avec plaisir. On sent que l'auteur a ses coudées franches sur ce terrain de la gaieté bourgeoise, où il n'est entravé ni par la préoccupation des caractères, ni par la nécessité d'un style étudié. Colombet ; Ursule sa femme, qui craint de se damner en valsant ; M$^{me}$ d'Aigueperse sa mère, qui l'élève dans une pruderie ridicule ; M. Mathieu, l'ami de la maison, le marguillier de paroisse, qui prêche contre le bal et les spectacles, sont des figures plaisantes qui ne tomberont pas dans le ridicule, parce qu'elles seront de tous les temps.

M. Ernest Legouvé fit ses meilleures pièces avec Scribe : *Adrienne Lecouvreur*, *Bataille de dames*, *Les Contes de la reine de Navarre*, *Les Doigts de fée*. Il collabora en outre avec Dinaux à *Mademoiselle de Lignerolles*. Rachel avait promis de jouer sa tragédie de *Médée*; la grande artiste ne tint pas parole, ce qui lui arrivait quelquefois; la pièce fut traduite en italien par M. Montanelli, et ce fut M^me Ristori qui représenta la farouche maîtresse de Jason. M^me Ristori représenta aussi à l'Odéon, en 1861, le principal rôle dans une comédie en cinq actes de M. Legouvé, où elle apporta ses qualités natives, mais son accent italien nuisit beaucoup à l'effet de l'ouvrage. *Guerrero ou la Trahison, Par droit de conquête, Le Pamphlet, Un Jeune Homme qui ne fait rien* sont dus également à la plume facile de M. Ernest Legouvé, qui fut élu en 1855 membre de l'Académie française, en remplacement d'Ancelot.

A ces noms des collaborateurs de Scribe il faudrait en ajouter bien d'autres, parmi lesquels ceux de Merle, de Carmouche, de Du Mersan, de Planard, de Dumanoir, de MM. de Leuven, Lockroy, Michel Masson, Sauvage, de Najac. Quant aux imitateurs de Scribe, si on voulait les dénombrer, il faudrait citer trois générations d'écrivains.

## CHAPITRE VIII.

### L'ÉCOLE DU BON SENS.

**François Ponsard.**

Ce n'est pas Ponsard qui a mis à son chapeau cette étiquette ridicule, confinant le bon sens dans les étroites limites d'une coterie ou d'une école. Ce n'est pas Ponsard qui s'est déclaré le chef de cette petite Église, dont les desservants sont si rares qu'on ne saurait même découvrir leurs noms. En cherchant bien, je ne trouve à ranger dans cette classification arbitraire que les premiers ouvrages de M. Émile Augier, depuis *la Ciguë* (1844) jusqu'à *Philiberte* (1853), et encore rencontre-t-on là un germe d'indépendance, un défaut d'orthodoxie, qui s'affirmeront tout à fait, en 1858, dans *les Lionnes pauvres* et dans les pièces qui suivront.

Je soupçonne fort un homme d'esprit, un artiste enthousiaste qui a conservé le feu de la jeunesse sous la neige des ans, d'avoir inventé *l'école du bon sens*, comme il inventa Ponsard lui-même en arborant, en guise de *labarum*, le manuscrit de *Lucrèce* sur les débris encore fumants des *Burgraves* : cet homme d'esprit, tour à tour directeur du journal *l'Artiste* et professeur de déclamation, se nomme Achille Ricourt. Par ses bons conseils il a formé des peintres, des littérateurs, des comédiens, s'attelant à la renommée de ses élèves et oubliant sciemment de travailler à la sienne.

Sous le beau soleil du romantisme, aux batailles d'*Hernani* et du *Roi s'amuse*, M. Achille Ricourt chevauchait aux avant-gardes de la nouvelle école et jetait son gantelet de fer aux guerriers classiques en manière de provocation et de défi. L'apparition de Rachel au Théâtre-Français, en 1838, fut le rayon céleste qui lui fit renier le Baal qu'il avait encensé. Passé avec armes et bagages dans le camp de la réaction, il connut le manuscrit de Ponsard par son ami Charles Reynaud, et il décida que *Lucrèce* serait jouée à Paris, et qu'elle fonderait la fortune du théâtre de l'Odéon, lequel, à ce moment, se débattait contre ses créanciers devant une caisse vide.

Ponsard habitait alors à Vienne, en Dauphiné, la maison paternelle, rue des Clercs, nom qui semblait lui présager un avenir de chicane, auquel, dès le berceau, l'auteur de ses jours, avoué de première instance, l'avait destiné. La vocation du jeune avocat en herbe en avait décidé autrement. François Ponsard dit dans l'une de ses poésies :

> Reynaud prit dans ses bras la naissante *Lucrèce*,
> Et, l'emportant ainsi qu'un amant sa maîtresse,
>     Il la promena dans Paris.

Le manuscrit fut en effet *promené*, non par Charles Reynaud, mais par M. Ricourt, de maison en maison, de café en café. Le nouveau converti lisait à qui voulait des tirades, des scènes, des actes entiers. Lireux, le directeur de l'Odéon, devina tout le profit qu'il pouvait tirer d'une pièce réactionnaire écrite dans un style vraiment beau et parfaitement correct: Il lut la tragédie nouvelle à son comité, qui la refusa comme entachée de romantisme, ce qui n'empêcha pas Lireux de la jouer comme chef-d'œuvre classique. Ponsard fut mandé à Paris pour les répétitions, et M. Ricourt *promena* Ponsard de maison en maison et de café en café, comme il avait promené *Lucrèce*.

Enfin vint le soir de la première représentation, dont le résultat fut le succès que l'on sait. Cet événement s'accomplit le 22 avril 1843, (et peu de jours après parut la pièce imprimée, dédiée à Charles Reynaud. Le paladin Ricourt, toujours dévoué, s'appuya sur sa lance, et il sourit sans songer à s'offenser d'une dédicace où il n'était pas même fait mention de lui.) Ce succès arrivait à point. Pour Lireux, d'abord, c'était la manne céleste tombée dans sa poche béante ; pour le jeune poëte dauphinois, c'était la renommée conquise d'un coup, sans marchandage ni restriction ; quant au public, las d'entendre appeler Victor Hugo le grand poëte, il trouvait enfin à lui opposer un adversaire plus sérieux que les fantoches de l'Empire retraités à l'Académie.

Il y avait déjà treize ans que l'auteur d'*Hernani* se prélassait sur le trône de Corneille ; la dictature avait trop duré. Le temps était venu d'un changement de forme dans le monde dramatique, et, dans le monde politique, il s'en préparait un autre. Le romantisme avait coïncidé avec la révolution de 1830 ; la réaction, représentée par l'*école du bon sens*, précédait de cinq ans le bouleversement de Février qui renversa la dynastie de Louis-Philippe. L'impatience littéraire prenait ainsi l'avance sur l'impatience politique. Le jeu de bascule des révolutions, qui signale toutes les époques de décadence, allait son train, et il ne devait pas s'arrêter là.

Ponsard fut intronisé par les partisans de *Lucrèce*, comme les empereurs du Bas-Empire par les prétoriens. Ce fut l'affaire d'un tour de main. On fit le coup de poing au parterre de l'Odéon pour *Sextus* et pour *Brute*, comme on l'avait fait à la Comédie-Française pour *Hernani* et pour *Doña Sol*. L'Académie frémit de joie en voyant renaître de sa cendre la tragédie avec son péplum blanchi à neuf et ses décors à colonnades jaspées. La pièce nouvelle était-elle donc réellement une œuvre *classique* dans l'acception du mot ? Pas le moins du monde. Dans le choix de l'époque et des personnages, dans la simplicité un peu trop nue de l'action, il y avait bien comme une réminiscence de la poétique des Jouy et des Lancival, mais le style général affectait de tout autres allures. Il présentait d'abord une fermeté, une concision, une élégance inconnues aux générations de l'ère impériale. Si *Lucrèce* avait fait son apparition un quart de siècle plus tôt, on l'aurait classée parmi les meilleurs produits des *mitigés*. A bien regarder, on découvre dans ce premier ouvrage de Ponsard plusieurs courants qui indiquent les études et les opinions littéraires successives de l'auteur ; c'est d'abord par endroits comme un écho lointain de la période racinienne, où éclatent çà et là quelques pensées frappées en maximes d'après le type cornélien ; c'est ensuite un reflet de l'idylle d'André Chénier, avec les teintes descriptives du paysage local. En d'autres places se glisse l'expression romantique dans son exagération. Quelquefois encore le naturel est recherché jusqu'à la trivialité. En dépit de tous ses défauts, *Lucrèce* n'en est pas moins l'œuvre d'un véritable écrivain, quoiqu'elle n'annonce pas un inventeur dramatique.

*Agnès de Méranie*, la seconde pièce de Ponsard, représentée trois ans après *Lucrèce*, ne réussit pas, quoiqu'elle fût écrite en excellent langage. Mais aussi comment remplir cinq actes avec le développement de cette lutte de Philippe-Auguste contre le légat du pape, qui veut le forcer à répudier sa seconde femme pour reprendre la première ? Où sont les péripéties de cette action, qui ne varie pas de ces deux points : le roi cédera-t-il, ou ne cédera-t-il pas ? Agnès est d'une vertu irréprochable ; mais c'est une statue plutôt qu'une femme. Elle n'inspire qu'un intérêt admiratif. Elle passe par les mêmes impressions que son royal époux, et la passion monocorde qui les relie donne invariablement la même note d'un bout à l'autre de l'ouvrage.

*Charlotte Corday*, jouée le 23 mars 1850 au Théâtre-Français, est certainement celle de ses pièces où Ponsard a dépensé le plus de talent ; mais le même défaut d'invention et de concentration s'y retrouve, non moins évident et non moins nuisible à l'effet dramatique. L'amour et les complications toujours nouvelles dans lesquelles cette passion jette nécessairement les personnages d'un drame faisant défaut au sujet, l'auteur devait se montrer d'autant plus inventif dans les moyens, pour soutenir l'intérêt de sa fable ; ce soin ne l'a malheureusement pas préoccupé. Il n'a songé qu'à tracer des portraits historiques.

Sur ce point, du moins, il a pleinement réussi. Sa Charlotte, son Danton, son Robespierre, son Marat ne pouvaient être plus profondément étudiés et reproduits avec un plus ferme burin. Le salon de M<sup>me</sup> Roland ne donne, au premier acte, qu'une esquisse au trait des principales figures girondines. Louvet, Buzot, Vergniaud, Barbaroux y exposent tour à tour leurs doctrines et leurs espérances. Les avances de Danton sont repoussées par eux, et la guerre se trouve déclarée.

Le second acte, où paraît pour la première fois l'héroïne de la pièce, ouvre par quelques scènes d'une grâce extrême, où l'on voit Charlotte au travail des champs, congédiant ses faucheurs et ses faneuses, puis recueillant les girondins mis hors la loi, et les mettant sur le chemin de la ville de Caen, où ils vont prêcher la fédération contre les triumvirs de la Montagne.

La petite-fille de Corneille, imbue des doctrines de Jean-Jacques Rousseau, vante la liberté comme les députés de la Gironde ; elle hait comme eux le despotisme des jacobins, et, pour sauver son pays, elle se sacrifiera en immolant de sa main celui des trois monstres qu'elle regarde comme le plus dangereux pour l'humanité, l'ignoble Marat. C'est au quatrième acte qu'elle accomplit son meurtre, après qu'elle a relu le passage de la *Bible* racontant l'histoire de Judith.

Ici l'auteur est porté par le sujet; le drame se fait sans qu'il se donne la peine d'en combiner les éléments; il sort de la forge dur, brûlant, rouge comme du sang. Les répliques qu'échangent les personnages sont terribles, émouvantes, magnifiques dans la pensée et dans l'expression. Ponsard a eu l'heureuse idée de placer au quatrième acte de sa pièce un contraste charmant, dans une scène où Charlotte caresse et fait reposer sur ses genoux un enfant inconnu qui vient à elle dans le jardin du Palais ci-devant Royal.

C'est étrange! toujours les enfants vont à moi.
Je les attire tous, je ne sais pas pourquoi!...
Qui croirait qu'exerçant sur l'enfance un tel charme,
Je m'apprête à tuer un homme avec cette arme!

L'heure sonne, la destinée pousse; Charlotte se dirige vers le logis de Marat. Un changement de décor introduit le spectateur dans le bouge de cet homme. Point de meubles. Les murailles humides sont tapissées d'un papier sale et déchiré sur lequel sont collés des affiches, des proclamations, des arrêtés de la Commune. Au fond de la chambre on entrevoit un cabinet fermé par des rideaux, derrière lesquels se trouve la célèbre baignoire reproduite par le pinceau de David. Les triumvirs triomphent. La Gironde est abattue. La France leur appartient comme une proie. Il s'agit de s'entendre pour exploiter la Révolution. Danton veut établir un gouvernement régulier. Après avoir démoli, il veut édifier.

La Convention sera son point d'appui; mais c'est trop de deux souverainetés, il faut supprimer la Commune. Robespierre échappe à la nécessité de donner son avis sur ce projet en prononçant les mots de vertu, de bonheur commun, d'amour, d'égalité sainte. Danton le regarde comme un déclamateur, et Marat comme un tartufe. Le déiste Robespierre parle d'extirper le matérialisme, qui mène les peuples à l'asservissement après les avoir dépravés. Marat s'explique à son tour. Il réclame un chef suprême de l'État. Il avait songé à Danton pour lui confier ce pouvoir sans bornes, mais il ne trouve pas que sa force d'action réponde à son audace. L'or, l'amour, la table l'ont dominé. Quant à Robespierre, ce n'est pas non plus l'homme qu'il faut. Marat se chargera donc seul de la besogne. Trois cent mille têtes tombées assureront le bonheur du pays. Mais Danton déclare qu'il ne veut de despote d'aucune sorte, et il traite d'insensé le rédacteur de *l'Ami du Peuple*.

La guerre est déclarée et chacun de ces trois hommes paiera de sa tête pour la satisfaction de la justice éternelle et pour l'instruction des races à venir. La fièvre brûle ce corps chétif de Marat; il se sent mourir au milieu de ses rêves de domination. Albertine, sa femme, lui annonce que son bain est prêt;

il passe derrière le rideau. A ce moment, une jeune fille entre calme, sereine, impassible, et demande à voir le maître du logis. Albertine veut la congédier, mais la voix de Marat se fait entendre, disant : « Laisse entrer. » Demeurée seule avec le triumvir, Charlotte remplit sa mission de mort.

Tout cela est assurément très-beau, et l'homme qui a écrit cet ouvrage dans une langue à la fois si riche et si pure ne peut disparaître tout entier.

Rachel qui, dans un de ses caprices, avait refusé de jouer le rôle de Charlotte Corday, accepta et demanda même celui de Lydie dans le petit acte de Ponsard intitulé *Horace et Lydie*, représenté le 19 juin 1850. La pièce et le rôle sont insignifiants, la grande actrice fut comme la pièce et comme le rôle. Elle eut beau se regarder dans le miroir que lui offre Béroé sa suivante, essayer sa coiffure nouvelle, son manteau deux fois teint dans la pourpre de Tyr, son péplum rose dont les plis retombaient autour d'elle, rien ne put captiver l'attention du public, qui assista distrait à cette nouvelle exhibition du *Dépit amoureux* tourné à l'élégie. *Le Moineau de Lesbie*, bluette agréable de M. Barthet, avait beaucoup mieux réussi quelques mois auparavant avec Rachel dans le principal rôle ; de là sans doute était venue à Ponsard l'idée d'*Horace et Lydie*.

Après cet insuccès, Ponsard reste deux ans sans songer au théâtre, et le 18 juin 1852 il accouche péniblement de son *Ulysse*, fœtus de tragédie impériale, composition enfantine et luxuriante d'ennui, malgré la belle musique des chœurs, écrite par M. Gounod. L'auteur de *Lucrèce* ne retrouva sa chance qu'en retournant à l'Odéon, théâtre de son premier succès. Il y porte *l'Honneur et l'Argent*, que le comité du Théâtre-Français venait de refuser. M. Altaroche, le directeur de l'Odéon, ne comptant pas beaucoup sur la pièce, accepte un arrangement par lequel l'auteur, renonçant aux droits ordinaires, se contente de partager par moitié . recette, les frais du jour prélevés. Le retentissement de ce succès fut énorme, et Ponsard y gagna plus de cent mille francs. *L'Honneur et l'Argent* fut joué, le 11 mars 1853, avec Laferrière, Tisserant, Kime, M$^{mes}$ Préval et Valérie dans les principaux personnages. C'est par excellence la pièce de l'école du bon sens.

La vertu la plus pure y rayonne d'un bout à l'autre ; les personnages y méritent tous le prix Monthyon. Les tirades de Georges et de Rodolphe furent acclamées par le parterre. On pardonnait à la composition scénique ce qu'elle peut avoir de vulgaire, en faveur de la haute moralité qui ressort de l'ouvrage. Avec quelle admiration le public accueillit cet acte d'honnêteté de Georges abandonnant l'actif de la succession pour sauver la mémoire de son père ! Quelle part ne prit-il pas à son désespoir lorsque, pour prix de son héroïque action, M. Mercier, son futur beau-père, lui annonce qu'il ne peut donner la main de sa fille Laure à un homme ruiné ! Mais aussi quel retour de rires et d'applaudissements lorsque M. Mercier, ruiné à son tour par un gendre dont la banqueroute lui enlève tout ce qu'il possède, vire de bord et passe sans transition du langage hyperbolique de l'éloge à celui du dénigrement !

La comédie en cinq actes de Ponsard, *la Bourse*, qui fut représentée à ce même théâtre de l'Odéon, le 6 mai 1856, obtint un succès presque aussi vif que celui du précédent ouvrage ; mais ce succès ne se prolongea pas aussi longtemps, et la pièce paraît à cette heure tout à fait oubliée. La pratique de la Bourse est aujourd'hui tellement dans nos mœurs que chacun peut entrer dans ce temple des ruines sans qu'on l'accuse de se livrer aux tripotages d'affaires. Le langage de la Bourse de 1856, qui émaille les alexandrins de Ponsard, n'est plus celui de 1874. On ne parle plus aujourd'hui de Béziers, de Docks, de Mouzaïas, mais de valeurs différentes, qui sont au fond toujours à peu près les mêmes. On ne s'étonne plus de voir jouer sur la cote les portiers, les femmes de chambre et les actrices. Une banqueroute causée par une opération de Bourse ne constituerait plus une base suffisante pour y édifier la sentimentalité d'une comédie larmoyante. Le Léon Desroches de notre temps n'aurait pas l'idée de se brûler la cervelle parce qu'il doit dix mille francs et qu'il manque un mariage.

En donnant au théâtre du Vaudeville, en 1860, sa pièce en trois actes intitulée *Ce qui plaît aux femmes*, Ponsard crut certainement avoir composé un ouvrage de genre fort original. Le peu de réussite que rencontra son invention devant un parterre accoutumé aux épices violentes de la comédie-drame, dite réaliste, dut singulièrement l'étonner. Il ne se doutait pas non plus qu'il reproduisait à peu près une comédie héroïque donnée au théâtre du Marais, en 1675, par Thomas Corneille et Visé. Cette comédie, qui avait nom *l'Inconnu* et qui était mêlée de danses et de musique, fit une telle fureur en son temps que les trente-trois premières représentations furent *taxées au double*.

On la reprit en 1679 et en 1703 avec une musique nouvelle de Gilliers, et M^lle Desmares y joua le principal rôle, celui de la comtesse. En 1724, à une nouvelle reprise qui eut lieu au palais des Tuileries, le jeune roi Louis XV dansa dans le ballet-intermède, ajouté à *l'Inconnu* pour la circonstance. La pièce fut encore reprise en 1728.

Les deux dernières pièces de Ponsard, *le Lion amoureux* et *Galilée*, ne trouvèrent plus dans le public la foi des premiers jours. Ce n'est pas qu'elles soient écrites avec moins de soin et moins de talent que leurs devancières. On trouve d'excellentes parties dans *le Lion amoureux*; mais, la manière du poëte étant suffisamment connue, ses moyens de combiner et de soutenir une action assez faible de contexture ne suffirent plus pour satisfaire une curiosité toujours en quête de nouveau. On sentit le vide caché sous les fleurs du style.

Après le vigoureux tableau de la Révolution tracé dans le drame de *Charlotte Corday*, le salon de M^me Tallien parut un peu trop musqué, et cet Humbert, ce lion amoureux échappé, tout frisé et pommadé, des cavernes de la Montagne, sembla un peu mesquin dans ses rugissements, malgré la belle couleur que sut lui donner Bressant. Le cinquième acte, qui emprunte pourtant les formes du mélodrame, et qui, par cela, devait plaire au public, fut accusé de manquer d'effet. La tuerie de ces braves jeunes gens échappés au massacre de Quiberon prêtait pourtant à l'intérêt ; mais rien n'était préparé pour amener la catastrophe. Aussi n'applaudit-on dans tout cet acte que le cri de *Vive le roi !* du vicomte de Vaugris, arrêté par les soldats de Hoche. Ce personnage sympathique, mélange de frivolité ridicule et de bravoure héroïque, était pourtant traduit avec beaucoup d'intelligence et avec un réel talent par Delaunay.

*Galilée*, la dernière pièce de Ponsard, rencontra un accueil des plus froids. Une politesse recueillie et presque muette salua le triomphateur des anciens jours et jeta sur le cercueil du poëte une eau bénite de cordiale indifférence. La presse chanta les litanies en faux-bourdon et enterra l'auteur avec l'ouvrage.

Je n'ai pas cherché, on le voit, à pallier les défauts de Ponsard ; mais il serait souverainement injuste de ne pas reconnaître hautement ses précieuses qualités ; elles sont de celles qui font vivre un auteur : la moralité et le style. Ces qualités sont devenues si rares que l'on doit leur tirer bien bas son chapeau.

Ce qui rendait Ponsard si sympathique à ceux qui l'ont connu, c'était sa profonde honnêteté et sa répulsion native pour tout ce qui sentait le métier et la spéculation. Ce n'est pas lui qui eut l'idée de ce traité passé avec M. Altaroche pour la représentation de *l'Honneur et l'Argent* : ce furent ses amis ; et le directeur de l'Odéon, qui comptait tout au plus sur un succès d'*estime*, se montra très-friand de signer un acte qui lui permettait de ne payer les droits de l'auteur qu'au-dessus du chiffre des frais journaliers. Ce traité fut continué par le successeur de M. Altaroche, qui se trouva très-heureux de donner à Ponsard la moitié des bénéfices produits par la comédie intitulée *La Bourse*. Ce successeur était l'auteur de ce livre. Quand il quitta cette direction pour prendre celle de l'Opéra, Ponsard lui dit : « Quel malheur que vous ne soyez plus là pour me forcer à travailler ! Si vous étiez resté, j'aurais écrit une pièce en cinq actes tous les ans. »

Mon procédé pour contraindre Ponsard à travailler était bien simple. Lorsque j'apprenais qu'il avait perdu aux cartes tout son argent, je lui envoyais un acompte sur son prochain ouvrage, et, malgré ses velléités de paresse, il se mettait à l'œuvre et ne quittait pas la plume qu'il n'eût réalisé sa promesse et remboursé de la sorte son avance. J'étais tranquille, j'avais dans mon coffre la parole du *Cid*.

## CHAPITRE IX.

### L'ÉCOLE DE LA FANTAISIE.

#### I.

**Définition.**

Je n'invente pas cette qualification ; c'est à l'avant-propos placé par l'auteur du *Caprice* en tête de ses *Comédies et Proverbes* que je l'emprunte (1). Dans ce monde nouveau confinant au pays des rêves, et qui se rencontre aux antipodes du monde positif, les choses ne se gouvernent pas tout à fait d'après les lois savantes et compliquées du royaume de *Scribie*. Les personnages de la fantaisie ne se piquent ni d'un langage parfaitement naturel, ni d'une logique d'action irréprochable. Ils ne courent pas au but et à l'événement, comme le recommande Horace ; le droit chemin leur paraît monotone, et ils s'égarent volontiers dans les sentiers touffus des bois, bordés de marguerites et de violettes. Leur principale préoccupation consiste à ne pas parler ainsi que le simple vulgaire ; ils inventent un dialecte à eux, composé, comme le miel, du

---

(1) « Voilà ce que j'avais à dire au public avant de lui donner ce livre, qui est plutôt une étude ou, si vous voulez, *une fantaisie*, malgré tout ce que ce dernier mot a de prétentieux. » (Préface des *Comédies et Proverbes* d'Alfred de Musset.)

suc de toutes les fleurs. Ils font grand cas de Marivaux et respirent avec délices l'adorable parfum de sa préciosité. A Shakespeare ils envient l'*humour* de Bénédick et de Béatrice, de Rosalinde et d'Orlando, et ils tâchent de s'en approprier quelques lambeaux. Ils ne dédaignent pas absolument le *concetto* italien, non plus que l'*agudeza* castillane. Ils tiennent en souverain mépris les combinaisons et les surprises qui forment le fond de l'école positive, inventée par Scribe et perfectionnée ou tout au moins remise à neuf par ses successeurs.

Le poëte de la fantaisie, en se dégageant de toute loi scénique, renonce par cela seul au bénéfice des effets scientifiques et aux succès mathématiques qu'ils produisent. Il doit nécessairement, pour gagner la faveur du public, faire jaillir de lui-même une source intarissable d'originalité. Cette qualité prime-sautière étant un don fort rare, il est d'usage, le cas échéant, de la remplacer par une originalité de seconde main et de substituer le bizarre à l'original. Cette opération constitue le procédé général de l'école. Les auteurs de talent, s'ils se livrent parfois à l'imitation, savent si bien la déguiser sous les broderies du détail, qu'il devient difficile parfois de la découvrir. L'école de la fantaisie compte dans ses rangs des écrivains d'une haute valeur. L'un de ses premiers chefs, comme date et comme illustration, est Alfred de Musset, qui revendique lui-même ce titre, ainsi qu'on l'a pu voir.

## II.

### Alfred de Musset.

Sainte-Beuve, le critique sévère mais indépendant, osant écrire tout ce qu'il pensait, même sur les dieux de l'art, n'a pas craint de hasarder ces mots en parlant d'Alfred de Musset : « On dirait, de la plupart des jolies petites pièces ou saynètes de Musset, que c'est traduit on ne sait d'où, mais cela fait l'effet d'être traduit. » Personne n'a jamais douté que Sainte-Beuve ne fût de très-bonne foi quand il croyait pouvoir signaler, dans l'œuvre de notre charmant poëte, cette originalité de seconde main dont je parlais plus haut. Je ne vois pas trop, par exemple, la trace de Casimir Delavigne, ni celle d'Hugo que découvre en Musset l'éminent critique. Quant au reflet de Byron et de Shakespeare, il est flagrant, mais je ne m'en plains pas, puisqu'il a produit ces délicieuses fleurs de serre chaude que l'auteur a intitulées *Comédies et Proverbes*.

Le poëte avoue lui-même que l'observation de Saint-Beuve n'est pas absolument calomnieuse, lorsqu'il dit : « On m'a reproché d'imiter, et de m'inspirer de certains hommes et de certaines œuvres. Je réponds franchement qu'au lieu de me le reprocher on aurait dû m'en louer. Autrefois il y avait des maîtres dans les arts et on ne pensait pas se faire tort, quand on avait

vingt-deux ans, en imitant et étudiant les maîtres. »
Ce qui fait le principal charme des jolies esquisses que
renferment *le Spectacle dans un fauteuil* et *les Comédies et Proverbes,* c'est que l'on sent que la préoccupation du théâtre n'a pas glacé l'esprit de l'auteur.
Musset écrivait ces *fantaisies* pour la *Revue des Deux-
Mondes* et non pour tel ou tel impresario, généralement maniaque et persuadé que c'est lui qui fait les
pièces, les acteurs et les auteurs. Il n'était pas obligé
de se raccourcir ou de s'allonger pour passer sous la
toise de telle ou telle exigence en usage dans telle ou
telle usine, de confectionner du Scribe, du Casimir
Delavigne, du Victor Hugo, du D'Ennery ou du
Bayard, selon le caprice du moment et selon les besoins de la place. Il allait à sa guise et comme le pous-
sait le vent de son imagination, n'ayant à discuter avec
personne ni les changements de décors, ni le mesu-
rage des actes, des scènes et des périodes sur la
montre du régisseur, ni le plus ou moins de développement des rôles des premiers sujets, ni le nombre
d'années de l'ingénue, ni les sentiments plus ou moins
sympathiques prêtés au principal rôle qui veut toujours mériter le prix Monthyon. Il donnait à son
diamant le nombre de facettes qu'il lui plaisait de lui
donner, sans se préoccuper de l'écrin.

En 1830 le poëte avait vu échouer, à l'Odéon, un
petit acte intitulé *La Nuit vénitienne ou les Noces de
Laurette,* qui n'affichait pas pourtant une grande audace. Cet accueil peu hospitalier de la jeunesse des
écoles lui avait inspiré une terreur profonde des périls

de la scène. Il résolut de se passer de comédiens et de spectateurs, et il publia en 1833 son *Spectacle dans un fauteuil*. *Les Marrons du feu*, écrits en 1829, *A quoi rêvent les jeunes filles*, petit acte en vers qui date de 1832, *la Coupe et les Lèvres*, poëme dramatique en cinq petits actes éclos sous le chaud soleil de la fantaisie, en août 1833, sont les premiers essais de l'auteur dans la forme théâtrale. A ce moment le souffle de lord Byron traverse l'inspiration de notre jeune rimeur de dix-neuf ans, qui s'en vante. « C'est du Don Juan ceci », fait-il dire à Rafael Garuci, dans la première de ces pièces, quand cet amant de la Camargo rosse le guet qui veut l'arrêter. C'est encore à Don Juan qu'il faut rapporter cette scène d'alcôve échevelée, pleine de persiflage, où Rafael dit à sa maîtresse :

Tenez, soyons amis, et plus de jalousie.
Mariez-vous. — Qui sait? s'il nous vient fantaisie
De nous reprendre, eh bien! nous nous reprendrons, — hein?

L'abbé Annibal Desiderio, à qui Rafael cède la Camargo en lui prêtant son habit pour qu'il puisse s'introduire chez elle, est aussi pétri dans la pure pâte byronienne. Quel gaillard que cet abbé! Il se glisse nuitamment chez la belle ballerine, comme le Don Juan Tenorio de Tirso de Molina chez la fille du Commandeur; mais il est reconnu avant d'avoir pu profiter de l'erreur.

On sait jusqu'où va l'abbé lorsque, sur les instances de la Camargo, il consent à la débarrasser de l'infidèle. Un coup de poignard dans la gorge de son ami, et l'Hermione de la danse est vengée. Mais elle se montre ingrate comme la fiancée de Pyrrhus et elle part pour Rome, plantant là son Oreste justement payé de son inutile félonie.

De la première à la seconde pièce il s'est écoulé trois ans, et le courant a changé. Ce n'est plus cette action violente et sceptique, ce ne sont plus ces expressions risquées et ces enjambements amoncelés dans les vers. La saynète intitulée *A quoi rêvent les jeunes filles* rappelle la comédie galante espagnole, où la rêverie sentimentale se mêle à l'ingéniosité de la fable. Ce n'est pas que le petit roman qui se passe entre Silvio et les deux filles du duc Laërte soit pris dans Calderon ou dans Lope, mais il a toute l'allure de ces compositions chevaleresques, poétiques et enjouées qui forment un genre classé dans la littérature dramatique du XVIIe siècle en Espagne. Ce portrait que trace Silvio de sa maîtresse trouverait son analogue dans plusieurs pièces du grand Lope, qui affectionnait ces descriptions :

> Votre taille flexible est comme un palmier vert ;
> Vos cheveux sont légers comme la cendre fine
> Qui voltige au soleil autour d'un feu d'hiver.
> Ils frémissent au vent comme la balsamine ;
> Sur votre front d'ivoire ils courent en glissant...

Une teinte plus foncée assombrit le tableau qui a pour titre *La Coupe et les Lèvres*. Nous quittons le ciel chaud de l'Espagne pour l'air brumeux du Tyrol. La bise glacée qui fit éclore le *Manfred* de lord

Byron souffle ici sur les rocs abrupts du drame sceptique. L'âpre parole du chasseur Frank en est tout imprégnée. Frank, le vaurien, le paresseux, quitte son village pour aller courir le monde. Son premier exploit est de tuer le chevalier Stranio et de devenir l'amant de la belle Monna Belcolore, courtisane italienne, maîtresse du défunt chevalier. Le jeu l'enrichit; il oublie dans les bras de l'ardente fille de l'Italie la simple et fraîche enfant des montagnes, Déidamia, sa fiancée. Il s'enrôle pour la guerre dans les bandes impériales, revient dans son pays, glorieux capitaine, et se fait passer pour mort afin d'éprouver le cœur de sa maîtresse. Il la séduit sous un masque, en couvrant d'or son propre cercueil vide ; puis, se faisant connaître d'elle, il la chasse en l'injuriant. Mais Belcolore se venge en tuant d'un coup de stylet l'innocente Déidamia, le jour même de ses noces. Frank affiche en très-beaux vers le matérialisme des héros byroniens.

Les poëmes dramatiques dont nous parlons n'ont pas obtenu les honneurs de la représentation, comme les pièces en prose contenues dans le recueil des *Comédies et Proverbes*. Auraient-ils à la scène la même fortune qu'à la lecture ? je ne sais. La composition en est tout à fait anti-scénique : c'est une raison, peut-être, pour qu'ils plaisent davantage ; mais, par malheur, ils ont cet inconvénient d'être écrits en excellents vers, et le parterre d'aujourd'hui ne hante pas volontiers ce domaine.

On sait que les jolis proverbes de Musset nous sont revenus de Pétersbourg avec M^me Allan qui les avait hardiment représentés devant la société russe et y avait obtenu le plus éclatant succès. La Comédie-Française daigna permettre à ces pauvres hirondelles de bâtir leur nid à sa fenêtre, et les mélodieux oiseaux gazouillèrent si bien que l'importation fut trouvée adorable. M^me Allan, M^lle Judith et Brindeau traduisirent l'élégant *Caprice* avec une aisance et un naturel qui désarmèrent toutes les préventions. La scène de la déclaration alla aux nues ; l'histoire de la bourse bleue fit pâmer d'aise les délicats. M^me de Léry disait avec une grâce sans pareille : « Non, il n'y a qu'une bourse bleue. D'abord, moi, le bleu m'est odieux ; ça ne veut rien dire, c'est une couleur bête !... C'est la couleur des perruquiers. » Jamais, dans le beau temps des *Premières Amours* et de *la Haine d'une femme*, Scribe, le lion de la mode d'alors, ne déchaîna dans le parterre un pareil concert d'approbation. Quant à M^me Allan, ce rôle de M^me de Léry la fit comparer à M^lle Mars ! Cette brillante victoire d'un proverbe sur la scène du *Misanthrope* et de *l'Avare* fut remportée en novembre 1847.

La vogue du *Caprice* durait encore lorsqu'en avril 1848 le Théâtre-Français, devenu le théâtre de la République, représenta le second proverbe de Musset, cette fois à deux personnages seulement : *Il faut qu'une porte soit ouverte ou fermée*. C'était encore M^me Allan qui jouait le rôle de femme, la marquise ; c'était encore Brindeau qui représentait le jeune premier, le comte. Dans le jardin en fleurs de ce précieux langage, le souci du scepticisme byronien ne montre pas ses fâcheuses couleurs; on n'y respire qu'une délicieuse corbeille de roses pompons entourées de célestes mignardises; c'est la serre chaude de Marivaux ou de Crébillon le fils, à la température du goût moderne : « Je suis sorti par un temps glacé, dit le comte, je n'ai vu que des nez rouges et des joues violettes. Je ne sais que faire, je suis bête comme un feuilleton. — Je vous en offre autant, répond la marquise; je m'ennuie à crier... Il me semble que mon ennui me vient moins de l'air du dehors, tout froid qu'il est, que de celui que les autres respirent. » Et plus loin le spirituel gentilhomme définit ainsi l'amour : « Si l'amour est une comédie, cette comédie, vieille comme le monde, sifflée ou non, est, au bout du compte, ce qu'on a encore trouvé de moins mauvais. Les rôles sont rebattus, j'y consens; mais, si la pièce ne valait rien, tout l'univers ne la saurait pas par cœur; — et je me trompe en disant qu'elle est vieille. Est-ce être vieux que d'être immortel? »

*Il ne faut jurer de rien*, autre proverbe qui vint s'épanouir devant le lustre du Théâtre-Français, la veille de l'insurrection de juin 1848, reparut plus têtu encore au mois d'août de la même année, lorsque les théâtres rouvrirent après le vote des 500,000 francs de subvention alloués par l'Assemblée nationale. La pièce fut quelque peu arrangée ou, si l'on veut, dérangée, pour éviter les mutations de décors dans le cours des actes. MM. les comédiens en sont encore aux préceptes de Scudéry, et ils préfèrent une absurde invraisemblance à un changement à vue. Avec un changement au premier acte, un changement au second acte et deux changements au troisième, l'ouvrage original pouvait être joué dans son intégrité. Les critiques blâmèrent vivement ce respect superstitieux d'un sot usage. Amédine Luther et Brindeau eurent les honneurs du succès de ce joli marivaudage. La scène sous les ombrages du bois, entre Cécile et Valentin, charma surtout l'auditoire, comme il le charme encore aujourd'hui.

Mis en appétit par les recettes du Théâtre-Français, le théâtre Historique représenta *le Chandelier* au mois d'août de la même année 1848, année de grande tolérance en matière dramatique. « Encore une perle tirée de cet écrin précieux, qui est resté dix ans ouvert sans que les directeurs ait eu l'intelligence d'y puiser ! Et l'on se plaignait de la disette de comédies, tandis que l'on avait sous la main des volumes de pièces où la finesse de Marivaux s'allie au caprice de Shakespeare ! » Ainsi parlait, le lendemain de la première représentation, Théophile Gautier, le critique du journal *la Presse*. Malgré son admiration si bien et si justement exprimée, il distinguait pourtant le courant de Marivaux et de Shakespeare soufflant à travers ce bois odorant étoilé de fleurs sans nombre.

L'intrigue de Jacqueline, la femme du notaire André, avec le dragon Clavaroche et le jeune clerc Fortunio posé en *chandelier* ou en mannequin entre elle et son Othello pour détourner les soupçons, constitue un argument de pièce très-amusant, mais non point tout à fait moral. Nous nous trouvons là revenus à la poétique débraillée qui faisait éclore les comédies de Dancourt. Ici et là l'adultère s'expose comme la chose la plus naturelle du monde. Le notaire et Clavaroche, le beau dragon, parlent le langage positif de la vieille comédie française, et le clerc Fortunio, amoureux de sa charmante maîtresse, s'exprime avec toute la poésie de la passion la plus raffinée.

En décembre de la même année, le Théâtre-Français produisit *André del Sarto*, ce portrait de fantaisie du grand peintre florentin. Cette fois Alfred de Musset avait dédaigné les gracieusetés du proverbe pour les touches du drame adultérin. Lucretia del Fede, la femme d'André, trompe son mari pour l'amour d'un jeune élève ayant nom Cordiani. Le mari s'empoisonne et pardonne à l'infidèle; dans une pièce d'aujourd'hui il l'aurait tuée. Si le rôle d'André est vigoureusement tracé, il n'en est pas de même de celui de la femme coupable, de Lucretia, qui ne trouve ni un élan de passion, ni une résolution criminelle ou vertueuse. Cordiani, son amant, est aussi effacé que cette beauté sans cœur qui n'a pas même un remords. Geffroy composa avec beaucoup d'art ce rôle de mari trompé, difficile à soutenir devant un parterre habitué, à cette époque, à prendre les infortunes conjugales sous leur côté plaisant.

Alfred de Musset fit sa comédie de *Louison* pour être représentée. Elle le fut en effet, en février 1849, au Théâtre-Français. L'idée de travailler pour les comédiens semble avoir glacé la verve de notre poëte. Cette fois le hardi coloriste se tient respectueusement dans les tons grisâtres de la palette académique. Il donne cependant une compensation aux admirateurs de ses belles qualités en écrivant sa pièce en vers. Malgré quelques jolis détails, *Louison* n'eut pas de succès; c'est la reproduction d'un sujet vingt fois traité déjà.

La Comédie-Française mit à son répertoire, en mai 1849, le proverbe intitulé *On ne saurait penser à tout*; nous rentrons là dans la pure imitation de Marivaux : l'action est tout à fait absente de cette conversation beaucoup trop longue entre la comtesse et le marquis. L'engouement du public fit le plus chaud accueil à cette bluette sans importance comme sans intérêt.

*Les Caprices de Marianne* parurent à leur tour sur la scène de Molière, en juin 1851. Cette joyeuseté demi-lugubre, qui rappelle quelques pièces italiennes du XVIe siècle, fut applaudie comme une invention originale; le public, affolé de ce genre, lui continue sa faveur.

Ce fut le théâtre du Gymnase qui, en novembre 1851, joua *Bettine*. « Bettine (c'est son amant, le comte Steinberg, qui le dit), Bettine est charmante; avec son talent, sa brillante renommée, au milieu de tous les plaisirs, de toutes les séductions qui entourent et assiégent une actrice à la mode, elle a su vivre de telle sorte que la calomnie elle-même n'a jamais osé approcher d'elle, et l'honnêteté de son cœur est aussi visible que la pure clarté de ses yeux. » Cette fable, peu neuve dans son sujet, n'en obtint pas moins de succès, car le charmant poëte était toujours l'enfant gâté du public.

Alexandre Dumas avait refait en 1842 le *Lorenzaccio* publié par Alfred de Musset en 1834. La version de Dumas était plus concentrée et mieux conduite au point de vue de l'action ; celle de Musset est plus fine et plus agréablement dialoguée. Malgré ses qualités, cette pièce ne constitue pas un bon drame.

La comédie intitulée *Fantasio* échoua deux fois devant le public, au Théâtre-Français et à l'Opéra-Comique.

*On ne badine pas avec l'amour* continue le ramage des autres fantaisies d'Alfred de Musset. Ici ce sont les gracieuses figures de Perdican, de Camille, de Rosette qui passent dans le bleu du paysage, dont Watteau semble avoir fait les frais. Le curé Bridaine, qui ne dédaigne pas la dive bouteille, est chargé de défrayer la partie comique de la pièce avec ses réflexions égrillardes. Quoique enveloppée dans de très-jolies phrases, cette action de Perdican feignant d'aimer la pauvre Rosette pour provoquer la jalousie de Camille et de Rosette désabusée mourant de sa peine quand elle apprend qu'on l'a prise pour un jouet, cette action est triste au fond et ne fait naître dans l'âme qu'un intérêt pénible.

La comédie de *Barberine* est empruntée à une pièce anglaise de Massinger intitulée *The Picture* (*Le Portrait*), à moins que l'auteur français ne l'ait extraite du *novelliere* italien, où Massinger a peut-être puisé lui-même. L'action des deux ouvrages se passe en Hongrie ; dans la comédie anglaise, l'héroïne se nomme Sophia au lieu de Barberine. Elle a pour mari Mathias au lieu d'Ulric. La reine de Hongrie a nom d'un côté Honoria, et de l'autre Béatrix d'Aragon. Le sujet, qui est le même des deux parts, se trouve traité, du reste, de façon différente ; la comédie de Musset est en prose et en trois actes, celle de Massinger en cinq actes et en vers. Les jeunes lovelaces, venus de la cour de Hongrie pour surprendre et séduire la Lucrèce de Bohême filant de la laine dans la solitude de son château se trouvent enfermés dans une tour par la châtelaine et obligés de filer eux-mêmes la quenouille pour obtenir leur nourriture de chaque jour. Même argument dans les deux pièces.

*Carmosine*, autre ouvrage en trois actes, termine la série des *Comédies et Proverbes* et des œuvres ayant plus ou moins la forme dramatique. Lorsque la belle Carmosine a fait monter le chanteur Minuccio pour égayer le repas du soir, l'un des convives, après avoir écouté le marivaudage de l'artiste en plein vent, s'écrie : « Il a du jargon, on voit qu'il s'est frotté à nous. » Et en effet, tous ces gens-là parlent d'une façon adorable, si bien que personne n'a jamais parlé comme cela. « Dès que la beauté se montre, dit Minuccio, elle se dépense, elle se prodigue sans se ruiner jamais ; au moindre geste, au moindre mot, à chaque pas qu'elle fait, sa richesse lui échappe et s'envole autour d'elle, sans qu'elle s'en aperçoive, dans sa grâce comme un parfum, dans sa voix comme une musique, dans son regard comme un rayon de soleil ! Il faut donc bien que celle qui donne tout se fasse un peu, comme dit le proverbe, la charité à elle-même, et prenne sa part du plaisir qu'elle cause... Ainsi, Carmosine, souriez. » Guarini, dans sa fable bocagère du *Pastor fido*, Gongora, dans ses *Soledades*, ne se servent pas d'un plus précieux langage.

Le temps est-il venu où un libre penseur en littérature pourrait hasarder timidement, sans crainte d'être honni, que les ravissantes fantaisies dont nous venons de rappeler le trait sont aussi étrangères à la bonne comédie et aussi éloignées du domaine du vrai que peuvent l'être, en un genre opposé, certains succès, très-réels aussi, relégués de nos jours dans les Hespérides de la Scribie? Non, assurément, et vouloir séparer le grand poëte, qui a écrit tant de belles œuvres, de l'auteur des *Comédies et Proverbes* serait une hérésie aux yeux de bien des gens.

Si l'on veut aller au fond de la comédie d'Alfred de Musset, on reconnaîtra pourtant qu'elle est plus plastique que philosophique, plus colorée que passionnée, plus conventionnelle que naturelle, plus archaïque qu'actuelle. Les influences étrangères y sont partout reconnaissables; on en rencontre les courants à chaque pas. Assurément aucun sujet, aucune scène de Shakespeare n'est positivement empruntée; l'auteur n'a pas dessein d'imiter quoi que ce soit; mais, sous les caprices de Marianne, sous les bizarreries de la princesse Elsbeth éprise de l'esprit d'un bouffon, sous les assauts d'amour et de galanterie de Valentin et de Cécile, de Camille et de Perdican, circule un je ne sais quoi qui vous reporte malgré vous vers les grands parcs galants d'*As you like it* ou de *Much ado about nothing*, où se promènent, dans la vapeur d'une atmosphère idéale, la belle Rosalinde et la spirituelle Béatrice, fille de Léonato, gouverneur de Messine. Les noms mêmes des personnages, Celio, Malvolio, Fantasio, Fortunio, employés par Musset, font penser à ce pays des rêves, à cette Italie fantastique peuplée de ducs et de princes charmants, docteurs en amour et passés maîtres en séduction, qui devisent d'une façon si adorable dans les actions pastorales de Shakespeare, de Lope et de Calderon. Quand les sujets deviennent plus modernes, c'est le zéphyr parfumé de Marivaux qui secoue sa poudre à la maréchale sur les étincelantes mièvreries de M$^{me}$ de Léry et de M. de Chavigny, les héros acclamés du *Caprice*. Peut-être avons-nous tort de vouloir analyser ce qui ne s'analyse pas, et de mettre à nu des ossements sans couleur au lieu de laisser resplendir au soleil cette chair vivante si fraîche et si richement vêtue. Analyse-t-on le parfum de la fleur et les chants mélodieux du rossignol? C'est néanmoins une étrange chose que cet engouement d'un public aussi prosaïque pour une poésie aussi subtile et aussi éthérée, qui ne rappelle par aucun côté la nature positive.

Le grand poëte de *la Nuit d'octobre* et de *l'Espoir en Dieu* aurait certainement abordé à la scène des sujets plus sérieux et plus profonds, si sa destinée ne l'avait condamné à écrire tout son théâtre pour égayer les lecteurs un peu endormis de la *Revue des Deux-Mondes*, pareil à la belle Schéhérazade égrenant les perles de ses chatoyants récits devant le sultan des Indes ; mais le joli conteur trouvait dans cette besogne la rémunération du travail qui le faisait vivre. Malgré sa surface sceptique et légère, Alfred de Musset était un penseur et, même dans ses compositions les plus railleuses, on touche çà et là un fond de croyance qui étonne et qui console. Il avait préparé un plan de drame pour M<sup>lle</sup> Rachel sur le sujet de *Frédégonde*. La chute de *la Servante du roi* à l'Odéon interrompit malheureusement ce travail, qui ne fut jamais repris. Alfred de Musset mourut le 2 mai 1857, à l'âge de quarante-sept ans, dans tout l'épanouissement de son talent et de sa gloire. Son théâtre passera de mode, mais ses belles poésies resteront comme des modèles de pensée et de style.

---

## III.

### Octave Feuillet.

Vers l'année 1846, M. Octave Feuillet, malgré son talent révélé par la *Revue des Deux-Mondes*, n'avait pu glisser au théâtre que quelques essais écrits en collaboration, parmi lesquels *Échec et Mat*, drame en cinq actes, auquel travailla M. Paul Bocage. Il prit, un jour, pour vaincre les résistances des directeurs, l'excellent parti de ne plus leur présenter ses ouvrages. Il les publia, comme Musset, dans le recueil dirigé par

M. Buloz, puis il les réunit en volumes. Le procédé lui réussit, comme à l'auteur du *Caprice*, et tous les *usiniers* dramatiques voulurent quand même monter ces œuvres, qu'ils n'auraient pas daigné lire si elles fussent restées en manuscrits.

La mode était aux proverbes depuis l'importation russe de M^me Allan. Après avoir exigé des pièces faites, intriguées et rapides dans leur dialogue, on s'était pris de passion pour les pièces qui n'en étaient pas, pour les pièces qui ne contenaient ni action ni intrigue et qui se développaient en style de revue, l'auteur parlant toujours derrière ses personnages et saupoudrant ses phrases des fleurs les plus aromatisées du jargon de Marivaux mêlé à celui de Florian et de Crébillon le fils.

Disons-le tout d'abord, M. Octave Feuillet est un écrivain charmant, dont nous tenons le mérite en très-haute estime. Il appartient à cette branche de l'école fantaisiste qui s'est créé un langage à part. Sa muse élégante et pomponnée habille de frais satin tous les personnages, gentilshommes ou manants, marquises ou contadines, qu'elle veut bien admettre à l'honneur de figurer dans le boudoir capitonné de son théâtre. Dès que le rideau se lève, on croirait que les bergères de Versailles vont paraître portant un lait pur et fumant dans une jatte de porcelaine de Sèvres ou de vermeil. Elles paraissent en effet, et l'on reste tout surpris de les voir sous nos habits modernes. Lorsque, dans le joli proverbe intitulé *Le Cheveu blanc*, Fernand de Lussac parle de M^me Lagarde, *celle rieuse aux dents roses*, et que Clotilde accuse son mari d'être *un vainqueur morose qui digère ses lauriers*; lorsque, *par ses haussements d'épaules*, l'épouse négligée semble *appeler le plafond à témoin de son innocence*; lorsqu'elle songe, *en faisant la part du feu, à recueillir dans les cendres quelques débris de bonheur*, ne foulons-nous pas de plain-pied le domaine illustré par l'auteur du *Sopha* et du *Hasard du coin du feu*? Le duc de Clerval ne dit pas mieux à la marquise et à Célie; il faut remonter à *la Nuit et le Moment* pour rencontrer, dans les phrases qu'échangent Clitandre et Cidalise, l'équivalent d'un dialogue aussi étincelant de galanterie. *Le Village* de M. Feuillet n'est pas moins aimable que son *Cheveu blanc*. Le Théâtre-Français, qui avait déjà pris dans la Revue de M. Buloz *Péril en la demeure* (1855), s'appropria, l'année suivante, le dialogue intitulé *Le Village*, qui n'obtint pas moins de succès.

L'auteur donne à ces épisodes de la vie bourgeoise le titre de *Scènes provinciales*. Cette fois il entreprend de vanter les charmes de la vie retirée et il convertit à l'existence des champs un vieux viveur nommé Rouvière, qui a passé sa vie à visiter les cinq parties du monde. Le voyageur renonce à la poésie des courses lointaines pour se fixer dans un bourg du Cotentin où il engraissera des volailles et plantera les choux de son potager. Tel est le bonheur que le poëte lui présage. Cette préconisation du *home* de province est-elle une conviction de l'auteur ou découle-t-elle seulement de sa veine fantaisiste?

Ses plus grands triomphes, M. Octave Feuillet ne les trouva pas au théâtre de la rue Richelieu, soit que la place fût prise et trop bien gardée par Alfred de Musset, soit que le public commençât à se fatiguer de ce mets délicat qui avait fait en un temps les délices de ses petits soupers. *La Crise*, *Dalila*, *Le Roman d'un jeune homme pauvre*, *Montjoie*, telles sont les stations glorieuses de M. Feuillet sur les scènes secondaires, le Vaudeville et le Gymnase. *La Crise* n'est, à vrai dire, qu'une conversation entre trois personnages sur le cas d'hystérie aiguë de Mᵐᵉ de Marsan. Le docteur Pierre, parlant au mari de la dame, compare la maladie au vieil arbre dont Ève eut la primeur. « Tel est l'attrait du fruit maudit, que les honnêtes femmes mêmes ne peuvent se résigner à mourir sans y avoir donné un coup de dent. » Cette doctrine, que l'auteur appelle un dernier combat du diable contre la vertu, se trouve heureusement tempérée par un dénouement qui sauve l'honneur conjugal et guérit la maladie dans son germe. Mais, en voulant faire conter des douceurs à sa femme par son docteur, M. de Marsan n'en a pas moins couru de gros risques. Cet accroc moral à la fidélité, quoiqu'il n'ait pas de résultat fâcheux, ne me paraît guère plus édifiant que les thèses dialoguées de Crébillon le fils, qui pousse d'habitude la démonstration jusqu'à ses fins.

Le personnage de la princesse Leonora, joué au Vaudeville par Mˡˡᵉ Fargueil dans le drame en quatre actes intitulé *Dalila*, est-il destiné à prouver qu'il peut se trouver, dans le grand monde, des créatures plus vicieuses que toutes les Filles de marbre ? On pourrait le croire si l'on ne connaissait la prédilection de l'auteur pour les idées honnêtes et pour les joies innocentes de la famille. Cette fantaisie se présente aux spectateurs avec toutes les circonstances aggravantes du vice sans excuse, puisqu'il n'a ni le besoin ni les appétits charnels pour mobiles. Cette princesse éhontée est une fière comédienne, comme dit son amant le musicien Roswein. « Mon cher maëstro, écrit-elle au jeune fou lorsqu'elle l'abandonne, je quitte quand il me plaît, mais on ne me quitte pas ! » La belle court la poste avec un ténor qu'elle enlève et laisse pour adieux à son ancien amant le cadavre de sa fiancée. Quelle a pu être l'idée de l'auteur en peignant avec tant de complaisance le portrait en pied de cette femme perverse, la princesse Falconieri ? Est-ce un nouveau cas d'hystérie ? est-ce une satire de la vie des arts qui surexcite les sentiments de l'âme jusqu'au point de la consumer ? Pourquoi ce surnom de Dalila ? Où est le Samson du roman ! Est-ce par hasard ce pauvre diable de croque-notes appelé Roswein, qui se laisse prendre à ces ardeurs factices de la courtisane et qui, après un premier opéra joué à Saint-Charles, « sent toutes les cordes de son cerveau flétries et desséchées, comme si le feu y avait passé » ? Le professeur Sertorius ainsi que le mélomane Carnioli semblent des échappés des contes d'Hoffmann ; la mort de Marthe et la rencontre de son cercueil froissent au lieu d'intéresser. M. Feuillet a voulu sans doute, en outrepassant les bornes du possible, frapper plus fort que ses confrères sur les nerfs d'un public blasé et racorni ; et il a caché à demi le squelette sous les riches étoffes de son style.

*Rédemption*, qui, trois ans après, suivit *Dalila* sur la scène du Vaudeville, nous offre pour protagoniste une jeune femme qui ne croit ni à Dieu ni au diable, mais qui se convertit au dénouement. On l'appelle Madeleine, pour faire présager sans doute son repentir. Cette Madeleine, virtuose du théâtre impérial de Vienne, s'ennuie mortellement, quoique sa vie se passe en fêtes perpétuelles, quoique « les fleurs poussent le matin sous ses pieds et pleuvent sur sa tête le soir ». Elle rencontre une âme candide de jeune homme qui la méprise, et voilà son amour allumé ! Mais en attendant, elle mène la vie de perdition. Elle fait circuler parmi ses convives un flacon d'or contenant un poison que lui a vendu le juif Mathéus. Maurice ne se laisse pas prendre aux pièges de la sirène d'amour. Il se montre insensible à toutes ses avances. Alors la courtisane le prie de lui donner un verre d'eau. A peine a-t-elle bu qu'elle chancelle. « C'est la mort que je viens de boire ! Maurice, me crois-tu maintenant ? — Non, répond le jeune homme, ce n'est pas la mort : c'est la vie ! c'est l'amour ! J'ai retiré le poison pendant le souper. Ce que tu as bu n'est rien. Reviens à toi, ma bien-aimée ! Je te crois ! Je t'aime, j'unis pour jamais ma main à ta main, mon âme à ton âme. — Ah ! s'écrie Madeleine, je crois en Dieu ! »

Le public du Vaudeville fut ravi d'être ainsi trompé et de rencontrer une fin heureuse là où il pensait trouver le dénouement banal des drames réalistes, la mort par le poison. Cet adroit escamotage obtint la plus grande faveur.

*Le Roman d'un jeune homme pauvre*, qui succéda sur la scène du Vaudeville, en 1858, à *Dalila*, est le meilleur drame de M. Octave Feuillet, quoique, dans la forme, cela ressemble un peu à une marqueterie, la pièce n'étant que la réunion de quelques chapitres d'un livre. C'est là pourtant une œuvre émouvante, pleine d'intérêt et complétement exempte de mièvreries, comme d'effets brutaux et forcés. Les caractères se dessinent avec netteté. Maxime, Laubépin, Mᵐᵉ Laroque, Mˡˡᵉ Héloïn et Marguerite Laroque nous montrent des personnages humains. Cette comédie (qui serait mieux nommée un drame), remarquablement traduite par les artistes de la première représentation, Lafontaine, Parade, Félix, Jane Esler, fit couler de douces larmes et obtint le plus légitime et le plus persévérant des succès.

*Montjoie*, que le Gymnase représenta en 1863, eut un retentissement égal à celui du *Roman d'un jeune homme pauvre*; il s'en faut pourtant de beaucoup que la seconde de ces pièces vaille l'autre. Dans cette nouvelle œuvre nous retrouvons le talent élégant de l'auteur, mais la manière un moment abandonnée reprend le dessus et nous donne une contre-épreuve de *Rédemption*, où le sceptique remplace la courtisane pour arriver à la même conclusion : le repentir et le rachat d'une vie mauvaise. Cette fois M. Octave Feuillet a évidemment subi malgré lui l'influence des réalistes et il a voulu courir comme eux aux effets quand même. Je comprends la poésie de la courtisane réhabilitée par l'amour : c'est le résultat de la passion ; mais la conversion d'un coquin qui a dépouillé un honnête homme et qui rend l'argent pour réhabiliter sa mémoire ne m'intéressera jamais, parce que le coquin corrigé redeviendra un coquin.

J'ai parlé, au commencement de ce volume, d'une brochure de M. Adolf Rutenberg publiée à Berlin et ayant pour titre : *Les Auteurs dramatiques du second Empire*.

C'est à propos de la comédie de *Montjoie* que M. Rutenberg range arbitrairement dans l'école réaliste l'auteur de *Dalila*. Il le sépare pourtant de ce qu'il appelle le *réalisme crasseux*, rendant ainsi justice à son élan vers l'idéal. Il le blâme, à propos de sa pièce intitulée *La Tentation*, de se mouvoir dans le cercle des désordres du mariage. Il accuse M$^{me}$ de Vardes de se jeter dans les bras du premier venu par simple appétit du changement, après qu'on nous l'a présentée comme une nature poétique et sentimentale. « Quand notre cœur veut s'attendrir et montrer de la compassion pour l'héroïne, dit-il, il sent arrêter ses élans par la froide main de la raison qui lui conseille de garder son attendrissement pour de meilleures causes. » Venant ensuite au personnage de Montjoie, M. Rutenberg trouve en lui l'incarnation du *réalisme crasseux* le plus complet. « Montjoie, dit le critique allemand, est l'homme égoïste par excellence. Son système repose sur le mépris de ce qu'il appelle *le bleu*, c'est-à-dire de tout ce qui n'est pas pratique. Tout ce bagage inutile des préjugés, il l'a de bonne heure jeté à la mer et il est devenu un homme riche et influent. Une seule fois dans sa vie, il s'est avisé de commettre ce qu'il appelle une faiblesse : il a aimé une femme, mais il s'est bien gardé de l'épouser. Le mariage est, pour Montjoie, une institution mythologique ; c'est pourquoi sa femme est restée sa maîtresse. Ses enfants n'ont légalement aucun droit... Montjoie n'est pas conséquent avec ses principes. Il hait les rêveurs, et il est lui-même un rêveur, et de la plus dangereuse espèce : au lieu de rêver l'idéal, il rêve la matière ; au lieu de rêver avec le cœur, il rêve avec le cerveau. »

Cette appréciation du critique allemand n'est pas absolument illogique, excepté quand elle tend à ranger M. Feuillet dans l'école réaliste.

Le drame intitulé *Julie*, que M. Feuillet fit jouer en 1869 au Théâtre-Français, n'est autre chose qu'une excursion timide sur le territoire de l'adultère, territoire si fertile en épaisses moissons fauchées par le drame moderne. Julie n'est pas tout à fait aussi coupable que la *Térésa* d'Alexandre Dumas père ou la *Diane de Lys* de M. Alexandre Dumas fils, en ce sens qu'elle ne se vante pas de sa passion coupable et qu'elle meurt lorsque ses lèvres l'ont imprudemment révélée. Ces conversations de Julie, de sa fille Cécile, de son mari M. de Cambre et de M. Maxime de Turgy, l'amant respectueux de M<sup>me</sup> de Cambre, péchèrent devant le public, non par excès de vice, mais par excès de retenue. C'était une gorgée d'eau sucrée après beaucoup de verres de rhum ; aussi le succès ne fut-il pas bien décidé, malgré le talent de M^me Favart et de Lafontaine.

Il ne faut pas chercher autre chose qu'un proverbe dans *le Cas de conscience*, petit acte joué au Théâtre-Français en 1867. Le public s'amusa fort de ce jargon entremêlé de sentiment, de botanique et d'ornithologie, où il est fait un cours sur la culture des gloxinias et sur l'élevage des perruches-lorris. La conversation se passait du reste entre deux beaux diseurs, Bressant et M^me Arnould-Plessy: le moyen de ne pas s'y intéresser! L'auteur du *Cas de conscience* refit aussi en proverbe le vieux vaudeville de Déjazet *la Marquise de Brionne*, sous le titre de *La Fée*. On joua cette pièce comme une nouveauté.

Cet amour des petites choses, ce retour aux compositions scéniques enfantines qui succède tout à coup à la complication excessive de Scribe et des grands *carcassiers* du boulevard jettera nos neveux dans un étonnement profond. Pourquoi d'une part cet engouement rétrospectif pour les élégances de l'Œil-de-bœuf, et tout à côté ce débordement d'argot et de positivisme qui émaille toute une catégorie de nos pièces de théâtre? Serait-ce que notre temps n'a pas de forme qui lui soit propre? C'est le chef de l'école de la fantaisie qui avance cette proposition dans les *Confessions d'un enfant du siècle*.

## IV.

### Léon Gozlan.

La fantaisie de Léon Gozlan a deux faces qu'il présente tour à tour selon le sujet qu'il traite. S'il s'agit d'un drame, d'une idée morale à développer, la pièce se meut par des ressorts d'une extrême complication, et, pour arriver à l'effet, l'auteur accumule à plaisir paradoxes sur paradoxes, invraisemblances sur invraisemblances. Si, au contraire, il veut ouvrir sa voile au vent facile et complaisant du proverbe qui le porte sur les riants rivages de l'improvisation, il cause, il babille d'une façon charmante, payant toujours comptant avec une plaisanterie très-piquante et très-inattendue, monnaie frappée à son effigie, et qui lui appartient en propre.

J'ai vu arriver à Paris, vers 1828, le jeune Marseillais aux cheveux crépus et au fin sourire. Sous les auspices de son compatriote Méry, il venait tenter la fortune littéraire, sans autre ressource que sa plume et son irrésistible désir de se créer un nom. Il avait passé les premières années de sa jeunesse à essayer sur les côtes du Sénégal quelques opérations de commerce qui n'avaient pas réussi. Une fois dans le grand centre de l'intelligence, il donna des articles à plusieurs journaux littéraires, où sa verve originale le mit bientôt en évidence. *Le Corsaire*, *Le Figaro*, *L'Europe littéraire*, **La Revue de Paris** publièrent ses premiers essais, et il prit rang, presqu'au même instant, parmi les romanciers par la publication de plusieurs livres qui furent très-remarqués. Ce n'est qu'à la fin de 1842 qu'il put aborder le théâtre avec son drame intitulé *La Main droite et la Main gauche*. Ce drame contient en germe toutes les qualités et tous les défauts que nous venons de signaler dans le talent de Gozlan. Rien de plus invraisemblable que la fable basée sur le mariage en partie double de cette reine de Suède avec le prince Hermann et avec le major Palmer, et que l'union parallèle du prince Hermann avec la reine de Suède et avec M$^{me}$ Rodolphine ; chacun des conjoints princiers ayant un enfant de la main gauche, un fils et une fille, et ces enfants qui s'adorent ne pouvant être l'un à l'autre qu'après avoir traversé les plus compliquées des péripéties. La pièce trouva pourtant un bienveillant accueil, malgré ses défauts, et peut-être même à cause de ses défauts, cette situation exceptionnelle des personnages amenant nécessairement des effets nouveaux et des scènes bizarres, sinon originales. Bocage et M$^{me}$ Dorval jouaient d'ailleurs avec tant d'âme et tant de feu les personnages du major Palmer et de Rodolphine, que le parterre de l'Odéon, ordinairement ergoteur et formaliste, se laissa entraîner par le mouvement de cette action inexplicable, mais attachante, qui se déroulait sous ses yeux.

*Ève*, le second drame de Gozlan, ne trouva pas l'année suivante au Théâtre-Français le retentissement de *la Main droite et la Main gauche*. L'ouvrage fut même froidement accueilli, quoique bien traduit par M^me Plessy et par Firmin, Guyon, Brindeau et Ligier. On n'admit pas la résolution de cette Judith moderne quittant sa maison de Philadelphie pour aller à Québec tuer l'Holopherne anglais, le marquis Acton de Kermare, qui est à la fois le Don Juan des États américains et leur tyran. On fut médiocrement touché de cette pitié inspirée par l'amour à la belle quakeresse qui, au lieu de tuer l'ennemi de sa patrie, se contente de chercher à le convertir. Cet insuccès refroidit la passion de Gozlan pour la forme théâtrale ; il se retrancha dans ses livres et dans ses articles de journaux, et ce n'est que le 23 mars 1847 qu'il reparut, sur cette même scène du Théâtre-Français, avec une comédie en cinq actes intitulée *Notre fille est princesse*. Il voulut peindre dans ce tableau la folie du bourgeois enrichi qui, par vanité, donne sa fille à un grand seigneur ruiné. La comédie jouée par Provost, Maillart, Leroux, Got, M^mes Mante, Volnys et Anaïs réussit mieux que le drame d'*Ève*, mais elle n'obtint pas un grand nombre de représentations. Le sujet offrait cependant de l'intérêt et de l'*actualité*. De récentes unions avaient présenté de semblables scandales. La violence de l'action, la dureté de la démonstration, cet amour effréné du paradoxe qui se traduit dans cette mise en œuvre d'une idée vraie pourtant, tout cela nuisit évidemment à la réussite complète de l'ouvrage, qui se distingue d'ailleurs par d'excellentes scènes et par un dialogue toujours spirituel et animé. Sept ans après, MM. Augier et Jules Sandeau traitèrent à nouveau ce sujet dans la pièce qui a pour titre *Le Gendre de M. Poirier*, et ils évitèrent avec soin les écueils que n'avait pas su tourner l'auteur de *Notre fille est princesse*.

La révolution de 1848 ouvrit un champ libre à tous les paradoxes, et Gozlan ne se fit pas prier pour profiter de la liberté de coiffer sa muse comme il l'entendait. Sous le titre du *Livre noir*, il fit représenter à la Porte-Saint-Martin un drame plus noir que son nom. Nous traversons cette fois les procureurs du roi, les bureaux de la police, les salons des maisons de jeux, pour aboutir à un avocat nommé Maurice qui épouse sa cliente accusée de vol et qui trouve tout naturel de la conduire au bal dans le monde chez son ex-fiancée, sans qu'on lui ait envoyé aucune lettre d'invitation. Là M^me Maurice insulte les femmes en les appelant « courtisanes de l'opinion », et M. Maurice lit un feuillet arraché par lui du *Livre noir* de la police mentionnant qu'Henriette, sa femme, a été mise en jugement « pour s'être trouvée sur le pavé de Paris passé minuit », et une autre fois pour avoir été soupçonnée d'avoir volé des diamants. Mais ce même *Livre noir* ajoute en post-scriptum que le vol a été commis par le fils de la dame qui accusait Henriette. M^me Maurice se trouve donc doublement justifiée, pour le vol du moins, par un arrêt de la cour d'abord, puis par l'opinion de la police écrite sur le fameux livre.

Dans sa pièce de *Pied-de-Fer*, représentée à la Porte-Saint-Martin en 1850, Gozlan continue sa campagne paradoxale et les violences du drame fantaisiste poussé à outrance. Pas plus dans cet ouvrage que dans les précédents, il n'arrive à inspirer l'intérêt, parce qu'il court toujours à la recherche du bizarre et de l'impossible. Pied-de-Fer est le sobriquet donné par les voleurs à un ancien lieutenant de police du temps de la régence, lequel, après avoir résigné ses fonctions, se trouve poursuivi et traqué par la ligue de ses implacables ennemis qui brûlent ses maisons et détruisent sa fortune chaque fois qu'il tente de la reconstruire. Après avoir traversé les spéculations de la rue Quincampoix, où le chef des bandits tient une banque et reçoit les sollicitations des marquis et des princes sous le faux nom du baron de Saint-Didier, l'auteur nous conduit au bagne de Brest où l'ex-forçat financier, rattrapé par les soins de Pied-de-Fer, se livre à des industries variées, en compagnie du comte de Malivor et du capitaine Estafilade, ses anciens associés. Les galériens se ruent sur leur persécuteur qui a repris ses anciennes fonctions et qui vient les inspecter. Ils sont massacrés par le canon du bagne; mais Saint-Didier, en tombant, annonce à Pied-de-Fer qu'il se vengera sur sa fille. Le dernier tableau de la pièce nous montre en effet cette vengeance, qui donne lieu à la scène la plus extravagante qu'il soit possible de rêver. La fille et la mère de Raymond dit Pied-de-Fer habitent deux pavillons voisins l'un de l'autre. Le feu est mis par les survivants des bandits aux deux pavillons à la fois. Comme l'âne de Buridan entre ses deux picotins, Pied-de-Fer, entendant à sa droite les cris de détresse de sa fille et à sa gauche les supplications de sa mère, reste en place et ne sait à quel pavillon courir. Cette scène, que l'auteur avait crue dramatique au plus haut point, obtint un succès de fou rire qui détruisit le bon effet produit par quelques autres tableaux de la pièce.

La même exagération de moyens scéniques se retrouve dans un autre drame que Léon Gozlan fit représenter en 1852 au théâtre de l'Odéon : *Les Cinq Minutes du commandeur*. Le commandeur de Beaumesnil est un autre Pied-de-Fer qui sacrifie sa vie et toutes les affections de son cœur non pas, cette fois, pour l'amour de la société, mais pour l'amour de son frère le marquis de Beaumesnil, espèce de maniaque dont il prend à tout propos la défense. Blessé grièvement par son adversaire qui le croit mort, le commandeur se relève après un long évanouissement et il vient troubler la joie de son vainqueur en lui rappelant que, selon les conventions du duel, il avait cinq minutes pour répondre à son feu et qu'il réclame le privilège de tirer à son tour. Dans cette même pièce on voit le marquis de Beaumesnil faire draper de noir toutes les pièces de son hôtel et annoncer qu'il va donner dans ce gai séjour une petite fête à ses amis, fête qu'il appellera le bal noir. Il trouve fort original de voir sauter de jeunes cavaliers et de belles demoiselles sous des tentures couleur d'ébène ; il couvrira ces tentures de larmes d'argent et il remplacera l'orchestre par des moines qui chanteront l'office des Morts. Comme on le pense bien, ces idées ne rencontrèrent pas la sympathie du jeune public de l'Odéon, qui ne se gêna pas pour témoigner sa mauvaise humeur.

Si l'on doit approuver la moralité qui conclut la comédie en quatre actes de Léon Gozlan intitulée *Il faut que jeunesse se paie*, jouée en 1858 sur le théâtre du Gymnase, on peut trouver aussi que Raoul de Bonnefond, le héros de ce tissu d'aventures, paie un peu trop cher les folies du jeune âge. Poursuivi par une demoiselle Aglaé qui représente la vindicte céleste, le pauvre diable se trouve opprimé à tel point qu'il n'a d'autre ressource que de renoncer à la fiancée qu'il s'était choisie et de reprendre sa vie de marin pour échapper aux conséquences de ses légèretés. *Le Gâteau des reines*, que représenta le Théâtre-Français en 1855, est d'une allure plus tempérée. La fantaisie porte ici sur un point historique : le mariage de Marie Leczinska, fille du roi de Pologne Stanislas, avec le roi Louis XV. La vertueuse Marie Leczinska aime à l'adoration, dans la pièce de Gozlan, un jeune capitaine de dragons nommé le comte d'Estrées, et celui-ci l'aime à son tour d'un amour tendre et dévoué. Le dévouement va jusqu'au sacrifice. Le comte d'Estrées, pour ne pas détruire l'avenir de Marie et celui de son père, accepte volontairement un exil dans l'Inde, où il se rend avec son grade de capitaine, sans vouloir accepter aucune faveur royale, ni aucun avancement dans sa carrière. Cette comédie n'obtint qu'une médiocre réussite, quoiqu'elle fût jouée par M<sup>lles</sup> Favart et Augustine Brohan, MM. Geoffroy et Delaunay. *Notre-Dame des*

*Abîmes* et une pièce posthume intitulée *La Duchesse de Monte-Mayor*, représentées, la première à l'Odéon, la seconde à l'Ambigu en 1866, complètent la série des grands ouvrages de Léon Gozlan. Un drame en deux actes, *la Famille Lambert*, joué en 1859 au théâtre du Vaudeville, obtint quelque succès, grâce à la simplicité de l'action. Cette action est basée sur le dévouement d'une jeune fille qui, pour sauver l'honneur de sa mère, laisse croire à son père qu'elle a un amant. La mère la justifie, et l'auteur laisse entrevoir que le mari outragé pardonnera la faute en faveur du sincère repentir.

Lorsque Léon Gozlan entre dans la série de ses petits ouvrages taillés dans les proportions du proverbe, il retrouve tous ses avantages, et son étincelant esprit, débarrassé des préoccupations et de la recherche des effets quand même, brille de tout son éclat. *Le Lion empaillé* (théâtre des Variétés, 1848), *Une Tempête dans un verre d'eau* (théâtre Historique, 1849), *La Queue du chien d'Alcibiade* (Théâtre-Français, 1850), *La Fin du roman* (Théâtre-Français, 1851), *Dieu merci, le couvert est mis* (Palais-Royal, 1851), *Un Petit Bout d'oreille* (Gymnase, 1857), *La Pluie et le Beau Temps* (Théâtre-Français, 1861) sont de charmantes esquisses d'une gaieté franche et qui ne sentent en aucune façon la manière. *Trois Rois, trois Dames* donnèrent de fructueuses recettes au théâtre du Vaudeville en 1847; *la Goutte de lait* tomba sur la scène du théâtre des Variétés en 1849; *le Coucher d'une étoile* réussit au Vaudeville en 1851.

Telle est la carrière parcourue au théâtre par le très-spirituel auteur du roman d'*Aristide Froissart* et de tant d'autres productions charmantes. Outre que Gozlan était un homme d'un esprit très-original, c'était aussi un homme instruit et un écrivain tout à fait littéraire. Il aurait certainement publié des ouvrages plus sérieux si les nécessités de la vie ne l'avaient obligé à dépenser son talent en détail. Il n'est pas un journal, pas un recueil, et des plus inconnus, pour lequel Gozlan n'ait écrit des volumes de bagatelles oubliées. Là il semait à profusion ces mots d'un comique si fin et si amusant qui tombaient de son intarissable cerveau comme l'eau pure coule d'une source. Gozlan, nommé par ses confrères président de la commission des auteurs et compositeurs dramatiques, mourut dans toute la force de son talent, à l'âge de soixante-trois ans, le 13 septembre 1866. On le croyait israélite. Des rabbins se présentèrent à son domicile pour lui rendre les derniers devoirs; mais on exhiba son extrait de baptême, et le service religieux eut lieu selon le rit catholique à la paroisse de Saint-Eugène.

## V.

### M<sup>me</sup> George Sand.

Reconnaissons d'abord que M<sup>me</sup> George Sand possède les qualités du romancier à un bien plus haut degré que celles de l'auteur dramatique. Il lui faut avant tout de l'air et de l'espace. La riche nature de son esprit s'enferme difficilement dans un moule forcément restreint ; le tableau tend toujours à déborder du cadre. Mais si, par quelques endroits du côté plastique, la défaillance relative est manifeste, il n'en est pas de même de l'idée. Dans son théâtre, comme dans ses romans, ce qui préoccupe avant tout l'auteur de tant de livres remarquables, c'est l'art, c'est le caractère, c'est le côté élevé et idéal de la nature humaine. Il dirait volontiers avec Schiller : « La vie des grands hommes peut présenter des particularités d'un genre bas, mais il n'y a qu'une imagination basse qui aille précisément les relever et les peindre. »

Une représentation théâtrale est pour Mᵐᵉ George Sand un coup de dés, c'est elle-même qui l'a dit ; mais sa conscience d'artiste, qui ne lui reprochera jamais d'avoir cherché le succès au moyen de dés pipés, la laisse calme sur le résultat du jeu, et sa philosophie demeure cuirassée contre la mauvaise chance. « Chercher à plaire au public, lisons-nous dans la préface du *Théâtre* de l'illustre écrivain, chercher à plaire au public par des habiletés puériles et de lâches sacrifices à son prétendu manque d'idéal ne serait pas le respecter, ce serait au contraire le mépriser profondément. Ce que nous respectons en lui, ce n'est ni le bruit de ses mains, ni le contenu de sa bourse : il est souvent, mal à propos, avare ou prodigue de ces choses-là... Quant à ses accès de mauvais prosaïsme et d'engourdissement du cœur, nous ne les guetterons pas pour les encenser, et quand nous serons aux prises avec ses préjugés et ses erreurs, nous le défions bien de nous faire transiger, dût-il nous placer entre les sifflets et les grosses recettes. »

Cette profession de foi, où le culte de l'idéal est proclamé si haut et où l'auteur renie la poétique du *réalisme*, prend un corps dans les pièces qui composent le répertoire de l'écrivain que nous examinons. Ce n'est pas l'effet matériel du coup de théâtre qu'il cherchera dans ses compositions, au détriment de la logique des caractères, mais l'intérêt qui naît de l'analyse et du choc des passions.

Lorsqu'il lui arrive de se heurter à quelques problèmes sociaux, de soutenir par exemple à tort et à travers le faible contre le fort, le pauvre contre le riche, le petit contre le grand, de quelque côté que puissent être les torts, c'est encore le sentiment de l'idéal et du bien qui parle. Les conclusions franchissent quelquefois le but, mais le dessein reste toujours honnête si la critique peut paraître véhémente.

Le *Théâtre* de M<sup>me</sup> George Sand renferme donc, au fond, toutes les aspirations et toutes les qualités poétiques, philosophiques et littéraires qui constituent l'art sérieux, l'art convaincu, préoccupé avant tout de l'idéal. L'idéal n'est autre chose que la nature vue par son meilleur côté ; le bien en est le fond, le beau en est la forme.

Le théâtre convenait moins que le livre au libre et entier développement de l'esprit analytique de M<sup>me</sup> George Sand. Là il faut dire adieu à toutes ces fines observations qui sont comme l'histoire intime du sentiment intérieur, à ces échappées ouvertes sur le passé ou sur l'avenir de l'humanité, à ces tableaux si vivaces et si attrayants de la nature où l'on voit sous son habile pinceau jaunir les moissons, mûrir les grappes de la vigne, rentrer à l'étable les troupeaux, où l'on respire l'âcre senteur des chênes, où l'on entend bruire les grillons sous les pieds et chanter les rossignols aux cimes des futaies.

Dans les vingt ouvrages qu'a fait représenter M^me George Sand sur différents théâtres, on ne compte que cinq succès bien décidés, si on veut mesurer le succès à l'argent produit. Ces pièces sont : *François le Champi*, *Claudie*, *Le Mariage de Victorine*, *Mauprat* et *Le marquis de Villemer*; ce qui ne signifie pas absolument que les autres œuvres soient inférieures en mérite à celles que nous citons.

La moralité du *Théâtre* de M^me Sand a été violemment attaquée, comme celle de ses romans. On a dit de *François le Champi* que ce mariage avec Madeleine, qui l'a élevé, qui l'a aimé comme son enfant, n'était pas moins qu'un quasi-inceste. On a dit de *Claudie*, épousant Sylvain après sa faute, que cet exemple était une prime donnée à l'inconduite des filles. *Cosima ou la Haine dans l'amour*, la première pièce que fit jouer l'auteur, en 1840, avait déchaîné les susceptibilités du parterre, qui protesta contre l'*indécence* de l'ouvrage. L'auteur s'en étonne ; il n'avait pas prévu ce reproche.

Les critiques que nous rappelons n'étaient pas absolument dénuées de fondement, avouons-le ; mais c'est à l'insu de l'auteur que ces choses existent dans l'œuvre. M^me Sand a cherché des oppositions qui lui permissent de faire jaillir de ce contact inattendu des scènes non encore exploitées ; là certainement s'est bornée son intention de braver la morale. Les logiciens les plus sévères savent parfaitement que le charmant poëte en prose, s'il avait un fils à marier, ne lui conseillerait point de s'unir à une fille-mère comme Claudie, et qu'il ne se soucierait nullement de faire épouser, par un bohême comme le montreur de marionnettes Flaminio, la dernière des servantes de son manoir de Nohant. Tous ces contrastes représentent des fantaisies d'artiste, et rien autre chose, il faut qu'on se le persuade, car cela est ainsi. Ce terrible niveleur des conditions sociales vit dans un château, adore ses enfants et ses petits-enfants, et travaille de son mieux pour leur assurer une position sortable. Celle qui a peint tant d'héroïsmes excentriques n'a jamais cessé d'être la femme simple, aimable et bonne, que nous avons connue dès les premiers jours. Il est impossible d'être plus dépourvue de vanité et plus remplie de bienveillance, impossible de mieux aimer ses amis et de moins haïr ses ennemis.

*Maitre Favilla* est la pièce vertueuse par excellence dans le répertoire de M^me George Sand. Cette charmante sentimentalité, qui rappelle vaguement l'épopée villageoise de Gœthe, *Hermann et Dorothée*, nage dans les ondes pures de l'idéal le plus éthéré.

M^me Sand essaya plusieurs fantaisies rétrospectives

dont le détail brille par une grande finesse d'exécution. Elle emprunta à Shakespeare les personnages de sa comédie intitulée *Comme il vous plaira*, et elle essaya de les faire revivre sur notre scène en les *francisant* un peu. Elle essaya, comme elle le dit, de saisir au vol cette magistrale figure de Jacques, si sobrement esquissée, et de ramener ce misanthrope à l'amour, « s'imaginant voir en lui le même personnage qui a fui Célimène pour vivre au fond des forêts, et qui trouve là une Célie pour guérir ses blessures. » Ce reflet de Shakespeare fut peu compris et médiocrement goûté par le public du Théâtre-Français, habitué à d'autres allures.

*Les Vacances de Pandolphe* constituent une nouvelle fantaisie, où l'auteur voulut *pasticher* l'ancienne comédie italienne. Le public resta froid devant cette exhibition qui dépassait les bornes de sa science archaïque. Il ne comprit guère mieux l'étude sur Molière que M^me Sand fit représenter au théâtre de la Gaieté.

Vivement impressionné par la grâce touchante de Victorine, l'un des personnages du *Philosophe sans le savoir*, l'auteur de *Molière* et de *Comme il vous plaira* voulut aussi reproduire le type de la fille d'Antoine dans une fantaisie ayant pour titre *Le Mariage de Victorine*, comédie jouée au Gymnase en 1851 et dont M^me Rose Chéri représenta la gracieuse héroïne. Ce n'est pas qu'il admire Sedaine comme un maître, il reconnaît trop que la forme lui manque et que de tout son répertoire deux ouvrages seulement ont résisté au temps, *le Philosophe sans le savoir* et la *Gageure imprévue*. Ce qui le séduit dans Sedaine, « c'est la sensibilité profonde et vraie de l'expression, c'est la noblesse vaillante et simple des caractères. »

La mise à la scène du beau roman de *Mauprat* donna au théâtre de l'Odéon l'un de ses plus brillants succès; c'est aussi à l'Odéon que M^me Sand transporta son roman du *Marquis de Villemer*; ce fut encore là un succès à la fois littéraire et lucratif. Les paysanneries de M^me Sand sont des idylles où la convention a la plus grande part; mais ce langage berrichon employé dans *François le Champi*, dans *Claudie* et dans *le Pressoir*, conserve un vrai relatif qui ne rappelle en rien les boursouflures de Guarini, encore moins les mièvreries de Florian et de son école. Si le langage est conventionnel, il demeure au moins pittoresque et expressif.

*Marguerite de Sainte-Gemme* réhabilite la belle-mère. On voit sous ses traits une femme aimable et accomplie qui ne se sert de sa supériorité d'intelligence que pour sauver l'honneur de son mari et la vie de son fils de la vengeance d'un Lovelace spadassin, ramené par elle au devoir et au respect. Dans sa comédie en quatre actes intitulée *Françoise*, l'auteur plaide encore pour l'amour de la famille et du travail, pour l'honneur et l'amitié. L'une des plus délicates compositions de M^me George Sand est certainement le *Démon du foyer*, où l'on rencontre deux caractères de femmes, Camille et Flora Corsari, analysés et mis en action avec une finesse extrême. Le marquis représente un type parfait de l'amour et de la droiture du cœur.

Les ouvrages que je rappelle ici, et que tous les amis de la vraie littérature ont assurément lus, s'ils ne les ont vu jouer, n'ont pas obtenu le retentissement produit par d'autres pièces qui leur sont pourtant inférieures. Ils ont paru trop simples et trop naturels. Contrairement à l'avis de M^me Sand, il faudrait donc reconnaître que le poivre de Cayenne est l'ingrédient nécessaire aujourd'hui à celui qui veut réveiller l'appétit des foules. La muscade et le gingembre ne suffisent plus.

J'aime l'allure et l'excellent dialogue des *Beaux Messieurs de Bois-Doré*, cette capricieuse invention de M^me Sand, qui ne figure pas dans son *Théâtre* imprimé, quoique ce soit là pourtant l'un de ses meilleurs drames. Il fut disposé pour la scène par M. Paul Meurice, qui arrangea également et fit jouer à la Porte-Saint-Martin un *Cadio* extrait du roman de ce nom.

*Le Drac*, rêverie fantastique en trois actes, ce frère cadet du Trilby de Charles Nodier, à qui le roi des Elfes permet de prendre la forme humaine pour venir se mêler aux mortels, ne fut pas goûté par le public du Vaudeville. La pièce n'était pas, du reste, destinée à la représentation. Elle faisait partie d'un recueil intitulé *Théâtre de Nohant*, d'où fut tirée encore la nouvelle dialoguée *le Pavé*, que joua le Gymnase en 1862.

Le dernier ouvrage de l'auteur, représenté à l'Odéon en 1870, sous le titre de *L'Autre*, donna lieu de nouveau à une accusation d'immoralité contre laquelle M^me Sand protesta avec indignation. Elle se défendit d'avoir écrit un plaidoyer en faveur de l'adultère et rappela que tous les personnages de la pièce plaidaient la thèse contraire. C'est d'abord la femme coupable qui meurt de chagrin, c'est ensuite la fille qui renie et maudit son père illégitime, c'est le fiancé qui le soupçonne et l'insulte. Malgré tout cela, il faut avouer que, bien à l'insu de l'auteur sans aucun doute, il se dégage de cette action un certain arrière-goût d'hérésie en matière de doctrine matrimoniale.

La mise en drame des livres de notre charmant écrivain n'est pas terminée.

J'aimerais mieux, à vrai dire, un produit direct composé pour la scène sans collaborateurs et sans ciseaux.

Pourquoi M<sup>me</sup> Sand n'écrirait-elle pas une grande pièce véritablement nouvelle qui donnât la mesure de sa conception théâtrale? La comédie de caractère telle que les maîtres la comprenaient est rare de nos jours. Ce serait une grande gloire et un grand exemple que de l'essayer. Il serait seulement à souhaiter que l'auteur se prît pour l'avenir, non plus à des excentricités morales ou à un poétique caprice, mais à une idée absolument vraie pour tout le monde (1).

(1) Ces lignes ont été écrites en 1875.

## CHAPITRE X.

**L'ÉCOLE DE LA TRADITION.**

### I.

Je comprends sous ce titre les tragédies, drames et comédies représentés sur les scènes littéraires depuis 1830 jusqu'aujourd'hui et qui ne rentrent ni dans les catégories précédentes, ni dans l'école réaliste que nous examinerons plus loin. Les auteurs de ces ouvrages ont adopté sciemment les formes consacrées par les maîtres de l'ancien théâtre. Les uns, suivant la route des classiques mitigés, cherchent à rajeunir le poëme tragique ; les autres tentent de pratiquer les enseignements de la grande comédie ; ceux-ci cherchent un drame plus animé que celui du Consulat et de l'Empire, ceux-là continuent la comédie de genre et ne portent pas leurs vues au delà. Les ouvrages qui peuvent se ranger dans ce que j'appelle l'école de la tradition sont tellement nombreux que je n'en donnerai qu'un aperçu rapide, regrettant de ne pouvoir m'arrêter davantage à quelques-uns d'entre eux.

## II.

### La Tragédie depuis 1840.

La tragédie de cette période, qui ne veut pas être confondue avec la tragédie de l'Empire, affecte dans la diction une forme plus moderne, tout en maintenant la vieille trame du tissu académique. M. Latour-Saint-Ybars, l'un des chefs de cette phalange, est un écrivain d'une grande conscience et qui a conservé dans la tragédie la foi des anciens jours. Il fait représenter successivement quatre pièces, tant au Théâtre-Français qu'à l'Odéon : *Vallia* en 1841, *Virginie* en 1845, *le Vieux de la montagne* et *le Syrien* en 1847. Il avait donné, avant cette époque, *le Tribun de Palerme*, drame en prose (1842); et la Porte-Saint-Martin joua de lui, en 1851, un drame en vers intitulé *Les Routiers*, qui contenait de belles scènes. Rachel renouvela la physionomie de la Virginie antique, tant de fois mise en scène depuis Mairet, Campistron et La Harpe. L'auteur avait eu le bon esprit de composer le rôle de l'héroïne de manière à ce que le public ne perdît pas de vue un seul instant la tragédienne, objet de son admiration. Les applaudissements ne manquèrent pas ; le poëte et son interprète eurent le droit de se les partager. Le talent de Guyon et de sa cousine, M<sup>lle</sup> Émilie Guyon, donna un succès plus modéré à *Vallia*, ce duc Visigoth qui se fait ermite après avoir failli épouser sa fille. *Le Vieux de la montagne* et *le Syrien* valurent à l'auteur l'estime des critiques sans préjugés, qui louèrent les qualités de la pièce, *quoique tragédie*.

M. Arthur Ponroy fut plus heureux à l'Odéon avec sa tragédie du *Vieux Consul* qu'avec *les Atrides*.

*La Fille d'Eschyle* de M. Autran conquit à ce jeune débutant de 1848 le partage du prix Monthyon avec la *Gabrielle* de M. Émile Augier. Les étudiants d'alors firent une ovation au poëte marseillais, qui parut sur la scène pour recevoir la couronne olympique. Ce triomphe conduisit plus tard M. Autran au siége académique. Parvenu au comble de ses ambitions, il eut la prudence de s'en tenir à son premier succès, qui n'a jamais été contesté, ni même discuté.

Un romancier, un poëte de mérite, M. Jules Lacroix, donna, sous l'appellation de drames, deux tragédies déguisées : *Le Testament de César* en 1849, et, en 1851, *Valéria*, en collaboration avec M. Auguste Maquet. Pour ce dernier ouvrage, il rencontra une seconde collaboration bien puissante, celle de Rachel. Rachel joua merveilleusement le double rôle de Valéria Messalina et de la courtisane Lycisca. On se souvient que la pièce a pour objet la réhabilitation de Messaline. Les auteurs ont représenté l'épouse de Claude comme une vertueuse princesse calomniée par Juvénal et victime d'une fatale ressemblance, ainsi qu'il advint à la reine Marie-Antoinette avec Mlle Oliva. Rachel fut admirable dans sa composition du double personnage. Elle sut faire contraster les deux types.

L'*Œdipe roi* de Sophocle, traduit par M. Jules Lacroix, fut très-applaudi à l'Odéon en 1858, et obtint en 1862 le grand prix de 10,000 francs.

L'*Antigone* de Sophocle, très-bien traduite ou plutôt imitée par MM. Paul Meurice et Auguste Vacquerie, passa au théâtre, comme l'*Œdipe roi*.

M. Hippolyte Lucas avait déjà fait jouer à l'Odéon, en 1847 et en 1855, deux imitations de l'*Alceste* et de la *Médée*.

On voit, par ces exemples, que la fleur tragique fut plutôt, dans cette période, une culture de serre chaude qu'une moisson à l'air libre. Le sort ne voulut pas que l'inimitable Rachel pût inspirer un nouveau répertoire tragique. Ce répertoire serait né, sans nul doute, si la tragédie n'avait pas été morte dans l'esprit du public. La grande artiste dut borner sa gloire à l'interprétation de Corneille et de Racine, éternellement jeunes, parce qu'ils sont éternellement beaux.

M<sup>me</sup> de Girardin, esprit fin et distingué, sacrifia sans profit sur les autels de la Melpomène antique. *Judith* en 1843, *Cléopâtre* en 1847 furent les gâteaux de miel qu'elle déposa dans le sanctuaire déserté par les fidèles.

MM. Duhomme et Sauvage donnèrent à l'Odéon *la Servante du roi*, et au Théâtre-Français *la Vestale*, sans pouvoir faire revivre la foi.

## III.

**Le Drame de la même période.**

Le drame de cette époque côtoie la tragédie et lui ressemble par plus d'un point. Il n'a pas le mouvement et la désinvolture de la pièce de 1830, et il se gare avec soin du langage trop familier. Le ridicule des dagues de Tolède et des *par la mort-Dieu* dont on s'est tant moqué le fait revenir en arrière, et il retombe parfois dans l'expression pompeuse et dans la période cadencée. La *Catherine II* de M. Hippolyte Romand, *le Maréchal de Monluc* de M. Mary Lafont sont composés d'après ce procédé mixte. On a oublié l'*Ivan de Russie* de M. Charles Lafont, qui vit le jour en 1841 ; mais *le Chef-d'œuvre inconnu*, petit drame en un acte, du même auteur, se montrait encore, il y a peu d'années, sur les affiches de la Comédie-Française. Cordelier Delanoue vit dépérir et mourir son *Charles I*ᵉʳ et son *Mathieu Luc*. Le *Charles IX* de M. Rosier laissa une moindre trace que sa comédie du *Procès criminel*, que son mélodrame *le Manoir de Monlouvier* et que ses nombreux vaudevilles, parmi lesquels *la Mansarde du crime*, l'un des succès d'Arnal. *Le Médecin de son honneur* du grand Calderon, un peu rapetissé dans sa taille pour le mettre à la hauteur des idées du jour, et *le Tisserand de Ségovie*, ce beau drame d'Alarcon que M. Hippolyte Lucas n'osa pas, peut-être avec raison, présenter dans sa farouche et puissante originalité, réussirent par leurs audaces mitigées. Le *Dom Sébastien de Portugal* de M. Paul Foucher, joué en 1839, restera le plus beau fleuron de sa couronne littéraire.

Le temps marche et les drames vont vite. A ceux qui passent succèdent ceux qui arrivent, pour passer à leur tour quand le moment sera venu, quand sonnera cette heure de minuit qui, dans la pièce de Marlowe, épouvante Faust le damné. Chaque triomphateur, retombant dans le néant, semble s'écrier avec le poëte anglais : « Arrêtez-vous, sphères toujours mouvantes des cieux, pour que le temps s'arrête et que minuit ne vienne jamais. »

Le début de Louis Bouilhet à l'Odéon, en 1856, par *Mademoiselle de Montarcy*, fut un événement littéraire. Sous l'action du drame, où manquait encore la science de la composition scénique, on sentait l'âme d'un poëte. Le style était puissant et large et aussi correct qu'élégant dans sa forme. *Hélène Peyron*, que le même auteur fit représenter au même théâtre en 1858, ajoutait les qualités de la composition scénique à la forme littéraire ; aussi le succès de ce second ouvrage fut-il le plus brillant qu'ait obtenu l'auteur. Bouilhet donna en 1862, au Théâtre-Français, un drame en quatre actes en vers, sous le titre de *Dolorès*; puis l'Odéon exhuma un autre drame, *la Conjuration d'Amboise*, ouvrage posthume qui fut pieusement recueilli et mis à la scène par les amis de l'auteur.

Bouilhet avait fait jouer en 1861, à l'Odéon, une comédie en cinq actes et en vers intitulée *L'Oncle Million*, où il avait su donner beaucoup de souplesse et d'élégance à son style, naturellement un peu épique. *Mademoiselle Aïssé*, autre drame posthume, quatre actes en vers, complète l'œuvre de ce poëte regretté. En 1864 la Porte-Saint-Martin avait représenté *Faustine*, la seule pièce qu'il ait écrite en prose. Victor Séjour et M. Ferdinand Dugué commencèrent leur carrière dramatique, le premier par *Diégarias*, drame en cinq actes en vers, joué au Théâtre-Français; le second par deux drames également en vers, *Gaiffer* et *les Pharaons*, joués au théâtre de l'Odéon. Les théâtres du boulevard représentèrent le reste de leur répertoire.

## IV.

#### La Comédie.

Dans l'école de la tradition, la comédie est plus riche en nombre que la tragédie et que le drame. Elle a aussi des allures plus franches et plus naturelles. Laissant les romantiques du premier ban et de l'arrière-ban exécuter les hardiesses de leurs évolutions sur les scènes hautes et basses, la comédie vient paisiblement apporter le fruit de ses veilles à un auditoire qui n'a pas tout à fait oublié les enseignements du répertoire ancien. De La Ville, l'auteur du *Roman* qui fit les délices du parterre de 1825, finit sa carrière, en 1831, par *les Intrigants*. Mazères et Empis, à qui l'on doit les amusantes comédies intitulées *Le Jeune Mari* (1826), *Les Trois Quartiers* (1827), se taisent ou ont perdu leur gaieté. Ils s'associent cependant pour donner à l'Odéon, en 1830, une comédie excellente touchant au drame : *La Mère et la Fille*. La pièce passa au Théâtre-Français en 1834. On n'a pas oublié avec quel merveilleux ensemble elle fut jouée par Frédérick Lemaître, M<sup>me</sup> Dorval, Firmin et Monrose. D'Épagny, l'auteur de *Luxe et Indigence*, reparaît en 1831 par le succès très-vif de *Dominique ou le Possédé*, en collaboration avec M. Dupin. Il prend pour un temps très-court la direction de l'Odéon en 1841 et prolonge sa carrière d'auteur dramatique jusqu'en 1855. Casimir Bonjour, grand producteur de comédies en vers, fit ses adieux au public de l'Odéon par *le Bachelier de Ségovie*, en 1844, l'année même où débutaient M. Émile Augier avec *la Ciguë*, Victor Séjour avec *Diégarias*, et M. Théodore Barrière avec *les Trois Femmes*, comédie en un acte bientôt suivie du *Seigneur des broussailles*, comédie en trois actes en collaboration avec Georges Duval. M. Barrière était alors âgé de vingt et un ans. Il avait déjà donné au théâtre Beaumarchais un vaudeville intitulé *Rosière et Nourrice*. C'est sur d'autres scènes qu'il devait conquérir sa renommée. Quelques années auparavant s'était révélé à l'Odéon un jeune et brillant poëte qui devait mourir à la fleur de l'âge. *Le Ménestrel* de

Camille Bernay enleva les acclamations du parterre en 1838. La pièce était faible de complexion, mais les vers accusaient un excellent style. Le théâtre de la Renaissance, qui devint un moment la troisième scène littéraire de Paris, représenta ensuite, du même auteur, une imitation du *Vingt-quatre Février* de Zacharias Werner que l'on remarqua. Puis l'Odéon donna en 1842 une troisième pièce en vers de feu Camille Bernay, suivie du *Pseudonyme*, en 1844. Louis Bouilhet et Camille Bernay furent assurément deux grandes pertes pour la poésie et pour le théâtre, où ils auraient sans doute tracé leur voie s'ils avaient vécu.

On remarquera que c'ést presque toujours à ce pauvre et modeste théâtre de l'Odéon tant critiqué, et à qui l'on a disputé à toutes les époques le droit de vivre, que l'on doit la mise en lumière de bien des talents nouveaux. L'Odéon a joué les premiers ouvrages de Casimir Delavigne, de Ponsard, de Léon Gozlan, de MM. Octave Feuillet, Émile Augier, Sardou, Camille Doucet, Ferdinand Dugué, Michel Carré, Charles Narrey, de Najac, Barrière, Bouilhet et de tant d'autres qui se sont fait depuis un nom dans les lettres. De tout temps l'Odéon répara les bévues de la *maison de Molière* en accueillant les débutants et les ouvrages de mérite repoussés par le comité de la rue Richelieu. Ce théâtre si utile forme des acteurs, comme il forme des auteurs. Une partie de la troupe du Théâtre-Français a non seulement débuté, mais joué longtemps au delà des ponts. Samson, Duparay,

Périer, Provost sont sortis de l'Odéon, comme MM. Delaunay, Monrose, Talbot, Barré, Kime et Thiron. Notre seconde scène littéraire travailla en outre à maintenir dans la jeunesse des écoles le goût de l'art sérieux, qui va chaque jour se perdant de plus en plus.

Parmi les auteurs vivants dont l'Odéon fut le théâtre d'essai et qui sont parvenus de nos jours à une haute fortune littéraire, se présente M. Camille Doucet. Son début date de 1841. M. Camille Doucet est le successeur de Collin d'Harleville dans la famille comique. Il a l'élégance et l'esprit de cet auteur ingénieux. Comme lui, il écrit de préférence en vers, et son style reste un modèle d'aimable enjouement et de parfaite orthodoxie. Fidèle à la pure comédie et à la classique moralité, il se garde bien d'introduire dans ses compositions les passions échevelées du mélodrame, ou les coups de pistolet du Gymnase et du Vaudeville. Il suit la voie des maîtres, préoccupé seulement de bien faire, aimant mieux rester le disciple d'hier que se poser en docteur de demain. C'est l'Odéon qui donna la première comédie du futur académicien, ayant pour titre *Un Jeune Homme.* L'auteur présente à la jeunesse de son temps les dangers de la vie parisienne comme un écueil où chacun peut laisser son honneur et son existence s'il ne garde au fond du cœur le respect de soi-même. *L'Avocat de sa cause* et *le Baron Lafleur*, deux pièces qui datent de 1842, visent plus à l'esprit du dialogue qu'à la leçon morale, et les jolis vers y abondent comme les fines pensées. M. Camille Doucet n'avait pas encore été appelé, à cette époque, à diriger au ministère les destinées des théâtres, et lui, enfant de l'Odéon, il défendait déjà notre seconde scène littéraire, à laquelle on marchandait sa pauvre subvention. Dans le discours en vers, que prononça Monrose pour la réouverture de l'Odéon en 1843, M. Camille Doucet s'exprime ainsi, en parlant de son théâtre de prédilection :

> Ses finances, d'abord, sont enfin en progrès,
> Car les représentants de tous les intérêts
> Ont fait en sa faveur un acte académique
> En lui votant, au nom de la France artistique,
> A la majorité de deux voix..., un trésor,
> Soixante mille francs..., la moitié d'un ténor.

Ces soixante mille francs votés pour 1843 permirent à l'administration de l'Odéon, malheureuse dans sa dernière campagne, de relever ses affaires compromises et d'engager deux sujets de premier ordre, M$^{lle}$ Georges et M$^{me}$ Dorval.

*La Chasse aux fripons* de M. Doucet, représentée au Théâtre-Français en 1846 par Samson, Provost, Got et M$^{me}$ Solié, réussit au gré de l'auteur, qui, par reconnaissance pour le passé, voulut néanmoins donner sa meilleure comédie, *les Ennemis de la maison*, au théâtre de ses débuts. L'Odéon joua la pièce en 1850, et, quatre ans après, le Théâtre-Français, usant de son droit, la mit à son répertoire. *Le Fruit défendu* suivit *les Ennemis de la maison* et fut joué à la Comédie-Française en 1857. Provost, Delaunay, Régnier, M$^{lles}$ Édile Riquier, Fix, Dubois et Fleury firent valoir avec beaucoup de grâce les vers bien tournés qui abondent dans cette comédie, dont le sujet est très-vrai et très-sympathique. L'action nous montre un jeune homme devenant successivement amoureux de ses deux cousines aussitôt qu'elles sont mariées, et ne songeant à aimer la troisième et à demander sa main que lorsqu'il croit qu'un obstacle mystérieux s'élève entre elle et lui. Cet obstacle, opposé par l'oncle Desrosiers, n'existe pas en réalité, et, quand il faut accorder au jeune Léon la main de sa cousine Jeanne, qu'il sollicite avec ardeur, Desrosiers rappelle à son neveu *le Paradis perdu* de Milton, et il explique le mystère en disant : « J'étais le vieux serpent », et, montrant Jeanne, il ajoute : « toi le fruit défendu ». *La Considération*, la dernière comédie de M. Camille Doucet, repose, comme les autres ouvrages de l'auteur, sur un sujet éminemment moral. L'exemple de l'industriel Dubreuil, devenu riche en frustrant ses créanciers, et qui voit son fils rougir de son passé et consacrer sa dot à réparer la faute paternelle, rappelle, par la moralité du sujet, la comédie de Ponsard *l'Honneur et l'Argent*, qui obtint un succès si prolongé à l'Odéon en 1853.

Sans doute les comédies de M. Doucet sont loin d'avoir la puissance des ouvrages de M. Émile Augier, qui débuta en même temps que lui sur la scène de l'Odéon ; sans doute il ne subjugue pas les foules comme les coryphées de l'école moderne, mais c'est sciemment et en parfaite connaissance de cause que l'auteur du *Fruit défendu* se renferme dans la tradition comique des grands siècles. Sa forme est moins *tapageuse*; mais, quand la mode sera passée des excentricités de langage qui attirent les regards aujourd'hui, il n'aura pas à craindre de ressembler à une vieille image de l'almanach.

Parmi les poëtes dont l'Odéon a fondé la réputation, il faut citer encore Ernest Serret, mort récemment, l'auteur des *Touristes*, de la comédie en trois actes intitulée *En province*, et de cette autre comédie en cinq actes en vers ayant pour titre *Les Familles*, qui fut couronnée par l'Académie. Une autre comédie, quoique écrite en prose : *Que dira le monde?* obtint un brillant succès à l'Odéon en 1854. Elle fut aussi primée par l'Académie. C'est pour l'Odéon que Méry écrivit sa pièce chinoise *Le Chariot d'enfant*, imitée du *Roi Soudraka*, ainsi que *Le Paquebot*, *L'Univers et la Maison* et la *Fornarina*. Ce fut aussi l'Odéon qui représenta la jolie comédie anecdotique de M. Paul de Musset, *La Revanche de Lauzun*.

La comédie de genre, la comédie de mœurs, celle de Dancourt et de Picard continuée par Wafflard et Fulgence, auteurs des *Deux Ménages*, du *Célibataire et l'Homme marié* et du *Voyage à Dieppe*, produisirent une série de pièces gaies qui furent bien accueillies du public. Je mentionnerai dans cette catégorie les pièces de mon ami Vaëz, auxquelles je participai pour moitié: *Le Voyage à Pontoise*, *Le Bourgeois grand seigneur*, *Mademoiselle Rose*. La comédie intitulée *Grandeur et Décadence de M. Joseph Prudhomme* mit en relief une fois de plus le talent d'Henri Monnier comme acteur et comme auteur. Une comédie de M. Charles Narrey, les *Notables de l'endroit*, appartient aussi à la comédie de genre. *Van Dyck à Londres*, *Le Passé et l'Avenir*, deux ouvrages du même auteur, ne réussirent pas moins qu'*En bonne fortune*, pièce à deux personnages qui fut reprise plus tard au théâtre du Vaudeville.

Michel Carré débute à l'Odéon par *la Jeunesse de Luther*, en 1843. En 1845 il donne au même théâtre *l'Eunuque*, imité de Térence, puis *les Contes d'Hoffmann* en 1851 et *les Marionnettes du docteur* en 1852. Dans ces deux derniers ouvrages il avait pour collaborateur M. Jules Barbier, dont la première pièce, *le Poëte*, fut représentée au Théâtre-Français en 1847. C'est encore à l'Odéon que se firent connaître Amédée Roland et Duboys, tous deux récemment décédés, auteurs du *Marchand malgré lui*, des *Vacances du docteur* et du *Mariage de Vadé*. Amédée Roland fit jouer ensuite, en 1859, son *Usurier de village*, qu'il avait écrit avec M. Bataille. L'Odéon compte aussi à son actif le succès d'ouvrages, comme *la Ciguë*, qui fut le début de M. Émile Augier, comme les charmantes imitations de Shakespeare dues à MM. Meurice et Vacquerie : *Falstaff* et *le Capitaine Paroles*; *Souvent femme varie* de M. Amédée Achard; *la Fin de la comédie* de M. Taxile Delord; *le Mur mitoyen* de M. Pailleron ; *la Dernière Idole* de MM. Lépine et Daudet ; *le Bougeoir* de M. Caraguel; *Au printemps* de M. Laluyé. Ces deux derniers ouvrages ont passé au répertoire du Théâtre-Français. Citons encore parmi les pièces de courte dimension : *la Ligne droite* de M. Marc Monnier; *les Droits de l'homme* de feu Prémaray; *la Chasse au lion* par M. de Najac; *Les absents ont raison* de M^me Anaïs Ségalas; *Molière enfant* par M. Vierne. Les fantaisies élégantes de MM. de Banville et Philoxène Boyer, *Le Feuilleton d'Aristophane*, *Le Cousin du roi*, *Diane au bois*, rencontrèrent à l'Odéon un accueil non moins favorable que des pièces plus sérieuses, *la Femme d'un grand homme*, comédie en cinq actes de MM. Raymond Deslandes et Armand Durantin, et *le Marquis Harpagon* de M. Deslandes tout seul, sujet sympathique et bien traité.

L'Odéon remplit sa mission en jouant des ouvrages qui ne pouvaient faire sa fortune, mais que recommandaient de réelles qualités littéraires, comme par exemple : *l'École des ménages* de M. de Beauplan; *les Mariages d'amour* de M. Ernest Dubreuil; *la Mort de Strafford* de M. Durantin; *Michel Cervantes* de Théodore Muret; *les Indifférents* de M. Belot. L'Odéon devait bien cette déférence à M. Belot, qui, en collaboration avec M. Villetard, venait de lui donner un grand succès d'argent avec sa jolie comédie *le Testament de César Girodot*.

Tels sont, dans leur ensemble, les travaux importants de la seconde scène française et les résultats obtenus depuis 1830 dans la comédie par l'école de la tradition. Le théâtre de la rue Richelieu n'a certes pas produit de meilleurs fruits dans le même genre et dans le même espace de temps. Il a joué les derniers ouvrages de Longpré, de d'Épagny, de Casimir Bonjour et d'Empis, qu'il a fait alterner avec les drames romantiques et le répertoire de Scribe. Viennet lui a donné *les Serments* (1839), *la Course à l'héritage* (1847), *la Migraine* (1850) ; le comte Walewski l'a gratifié de *l'École du monde*, que les plaisants de l'époque surnommèrent « la pièce en cinq pantalons », à cause du luxe de toilette que déployait le jeune premier. Ce même théâtre avait produit en 1847 : *la Femme de quarante ans* de M. Galoppe d'Onquaire; *le Poëte* de M. Jules Barbier; *les Aristocraties* de M. Étienne Arago. Sa meilleure idée fut de mettre à la scène, en 1847, *le Caprice* d'Alfred de Musset, à la sollicitation de M<sup>me</sup> Allan qui venait de jouer la pièce à Saint-Pétersbourg avec un effet considérable. *Le Caprice* amena le défilé, très-lucratif pour les sociétaires, des autres comédies et proverbes de l'auteur malgré lui. Les pièces de M. Émile Augier, que nous examinerons dans un autre chapitre en parlant des ouvrages de l'école réaliste, n'appartiennent que pour partie à l'école de la tradition. Nous remarquons çà et là de jolies bluettes de Gozlan, de M<sup>me</sup> de Girardin, de Murger, quelques bonnes comédies anecdotiques comme *Mademoiselle de la Seiglière* de M. Jules Sandeau. Cette pièce, malgré son succès et l'accueil chaleureux que lui fait toujours le public, ne vaut pourtant pas, tant s'en faut, *le Gendre de M. Poirier*, véritable comédie de mœurs que le Théâtre-Français dut emprunter au Gymnase. Puis vint le répertoire de Léon Laya, qui commence aux *Jeunes Gens* en 1855 et qui finit à *la Loi du cœur* en 1862, en passant par le populaire *Duc Job*. Beaucoup d'estimables comédies et de comédies-drames, comme la *Fiammina* de M. Mario Uchard, comme *la Maison de Pénarvan* que M. Jules Sandeau tira de son roman de ce nom, comme *les Faux Ménages* de M. Pailleron, sont jouées avec fruit ; mais en général l'influence de la littérature industrielle ne se fait pas moins sentir au Théâtre-Français que dans les théâtres de genre, tandis qu'elle demeura un long temps sans atteindre l'Odéon, toujours soucieux de remplir son devoir. Il est vrai que le ministère prend soin de le lui rappeler souvent, malmenant tant qu'il peut le pauvre diable de cadet de famille, quand il permet à l'aîné toutes les fantaisies qui lui traversent la cervelle, même les joyeusetés carnavalesques d'*Henriette Maréchal*. Depuis la mort de Ponsard, la comédie en vers est abandonnée par la *maison de Molière*. M. Émile Augier lui-même a passé à la prose pour se tenir au niveau du goût moderne. Le pauvre Odéon, le misérable porte-bât dont on a jugé à propos de réduire encore la maigre pitance, demeure officiellement chargé de fournir les alexandrins que réclament les orateurs du budget. S'il n'en fait pas bonne mesure, gare à lui : le ministre lui lavera la tête, comme autrefois au Jocrisse des Panoramas, et il n'aura même pas la ressource de répondre comme Brunet : « Mais je ne joue pas le même emploi que Talma. »

Lorsque Auguste Lireux dirigeait, en 1843 et pendant les années suivantes, le théâtre de l'Odéon, alors privé de la subvention de l'État quoiqu'il vînt de mettre au jour la *Lucrèce* de Ponsard, la seconde scène française était un véritable royaume de Bohême où se passaient les choses les plus étranges. Il fallait bien qu'il vécût quand même ! L'administration n'avait pas dans ses magasins douze paires de bottes à fournir pour compléter les costumes d'un état-major paraissant dans un drame où jouait M<sup>me</sup> Dorval, *la Comtesse d'Altenberg*. A la répétition générale de cette pièce, l'intrépide Lireux plaça sur le premier rang les cinq figurants que son costumier avait pu botter tant bien que mal... Quant aux sept autres princes et seigneurs : « Qu'ils gardent leurs souliers crottés, dit le directeur, et qu'ils se placent derrière les autres : le public ne s'apercevra de rien. » A la répétition d'un drame de Léon Gozlan, auteur très-soigneux de la mise en scène, Lireux n'avait pu obtenir à crédit un décor neuf qu'il avait promis. « M. Gozlan va retirer sa pièce, murmurait le régisseur. — Pas du tout, répondit Lireux : j'ai fait nettoyer un *pittoresque* du temps de d'Épagny ; on montrera d'abord à Gozlan la vieille forêt qui sert depuis vingt ans dans les comédies agrestes : il la refusera, cela va sans dire ; vous produirez alors le *pittoresque* de d'Épagny comme un décor neuf, et Gozlan le trouvera superbe. » L'affaire se passa comme Lireux l'avait prévu. Gozlan ayant refusé la vieille forêt : « Qu'on donne à M. Gozlan le décor neuf préparé pour M. Victor Hugo ! s'écria le directeur de l'air le plus sérieux du monde. M. Hugo dira ce qu'il voudra, je m'en moque ! » Et le décor, lavé et nettoyé, fut accepté par Gozlan ravi de la préférence qu'on lui accordait. Un soir, le spectacle menaçait de finir après minuit, et par conséquent de coûter au théâtre une amende de police et doubles frais de gardes et de pompiers. On jouait, si je me souviens bien, *la Sœur de la reine* de Molé-Gentilhomme, drame en trois actes. Une scène fort longue s'entamait au dernier acte et menaçait de se prolonger au delà du délai fixé par le règlement. Lireux appelle un coryphée qui jouait dans la pièce, et lui tient ce langage : « Mon ami, vous allez entrer en scène et dire à M$^{me}$ Darras : Madame, la flotte vous demande ; et tout bas vous ajouterez : C'est M. Lireux qui voudrait vous parler. » Le coryphée s'acquitta de sa tâche ; mais, sans l'écouter, l'actrice continua sa tirade. L'horloge marchait toujours. Quelques minutes plus tard, l'ambassadeur de Lireux rentrait en scène, et cette fois il disait d'un ton plus animé et qui ne souffrait pas de réplique : « Madame, la flotte s'impatiente ! » Puis il rentrait dans la coulisse, où M$^{lle}$ Darras le suivait en cachant un fou rire dans les plis de son mouchoir. La pièce finit à minuit moins quelques minutes, et le directeur économisa l'amende et les doubles frais. J'entendis un jour Lireux dire à un jeune auteur dont la pièce venait de tomber sous les sifflets et qui attribuait sa chute à la parcimonie de la mise en scène : « Monsieur, si vous dites un mot de plus, je vous joue une seconde fois ! » L'auteur terrifié ne souffla mot et partit pour ne plus revenir.

## CHAPITRE XI.

LE PERSONNEL TRAGIQUE ET COMIQUE DU THÉATRE-FRANÇAIS DEPUIS 1800 JUSQU'A NOS JOURS.

### I.

Si le théâtre du xviii° siècle peut se glorifier de Lekain, de Molé, de M<sup>lles</sup> Lecouvreur, Gaussin, Dumesnil et Clairon, celui du xix° lui oppose sans désavantage Talma, M<sup>lles</sup> Mars et Rachel. On pourra objecter que Talma avait débuté, en 1787, à la Comédie-Française du faubourg Saint-Germain, par le rôle de Séide dans *Mahomet*, et que M<sup>lle</sup> Mars, née en 1778, avait joué tout enfant à Versailles, puis au théâtre Montausier du Palais-Royal et à Feydeau, avant d'entrer au Théâtre-Français de la République. Mais Talma, même après le succès qu'il obtint, en 1789, dans le *Charles IX* de Chénier, n'était pas encore le grand comédien qui se révéla au monde sous l'Empire et sous la Restauration, et M<sup>lle</sup> Mars, d'abord très-imparfaite, ne rencontra réellement son premier succès qu'en l'année 1800, quand elle eut représenté le jeune sourd-muet de *l'Abbé de L'Épée*. Le développement de ces deux immenses talents appartient donc tout entier à notre siècle, et M<sup>lle</sup> Rachel est de tous points digne de figurer auprès d'eux. Je ne les comparerai pas par ouï-dire ; car j'ai vu ces trois éminents artistes et j'ai pu constater que l'engouement de la mode n'a jamais été pour rien dans l'admiration qu'ils inspiraient.

## II.

#### Talma.

Talma, lors de son début en 1787, comptait un peu moins de vingt-cinq ans. Il avait exercé la profession d'aide-dentiste à Londres, chez son père, et il continua cette profession quand il revint à Paris chez son oncle, rue Mauconseil. Après s'être essayé chez Doyen, il débuta au Théâtre-Français, établi alors sur l'emplacement de l'Odéon actuel. Ce qu'il y a de bizarre, c'est que, pendant le cours de l'année 1788 et des premiers mois de l'année suivante, il n'eut à créer, après les débuts réglementaires, que des rôles de comédie : Cléandre dans *la Jeune Épouse* de Cubières ; le chevalier Tristan dans *Lanval et Viviane* de Murville ; le comte d'Orsange dans *le Présomptueux* de Fabre d'Églantine ; le garçon anglais dans *les Deux Pages* de Dezède. Reçu sociétaire en 1789, il fut choisi par Chénier pour représenter son *Charles IX*. Ses querelles avec ses camarades et son duel avec Naudet lorsqu'on

voulut arrêter la pièce en plein succès sont trop
connus pour que j'en reproduise les détails. Le résultat de ces dissensions intestines fut d'amener la séparation, et, le 1ᵉʳ avril 1791, Talma et les dissidents
quittèrent le théâtre de la Nation, situé au faubourg
Saint-Germain. Les uns allèrent à Feydeau, l'ancien
théâtre de Monsieur ; les autres, parmi lesquels Dugazon, Grandmesnil, Mᵐᵉˢ Vestris, Desgarcin et Lange,
suivirent Talma pour fonder un second Théâtre-Français dans la salle nouvelle de la rue Richelieu, qui prit,
l'année suivante, le nom de théâtre de la République.
Les derniers rôles de notre grand artiste au théâtre
de la Nation appartenaient encore à la comédie et au
drame : Juan dans *le Paysan magistrat* de Collot d'Herbois ; Harcourt dans *le Réveil d'Épiménide* de Flins ;
le comte d'Amplace dans *l'Honnête Criminel* de
Fenouillot de Falbaire; Dorvigny dans *le Comte de
Comminges* de Baculard d'Arnaud ; enfin Jean-Jacques
Rousseau dans *le Journaliste des ombres ou Momus
aux Champs-Élysées*, pièce d'Aude jouée en 1790.
C'est au théâtre de la rue Richelieu, en 1791, que
Talma créa le *Henri VIII* de Chénier. Il remporta
dans ce rôle une victoire signalée, malgré la cabale organisée contre lui. La tragédie de Chénier, sans être
excellente, contient des scènes hardies; elle offrait à
l'artiste l'occasion de montrer le côté dramatique de
son talent. Au cours de la même année, Talma créa le
petit rôle du Cimbre dans le *Marius à Minturnes*
d'Arnault, Cléry dans *l'Intrigue épistolaire* de Fabre
d'Églantine, le *Jean Sans-Terre* de Ducis, le rôle de

Lassalle dans le *Calas* de Chénier, puis l'*Abdelazis* de Murville, et Alonso dans *la Vengeance*, tragédie de Dumaniant, mauvaise contrefaçon d'Othello. Dans cette seule année 1791, du mois d'avril au mois de décembre, Talma établit donc sept rôles nouveaux en cinq actes.

L'année 1792 fut pour lui un repos relatif, puisqu'il ne joua que deux rôles nouveaux : le *Caius Gracchus* de Chénier et l'*Othello* de Ducis. En 1793, Talma joua encore deux pièces de Chénier : le *Fénelon* et le *Mucius Scævola*. En 1794, il représenta le Néron d'*Épicharis et Néron* de Legouvé, Servilius dans le *Cincinnatus* d'Arnault et le *Timoléon* de Chénier. Cette pièce de *Timoléon*, où se trouve cet hémistiche : « *Des lois et non du sang!* », provoqua un tumulte effroyable, et le comité de salut public interdit la représentation de l'ouvrage. En 1795, Talma se produisit dans le personnage de Pharan de l'*Abufar* de Ducis, et dans le *Quintus Fabius* de Legouvé. En 1796, il prête sans succès le secours de son talent à une méchante comédie en quatre actes en vers de Collin d'Harleville, intitulée *Les Artistes*. En 1797, c'est le *Junius* écrit par son camarade Monvel ; puis l'*Agamemnon* de Lemercier, où le coryphée du théâtre de la République révèle un talent de premier ordre en se montrant sous les traits d'Égisthe. Dans la même année il crée le Kaleb du *Falkland* de Laya. *Les Vénitiens* d'Arnault, où Talma joue le rôle de Moncassin, obtiennent les applaudissements de Bonaparte en 1798. Le 18 mars 1799, le théâtre de la Nation ayant été incendié, le premier Consul réorganisa la société de la Comédie-Française et réunit tous les acteurs en une seule troupe au théâtre de la rue Richelieu. C'est là que, le 1ᵉʳ germinal an VIII, avec le concours de Monvel et de Mᵐᵉ Vanhove (qui devint Mᵐᵉ Talma, puis la vicomtesse de Chalot), notre grand tragédien créa si brillamment le rôle de *Pinto* dans la pièce de Lemercier.

Il faut passer maintenant sur les quasi-chutes du *Montmorency* de Carrion-Nisas, du *Thésée* de Manoyer, du *Phédor* de Ducis, du *Roi et le Laboureur* d'Arnault et de l'*Orovèse* de Lemercier, qui n'offrent aucun point d'appui à l'acteur. *Shakespeare amoureux* et *Guillaume le Conquérant* d'Alexandre Duval, la *Polyxène* d'Aignan et le *Cyrus* de Chénier n'ajoutent rien au répertoire moderne de Talma. Nous arrivons enfin, en 1805, au rôle de Marigny dans *les Templiers* de Raynouard. Là se rattache le fil des succès rompu depuis longtemps déjà. Heureusement l'ancien répertoire est là pour suppléer à la faiblesse du nouveau. Talma faisait chaque soir des prodiges de génie quand il représentait les héros de Corneille et de Racine. Ce n'est ni le *Henri IV* de Legouvé, ni le *Pyrrhus* de Lehoc, ni l'*Hector* de Luce de Lancival, ni les *États de Blois* de Raynouard, où Talma jouait le duc de Guise, ni le *Mahomet II* de Baour-Lormian, ni le *Tippo Saïb* de Jouy, ni le *Ninus II* de Brifaut qui pouvaient lui donner le moyen de soulever l'admiration du public.

Arnault, auteur très-perspicace et très-entendu en

affaires, imagina, dès les premières années de la Restauration, d'exploiter à la scène les allusions politiques. C'est ainsi que *Germanicus* vit le jour en 1817, et, grâce aux persécutions de la police, cette faible tragédie devint un succès formidable, qui ne s'arrêta que par la violente suppression de la pièce. Nous avons raconté, au chapitre II de cet ouvrage, l'organisation habile de ce succès et comment la perruque de Talma faillit provoquer une révolution. L'année suivante, Jouy, auteur non moins ingénieux quoique moins tragique, reproduisit dans *Sylla* la perruque de *Germanicus*. Cette fois les recettes affluèrent, car la police ne jugea pas à propos d'interdire ces innocents alexandrins. Avant Sylla, Talma avait merveilleusement composé le rôle de Leicester dans la *Marie Stuart* de Lebrun. Le *Régulus* de Lucien Arnault, la *Clytemnestre* de Soumet où il représenta le jeune Oreste ne firent pas moins d'honneur à son talent que le Glocester de la *Jane Shore* de Lemercier. Malgré la faiblesse de ses poëtes, l'artiste trouvait là deux types qui le reportaient aux Grecs et à Shakespeare, et il se montra sublime de tous points. Une partie des admirateurs de Talma, habitués à ne le voir que sous le costume tragique, le blâmèrent d'avoir accepté en 1823 le rôle de Danville, qu'il joua avec tant d'effet dans *l'École des vieillards* de Casimir Delavigne. On oubliait alors que le grand tragédien avait commencé sa carrière par la comédie et qu'il ne faisait que revenir momentanément à son point de départ. Il se montra aussi admirable sous le frac du bourgeois Danville que sous la toge grecque ou romaine, quoi qu'en aient pu dire quelques esprits chagrins.

L'année 1825, qui précédait l'année fatale où le grand artiste devait être enlevé à l'admiration du public et à l'avenir de l'art, ne fournit à Talma d'autres créations que le *Cid d'Andalousie*, qui fut un insuccès, l'Abiathar de *la Clémence de David* de Draparnaud, le *Bélisaire* de Jouy et le *Léonidas* de Pichat, auquel il sut donner un caractère de noblesse et de grandeur que tout le monde apprécia.

C'est le 6 mars 1826 que Talma créa son dernier rôle, celui où il apporta peut-être le plus de génie, quoique la pièce fût bien médiocre : je veux parler de la tragédie de de La Ville intitulée *Charles VI*. Pendant les répétitions l'acteur donna d'excellents conseils à l'auteur, qui malheureusement ne les suivit pas. « J'aurais voulu, disait Talma, que la pièce commençât par une orgie de soldats anglais sous les voûtes d'un palais orné de drapeaux rouges aux armes britanniques, et qu'à l'entrée du roi Charles VI, seul, misérable, abandonné de tous, le spectateur découvrît tout à coup que la scène se passait en France, à Paris, à l'hôtel Saint-Paul. » Rien n'est comparable à l'art que déploya le sublime tragédien dans la composition de ce rôle de Charles VI. Son vêtement en désordre, sa chevelure inculte, son grand œil éteint qui se ranimait tout à coup pour lancer des éclairs, cette pauvre tête s'inclinant désespérée sur sa poitrine, cette accentuation tantôt sourde et traînante, tantôt vibrante et pleine de menaces, ce demi-réveil de l'intelligence qui s'efforçait de briser l'enveloppe de la folie et qui retombait sans force et sans volonté, c'était vraiment la plus belle étude psychologique que j'aie jamais vue traduite par le jeu d'un acteur, cet acteur se nommât-il Édouard Kean ou de quelque nom que ce soit.

On le voit, les pièces modernes ne fournirent que rarement à Talma l'occasion de montrer ce que pouvait son génie créateur. Pourtant, quand on ne le précipitait pas dans le vide absolu, il trouvait toujours des ressources, témoin *Charles IX*, Kaleb de *Falkland*, Marigny des *Templiers*, *Germanicus*, *Sylla*, *Régulus*, *Glocester*, et enfin ce *Charles VI* si magnifique à la représentation et si complétement nul à la lecture. Les pâles imitations de Shakespeare que hasarda Ducis mirent aussi en relief quelques-unes des hautes qualités de notre grand tragédien. Il se montra merveilleux dans *Hamlet*. Shakespeare était absent de la pièce, mais présent dans la parole et dans le regard de Talma.

La gloire la plus pure du Roscius français lui vient donc des chefs-d'œuvre de l'ancien répertoire qu'il interpréta comme nul ne l'a fait depuis, et comme j'incline à croire que nul ne l'avait fait avant lui. Lekain possédait de merveilleux dons, entre autres une sensibilité rare et le talent d'émouvoir les foules, mais son physique était affreux ; il avait la voix dure, le ton déclamatoire. A cause de son emphase et de ses prétentions à la dignité, Lekain convenait mieux aux héros de Voltaire qu'à ceux de Corneille ou de Racine. Il fut l'idéal d'Orosmane, et ceux qui admiraient la tragédie de *Zaïre* devaient nécessairement reconnaître en lui le modèle des tragiques. Le ton déclamatoire de Lekain se fit surtout sentir quand il voulut jouer la comédie. Desparville fils (du *Philosophe sans le savoir*) ne lui fut pas favorable, et il rentra aussitôt dans le domaine tragique, qu'il réduisit peu à peu au seul répertoire de Voltaire.

Talma, au contraire, put aborder avec une égale supériorité tous les genres et tous les répertoires, tragédie, drame et comédie. Il avait un organe mélodieux et si bien travaillé qu'il possédait toutes les nuances d'une voix de chanteur. Sa demi-voix était surtout merveilleuse et il s'en servait avec un art infini. C'était un homme d'une grande instruction, qui étudiait constamment et qui cherchait toujours à faire mieux qu'il n'avait fait. On peut voir ainsi, d'une année à l'autre, se modifier les critiques que lui adressaient dans les journaux les partisans quand même de l'école déclamatoire. Dans son feuilleton du 7 floréal an VIII, l'abbé Geoffroy, l'ennemi le plus acharné de la nouvelle école, trouve que Talma a pris à contre-sens le personnage d'Oreste, et, le 4 messidor an XII, il avoue qu'il joue avec une effrayante vérité les fureurs du fils d'Agamemnon et qu'il est en possession des plus vifs applaudissements de la foule. A l'époque où écrivait Geoffroy, il avait peut-être raison dans quelques-unes de ses critiques. Il se peut qu'en l'an VIII Talma ne représentât pas les deux Oreste, le Néron de *Britannicus*, le Sévère de *Polyeucte* et le Joad d'*Athalie* comme les hommes de ma génération les lui ont vu jouer plus tard. Ce que nous pouvons affirmer, c'est que le spectacle que nous avons eu sous les yeux de 1820 à 1826 était le dernier mot de la perfection de l'art. Dans le *Cinna* de Corneille, Talma, abandonnant le rôle de l'amant d'Émilie pour poser sur ses cheveux blancs la couronne d'Auguste, fit de cette double création le plus étonnant de ses triomphes. Le Sévère de *Polyeucte*, le César de *la Mort de Pompée*, le *Cid*, *Nicomède*, le Joad d'*Athalie*, l'Achille d'*Iphigénie*, *Mithridate* furent des chefs-d'œuvre de composition et de diction. Le *Manlius* de Lafosse, le *Venceslas* de Rotrou, l'*Œdipe* de Voltaire, le drame de Kotzebue intitulé *Misanthropie et Repentir*, *La Partie de chasse de Henri IV*, les imitations shakespeariennes de Ducis, *Othello*, *Hamlet*, *Macbeth* vinrent élargir le champ de ses succès et portèrent à son comble la renommée de Talma. Il joua antérieurement le Zamore d'*Alzire*, *Tancrède*, Arsace dans *Sémiramis*, le *Coriolan* et le *Comte d'Essex* de La Harpe; mais il ne garda pas ces rôles à son répertoire.

Lorsqu'en 1826, après trente années non interrompues d'admiration, le public apprit qu'une maladie cruelle allait lui enlever son tragédien favori, il ne cessa chaque soir de réclamer des nouvelles à l'acteur qui paraissait en scène, renouvelant ainsi ce qui s'était passé pour Molé et pour Préville. Le jour de la mort, ce fut un désespoir dans Paris. Les funérailles firent affluer quatre-vingt mille personnes au Père-Lachaise. Le cercueil était surmonté d'une couronne de laurier et du bandeau qu'avait porté le défunt dans son rôle de Sylla. La Comédie-Française fit relâche pendant trois jours.

---

## III.

#### Les contemporains et les successeurs de Talma dans les premiers rôles.

Après la mort de Lekain, arrivée en 1778, Larive put croire un instant qu'il fermait derrière lui la carrière des premiers rôles tragiques; mais, quand Talma eut représenté Charles IX, les jalousies de Larive reprirent leur cours, et pour la seconde fois il vit le sceptre s'échapper de ses mains. Le rôle de Tancrède était le cheval de bataille de Larive. C'est avec cela qu'il électrisait l'enthousiasme des provinces. Après avoir exercé son art pendant trente ans, il quitta définitivement le Théâtre-Français, en 1801, et on ne le vit plus paraître qu'une seule fois, sur une scène parisienne, en 1816, dans une représentation donnée au théâtre Favart au bénéfice des pauvres. C'est en se retirant qu'il lança sa flèche de Parthe contre ses anciens camarades. Cette flèche était une brochure intitulée « *Réflexions sur l'art théâtral* ». Il y fulminait à propos de la décadence de la *maison de Molière*. Sans le nommer, il attaquait Talma et prêchait en faveur de la *spontanéité* dans le jeu du comédien, qu'il opposait à l'*étude*. « Je pense, disait-il, qu'il est impossible de peindre et d'exprimer tous les beaux effets de la tragédie avec des intonations calculées. On peut étonner le public, on peut encore l'effrayer sans l'attendrir ; les véritables émotions par lesquelles on fait couler ces larmes délicieuses qui nous rappellent à de tendres souvenirs n'ont point cette couleur obscure qui ne trouve d'explosion que dans des convulsions effrayantes et qui n'inspire aux spectateurs que de l'horreur. » Larive ne faisait du reste que reproduire, presque dans les mêmes termes, les anciennes critiques de Geoffroy, qui prétendait que Talma, « sous prétexte de chercher la nature, dégradait la tragédie par un ton familier et trivial, qu'il marchait à la tête de l'école du noir, et que son triomphe était dans la peinture des passions portées jusqu'à l'égarement et la stupidité ! »

Lafon, qui débuta en 1800 par le rôle d'Achille dans *Iphigénie en Aulide*, appartenait aussi à l'école déclamatoire, et, comme il était Gascon, il ajoutait à cette psalmodie du vers l'accent de son pays natal. La tradition de l'ancienne école, rompue par Talma avec un éclat sans pareil, trouvait encore des admirateurs, et, quand on jouait *Athalie*, j'ai vu Abner aussi applaudi que Joad. La pure diction de Talma faisait pourtant un singulier contraste avec la gasconnade de Lafon, et je m'étonnai toujours que l'on pût ainsi approuver à la fois deux systèmes aussi différents et qui semblaient s'exclure. *Tancrède* fut naturellement le cheval de bataille de Lafon, comme il avait été celui de Larive. Il jouait ce personnage en costume nankin garni de velours noir, avec la toque et l'épée en croix, dont le ceinturon lui dessinait la taille sous les aisselles. Ce costume servait à tous les rôles de matamores, que l'on appelait alors *les chevaliers français.*

Des chevaliers français tel est le caractère.

Les rôles de comédie que joua Lafon pour ses débuts furent le Clitandre des *Femmes savantes*, le mari de la *Femme jalouse* et l'Alceste du *Misanthrope*. Le public se montra indulgent et tint compte au débutant de ses qualités naturelles, tout en blâmant quelques-uns de ses défauts. Lafon réussit mieux dans la *Métromanie* et beaucoup moins dans *le Glorieux*. Ses débuts dans la comédie avaient lieu en 1806, six ans après ses débuts tragiques. Il abandonna bientôt un genre qui ne se prêtait pas à la nature de son talent, et il se borna aux rôles tragiques. Lafon donna sa représentation de retraite en 1839, et mourut en 1846.

Joanny (de son nom de famille Jean-Bernard Brisebarre) avait débuté, en 1807, à la Comédie-Française, par Coriolan, Cinna, Vendôme et Oreste, puis il était retourné en province pour se perfectionner. Nous le voyons entrer à l'Odéon en 1819, et, en 1826, rentrer au Théâtre-Français, qui le reçoit sociétaire. Ses voyages lui avaient grandement profité. On ne songea plus à lui reprocher d'être un acteur de province, de chercher à copier Talma, d'avoir plus de vivacité que de force, d'être un pygmée à côté de Lafon. Joanny était devenu lui-même. Il possédait une belle diction, un visage expressif, une chaleur et une sensibilité merveilleuses. L'école romantique ne manqua pas de mettre à profit ces qualités rares, et Alexandre Dumas, Victor Hugo et Alfred de Vigny s'empressèrent de lui confier des rôles dans *Henri III*, dans *Hernani*, dans *Chatterton*. Il établit en maître les trois créations du duc de Guise, de don Ruy Gomez et du Quaker.

Les débuts de Ligier au Théâtre-Français eurent lieu en 1820. C'est Talma qui les lui obtint quand il revint de Bordeaux, où le jeune tragédien lui avait été présenté. Ligier tint honorablement l'emploi de premier rôle tragique, mais il était plutôt l'homme du répertoire moderne. On le vit créer avec une grande autorité le *Marino Faliero* de Casimir Delavigne à la Porte-Saint-Martin, en 1829, et le *Louis XI* du même auteur en 1832. A ce dernier personnage il sut donner une couleur historique tout à fait remarquable. Il représenta aussi d'une façon magistrale le Glocester des *Enfants d'Édouard* et le Triboulet du *Roi s'amuse*. On l'applaudit dans *les Burgraves*, dans *Tibère*, dans *le Testament de César* et dans le *Richard III* de M. Séjour, joué à la Porte-Saint-Martin.

Je n'ai jamais apprécié à la valeur qu'on lui accordait le talent de Damas, qui joua longtemps les premiers rôles de comédie et les jeunes premiers tragiques. C'était encore là un talent de convention. Damas avait débuté, en 1702, au théâtre de la République. Il mourut en 1834, dans la même année que M^me Bourgoin. Fleury, qui appartient plutôt au xviii^e siècle qu'au xix^e, joua jusqu'en 1818, et il reste encore, après Baron et Molé, le modèle des premiers rôles de la comédie. Il n'avait de sa personne ni la grâce ni l'éclat de Molé, mais on s'accordait à dire qu'il avait plus de profondeur. Dans *le Philosophe marié* il se montrait aimable et gai, maniant avec beaucoup de tact une ironie décente; dans *Tartuffe* c'était la convoitise et l'hypocrisie même. Il était chaud et convaincu dans l'Alceste du *Misanthrope*, et, dans ce rôle si difficile, il laissait voir, sous la mauvaise humeur de l'honnête homme indigné, le violent amour qui le torture et le maîtrise malgré lui. On a trop oublié aujourd'hui que le Misanthrope est un amoureux plein de passion et que ce n'est pas le *Bourru bienfaisant*. Fleury luttait d'impertinence et de fatuité avec Molé lui-même dans *l'Homme à bonnes fortunes*, comme dans le marquis de Moncade de *l'École des bourgeois*. Fleury était, en un mot, l'un des acteurs les plus accomplis parmi ceux qui servent de point de jonction entre le XVIII$^e$ et le XIX$^e$ siècle. Dans les *Mémoires* que l'on a publiés sous son nom et qu'il n'a pas écrits, mais qu'il a certainement inspirés, Fleury avoue la supériorité de Molé, dont il énumère pourtant les imperfections. Il dit « qu'il allait aux nues avec des défauts qui auraient fait tomber les autres. Il hésitait, bégayait, parlait avec volubilité, tâtonnait la prose, tâtonnait les vers... On ne le trouvait jamais mieux que lorsqu'il avait un défaut de mémoire; il prenait alors une façon toute particulière de tirer ses manchettes, de caresser son jabot, de chercher sa tabatière, de toucher son épée ou de changer son chapeau de place, qui éblouissait. Irrégulier et pourtant se ressemblant toujours, il aurait tout perdu par la correction. » Monvel fut aussi l'un des grands acteurs du XVIII° siècle, que le XIX° recueillit et qu'il admira jusqu'en 1806. Il avait joué tout le répertoire des jeunes premiers, des premiers rôles et des pères nobles. Ses deux triomphes furent l'Auguste de *Cinna* et *l'Abbé de L'Épée*. Monvel avait la voix faible, c'est peut-être ce qui l'amena à parler naturellement, et à se garer des cris et des efforts. Il possédait au suprême degré le don d'émouvoir et d'arracher des larmes. Le dernier représentant des Moncade, le dernier héritier des grâces impertinentes de Molé et de Fleury fut Armand qu'il nous a été donné de voir encore. Bien qu'il ne fût qu'un reflet et que sa prononciation un peu défectueuse l'obligeât de se borner au répertoire de la comédie, il faisait revivre à nos yeux la belle école du XVIII° siècle. Je ne crois pas que Fleury ait pu mieux jouer que lui le marquis de *l'École des bourgeois* de Dalainval.

La scène contemporaine nous fournit, parmi les premiers rôles tragiques bien accueillis du public, Beauvallet, qui joua tout le répertoire ancien et quelques tragédies modernes, y compris un *Robert Bruce* qu'il écrivit pour lui-même en 1847, et Geffroy, acteur et peintre distingué, qui créa le rôle de *Chatterton* avec une rare puissance. Geffroy tint le premier rang dans le répertoire ancien et moderne, pendant un séjour de vingt-neuf ans, à la Comédie-Française. Bressant occupa longtemps en chef l'emploi des premiers rôles de la Comédie, et il marcha honorablement dans la glorieuse route de ses prédécesseurs. Il se distingua tout d'abord au théâtre des Variétés et au Gymnase, où il fit les brillantes créations de Lovelace dans *Clarisse Harlowe* et de Paul Aubry dans *Diane de Lys*. Après sept ans de succès en Russie, il entra, en 1854, au Théâtre-Français comme sociétaire.

Parmi les jeunes premiers rôles de la Comédie-Française, aucun ne montra plus de verve et de chaleur que Firmin, dont les débuts dans le Séide de *Mahomet* et dans le Dormilly des *Fausses Infidélités* remontent pourtant à 1811. Ce fut lui, né en 1787, qu'Alexandre Dumas et Victor Hugo choisirent, en 1829 et en 1830, comme le véritable jeune homme de la troupe digne de représenter le Saint-Mégrin de *Henri III* et l'adolescent *Hernani*. Jusqu'à son dernier jour Firmin fut jeune et impétueux, et il entraîna toujours les enthousiasmes de son auditoire ; c'était une nature d'élite, un vrai comédien de race. Delaunay, qui le remplace aujourd'hui, a beaucoup de ses précieuses qualités et il sera jeune aussi longtemps que Firmin. Michelot et Menjaud appartiennent déjà au passé. Maillard et Leroux ont disparu avant l'âge de la retraite.

## IV.

**Les premiers rôles de femmes dans la Tragédie et dans la Comédie.**

---

### M<sup>lle</sup> Duchesnois. — M<sup>lle</sup> Georges.

En 1803, lorsque décline l'astre de M<sup>lle</sup> Raucourt, deux étoiles rivales traversent le ciel orageux de la Comédie-Française et menacent de se réduire mutuellement en poudre. Ces deux étoiles portent les noms de Duchesnois et de Georges Weymer, deux noms inconnus alors et dont la renommée va rapidement s'étendre. M<sup>lle</sup> Duchesnois débute par le rôle de *Phèdre*, sous la protection du ministre de l'intérieur Chaptal; puis elle ceint le bandeau de *Sémiramis* et d'*Hermione* et le turban de *Roxane*, pour s'affubler ensuite de la robe frangée d'or d'Aménaïde, l'amante de Tancrède. Presque au même instant, M<sup>lle</sup> Georges Weymer, protégée par le seul éclat de sa beauté et par sa confiance en elle-même, paraît à son tour dans la Clytemnestre d'*Iphigénie* et dans Aménaïde. Puis elle aborde *Athalie*, *Mérope*, Cléopâtre de *Rodogune*, *Sémiramis* et enfin l'Émilie de *Cinna*. C'était le temps où il existait un public et une croyance au grand art. Des partis ardents se formèrent pour soutenir les deux débutantes, l'une belle comme une statue grecque, et dans toute la splendeur de ses seize ans, l'autre maigre et chétive, âgée de vingt-huit ans déjà. Le public baptisa ces partis des sobriquets de *Georgiens* et de *Carcassiens*. Afin de ménager les influences, le comité reçut les deux débutantes comme sociétaires à quart de part pour l'année 1804. Le chef de l'État s'était placé résolûment à la tête des Georgiens. L'abbé Geoffroy, le rédacteur des *Débats*, avait un pied dans les deux camps. Une brochure du temps, intitulée « *La Conjuration de M^lle Duchesnois contre M^lle Georges Weymer pour lui ravir la couronne* », montre à sa première page une reine antique qui ressemble à Georges et qui porte le buste de Geoffroy au bout d'une girouette, avec cette épigraphe empruntée au *Cinna* de Corneille et arrangée pour la circonstance :

Si j'ai séduit Geoffroy, j'en séduirai bien d'autres.

Outre les rôles du répertoire ancien, M^lle Duchesnois joua M^lle d'Entragues dans *la Mort de Henri IV* de Legouvé (1806), la *Jeanne d'Arc* de d'Avrigny, la *Clytemnestre* de Soumet. Elle parut aussi dans le *Léonidas* de Pichat, dans le *Pierre de Portugal* de L. Arnault. Voyant le drame moderne démolir les autels classiques en 1829 et en 1830, M^lle Duchesnois se retira avec ses dieux et abandonna le théâtre pour toujours. Elle mourut en 1835, mais elle emporta la consolation d'avoir forcé sa rivale à quitter la rue Richelieu pour l'Odéon, la première scène pour la seconde.

C'est à l'Odéon que M^lle Georges créa la Pythonisse dans le *Saül* de Soumet, la *Cléopâtre* et la *Nouvelle Jeanne d'Arc* qui dépassa de beaucoup le succès de la pièce de d'Avrigny représentée par Duchesnois. La *Jane Shore* de Liadières, les *Machabées*, le *Comte Julien* ne lui ayant offert que des créations misérables, M^lle Georges reprit ses voyages à travers les provinces, puis elle revint à l'Odéon en 1829 pour jouer le rôle de Catherine de Médicis dans les *États de Blois*, la *Christine* d'Alexandre Dumas, la *Norma* de Soumet, la *Maréchale d'Ancre* de Vigny. Elle entra ensuite à la Porte-Saint-Martin, où elle fit ses magnifiques créations de *Marguerite de Bourgogne*, de *Lucrèce Borgia* et de *Marie Tudor*. La *Famille Moronval*, Le *Manoir de Monlouviers*, La *Marquise de Brinvilliers*, La *Vénitienne*, L'*Impératrice* et la *Juive* furent aussi pour elle des triomphes.

M^lle Georges reprit bientôt son humeur voyageuse, comme avait fait jadis M^lle Raucourt, et, en 1840, je la vis arriver à Constantinople avec une troupe qu'elle promena dans le sud et dans le nord de la Russie. L'expédition ne fut pas heureuse, et les fameux diamants de la directrice furent mis en gage pour lui permettre de rapatrier sa troupe. De retour à Paris en 1842, M^lle Georges donna quelques représentations au Théâtre-Italien. Rachel y vint jouer auprès d'elle le rôle d'Ériphyle dans *Iphigénie en Aulide*. La superbe Clytemnestre n'y écrasa pas sa rivale, comme quelques-uns l'ont prétendu, mais elle se tint à sa hauteur, ce qui n'est pas peu dire. Elle retourna à l'Odéon, où elle reprit *Marie Tudor* avec M^me Dorval dans le rôle de Jane. Elle s'engagea ensuite à la Gaîté pour une reprise de *la Chambre ardente*, puis à la Porte-Saint-Martin et au théâtre Historique. Sa représentation d'adieu eut lieu au Théâtre-Français. Elle y joua le rôle de Cléopâtre dans *Rodogune* avec autant de puissance et d'effet que dans ses meilleurs jours. Après une carrière si brillamment parcourue et après un repos qu'elle avait bien mérité, M^lle Georges mourut en 1867, à l'âge de quatre-vingt-un ans.

Ayant eu le bonheur ou le malheur de voir les deux actrices rivales, je puis affirmer que les défauts de M^lle Duchesnois dépassaient de beaucoup ses qualités naturelles. Elle avait de l'âme et de la sensibilité, mais son débit était pleurard et monotone; sa diction était enflée et déclamatoire, et ce fameux *hoquet dramatique* par lequel elle marquait tous les hémistiches des vers portait sur les nerfs des spectateurs et finissait par exaspérer ceux qui n'acceptaient pas cette convention. M^lle Georges, au contraire, possédait un organe plein et métallique. Quoique les leçons de Raucourt eussent laissé dans sa manière de dire une sorte de martellement syllabique, qui avait bien aussi parfois ses désagréments, on trouvait en elle des élans de passion irrésistibles. Elle savait composer ses rôles avec une sûreté et une rectitude bien rares aujourd'hui. Les personnages qu'elle représentait parlaient d'un ton naturel, sans cependant tomber jamais dans la trivialité si fréquente dans le débit de l'école contemporaine. M^lle Georges vivra dans l'histoire du Théâtre-Français et servira de point de jonction entre le xviii° et le xix° siècle.

M{rc} Talma ou Mlle Vanhove, qui resta dans la troupe de la rue Richelieu jusqu'en 1811, avait débuté en 1771. Cette actrice de mérite n'appartient à notre siècle que par la date de sa retraite. Elle avait épousé le grand tragédien en 1802, après avoir divorcé avec Petit, musicien de l'orchestre. Quand Talma fut mort, elle épousa en troisièmes noces le vicomte de Chalot et publia des souvenirs sur son second mari, probablement avec le consentement du troisième. Mentionnons le passage de Mme Paradol dans la tragédie. Cette artiste ne fit pas éclater d'enthousiasme, mais elle n'était pas sans mérite. C'était une belle personne, de la stature de Mlle Georges et un peu aussi de son école. Mme Paradol quitta la Comédie-Française en 1838, l'année où Mme Dorval y entrait pour jouer *Marion Delorme*. Cette même année 1838, Mlle Rachel, après ses débuts, se voyait admise comme pensionnaire aux appointements de 4,000 francs par an. Il est juste d'ajouter que le généreux ministre de l'intérieur accorda, au bout de quinze jours, à cette gloire future une gratification de 500 francs pour l'aider à payer son loyer.

## V.

#### M⁽ˡˡᵉ⁾ Contat et M⁽ˡˡᵉ⁾ Mars.

Louise Contat fut le grand premier rôle de comédie le plus complet que produisit notre théâtre au xvıııᵉ siècle. Elle débuta en 1776 et prit sa retraite en 1809, après une carrière de trente-trois ans, pendant laquelle elle joua trois emplois, celui des jeunes premières, celui des grandes coquettes et celui des mères. M⁽ˡˡᵉ⁾ Mars, sa digne élève et l'héritière de sa renommée, ne se produisit que dans les deux premiers emplois et ne voulut jamais aborder le troisième ; elle le remplaça par les premiers rôles de drame. M⁽ˡˡᵉ⁾ Contat créa en 1784 un rôle de soubrette, celui de Suzanne dans *le Mariage de Figaro*, montrant ainsi la souplesse et l'universalité de son rare talent. Personne ne réunit à la scène autant de qualités naturelles et acquises. Elle avait les grâces de la figure, la gaieté du sourire, le feu du regard, la musique de la voix, la finesse, l'enjouement, la coquetterie aimable, et, par-dessus tout, ce charme indéfinissable qui, de prime abord, lui conquérait les auditeurs. Sa sœur, Émilie Contat et sa fille, Amalric Contat, jouaient les soubrettes au même théâtre avec quelque succès. Nous voyons Louise Contat débuter par Atalide dans la tragédie de *Bajazet*, en 1776. Elle devient, en 1784, la ravissante Suzanne du *Mariage de Figaro*, puis le modèle des Célimène et des Elmire. Enfin, dans les premières années de notre siècle, elle se métamorphose en madame Évrard du *Vieux Célibataire*, toujours belle et charmante, mais ayant acquis avec l'âge un embonpoint qui lui interdisait les rôles de sa jeunesse. Elle prit sa retraite en 1800 pour épouser M. de Parny.

M<sup>lle</sup> Mars fut la digne élève de Louise Contat ; elle eut presque toutes les qualités de sa devancière. Ce n'est qu'à l'âge de trente ans qu'elle se trouva en pleine possession de son talent, mûri par une étude incessante et par les exemples et les conseils de Louise Contat. Fille de Monvel et de M<sup>lle</sup> Salverat, comédienne de province, qu'on nommait aussi madame Mars, elle joua d'abord les rôles d'enfants sur le théâtre de Versailles, dirigé par la Montansier ; puis elle vint aux Variétés du Palais-Royal, où elle parut à côté de Baptiste Cadet dans le rôle du petit frère de Jocrisse. A dix-sept ans elle suivit à Feydeau les dissidents du théâtre de la Nation. En 1795, nous la retrouvons au théâtre du faubourg Saint-Germain, et, en 1799, lors de la réunion des deux troupes, elle joue les ingénuités au Théâtre-Français de la rue Richelieu. M<sup>lle</sup> Mars obtint son premier succès, en 1800, dans le rôle du jeune sourd-muet de *l'Abbé de L'Épée*, et la même année elle créa le rôle de Flora dans *Pinto*.

Au temps de ses débuts, M<sup>lle</sup> Mars était gauche et timide ; elle s'habillait comme une provinciale, et se tenait en scène les bras collés au corps et les coudes en arrière. Roger l'académicien raconte que, voulant distribuer un rôle à la débutante, il consulta Fleury, qui lui dit : « Y pensez-vous? confier votre premier ouvrage à une enfant qui est froide comme une carafe d'orgeat! » En 1806, M^{lle} Mars en était encore aux essais. Elle essayait même la tragédie, et on l'avait vue sous la robe du jeune Benjamin dans l'*Omasis* de Baour-Lormian. Elle se classa définitivement par le rôle de Betty de *la Jeunesse de Henri V*, qu'elle joua avec une délicieuse ingénuité et auquel elle ne voulut jamais renoncer pendant toute sa carrière théâtrale.

En 1807, *la Presse* constate que le talent de M^{lle} Mars, dans les ingénuités, est des plus parfaits que l'on ait connus. Le *Journal des Débats* affirme « qu'elle réunit toutes les qualités de l'art et de la nature, mais que, peut-être à cause de cette perfection même, son talent est très-borné ». Il prétend que cette actrice brille surtout par les mots, que moins elle a de choses à dire, mieux elle les dit, et que les tirades lui sont mortelles. Tout change lorsqu'en 1810, après avoir brillamment réussi dans les coquettes de Marivaux, la jeune ingénue remporte un triomphe éclatant en reprenant le rôle de Suzanne du *Mariage de Figaro* et qu'elle y égale l'effet produit par M^{lle} Contat. Dans *les Rivaux d'eux-mêmes*, où elle joue le rôle de la jeune femme avec une finesse, une décence et une grâce toutes particulières, on reste étonné du contraste qui se produit avec l'ingénuité de la Victorine du *Philosophe sans le savoir*. Puis c'est le tour de *la Coquette corrigée*, où la naïve jeune fille (qui atteint pourtant ses trente-trois ans) passe, avec des nuances délicieuses, de l'inconscience et de l'étourderie au sérieux et presque au drame de passion. Le mois suivant (novembre 1811), Mlle Mars fait admirer la vive gaieté de Mme de Martigue dans *l'Amant bourru* de Monvel, puis les coquetteries de la comtesse dans *le Legs* de Marivaux, pour arriver, en 1812, au coup de foudre de Célimène du *Misanthrope* et d'Elmire du *Tartuffe*. C'est en septembre 1812 qu'elle livre ces deux combats de géant, à dix jours d'intervalle, et dès ce moment on l'acclame comme la première actrice de la comédie.

A cette époque Mlle Mars règne en souveraine dans les deux genres, celui des ingénuités et celui des premiers rôles de comédie ; il lui faudra quinze années encore pour rencontrer le drame moderne, qui doit mettre en lumière des qualités nouvelles que nul ne lui soupçonne encore. Les rôles qui compléteront sa renommée seront la duchesse de Guise du *Henri III*, la Desdémone du *More de Venise* (version d'Alfred de Vigny), la Doña Sol d'*Hernani*, la *Clotilde* de Frédéric Soulié, l'Élisabeth des *Enfants d'Édouard*, la Tisbe d'*Angelo* et *Mademoiselle de Belle-Isle*. Pendant cet entr'acte, où l'ancien répertoire suffit à ses succès et aux recettes du théâtre, Mlle Mars créa une certaine quantité de rôles nouveaux, dont elle fit la fortune pour un temps. Ainsi, en 1814, elle représente lady Athol dans *Édouard en Écosse* d'Alexandre Duval ; en 1818, Emma dans *la Fille d'honneur* ; en

1821, *la Jeune Femme colère* d'Étienne ; en 1822, *Valérie* de Scribe ; en 1823, Hortense de *l'École des vieillards* ; en 1828, *la Princesse Aurélie* de Casimir Delavigne.

Enfin, le 10 février 1829, M^lle Mars entre dans le répertoire du drame moderne par sa belle création de la duchesse de Guise du *Henri III*. Ces choses bizarres, qu'elle voyait pour la première fois dans la pièce romantique et qui la comblaient de surprise, ces bilboquets, ces sarbacanes, ce guet-apens du duc son mari, ce gantelet de fer qui lui serrait le poignet, cette nécessité de fourrer son bras dans les ferrailles de la porte pour empêcher de l'ouvrir, toutes ces folies (disons le mot) lui semblaient des hérésies coupables ; mais elle sentait d'instinct qu'il y avait là, dans cette matière en fusion, un souffle de vie très-puissant, une nouveauté profitable qui devait agir sur la fibre de l'auditoire. Alexandre Dumas se montrait du reste si aimable et si facile de relations, qu'elle était sûre d'obtenir aux répétitions toutes les concessions qu'elle demanderait. Il n'en fut pas de même avec Victor Hugo à propos du rôle de Doña Sol dans *Hernani*. Le gantelet de fer passa de la fiction à la réalité. Il ne lui fut pas permis, à son grand déplaisir, d'appeler Firmin autrement que « mon lion superbe et généreux », malgré ses objurgations et ses protestations réitérées. J'ai mentionné, au quatrième chapitre de ce livre, les orages de ces répétitions ; celles d'*Angelo* ne furent pas moins agitées. L'engagement de M^me Dorval pour le rôle de Catarina Bragadini avait irrité au dernier point M^me Mars, qui ne pouvait admettre cette voix rauque et cet air pauvre et chétif contrastant si curieusement avec sa dignité à elle et avec ses grandes manières. « Quand on répète à côté de cette femme, disait-elle à quelques amis, on a toujours envie de se gratter. » Le mot est bien authentique, quoiqu'il soit connu de peu de personnes.

*Mademoiselle de Belle-Isle* est le dernier grand succès de M^me Mars dans le répertoire moderne. L'événement ne remonte qu'à 1839; il est donc présent à la mémoire de toute une génération. La grande comédienne avait alors soixante et un ans. Quoique sa taille fût un peu épaissie, elle faisait encore illusion à distance et sa voix avait gardé toute la pureté et tout le charme d'autrefois. Scribe voulut écrire un rôle d'adieu pour M^me Mars, et il alla chez elle lui lire une comédie intitulée *La Grand'Mère*, dans laquelle se trouvaient deux rôles de femme. Après avoir écouté attentivement la lecture, M^me Mars dit à Scribe : « Le rôle que vous me destinez est charmant, mais qui donc jouera la grand'mère ? » La négociation en resta là.

M^me Mars ne se consolait pas de vieillir, et depuis longtemps elle se faisait teindre les cheveux, ce qui était nécessaire peut-être à l'illusion qu'elle voulait produire en scène, mais ne contribua pas peu, assure-t-on, à développer la maladie qui l'enleva en 1847. Le 7 avril 1841 elle paraissait, pour la dernière fois sur la scène, dans le *Misanthrope* et *les Fausses Confidences*, à une représentation à son bénéfice.

Avec cette actrice incomparable s'est perdue la tradition de la grande comédie, comme avec Talma celle de la tragédie. D'autres artistes de talent leur ont succédé, et ont fait à leur tour de brillantes créations dans le répertoire moderne; mais le répertoire ancien n'est plus que l'ombre de lui-même. On ne sait plus ni parler, ni marcher, ni porter l'habit comme le faisaient je ne dirai pas Molé, Fleury, M<sup>lle</sup> Contat, mais les très-humbles disciples que nous avons vus, Armand, Firmin, Michelot, Menjaud, Émilie Leverd. J'ai prononcé, en passant, le nom de M<sup>lle</sup> Leverd. Cette charmante actrice qu'à son début, en 1808, on voulut opposer à M<sup>lle</sup> Mars, resta toujours bien loin de son modèle. Elle avait dansé dans les chœurs à l'Opéra, puis elle s'était essayée dans la comédie au théâtre de l'Impératrice, lorsqu'au mois de juillet 1808 elle obtint un ordre de début à la Comédie-Française. Elle se montra dans Célimène du *Misanthrope* et dans Roxelane des *Trois Sultanes*, rôle écrit pour M<sup>me</sup> Favart, dans lequel l'actrice doit parler, chanter et danser. C'était se poser du premier coup en héritière de M<sup>lle</sup> Contat qui songeait en ce moment à quitter le théâtre. Les ennemis de M<sup>lle</sup> Mars portèrent aux nues le mérite de la débutante, qui parut ensuite avec le même succès dans la Céliante du *Philosophe marié*, et dans la comtesse du *Legs*. Elle aborda plus tard tout le grand répertoire, mais en doublant celle qu'elle avait d'abord voulu éclipser. Le temps avait remis toutes choses en leur place et le talent de M<sup>lle</sup> Émilie Leverd occupa son rang légitime, sans que celui de M¹¹ᵉ Mars perdît rien de sa supériorité. Mˡˡᵉ. Leverd prit sa retraite en 1832.

---

## VI.

#### Rachel.

Pourquoi donc a-t-on crié miracle, en un temps qui se pique de démocratie, lorsqu'on a découvert que M¹¹ᵉ Rachel, la superbe Hermione, la vindicative Roxane, avait chanté et quêté, encore tout enfant, dans les cafés de Lyon ? Est-ce la première fois que l'on voit le génie se dégager des enveloppes misérables de l'infime humanité pour reprendre son vol dès que les ailes lui poussent ? nullement ; et, dans les arts surtout, il n'y a de bonne éducation que celle que l'on se donne soi-même. Lulli, le grand musicien d'*Atys*, de *Roland* et d'*Armide*, servait comme marmiton dans les cuisines de M¹¹ᵉ de Montpensier ; Rembrandt, le peintre de *la Leçon d'anatomie* et de *la Ronde de nuit*, avait travaillé au moulin ; d'Alembert était un enfant trouvé, confié par un commissaire de police à la femme du vitrier Rousseau ; Adrienne Lecouvreur avait cousu des coiffes dans le magasin de son père, chapelier de province ; Lays avait crié des bottes d'asperges avant de chanter à l'Opéra ; Talma avait exercé la profession de dentiste avant de faire revivre Corneille et Racine.

Peu s'en fallut que Rachel ne fût une cantatrice, au lieu de succéder à Mᵐᵉ Dumesnil. Choron la prit à son école de chant au moment de la mue de la voix, et il crut que cet organe rauque et rebelle ne pourrait jamais s'assouplir. Le métal de la voix de Rachel était, dans l'origine, dur et cassant; le travail l'épura et l'or sortit bientôt de sa gangue.

C'est dans la musique de la voix que résidait la moitié du talent de Rachel; il en fut de même de Mᵐᵉ Mars. Cet attrait du timbre est d'une puissance extrême; c'est lui qui fait pénétrer dans l'âme des auditeurs la passion dont le cœur de l'artiste est le foyer. La Champmeslé, l'actrice favorite de Racine, possédait un timbre d'or que Lulli allait écouter à la Comédie-Française et dont il s'inspirait pour écrire ses chants d'opéra.

La nature avait tout fait pour Rachel. Outre le métal de la voix, elle lui avait donné le feu du regard, la mobilité des traits, la majesté de la démarche. Il y a des comédiens célèbres, comme Talma par exemple, qui n'arrivent à la perfection de leur art qu'à force d'étude et de travail. Il y en a d'autres, comme Rachel, qui n'apprennent rien et qui devinent tout; c'est par instinct qu'ils sont charmants ou sublimes. Les professeurs qui se sont disputé l'honneur d'avoir formé la grande tragédienne de notre siècle ne lui ont pas appris autre chose qu'à bien articuler et à bien employer les ressources de son organe. Dès qu'elle s'est trouvée en possession du procédé, elle nous a montré tout à coup, dans leur ensemble et dans leurs détails, aussi parfaite aux premiers jours qu'aux derniers, la Camille d'*Horace*, l'Émilie de *Cinna*, l'Hermione d'*Andromaque*. Outre l'instinct de la reproduction vocale, cette femme merveilleuse avait l'instinct de toutes les grandes choses et de toutes les élégances. Croyez-vous qu'elle ait jamais arrêté ses méditations sur l'histoire du personnage qu'elle représentait? Non. Elle ignorait aussi bien la Grèce que Rome ou Jérusalem, ce qui ne l'empêcha pas d'être Hermione, Émilie ou la fille de Jézabel. Elle s'inspirait du fond vulgaire et naturel de la situation dominante de son rôle, et elle agissait comme il lui semblait que toute femme devait agir dans la position donnée. Quand il est poussé à ce point, l'instinct est le don de seconde vue, et il peut se nommer le génie. En parlant ainsi, je ne crois pas diminuer le mérite de Rachel, je l'explique. Quiconque a connu la sublime tragédienne dans l'intimité de la vie pourra dire si mon appréciation est exacte.

Rien de plus curieux que la stupéfaction des *découvreurs* de Rachel, lorsqu'en plein été, le 12 juin 1838, ils virent apparaître dans le rôle de Camille d'*Horace*, sur la scène du Théâtre-Français, cette jeune fille de dix-huit ans, maigrie par le travail et par l'abstinence, débitant les tirades cornéliennes avec cette sûreté d'intonation et cette musique de la voix qui réveillaient les rares abonnés dans leurs stalles. La jeune fille joua trois fois en juin et trois fois en juillet, et ne produisit qu'une recette totale de 3,000 fr. 85 c. Ce fait est bien simple et n'accuse en rien l'indifférence du public. Une tragédie, une température accablante, un nom inconnu sur l'affiche, voilà bien des circonstances. La bonne saison étant revenue, le public afflua, et, dès sa vingt-septième représentation, la petite débutante fixait les recettes du théâtre au chiffre à peu près fixe de six mille francs par chaque soirée.

Delestre-Poirson, directeur du Gymnase, qui, en 1837, avait fait débuter la petite Juive à son théâtre dans *la Vendéenne*, pièce écrite pour elle par Paul Duport, puis dans le rôle de Suzette du *Mariage de raison* et dans *Malvina*, et qui avait résilié l'engagement après un triple insuccès, ne fut pas le moins étonné en voyant sa chétive écolière s'élever tout à coup à ces hauteurs. Il fit contre fortune bon cœur et affirma avec le plus sérieux sang-froid que c'était par pure grandeur d'âme qu'il avait rendu la liberté à sa pensionnaire dont il devinait les destinées tragiques. Je crois que si le moindre soupçon de ce résultat lui fût venu à l'esprit, Poirson aurait plutôt joué lui-même la tragédie au Gymnase avec une barbe que de renoncer à une telle aubaine.

Le quatrième rôle de Rachel à la Comédie-Française fut l'Aménaïde de *Tancrède*; elle ne le joua que quatorze fois, ce qui indique suffisamment le peu d'effet qu'elle y produisit. Ce personnage faux et guindé n'était pas du tout son fait. Puis vinrent l'Ériphyle d'*Iphigénie en Aulide*, qu'elle représenta dix fois seulement, et la Monime de *Mithridate*, qu'elle joua cinquante cinq fois. Assurément Rachel ne chercha jamais à savoir comment la Champmeslé avait créé le rôle de la mélancolique Monime, ni comment Mme Lecouvreur l'avait joué après elle. Samson, l'un de ses professeurs et son meilleur conseiller, lui fit lire seulement, dans la préface de Racine, les quelques lignes de Plutarque citées par le poëte et extraites de la traduction d'Amyot. Elle s'appliqua donc à reproduire « la pauvre dame, renommée entre les Grecs, qui ne faisait autre chose que de pleurer la malheureuse beauté de son corps, laquelle, au lieu d'un mari, lui avait donné un maître ». Elle se montra, selon le dessein du poëte, d'abord calme et résignée, puis relevant la tête et prête à lutter contre la tyrannie de l'inflexible vieillard, jusqu'au moment où, son amour pour Xipharès étant dévoilé, elle reçoit avec joie le poison que lui apporte Arcas de la part du roi. Cette composition fut l'un des triomphes de Rachel. *Esther*, Laodice de *Nicomède* ne furent jouées par Rachel, la première que quatre fois, la seconde que trois fois.

Le 15 juin 1840, Rachel abordait avec un éclat incomparable le rôle de Pauline dans *Polyeucte*, rôle qu'avait créé la Champmeslé deux cents ans avant elle, en 1640. Le public la revit soixante et une fois dans ce personnage. Le 22 décembre de la même année 1840, elle reprit la *Marie Stuart* de Lebrun, qu'elle joua quarante-sept fois. La Chimène du *Cid* ne fut pas favorable à la grande tragédienne ; elle ne la donna que six fois d'abord, puis huit autres fois dans sa carrière.

Chimène est un rôle où l'amour et la tendresse dominent exclusivement et où ils parlent toujours, même lorsque l'héroïne en deuil vient réclamer du roi la mort de son amant pour venger son père. Rachel pouvait reproduire le sentiment de l'amour, mais à condition qu'il ne se prolongeât pas et qu'il fût traversé par des scènes de haine et de colère, comme dans Bajazet. *Ariane* ne lui donna pas un meilleur résultat que Chimène ; elle ne la reproduisit que huit fois. *Bérénice*, en 1844, eut encore moins de représentations, et par la même raison : les sentiments tendres qui restent l'apanage des Champmeslé, des Lecouvreur et des Dumesnil ne trouvèrent pas généralement chez Rachel une interprète aussi accomplie que ses illustres devancières. Je ne dirai pas, avec d'autres critiques, que la sensibilité lui fit absolument défaut, mais elle ne tenait pas au fond même de son organisation. Un peu plus tard Rachel jouait *Phèdre*, après s'être essayée dans l'insignifiante princesse de *Don Sanche d'Aragon*. Phèdre fut la plus grande victoire qu'elle remporta dans le domaine de la Champmeslé. Ce fut aussi le seul rôle qui lui coûta réellement un travail assidu et qui excita ses impatiences. Cette passion fatidique, en dehors des lois de la passion ordinaire, ne pouvait trouver en elle une interprétation de prime saut. Les conseils de Samson lui furent très-utiles, en cette circonstance, pour entrer dans la convention grecque. Elle se montra indécise au premier acte, mais dès le second elle enleva son auditoire dans la célèbre scène de la déclaration. Dans le reste du rôle, elle se souvint d'Hermione et retrouva toute sa puissance jalouse. Il fallut trois années à Rachel pour se rendre maîtresse de ce terrible rôle de *Phèdre*, rôle tout de convention, où son instinct naturel ne pouvait la servir.

En 1845, au bénéfice de Firmin, Rachel essaie sans succès de remettre en faveur l'*Oreste* de Voltaire. Roxane de *Bajazet* et *Athalie* ferment la liste déjà longue des succès de notre éminente tragédienne dans l'ancien répertoire. Dans le nouveau, elle ne se montra réellement elle-même qu'en jouant la pièce de Scribe et de M. Legouvé, *Adrienne Lecouvreur*. Les reprises de la *Frédégonde* de Lemercier en 1842, de la *Jeanne d'Arc* en 1846, de la *Lucrèce* de Ponsard en 1848 n'ajoutèrent rien à sa gloire. Elle ne représenta avec son talent accoutumé que la Tisbe d'*Angelo*, en 1850. Les pièces nouvelles, *Judith*, *Cléopâtre*, *Lady Tartufe*, *Virginie*, *Catherine II*, *Le Vieux de la montagne*, *Diane*, *Rosamonde*, *La Czarine* et même *Valéria*, ne lui donnèrent pas la joie d'une réussite complète. Citons aussi un joli petit acte de M. Barthet, *le Moineau de Lesbie*, où Rachel se montra charmante de grâce et de coquetterie, et *Horace et Lydie* de Ponsard, où elle reproduisit à peu près les mêmes effets.

Rachel montrait un secret penchant pour la comédie. Elle avait joué, pendant ses essais au théâtre Molière et à Chantereine, toute une série de rôles de soubrettes: Dorine du *Tartuffe*, les Lisettes du *Mari et l'Amant*, du *Roman d'une heure*, des *Folies amoureuses*, des *Rivaux d'eux-mêmes* et du *Philosophe marié*, Martine des *Femmes savantes*, Julie de *la Gageure imprévue*,

A Londres elle avait représenté la Célimène du *Misanthrope*, avec succès, dit-on. Elle n'osa pas renouveler l'expérience à Paris.

La dernière représentation de Rachel à la Comédie-Française eut lieu le 23 juillet 1855, au bénéfice de M^me Judith. Elle obtint ensuite un congé d'un an et partit pour l'Amérique au mois de mai 1856. Ce voyage d'Amérique devint fatal à Rachel. En vain ses amis voulurent-ils la dissuader de cette entreprise ; elle espérait y gagner des trésors et ne voulut jamais croire que les Américains, qui dételent les chevaux des danseuses, ne se dérangeraient pas pour une tragédienne récitant dans une langue étrangère. Le voyage s'effectua avec de grandes fatigues et ne produisit pas une somme suffisante pour payer les acteurs. Rachel revint malade et désespérée de son double insuccès. Après avoir passé un hiver en Égypte pour essayer de rétablir sa santé, elle se retira au Cannet, où elle mourut à trente-sept ans, le dimanche 3 janvier 1858.

---

## VII.

**Autres premiers rôles. — Jeunes premières. Amoureuses, valets et soubrettes.**

La Comédie-Française a eu longtemps pour premiers rôles dans le répertoire tragique et comique M^me Arnould-Plessy, M^me Guyon, M^lle Favart, M^me Madeleine Brohan. M^me Plessy débuta au Théâtre-Français, le 4 mars 1834, par le rôle d'Emma de *la Fille d'honneur*. Scribe, à l'affût des talents nouveaux, écrivit d'abord pour elle trois ouvrages : *La Passion secrète*, *Le Verre d'eau* et *Une Chaîne*. Puis il lui confia les destinées de ses autres comédies : *La Camaraderie*, *Les Indépendants* et *La Calomnie*, où la jeune et belle actrice acheva de conquérir sa renommée. Son mariage avec Arnould, sa fuite à Londres, son procès contre la Comédie en 1846, qui se termina pour elle par une condamnation à 100,000 fr. de dommages-intérêts, firent beaucoup de bruit et sont aujourd'hui oubliés. Après un long séjour en Russie, M^me Arnould-Plessy rentra en 1855 au Théâtre-Français qu'elle avait déserté, et joua avec le même succès les premiers rôles, anciens et modernes. On trouve généralement que le répertoire moderne convient plus spécialement au talent de M^me Plessy que les rôles du répertoire ancien, et on l'aime mieux dans les ouvrages de Scribe et de M. Augier que dans ceux de Molière. Ce n'est point là une critique, mais la constatation d'un fait qui s'applique à tous les premiers rôles, hommes et femmes de la génération actuelle. Le temps des grandes choses est passé, il faut le reconnaître, et nous devons nous contenter d'être ce que nous sommes, même quand nous jouons la comédie.

M^me Madeleine Brohan, qui débuta avec un éclat sans pareil dans *les Contes de la reine de Navarre*, le 15 septembre 1850, a continué le cours de ses succès dans *Les Caprices de Marianne*, *Mademoiselle de la*

*Seiglière*, *La Pierre de touche*, *Par droit de conquête*, *Le Lion amoureux*, *Les Doigts de fée*. Elle fut très-brillante à la reprise des *Demoiselles de Saint-Cyr*, de *Mademoiselle de Belle-Isle* et du *Verre d'eau*. Plusieurs rôles de l'ancien répertoire, comme le *Legs* et *Amphitryon*, lui ont été très-favorables, et même, dans les deux rôles inabordables de *Célimène* et d'*Elmire*, elle obtient une réussite partielle très-honorable et très-méritée.

M<sup>me</sup> Guyon, qui débuta au théâtre de la Renaissance, en 1840, par *la Fille du Cid*, a longtemps joué, avec un mérite incontesté, les grands premiers rôles à l'Ambigu et à la Porte-Saint-Martin. C'est après une carrière de dix-huit années consacrée au drame qu'elle est entrée comme sociétaire à la Comédie-Française pour y prendre l'emploi des rôles tragiques. M<sup>me</sup> Mélingue, qui l'avait précédée, est aujourd'hui retirée du théâtre, ainsi que M<sup>me</sup> Allan.

L'emploi des amoureuses et des jeunes premières vit débuter, au commencement de ce siècle, M<sup>lle</sup> Volnais en 1801 et M<sup>lle</sup> Bourgoin en 1802 ; la première se retira en 1822, la seconde en 1829. M<sup>lle</sup> Volnais parut pour la première fois dans Junie de *Britannicus*; elle avait quinze ans. Elle récitait avec intelligence ; son organe avait un timbre charmant et rappelait celui de M<sup>lle</sup> Desgarcins. Elle était de petite taille, et, sans posséder une beauté remarquable, elle plaisait. M<sup>lle</sup> Bourgoin, douée, comme M<sup>lle</sup> Volnais, d'une voix douce et tendre, mais beaucoup plus belle et plus élégante dans sa taille et dans tous ses traits, obtint un succès plus décidé quand elle débuta dans le rôle de Zaïre. Elle a laissé une réputation beaucoup surfaite, selon moi. J'ai vu M^me Bourgoin dans ses principaux rôles, et je puis dire que sa physionomie toujours immobile contrastait trop souvent avec les passions qu'elle était appelée à reproduire. De combien lui était supérieure la pauvre Rébecca Félix, morte si jeune, en 1854, après avoir montré à la reprise d'*Angelo*, en 1850, qu'elle était digne de marcher sur les pas de sa sœur Rachel ! Elle avait joué le duc d'York des *Enfants d'Édouard* avec un rare talent. Dans le même ouvrage, le rôle de Richard n'avait pas été plus brillamment établi par Anaïs Aubert, cette merveille de grâce et de fraîcheur qui, à cinquante ans, représentait encore Chérubin du *Mariage de Figaro* et le petit moine Pablo du *Don Juan d'Autriche*.

A côté de M^me Volnys (l'ancienne Léontine Fay du *Mariage enfantin*), qui ne resta que peu de temps au Théâtre-Français, où elle eut deux créations remarquées, dans *Don Juan d'Autriche* et dans *la Marquise de Senneterre*, il faut citer M^me Judith, si dramatique dans *Charlotte Corday*, dans *Mademoiselle Aïssé*, dans *Ulysse*, actrice bien supérieure à M^lles Volnais et Bourgoin, et M^lle Sarah Bernhardt, la meilleure parmi les jeunes premières et les jeunes premiers rôles de la Comédie-Française actuelle. Il faut mentionner aussi M^lle Fix, si charmante et trop tôt ravie à son art, M^mes Royer, Croizette, Broisat, Reichenberg et Barretta.

La grande livrée fut toujours dignement portée

dans la maison de Molière. Après les trois Poisson, après le comique Armand, que Lekain appelait le modèle de tous les comédiens ; après Auger, La Rochelle, Préville, Dazincourt qui professait encore au Conservatoire en 1807 ; après Dugazon, qui ne mourut qu'en 1809, nous avons vu Monrose, le digne héritier de ces artistes de race, Cartigny, Samson, Régnier, dont la génération actuelle a pu apprécier le haut mérite, puis Louis Monrose, Got et Coquelin, qui ne le cèdent à personne pour l'excellente diction, pour le caractère qu'ils savent donner à leurs interprétations, pour le mordant de leur style, pour le soin qu'ils apportent à ne jamais mêler la charge au comique. Thiron, Barré, Kime, venus tous trois de l'Odéon, sont d'excellents comiques dont le Théâtre-Français utilise le talent dans l'ancien et dans le nouveau répertoire, sans les assujettir à un emploi spécial. On a relégué Talbot dans l'emploi des grimes. En jouant le rôle du vieux Mauprat à l'Odéon, il avait prouvé qu'il pouvait aborder aussi le genre sérieux.

Depuis M<sup>lle</sup> Devienne, qui débuta en 1785, quitta la Comédie en 1812 et mourut en 1840, l'emploi de soubrette a tenu le haut du pavé concurremment avec la grande livrée. M<sup>lle</sup> Demerson est reçue sociétaire l'année même où M<sup>lle</sup> Devienne prend sa retraite. M<sup>lle</sup> Dupont, qui succède à M<sup>lle</sup> Demerson en 1830, se retire à son tour en 1840 et cède la place à Augustine Brohan, laquelle débute, à quatorze ans et demi, dans *Tartuffe* et *les Rivaux d'eux-mêmes*. Augustine Brohan fut la perfection des soubrettes. J'ai vu Demorson et Dupont, qui n'approchaient pas de son mérite. Qu'elle joue l'ancien répertoire ou le nouveau, Molière ou Scribe, Marivaux et Beaumarchais ou Alfred de Musset et Alexandre Dumas, c'est l'idéal que l'on peut rêver dans tous les genres. Augustine Brohan ne fut pas seulement une grande comédienne, elle a écrit encore de jolis proverbes qui en valent d'autres plus fameux. Dans un salon, elle dépense autant d'esprit qu'au théâtre. Les journaux ont souvent cité ses bons mots, comme on faisait jadis pour Sophie Arnould. J'espère que les calembours sont apocryphes. La famille des soubrettes au Théâtre-Français compte encore M<sup>lles</sup> Dinah Félix et Granger que le public accueille avec faveur et la jeune M<sup>lle</sup> Samary, digne nièce d'Augustine Brohan.

Dans l'emploi des rois de tragédie et des pères nobles de comédie, Maubant succède à Saint-Phal et à Saint-Prix. Provost, qui déploya un égal talent dans la tragédie et dans la comédie de l'ancien et du nouveau répertoire, était un comédien à part. Il manque aujourd'hui au théâtre pour rappeler la tradition des maîtres. Il n'y a plus de duègne comme M<sup>me</sup> Desmousseaux, pouvant jouer également bien le genre sérieux et le genre comique. M<sup>lle</sup> Jouassain, vouée aux duègnes dès l'âge de vingt-cinq ans, par le conseil de Rachel, se tire avec beaucoup d'intelligence de la position difficile qui lui est faite.

On comprendra, par cet aperçu, que la troupe actuelle de la Comédie-Française, la plus homogène de toutes les troupes de Paris, ne craint pas de comparaison pour traduire le répertoire moderne. Quant au répertoire ancien, elle le joue généralement *a piacere* (comme on dit en musique), c'est-à-dire que chaque artiste l'arrange à sa façon, sans se soucier de ce qui a été fait par les créateurs. Si l'on ne trouve pas un remède à ce mal, on représentera bientôt *le Misanthrope* comme *le Verre d'eau*, de même que l'on joue le *Cid* comme *Lazare le Pâtre* ou *le Sonneur de Saint-Paul*.

## CHAPITRE XII.

### LE MÉLODRAME ET SES TRANSFORMATIONS.

#### I.

**Généalogie du Drame populaire.**

Le mélodrame, qui fit son apparition à Paris vers les dernières années du xviii° siècle, n'entra dans sa première incarnation sérieuse qu'en l'année 1800. C'est le 2 septembre de cette année de grâce 1800, trois mois après la bataille de Marengo, que Guilbert de Pixérécourt, le créateur du genre, se révéla au monde des âmes sensibles par la grande victoire de *Cœlina ou l'Enfant du mystère*, pièce en trois actes jouée trois cent quatre-vingt-sept fois sur le théâtre de l'Ambigu-Comique et mille quatre-vingt-neuf fois sur les théâtres de la province.

Pixérécourt faisait ainsi sortir de son cerveau la tragédie du peuple, tragédie plus humaine, moins vide d'action et moins saturée d'ennui que celle des ex-comédiens ordinaires de Sa Majesté. Il l'écrivait en une prose sentencieuse et ronflante qui ne le cédait en rien, pour la pompe et la dignité, aux produits rimés de ses grands confrères. Cette solennité de la phrase, qui est identique dans les œuvres tragiques et mélodramatiques de cette époque, répondait aux appétits d'un temps de révolution habitué aux harangues boursouflées de la tribune et des clubs.

Le mélodrame est certainement un produit d'art très-inférieur, mais il a sa raison d'être et il se lie intimement à l'histoire du temps qu'il traverse. La génération actuelle, qui affecte de le mépriser, l'applaudit pourtant dans les succès les plus retentissants du jour, sans s'apercevoir qu'il n'a fait que changer d'habit et se frotter le museau de rouge et de blanc comme les demoiselles à la mode. Le mélodrame et le vaudeville sont essentiellement français, et leur mélange se retrouve au fond des nouveautés du jour, qui ne sont pas aussi nouvelles qu'elles voudraient bien le paraître.

En prenant le mélodrame à son berceau, nous nous trouvons en face d'une forme embryonnaire sans prétention littéraire, politique ou philosophique, sans *ficelles* habilement dissimulées et sans escamotages d'aucune sorte. Les sentiments mis en jeu sont choisis à l'extrémité de la gamme passionnelle ; ils sont outrés de couleur, de manière à violenter les regards ; les moyens d'action sont tout d'une pièce, le plus souvent forcés, exagérés, d'une invraisemblance parfois choquante. Le mélodrame se permet tout, à condition d'arriver à l'effet. Ne demandez à ce genre de composition ni nuances, ni finesses, ni délicatesse de pensée ou de langage : le public à qui on le destine ne veut que de fortes émotions, et il les veut à tout prix. Une justice que l'on doit rendre au mélodrame de cette première période, c'est qu'il se montre toujours irréprochable sous le rapport de la moralité. Les écrivains d'alors auraient rougi de solliciter les applaudissements en flattant le vice ou en traînant à plaisir sous les regards populaires les plaies sociales ou les cas de pathologie morale. Leur objectif unique était l'idéal du bien donné en exemple sous une forme plastique. Les masses, moins indulgentes que celles de ce temps-ci, ne se seraient pas prêtées d'ailleurs à l'enseignement du mal.

Venu au monde dans une époque de troubles profonds, en l'absence de culte religieux et de toute prédication rappelant l'homme à ses devoirs éternels, nous voyons le mélodrame s'efforcer de suppléer à la chaire muette et tâcher de réveiller dans la conscience du peuple les instincts vertueux, un moment endormis. A cette première période de sa formation, le mélodrame, quoique très-varié dans ses effets, use de procédés très-simples. Toutes ses fables ont pour personnages trois types invariables : la *femme innocente et persécutée*, le *traître* et le *niais*. Ces trois éléments constitutifs s'entremêlent de mille façons et produisent une série très-nombreuse de combinaisons scéniques dont la portée sur les auditeurs est quelquefois très-grande.

Les deux princes de la tragédie populaire primitive sont Guilbert de Pixérécourt et Caigniez. Le premier fut surnommé le Corneille et le second le Racine du boulevard. Victor Ducange hérita un instant de leur vogue. Puis le mélodrame, déviant tout à coup de sa poétique honnête et vertueuse, déclina vers les paradoxes sociaux. On l'entendit ouvertement prêcher la haine au lieu de l'amour et créer l'antagonisme de la blouse et de l'habit. Il prit ainsi, sur les mœurs des faubourgs parisiens, une déplorable influence. Cette période de tourmente ayant cessé, on vit le mélodrame revenir aux bons sentiments de ses premiers jours et modifier avantageusement ses formes. Anicet Bourgeois et M. D'Ennery ouvrirent à ce produit perfectionné une nouvelle carrière de succès.

Nous devons nous arrêter un instant à chacune des phases que nous venons d'indiquer. C'est de l'histoire prise par le petit côté, mais enfin c'est de l'histoire, et cette histoire se lie intimement aux mœurs populaires de notre temps.

## II.

### Guilbert de Pixérécourt.

Quoiqu'il ne soit mort qu'en 1844 et qu'il ait obtenu son dernier succès sur la scène de la Gaîté en 1834, Guilbert de Pixérécourt était, dans toute l'acception du mot, un homme du dernier siècle. L'expérience l'avait instruit de bonne heure. Fils d'un ancien major au régiment de Royal-Roussillon, il avait suivi son père à Coblentz et servi lui-même comme officier, en 1792, dans le régiment de Bretagne, sous les ordres des princes. De retour à Paris, sans fortune et sans ressources, il s'était vu réduit, pour gagner son pain, à exercer la profession de peintre éventailliste à quarante sous par jour. Dès 1797 il comptait seize pièces reçues à divers théâtres, mais pas une seule n'avait encore été représentée. En homme prudent, il sollicita et obtint, après six ans de surnumérariat, un emploi d'inspecteur dans l'administration des domaines, ce qui lui permit de persévérer dans ses ambitions théâtrales. La vogue de *Cœlina* vint, en 1800, commencer la réputation de l'obstiné mélodramaturge.

Les théâtres du boulevard, qui offraient ordinairement à leur public des spectacles où les évolutions, les combats et les machines avaient le principal rôle, se trouvèrent tout à coup enrichis d'un genre nouveau qui puisait ses moyens d'action et son intérêt, non plus dans les magasins de décors et d'accessoires, mais dans les sentiments du cœur. Ce fut toute une révélation. La belle M<sup>me</sup> Lévesque, qui débutait par le personnage de Cœlina dans la pièce de ce nom, obtint un vrai triomphe, et le citoyen Tantin fit merveilles dans l'incarnation du cruel Truguelin, oncle et persécuteur de l'héroïne. On frissonna à l'aspect du pauvre muet Francisque Humbert, exposé pendant trois actes aux vengeances du *traître*, et l'on jouit des remords du réprouvé lorsque l'inimitable Tantin déclama de sa voix caverneuse cet axiome moral et consolant : « Ah ! si l'on savait ce qu'il en coûte de cesser d'être vertueux, on verrait bien peu de méchants sur la terre. » L'emploi du niais dans

*Cœlina* n'avait pas encore pris l'ampleur qu'il doit acquérir dans les ouvrages suivants. Après l'arrestation de Truguelin, une ronde chantée terminait gaiement la pièce de *Cœlina ou l'Enfant du mystère* et en soulignait la moralité :

> Vous le voyez, mes chers amis,
>   De l'ombre en vain l'on couvre
> Les crimes que l'on a commis :
>   Tôt ou tard ça s'découvre.

Le quatrain était naïf, mais le parterre d'alors, non moins naïf que le quatrain, trépignait d'admiration, car il s'attachait à l'idée et faisait bon marché des mots. C'était tout le contraire d'aujourd'hui.

En avril 1801, *le Pèlerin blanc ou les Orphelins du hameau*, pièce puisée, comme *Cœlina*, dans un roman en vogue de Ducray-Duminil, parcourut une carrière de trois cent quatre-vingt-six représentations au théâtre de l'Ambigu. C'est au second acte de ce mélodrame, terrible et candide à la fois, que se trouve la fameuse scène parodiée par Alexandre Duval dans *le Retour d'un croisé*. L'intendant Roland veut empoisonner les deux orphelins d'Olival, et, à cet effet, il a servi sur la table des enfants un panier contenant deux bouteilles, dont l'une renferme le toxique. Le traître a soin de répéter plusieurs fois, pour que le public ne l'oublie pas : « C'est la bouteille de gauche. » Mais, pendant qu'il regarde complaisamment ailleurs, pour laisser préparer le coup de théâtre, le pèlerin retourne le panier, et, quand Roland veut boire à son tour, c'est lui qui s'empoisonne.

Cet incident, qui ferait beaucoup rire aujourd'hui, inspirait alors la terreur. Dans la parodie d'Alexandre Duval, l'un des personnages disait en ce moment solennel à ce tyran peu délicat : « Il a tourné le guéridon... Guéris donc ! »

*L'Homme à trois visages*, l'un des grands succès de Pixérécourt (trois cent soixante-dix-huit représentations), fut joué dans la même année à l'Ambigu. Il était imité de l'*Abellino* de Zschokke, tragédie romantique qui avait fait fureur en Allemagne. Le célèbre Tantin représentait, dans le mélodrame français, les trois personnages de Vivaldi, d'Abellino et d'Edgar, et M<sup>lle</sup> Lévesque l'intéressante Rosemonde, fille du doge, mariée secrètement au proscrit. Révalard traduisait le traître Orsano, et Corsse, le directeur de l'Ambigu, faisait le niais Calcagno, banquier juif et conspirateur poltron.

En septembre 1802, le triomphe de *la Femme à deux maris* succéda à celui de *l'Homme à trois visages*. Les vieux amateurs n'ont pas oublié l'infortunée Élisa Werner, qui, mariée au comte de Fersen, retrouve, au moment où elle s'y attendait le moins, son premier mari, Isidore Fritz, qu'elle croyait mort. Ce bandit la tient sous sa domination en la menaçant d'une accusation de bigamie volontaire. Le comte apprend tout, et, p.. ne pas révéler cette honte, il donne une fortune à F..tz à condition qu'il sortira du château et de la ville. Il le conduira lui-même jusqu'à la porte du parc. Jamais public du boulevard ne frémit d'une terreur plus intense qu'à la situation finale où Walter, le complice de Fritz, s'embusque la nuit derrière un arbre, pour poignarder le comte qui doit passer le second, selon la convention arrêtée avec Fritz, lequel avait ses raisons pour régler ainsi le programme. Mais un vieux caporal invalide, qui a entendu le complot, passe le premier, et c'est Fritz qui, par ce dérangement d'arithmétique, tombe sous le poignard de son complice. Le directeur Corsse fit sensation dans le rôle du vieux caporal; le citoyen Tantin représenta dignement le personnage un peu effacé du bon mari; Defresne, le nouveau traître qui allait devenir célèbre dans l'emploi, produisit un effet très-vif dans le rôle d'Isidore Fritz. M<sup>lle</sup> Lévesque eut son succès ordinaire de larmes et de grâce touchante sous les traits d'Élisa Werner. L'Ambigu joua la pièce quatre cent cinquante et une fois.

Nous voyons, en décembre 1803, le célèbre *Tékéli* faire son apparition sur cette même scène de l'Ambigu. Nulle pièce n'est plus alerte et plus mouvementée que cette odyssée du patriote hongrois qui lutta, suivi d'une poignée d'hommes, contre toutes les forces de l'Autriche. Tantin, dans le rôle de Tékéli, et M<sup>me</sup> Bourgeois dans celui d'Alexina, l'héroïque épouse du protagoniste, assurèrent le triomphe de ce mélodrame illustre, qui fournit une carrière de quatre cent trente représentations. A la quarante-huitième, la police arrêta la pièce, et l'interdiction dura cinq mois. Le succès n'en fut que plus accusé à la reprise. La cause de cette proscription momentanée fut une prétendue allusion à l'affaire de Pichegru, le déporté du 18 fructidor, traqué comme Tékéli et livré comme lui aux vengeances de ses persécuteurs.

*La forteresse du Danube* et *Robinson Crusoé* trouvèrent, en 1805, une brillante fortune au théâtre de la Porte-Saint-Martin, où ces deux pièces tinrent l'affiche toute l'année. Dans le premier de ces mélodrames, M^me Quérlau se fit applaudir comme actrice, comme cantatrice et comme danseuse, rappelant ainsi l'exemple de M^me Favart dans *les Trois Sultanes*. Robinson lutta contre la vogue de *Gulistan*, qui attirait alors tout Paris à l'Opéra-Comique. Le Robinson de Pixérécourt n'est pas un monodrame, tant s'en faut, car l'auteur amène dans l'île déserte M^me Robinson, son fils Isidore et le beau-frère Diego, armateur portugais. On voit en outre défiler des Caraïbes et tout l'équipage d'un vaisseau anglais, le capitaine en tête. Robinson, au dernier acte, s'embarque pour l'Angleterre avec tout son monde, sans oublier Vendredi et son perroquet qui obtinrent une ovation. Il faut passer à 1806 et au théâtre de la Gaîté pour trouver une nouvelle victoire du Corneille du boulevard. *La Citerne* apparaît escortée des bravos de la plus brillante réunion que l'on eût vue encore dans cette salle fumeuse et peu éclairée. La *Gazette de France* dit qu'à l'intérieur la foule était si pressée, « qu'on voyait des élégantes enfouir au parterre des toilettes dignes des premières loges de l'Opéra. » La pièce nouvelle, en dépit de son succès, ne contient pas des éléments aussi riches que *la Femme à deux maris*, que *Tékéli* et que *Cœlina*.

Le *Cid* du Corneille populaire est certainement l'ouvrage intitulé *Les Ruines de Babylone,* que l'heureux théâtre de la Gaîté mit au monde le 30 octobre 1810, à la grande joie de son public. La fantaisie du calife Haroun le Grand donnant pour femme sa sœur Abassa à son vizir Giafar, à la condition qu'il vivra près d'elle comme près d'une sœur, avait déjà fourni à La Harpe le sujet de sa tragédie des *Barmécides*. Pixérécourt a dramatisé cette anecdote à sa façon, et il en a tiré des effets très-puissants. Giafar et la princesse ont transgressé l'ordre du calife, et toute l'action de la pièce consiste dans les périls qu'ils courent, ainsi que leur enfant, le jeune Naïr, persécuté par le chef des eunuques Isouf et protégé par un sympathique personnage, un captif français dévoué au vizir et dépositaire de son secret. Le calife Haroun fut très-bien traduit par Lafargue, Giafar par Marty, qui commençait alors sa carrière, la princesse par M<sup>me</sup> Bourgeois, et Raymond, l'esclave français, par Tautin. La situation capitale de l'ouvrage se trouve au second acte. Naïr, le fils de Giafar, est tenu caché par sa mère dans un souterrain qu'une dalle mobile sépare du pavillon de chasse où les époux se réunissent. Naïr ne doit sortir de sa retraite que lorsqu'il entendra Raymond chanter en s'accompagnant de son luth. L'eunuque a prévenu le calife, qui force Raymond à chanter. Le public voyait se lever la dalle, puis paraître à mi-corps l'enfant porté dans les bras de son gouverneur ; mais, avant que les gardes ne l'eussent aperçu, Raymond posait brusquement le pied sur la dalle, qu'il forçait de s'abaisser, et, achevant sa chanson avec une verve fiévreuse, il en répétait le refrain, qui faisait frissonner le parterre :

> Demeurez là, ne bougez pas,
> Sinon vous courez au trépas !

Le public, qui s'était intéressé si vivement au jeune Naïr, voyait, au dénouement, Haroun, en bon père de famille, pardonner à sa sœur et à son vizir.

De 1810 à 1814, il se produit une intermittence dans les succès populaires du prince du mélodrame, et il faut arriver au *Chien de Montargis* pour retrouver la vogue de quatre cents représentations. C'est encore Tantin et Marty qui prêtent l'appui de leur talent au sympathique chevalier Gontran et au traître Macaire, l'assassin de l'innocent Aubry. En 1815, *Christophe Colomb* fait une lourde chute ; mais l'auteur reconquiert sa popularité, l'année suivante, par le triomphe du *Monastère abandonné ou la Malédiction paternelle*. La première exhibition fut pourtant assez orageuse, mais le succès se déclara dès la seconde pour ne plus s'arrêter qu'après deux cent soixante-sept représentations ; *Christophe Colomb* n'en avait eu que quarante-huit. Le sujet du *Monastère abandonné* reposait sur un moyen très-neuf et très-dramatique qui a été employé depuis avec avantage par MM. D'Ennery et Charles Edmond dans *l'Aïeule*, en changeant le sexe du personnage. Chez Pixérécourt, le faux paralytique est un valet de ferme ; chez M. D'Ennery, c'est une duchesse douairière qui le remplace.

En 1818 et 1819, Pixérécourt se signale encore par deux grands succès : *le Belvédère ou la Vallée de l'Etna*, au théâtre de la Gaîté ; *la Fille de l'exilé ou Huit Mois en deux heures*, au théâtre de l'Ambigu.

La première de ces pièces était imitée du roman de *Jean Sbogar* de Charles Nodier. Frénoy représentait magistralement le personnage du comte Lorédan, devenu le pirate Spalatro ; Stockleit faisait le lieutenant du bandit ; Klein, le roi des niais, prêtait son masque drôlatique au majordome du duc de Belmonto, président des États de Sicile. Ajoutons que le principal soutien de l'ouvrage fut, en réalité, le peintre Daguerre, dont le décor final, représentant la vallée de l'Etna, assura une série de cent quatre-vingt-dix-huit représentations à l'heureux mélodrame. Quant au sujet de *la Fille de l'exilé*, il était puisé dans le célèbre roman de M^me Cottin, mais le dramaturge l'enrichit d'une suite de combinaisons qui produisirent un effet merveilleux sur la nature sensible et nerveuse du public. On s'attendrit, au premier acte, sur l'infortune imméritée de la fille du proscrit et sur son courageux projet de traverser, seule et à pied, les neuf cents lieues de steppes qui séparent Tobolsk de Pétersbourg, pour aller solliciter la grâce de son père et de sa mère. Au second acte, on frémit d'épouvante devant les périls que lui font courir les Tartares et l'inondation subite de la Kama. Au troisième acte, on pleura de joie et d'admiration quand on vit, à son couronnement de Moscou, le nouveau czar réparer les injustices de son prédécesseur et réunir à sa famille rentrée en grâce la fille sympathique, que représentait si bien Adèle Dupuis.

Je passe sur *Ali-Baba*, qui obtint à la Gaîté cent-une représentations en 1822, sur *le Moulin des Étangs*, qui en eut cent-douze en 1826. Je cite seulement pour mémoire les succès d'argent de *la Tête de mort* (1827, cent-seize représentations), de *la Muette de la Forêt* (1828), de *Polder* en collaboration avec Ducange, et j'arrive, pour conclure, à *Latude*, joué en 1834, la dernière pièce de Pixérécourt. Par exception, l'auteur écrivit ce mélodrame en société avec Anicet Bourgeois, désignant ainsi son jeune collaborateur comme son successeur dans l'art d'émouvoir vertueusement les masses. Anicet Bourgeois avait déjà été présenté au public, cinq ans auparavant, par Victor Ducange, qui avait composé avec lui la pièce intitulée *Sept Heures*.

Après avoir fait représenter, dans l'espace de quarante ans, près de cent ouvrages dramatiques, dont la plupart remportèrent d'immenses succès, Pixérécourt n'avait gagné que tout juste de quoi vivre. L'incendie de la Gaîté, dont il était le directeur, lui enleva, en 1835, la plus grande partie de ce qu'il avait amassé. Outre sa place du Domaine, qu'il conserva pendant trente ans, il avait obtenu du ministre de la maison du roi la direction de l'Opéra-Comique, qu'il administra en 1827 et 1828. Pixérécourt mourut en 1844, aveugle et privé du seul plaisir qui l'aurait consolé peut-être de ses infortunes, celui de pouvoir compulser les livres de la riche bibliothèque qu'il avait formée avec tant de soin et d'intelligence.

---

## III.

#### Caigniez.

Le dramaturge populaire que ses contemporains surnommèrent *le Racine du boulevard* ne diffère pas beaucoup, quant à la manière et aux procédés scéniques, de son prédécesseur et de son émule Corneille-Pixérécourt. Comme l'auteur de *Cœlina* et de *Tékéli*, Caigniez cherche avant tout les fortes émotions et les larmes, et il fait bon marché des invraisemblances. Dans ses nombreux ouvrages, le *traître* brille de tout son éclat et machine savamment ses odieux complots ; l'innocence parcourt imperturbablement les phases de ses malheurs et triomphe, au dénouement, de ses persécuteurs ; le niais seul, l'un des côtés du triangle mélodramatique, me semble un peu négligé dans son développement ; il atteint rarement l'effet de rire inextinguible qui contraste si bien, chez Pixérécourt, avec les terreurs de l'action. Quant au langage, il se rapproche un peu plus encore du ton solennel en usage dans la tragédie.

Le premier succès de Caigniez date de 1802 ; c'est

le *Jugement de Salomon*, représenté à l'Ambigu-Comique avec le concours des acteurs en vogue : Révalard, Tantin, M^me Bourgeois et M^lle Lévesque. L'enfant que se disputent les deux mères se trouve, pour les besoins de l'auteur, être le fils naturel du frère de Salomon, qui le reconnaît légalement avec la permission du roi d'Israël. « Intéressante Leïla, dit Salomon, nous nous rendrons au temple aux premiers rayons du jour et Dieu bénira votre hymen. Et toi, *aimable enfant*, tu viendras embellir de ta présence cette *touchante solennité, et voir consacrer les nœuds qui vont devenir le gage du bonheur de ta vie.* » Ainsi s'exprime Caigniez, l'ancien avocat au conseil, en plaidant la cause de l'innocence devant l'aréopage de l'Ambigu-Comique. Geoffroy, dans son feuilleton des *Débats*, trouve le caractère des deux mères bien tracé et très-théâtral. *Le Triomphe du roi David*, joué à la Gaîté en 1805, et qui avait été précédé d'*Androclès ou le Lion reconnaissant* (1804), reproduit quelques situations du *Saül* d'Alfieri, et l'auteur ajoute à l'élément historique une rivalité d'amour entre les deux filles du roi juif qui s'unissent pour sauver le jeune David des fureurs de leur père. Le songe de Saül mis en action, l'apparition du prophète Samuel sortant de son tombeau et venant annoncer au roi coupable qu'il va mourir, décidèrent la vogue de la pièce.

Dans cette même année 1805, Caigniez, délaissant les sujets bibliques, s'élance de plein saut dans le domaine de Pixérécourt, et il obtient une éclatante victoire avec le mélodrame intitulé *La Forêt d'Herman-*

stadt ou *la Fausse Épouse*. Le choix du sujet, la facture de la pièce, l'allure des personnages, la pompe du langage rappellent de tous points les produits du maître. Caigniez a de plus pour lui la douceur racinienne du langage ; c'est Sophocle après le vieil Eschyle. Le traître Oswald s'empare de la belle Élisène, princesse de Bulgarie, que son père envoyait à Hermanstadt pour épouser le prince de Transylvanie, et il lui substitue audacieusement sa sœur Alfride, à laquelle il a soin de donner les papiers et les vêtements de sa prisonnière. Élisène échappe aux brigands chargés de la tuer et se fait enfin reconnaître après une succession de périls inénarrable. Cette bataille gagnée par Caigniez eut d'autant plus de retentissement qu'elle amoindrit les deux avantages remportés en cette même année, sur la scène de la Porte-Saint-Martin, par Pixérécourt : *La Forteresse du Danube* et *Robinson Crusoé*.

Une fois lancé dans le mélodrame à émotions, Caigniez s'y barricade et il s'efforce de vaincre son rival avec ses propres armes. Il oppose, en 1806, le grand succès de *l'Illustre Aveugle* au *Solitaire de la Roche-Noire*, pièce de Pixérécourt jouée sans succès au théâtre de la Porte-Saint-Martin. Le public prit un vif intérêt aux malheurs du jeune Edmond, aveugle de naissance, élevé dans la cabane du vieux soldat polonais Oberto. Il entendit, au second acte, avec une indicible émotion, le vieux soldat lire à l'orphelin la lettre de la reine défunte disant : « Miesko n'est point mon fils : mon véritable fils naquit aveugle. Le vif chagrin qu'en témoigna mon époux m'inspira la coupable pensée de supposer un prodige. Le palatin de Rava s'empressa d'approuver mon plan et sut m'en faciliter l'exécution. J'eus la barbarie de souffrir qu'on m'enlevât mon enfant, et c'est celui qu'on porta chez vous, Oberto. » Le traître de la pièce, qui n'est pas Miesko, l'héritier supposé du roi Simonislas, mais bien le neveu du roi Rodolphe, grand palatin de Sandomir, poursuit à la fois la perte des deux jeunes gens, afin de s'emparer plus tard de la couronne de Pologne. Ses plans sont déjoués par l'aveugle qui, échappé à ses coups, le reconnaît pour son assassin en touchant sa main qui porte une cicatrice. Le vieux roi embrasse son fils et le proclame son héritier légitime, mais Edmond déclare qu'il laissera la couronne à Miesko et qu'il ne quittera pas la cabane de son père d'adoption. Malgré ses invraisemblances, l'action de ce mélodrame est attachante, habilement conduite, et elle excite d'un bout à l'autre un vif sentiment de curiosité. Le style seul a vieilli. La réussite des *Enfants du bûcheron* au théâtre de l'Ambigu, en 1809, est moins justifiée. La persécution exercée sur deux enfants par le seigneur Lorédan, qui veut mettre à mort celui des deux qu'il sait être l'héritier de son oncle Théobald, dont il détient injustement les biens, n'amène que des incidents déjà connus. L'auteur n'hésita pas à reproduire la situation d'Héraclius et de Martian devant l'empereur Phocas dans la tragédie de Corneille, et, malgré cet emprunt, il n'arriva pas à donner la vie à son œuvre.

Caigniez continua en 1810 la série de ses succès avec le mélodrame intitulé *Jean de Calais*, et lutta contre la *Marguerite d'Anjou* de Pixérécourt que représentait au même moment le théâtre de la Gaîté. Jean de Calais est un armateur français qui, sans le savoir, a épousé une princesse de Portugal sauvée par lui dans un naufrage et que tout le monde croit morte. Le hasard amène Jean à Lisbonne, où on veut l'assassiner, lui et son jeune fils, après avoir déclaré son mariage nul. La providence du mélodrame, qui fait toujours bien les choses, le sauve, lui et sa famille, des embûches que les méchants lui tendent, et le roi reconnaît le mariage en disant tranquillement à l'armateur son gendre : « Mon trône et l'amour des Portugais seront ton héritage. » Le parterre de l'Ambigu trouva toute simple cette introduction d'un armateur calaisien dans la succession des rois portugais. Caigniez donna, la même année, au même théâtre, *Henriette et Adhémar ou la Bataille de Fontenoy*, pièce qui contient quelques situations intéressantes et qu'il avait imitée de l'allemand. Je cite, sans m'y arrêter, *Edgar ou la Chasse aux loups*, mélodrame héroïque dont l'intérêt est faible et qui ne dut pas influer beaucoup sur les recettes de l'Ambigu en l'année 1811. *Le Juif-Errant* fut plus heureux en 1812. Enfin *la Pie voleuse*, le nec plus-ultra du genre, écrit en collaboration avec Daubigny, mit le comble à la popularité de Caigniez ; mais cette gloire n'emplit pas la bourse du pauvre homme, tout en faisant la fortune des directeurs de la Gaîté et de l'Ambigu. L'illustre mélodramaturge mourut en 1842, à quatre-vingts ans, dans un état voisin de la misère.

---

## IV.

### Victor Ducange.

Nourri de la moelle des lions du mélodrame, Victor Ducange ne craignit pas de se présenter dans la lice où triomphaient chaque soir ces fiers paladins ayant nom Pixérécourt et Caigniez. Ses premiers exploits ne furent pas toutefois des coups de maître. *Le Double Enlèvement, Palmérin, Pharamond* représentent ses années d'apprentissage à l'Ambigu de 1812. *La Cabane de Montainard* et *la Bague de fer*, jouées au théâtre de la Porte-Saint-Martin dans le cours de l'année 1818, montrent qu'à cette époque le débutant n'était pas sans talent; mais le succès de *Calas* sur la scène de la Gaîté, en 1819, porta tout à coup très-haut le nom de Victor Ducange, l'inconnu de la veille. Les larmes des premières loges se mêlèrent à celles du paradis et du parterre pour proclamer le puissant effet de cette action attachante. Le dénouement tragique ne gâta rien à l'affaire. On accepta, comme l'histoire la donnait, cette catastrophe lamentable d'un innocent qui périt sur l'échafaud. La pièce avait pourtant le tort d'arriver huit mois après *la Fille de l'exilé* de Pixérécourt, mais on pressentait que la pieuse odyssée de la charmante Élisabeth Potoska serait le chant du cygne de l'illustre père du mélodrame. Quoique l'auteur de *Calas* marchât résolûment et de parti pris dans la route tracée par ses devanciers, il s'avisa de changer sur les affiches ce vieux mot de *mélodrame* qui disait si bien la chose, et il y substitua le mot ambitieux de *drame* : la musique continuait d'ailleurs à s'intercaler dans la prose pour indiquer les entrées et les sorties des personnages et pour marquer l'intensité des coups de théâtre.

Lorsque, l'année suivante, le 23 novembre 1820, l'Ambigu représenta *Thérèse ou l'Orpheline de Genève*, le mot de *mélodrame* reparut un instant sur les brochures. Était-ce un remords de conscience ? Dans tous les cas il fut de courte durée, car toutes les pièces suivantes s'intitulèrent *drames*, excepté *Trente Ans ou la Vie d'un joueur* qui reprend, on ne sait pourquoi, la vieille appellation. En me reportant à mes souvenirs, je vois encore la salle de l'Ambigu frissonner à l'aspect de l'excellent traître Stockleit représentant le Génevois Walter, persécuteur de l'orpheline Thérèse, à laquelle M<sup>me</sup> Vsannaz prêtait le charme expressif de son visage un peu anguleux mais assez sympathique. La belle M<sup>lle</sup> Lévesque, que l'âge avait amenée à prendre l'emploi des mères, représentait dignement M<sup>me</sup> de Sénanges. Frénoy, qui hérita de la popularité de Tantin, déclamait pompeusement les homélies du ministre protestant Egerton. Les deux excellents niais de la troupe, Raffile et Klein, faisaient l'intendant Picard et le fermier Mathurin ; mais cette fois l'auteur, sans doute par déférence pour le progrès du goût, les avait tenus dans une gamme de comique plus que mitigée.

Cette pièce de *Thérèse*, on s'en souvient peut-être, met en scène une nouvelle édition très-perfectionnée et en même temps très-simplifiée de la jeune fille innocente, malheureuse et persécutée. L'enquête judiciaire du troisième acte, que le roman et le théâtre de ce temps-ci ont si souvent reproduite à la grande satisfaction des lecteurs et des spectateurs, faisait alors sa première entrée dans le monde des émotions théâtrales. L'effet produit sur le public par l'apparition de la jeune fille que Walter croit avoir assassinée, quand c'est une autre femme qu'il a frappée, fut extraordinaire et il se prolongea pendant une longue suite de représentations.

Ducange obtint une nouvelle ovation du parterre de la Gaîté, l'année suivante (1821), avec sa *Sorcière*, sujet tiré du *Guy Mannering* de Walter Scott. Le drame, cette fois, était moins intime et il visait au pittoresque. Après avoir emprunté au barde écossais son succès de 1821, l'auteur de *Thérèse* s'emprunte à lui-même le sujet de *Lisbeth*, qui passa de son livre intitulé *Léonide ou la Vieille de Suresnes* à la scène de l'Ambigu, au mois de novembre 1823. Ce mélodrame, où Frédérick Lemaître, alors âgé de vingt-cinq ans, établit le rôle du laboureur Bohermann, le père de la jeune fille séduite, obtint un véritable succès de mouchoirs. Frédérick montra dans cette création une énergie terrible qui fit présager un acteur de génie. Sa folie furieuse, son attendrissement subit en revoyant sa fille qu'il a maudite, qu'il croit morte et qu'il prend pour une âme errante, portèrent aux nues l'effet du troisième acte. De quel accent ému il disait ces mots : « Est-ce ma fille que je viens d'entendre ? Non : c'est toujours mon rêve... Ne bouge pas, reste ; ne te dissipe pas, chère et cruelle illusion. Tu me souris... Tu pleures... Ne parle pas : tu m'éveillerais ! » Et quelle explosion de bravos lorsque, retourné à la raison, il pardonnait à l'époux de Lisbeth par ce seul mot : « Embrassez votre père ! »

C'est dans *Trente Ans ou la Vie d'un joueur* que l'auteur de *Calas* fournit à Frédérick Lemaître l'un de ses plus puissants rôles. Tout le monde a vu ce mélodrame, si souvent repris, que le théâtre de la Porte-Saint-Martin joua pour la première fois le 19 juin 1827, et dont le troisième acte, imité du *Vingt-quatre Février* de Zacharias Werner, est à lui seul tout un poëme. Cette fois Frédérick rencontrait pour le seconder le grand talent de M^me Dorval. Deux interprètes de premier ordre s'annonçaient ainsi, et ils allaient devenir bientôt les colonnes du drame littéraire de 1830. C'est encore pour Frédérick et M^me Dorval que Victor Ducange découpa en scènes et en dialogues *la Fiancée de Lamermoor* de Walter Scott. Ce pastiche sans importance parut sur le théâtre de la Porte-Saint-Martin le 25 mars 1828. Grâce à ses interprètes, il devint une mine d'or pour la direction. Au mois de novembre de la même année, la Gaîté joua *Polder ou le Bourreau d'Amsterdam*, mélodrame de pacotille, pour la confection duquel s'étaient réunis Pixérécourt et Ducange. Quelques situations violentes permirent à la pièce de se maintenir au répertoire avec un certain effet.

Victor Ducange, pour écrire sa pièce bizarre intitulée *Sept Heures*, jouée en 1829 à la Porte-Saint-Martin, s'associa cette fois Anicet Bourgeois, jeune homme de vingt-trois ans qui avait débuté, en 1825, à la Gaîté, par un mélodrame intitulé *Gustave ou le Napolitain*. Cette pièce de *Sept Heures* n'est autre chose qu'une *Charlotte Corday* avec des noms supposés ; nous étions alors sous la Restauration, qui n'aurait pas permis l'exhibition d'un Marat véritablement historique, mais qui l'autorisa lorsqu'on l'eut affublé du nom de Marcel et habillé sur l'affiche de la qualification d'agent supérieur. Agent de quoi? La censure ne demanda pas d'explications ; elle donna son visa après quelques pourparlers. Cette manutention dramatique de *Sept Heures* est une chose complètement absurde ; on ne sait pas où l'on vit, ni à quels gens on a affaire ; on est dans le bleu de la féerie ; on se promène comme dans un rêve ; on entrevoit seulement que M^lle d'Armans pourrait bien recéler une allusion à Charlotte Corday et que cet *agent supérieur* poignardé dans sa baignoire pourrait avoir quelque rapport avec l'ex-représentant du peuple. Mais Frédérick Lemaître incarnait en lui le personnage de l'agent supérieur, et M^me Dorval représentait M^lle d'Armans. C'en était assez pour que le produit bien annoncé et bien *réclamé* dans les journaux attirât tous les badauds de Paris.

Quand vint la révolution de juillet 1830, Victor Ducange se souvint des mois de prison que la Restauration lui avait si généreusement octroyés, et de la suppression du *Diable rose* dont il avait été le rédacteur principal. Il s'adjoignit Pixérécourt, et ils bâclèrent pour la Gaîté une contrefaçon de *Tartuffe* qu'ils intitulèrent *le Jésuite*. Ce jésuite, qui a nom Judacia, brouille toute une famille, fait emprisonner la nièce, déshonore la fille, qu'il réduit au suicide, et veut séduire encore la seconde fille, à qui il donne un rendez-vous dans l'église. Il est enfin démasqué par l'amoureux de la seconde victime qu'il convoite, et on le menace, en le chassant, des vengeances de la justice. *Le Couvent de Tonnington* avait précédé *le Jésuite*, sans laisser beaucoup plus de traces. Le dernier succès de Victor Ducange fut le célèbre mélodrame portant pour titre *Il y a seize ans*, représenté à la Gaîté le 20 juin 1831. Les malheurs de la belle Amélie de Clairville et de son fils Félix ont attendri plusieurs générations depuis 1831. M^me Vsannaz et Eugénie Sauvage eurent l'honneur de créer ces types larmoyants. Le public n'avait jamais assisté à pareil festin d'émotions. On sanglotait et on tordait ses mouchoirs quand le vénérable Marty, représentant le maire du village de Saint-Pol, interrogeait le petit vagabond accusé d'être un voleur et un incendiaire, et lorsque M^lle de Clairville, le jour même où elle venait d'épouser le baron de Saint-Val, sauvait cet enfant de seize ans en déclarant résolûment qu'elle était sa mère. Tout s'expliquait finalement, on s'en souvient peut-être, par le récit d'une aventure non moins extraordinaire que les précédentes. Le nouveau mari découvrait que c'était lui qui était le père de l'enfant, et il donnait pour preuve de son dire l'anneau ravi par lui, pendant la guerre de 1814, à la victime de sa brutale passion. Et la sensible Amélie s'écriait en voyant la bague : « Ah ! grand Dieu ! l'anneau de ma mère ! » L'anneau de ma mère, comme plus tard la croix de ma mère, était alors une primeur. On en rit aujourd'hui, on en pleurait jadis.

### V.

**Quelques burgraves de l'ancien mélodrame. — Baudoin-Daubigny et Poujol. — Boirie. — Frédéric du Petit-Méré. — Cuvelier. — Hubert. — Benjamin Antier. — Bernos. — Martainville.**

Après avoir parlé avec quelque détail des maîtres de l'ancien mélodrame, il convient de passer en revue, aussi rapidement que possible, leurs auxiliaires principaux, car eux aussi ils ont attaché leurs noms à de grands succès populaires. C'est d'abord Baudoin Daubigny, qui eut l'insigne honneur de collaborer avec Caigniez à *la Pie voleuse*, le chef-d'œuvre du genre immortalisé par la musique de Rossini. Daubigny ne fut pas un auteur fécond. Son bagage dramatique se compose d'une douzaine de pièces, parmi lesquelles un seul succès véritable en dehors de *la Pie voleuse*: *les Deux Sergents*. La profonde sensation produite par le troisième acte de cet ouvrage fit oublier les absurdités sur lesquelles se base son action. On admit que les sergents Robert et Félix condamnés par un conseil de guerre fussent autorisés à tirer au sort lequel des deux serait fusillé, l'autre devant obtenir sa grâce. On ne sourcilla pas quand Robert, que le sort a favorisé, consent à prendre la place de son ami qui part pour l'île de Roze, où il va faire ses adieux à sa famille et qui doit revenir pour l'heure de l'exécution. Le traître de la pièce empêche le retour de la barque qui doit ramener Félix. Robert est adossé à un mur devant le peloton d'exécution. Le retour subit de Félix qui a fait la traversée à la nage pour tenir sa parole provoqua une explosion d'enthousiasme et plaça le mélodrame de Daubigny parmi les plus estimés du boulevard. Ceci se passait en 1823. En 1822, Daubigny avait donné au Panorama-Dramatique *le Courrier de Naples*, qui avait réussi honorablement. C'était l'histoire de Lesurque transportée en Italie, sujet refait depuis sous le titre de *Courrier de Lyon*. Dans le mélodrame de Daubigny, l'attaque de la diligence n'avait pas lieu en scène : c'eût été trop hardi pour le temps ; le rideau baissait au moment où l'on entendait arriver la malle-poste. Daubigny, dans cet ouvrage, avait pour collaborateurs Boirie et Poujol. En 1823, le Panorama-Dramatique représente une autre pièce de Daubigny qui réussit sans grand fracas, *le Pauvre Berger*, écrit en collaboration avec Carmouche. L'ouvrage contient quelques effets, mais il se base sur une idée plus absurde et plus impossible encore que celle des *Deux Sergents*. Le berger Zug, pour avoir une somme qu'il destine à l'amélioration matérielle de sa vie, consent à se laisser condamner pour un meurtre qu'un autre a commis, et il s'endort pendant que le tribunal prononce contre lui la peine capitale. Il est vrai que le meurtrier véritable lui a promis de le faire échapper de sa prison, ce qui n'autorise pas l'idiotisme poussé à ce point.

Boirie, le collaborateur de Daubigny, était l'auteur de *l'Homme de la Forêt-Noire*, accueilli avec quelque faveur par le parterre de l'Ambigu en 1809. Cette élucubration, banale au dernier point, réunit tous les défauts du genre sans lui prendre aucune de ses qualités. C'est un fouillis impénétrable de complications, pour arriver finalement à prouver à un prince allemand que le comte Gérald, son ancien ministre qu'il a proscrit, est innocent des crimes dont on l'accuse. Cette preuve s'établit au moyen de papiers qu'on aurait pu tout aussi bien trouver au premier acte. Boirie fit frémir les âmes sensibles du boulevard avec sa *Marquise de Ganges* et son *Château de Paluzzi*, qui tinrent longtemps l'affiche. Il remporta d'autres victoires avec son *Henri IV*, sa *Bataille de Pultawa*, son *Maréchal de Luxembourg* et son *Catinat*, le seul de ses ouvrages qu'il ait composé sans collaborateurs. Son plus grand succès fut celui qu'il obtint à la Porte-Saint-Martin, en octobre 1822, en compagnie de Carmouche et de Poujol, avec *les Deux Forçats ou la Meunière du Puy-*

*de-Dôme*. Ce succès, il le dut à M^me Dorval, qui créa d'une façon si brillante le rôle de Thérèse. Philippe, le premier rôle en vogue à ce moment, représenta le meunier François, et Defresne, le *traître* des beaux jours, fut effrayant de cynisme dans le rôle du forçat en rupture de ban, l'embryon de Robert Macaire. Boirie avait été directeur du *théâtre des Jeunes-Artistes*, puis il avait régi l'Odéon et la Porte-Saint-Martin.

Frédéric du Petit-Méré collabora avec Boirie à bon nombre de ses pièces, et entre autres au *Banc de sable*, à *l'Homme de la Forêt-Noire*, à la *Bataille de Pultawa* et au *Maréchal de Luxembourg*. Il travailla avec Victor Ducange à *la Cabane de Montainard* et avec Caigniez aux *Enfants du bûcheron*. Son *Paoli* fut la pièce résistante de la Gaîté en 1822. L'ouvrage se termine tragiquement par la mort de l'héroïne, selon l'exemple donné par Ducange dans son *Calas*. Notons en passant que les fins tragiques sont rares dans l'ancien mélodrame. Frédéric donna aussi, en 1823, en collaboration avec Laquayrie, *la Fausse Clef*, pièce qui fut souvent imitée par les inventeurs modernes. Il s'agit d'un fils qui vole son père pour payer une dette de jeu et qui laisse accuser un innocent jusqu'à ce que le remords le pousse à l'aveu de son crime.

Un écrivain presqu'aussi fécond que Pixérécourt et que les journaux du temps surnommèrent « le Crébillon du boulevard », pour compléter sans doute le triangle des gloires mélodramatiques, c'est Cuvelier de Tryo, qui fut député de Boulogne à la fédération de 1790 et qui avait fait les campagnes de Prusse et de Pologne. Le bagage de cet ex-avocat, devenu, après le Dix-huit Brumaire, capitaine dans les guides interprètes, puis auteur dramatique, est des plus copieux. Il se compose surtout de mélodrames, de mimodrames et de pantomimes. Le meilleur succès de Cuvelier dans le mélodrame, c'est *Dago ou les Mendiants d'Espagne*. La pièce est complexe et quelque peu embrouillée ; elle appartient à cette catégorie qui cherche le mouvement plutôt que l'intérêt, les coups de théâtre plutôt que les élans de la passion. Ce seigneur vénitien qui se fait chef des mendiants de Madrid, on ne sait pourquoi, qui se trouve en lutte avec ses sujets, lesquels le livrent à l'Inquisition, et que le roi finit par nommer directeur de ses établissements de charité, n'inspire pas une sympathie réelle. Les réussites fructueuses de mimodrames et de pantomimes de Cuvelier sont : *Don Quichotte*, *La Fille hussard*, *Mazeppa*, *Roland furieux*, *La Main de fer* et *Jeanne d'Arc*.

Nous arrivons à Auguste Hapdé, qui dota le boulevard de quelques mélodrames et d'une foule de pantomimes dont les mieux réussies furent *L'Héroïne suisse*, *La Mort de Bayard*, *Le Passage du mont Saint-Bernard* et *Le Pont d'Arcole*. Franconi produisit à son théâtre tout un répertoire de mimodrames et de pièces à cheval dont la célébrité traversera les âges. Les ouvrages classiques de la première période du Cirque Olympique étaient *Don Quichotte*, *Frédégonde*, *Geneviève ou la Confiance trahie*, *La Prise* de la *Bastille*, *Robert le Diable* (d'après la légende normande), *Le Soldat laboureur*, *Youli ou les Souliotes*. Les grandes batailles de Ferdinand Laloue et de M. Labrousse arrivèrent plus tard avec leurs splendides odyssées de la Révolution et de l'Empire : *Le Vengeur, Napoléon, Murat, Le Prince Eugène*, etc.

Hubert, qui entremêlait le genre du vaudeville avec celui du mélodrame, a beaucoup écrit pour le boulevard; c'est l'auteur de *Bélisaire*, d'*Amélie de Mansfied*, du *Collier de fer*, du *Forçat libéré*, de *la Jambe de bois* et du *Faux Martinguerre*. Cette dernière pièce fut accueillie avec faveur par le public de la Gaîté en 1808. C'était la mise en scène d'une cause célèbre.

Benjamin Antier peut aussi être cité parmi les écrivains qui produisirent le plus d'ouvrages pour les théâtres du boulevard. On a oublié depuis longtemps son *Chasseur noir*, son *Garçon de recette*, son *Mandrin*, et l'on ne se souvient que de *l'Auberge des Adrets* et de *Robert Macaire*. Le bon Benjamin engendra par hasard ce personnage légendaire du complice de Bertrand. Il ne se doutait pas que Frédérick Lemaître allait faire de cet horrible assassin un type de bouffonnerie qui deviendrait proverbial.

Nous comptons aussi à l'ancien boulevard une série de mélodrames comiques et féeriques, parmi lesquels *le Siége du clocher* de Bernos eut son moment de succès en 1809. Le genre grotesque avait, du reste, précédé le genre sérieux au boulevard, et, dès l'année 1800, Aude, l'auteur de tous les *Cadet Roussel*, avait attiré le Paris d'alors à l'Ambigu pour se pâmer aux lazzis de *Madame Angot au sérail de Constantinople*. L'excellente Suzanne Canillet, marchande de morue sur le carreau de la halle, était prise par des corsaires dans une promenade en mer faite aux environs de Marseille. Conduite au marché de Constantinople, elle se trouvait vendue et livrée en cadeau au grand vizir. Celui-ci en amusait Sa Hautesse en faisant croire à la poissonnière qu'elle devenait sultane favorite. On célébrait les noces, et un petit Amour venait déposer son carquois aux pieds de la prétendue souveraine. M$^{me}$ Angot se mouchait à grand fracas dans le mouchoir traditionnel que lui jetait le sultan. Puis, dénoncée comme conspiratrice, elle recevait le cordon des mains d'un muet, et un officier du sérail lui expliquait comment elle devait s'étrangler elle-même. Quand le monarque véritable avait fini de rire, on rendait la liberté à M$^{me}$ Angot et on la renvoyait gracieusement en France. *La Fille de madame Angot* a retrouvé récemment aux Folies-Dramatiques le succès et la vogue lucrative de sa mère.

*Le Pied de mouton* de Martainville reste encore l'expression la plus complète et la mieux réussie du mélodrame comique. La féerie de Martainville, rhabillée à la moderne, ornée de couplets, de trucs nouveaux et de mots plaisants puisés dans l'argot du jour, a ravi la génération actuelle, comme elle avait enchanté celle de 1817 dans sa simplicité primitive. Le mélodrame a marché depuis Martainville. Nous allons voir la tragédie populaire prendre des al-

lures toutes différentes quand vient la révolution
de 1830.

---

## VI.

### Le Mélodrame révolutionnaire, humanitaire et socialiste.

Après la révolution de juillet 1830, la censure théâtrale se trouvant abolie, on voit surgir une forme nouvelle du mélodrame, forme hybride, toute pavée d'intentions mauvaises et qui n'a d'autre but que de démoraliser le peuple et d'effacer dans son esprit toute croyance et toute honnêteté. Les combinaisons scéniques que fournissait naturellement la préconisation de la vertu semblent épuisées, et quelques auteurs trouvent plus commode de soutenir la thèse contraire, sans se douter peut-être du mal qu'ils vont produire. Dans un vaudeville intitulé *Napoléon au paradis*, MM. Nézel, Benjamin Antier et Simonnin échangent les coq-à-l'âne les plus saugrenus entre saint Pierre et les anges. Les mêmes auteurs mettent en scène la papesse Jeanne. MM. Villeminot et Ferdinand montrent au public le curé Mingrat violant et assassinant. Benjamin Antier, déjà nommé, donne à la Porte-Saint-Martin, le 24 mars 1831, en collaboration avec Camberousse, une pièce en trois actes sous le titre de *L'Incendiaire ou la Cure de l'archevêché*,

C'est le chef-d'œuvre de la nouvelle manière. L'archevêque, représenté par Provost, ripaille au premier acte avec le préfet, le procureur du roi et le colonel de gendarmerie. Il raconte ses prouesses de chasse, et déclare qu'il s'exerce sur les lièvres et les chevreuils afin de pouvoir plus tard tirer sur les libéraux. Un abbé vend à un futur marié un billet de confession. L'archevêque refuse de donner l'absolution à une jeune fille, à moins qu'elle n'incendie la ferme d'un libéral du pays nommé Dumont. Comme la jeune fille hésite, il dit textuellement à la nouvelle Judith : « Retire-toi d'entre les élus du Seigneur. Tu n'as pas de services pour lui, il n'a pas d'absolution pour toi. — Mais le feu? — L'absolution. — C'est un crime qu'il faut commettre! — La volonté du ciel pourrait-elle être un crime? » L'archevêque arrache enfin à Louise son consentement. Louise accomplit le crime. Elle est vue et dénoncée. Elle avoue sa faute à un curé libre-penseur qui se trouve là pour contraster avec l'archevêque. Le curé vient trouver le prélat qui l'avait destitué la veille, et il lui dit : « J'ai reçu la confession de Louise, je suis prêt à entendre la vôtre. — Quoi! vous oseriez? — Vous accuser? oui! » Il décide ainsi l'archevêque à faire conduire la coupable à la frontière dans sa voiture et à lui constituer une pension; à ce prix il se taira. L'archevêque consent. Mais la jeune fille, bourrelée de remords, se jette à l'eau. « Morte! s'écrie monseigneur avec un sentiment de satisfaction. — Elle s'est punie, répond le curé libre-penseur; mais vous!... » (Il lui montre le ciel, et le rideau tombe.)

Le doux Benjamin Antier se vit amené à ce système de mélodrame à scandale par le caprice de Frédérick Lemaître qui, en 1823, sur le théâtre de l'Ambigu, joua en charge le brigand Robert Macaire de l'*Auberge des Adrets*. Antier avait écrit le rôle très-sérieusement. Dans la suite de l'*Auberge des Adrets*, qui porte pour titre le nom de ce héros du bagne, Frédérick Lemaître figure parmi les auteurs touchant des droits. Ces auteurs sont, outre Benjamin Antier, Saint-Amand, Overnay, Maurice Alhoy et Frédérick Lemaître. Cinq participants pour une telle œuvre ! Après ces exploits, Benjamin Antier retourne d'instinct à ses mélodrames vertueux, mais d'autres le remplacent sur la brèche ouverte et se constituent distributeurs patentés de ce poison intellectuel. Dans leurs mains, le théâtre n'est plus seulement une exploitation industrielle, c'est une mission, un apostolat, l'apostolat du mal. Leur seule préoccupation dramatique, c'est de traduire en personnages agissant et parlant les rêves imaginés par les bonzes d'une religion qui se prétend nouvelle, quoiqu'elle soit aussi vieille que le monde.

Oubliant que l'homme, comme toute bête créée, est né pour souffrir et mourir, et que sa nature est tellement misérable sur notre planète que le moindre accident suffit à éteindre cette flamme de la vie dont il est si fier, cette secte renie Dieu, proclame la prédominance de la matière, et déifie l'homme, cet être incomplet et malpropre qui ne peut exister qu'à force de soins et de prévoyance entre la maladie et la mort, qui, aux mauvais instincts des animaux, joint tous les vices dont il a composé son triste apanage. Ces philosophes affirment au malade qu'il ne souffrira plus, au mourant qu'il vivra toujours, au paresseux qu'il jouira sans travail, à l'enfant qu'il ne doit rien à son père, au père qu'il ne doit rien à son enfant, à la femme que ses devoirs ne sont que chimères, à l'homme en jaquette qu'il peut s'emparer du paletot de son voisin, à l'homme en blouse que la jaquette lui appartient, à l'homme en chemise qu'il a un droit primordial sur la première blouse qui passe. Le droit de l'appétit est substitué au droit du travail, de l'épargne et de la bonne conduite. De là à nier l'honneur, la probité, la vertu, le devoir, il n'y a qu'un pas, et ce pas a été franchi.

Par cette transposition des idées, les auteurs à bout de moyens obtenaient avec le sujet le plus vulgaire un effet détestable en soi, mais nouveau quant à la forme, et ils trouvaient pour les applaudir un public porté d'instinct à prendre comme vérité tout ce qui était la négation de quelque chose. Les journaux politiques d'alors, crus comme articles de foi, avaient ainsi fait l'éducation populaire, et il était devenu de bon goût d'accepter comme idées avancées toutes les idées d'opposition à la morale et au sens commun. Suivez historiquement les faits, et vous reconnaîtrez que la démoralisation actuelle et toutes les ruines qu'elle a semées proviennent en grande partie de ces causes. On eut toujours le tort grave de les regarder comme des choses futiles et indifférentes.

Parmi les auteurs qui ont pratiqué systématiquement le renversement de la morale publique, il faut citer d'abord Eugène Sue. Après une jeunesse très-aventureuse, après avoir fait la campagne de Grèce comme aide-chirurgien de marine, Eugène Sue vint à Paris et publia des romans maritimes qui obtinrent beaucoup de succès. Quand il fut maître de la fortune paternelle, il prit des chevaux et des maîtresses et mena la vie parisienne à grandes guides, si bien qu'il y fondit tout le petit trésor que lui avait laissé le docteur Sue, son père. A cette époque, les domestiques du futur démocrate ne le servaient qu'en cravate blanche et en gants blancs. Il fut le premier à Paris que je vis se faire apporter ses lettres sur un plat d'argent. Sue était un charmant garçon, très-spirituel, très-aimable, n'ayant d'autre défaut qu'une certaine manie de dandysme qui ne lui allait guère et qui le portait aux façons d'agir les plus étranges. Lorsque, pour son malheur, il eut publié dans le *Journal des Débats* son curieux et original roman intitulé *Les Mystères de Paris*, les anabaptistes prédicants de la religion nouvelle lui persuadèrent qu'il était, non plus un amusant romancier, mais un philosophe et un apôtre. Il le crut, et sa fatuité aimable se changea tout à coup en une raideur insupportable. Ses vrais amis lui rirent au nez, croyant à une nouvelle fantaisie de son esprit; mais sa monomanie augmenta : il devint sombre, taciturne, prêcheur et ennuyeux. En somme, il perdit son talent, après avoir perdu sa fortune, et il mourut vingt ans avant l'heure, dégoûté du monde et de lui-même.

Le bagage dramatique d'Eugène Sue se compose, en somme, de peu de chose. L'auteur n'est ni un penseur ni un écrivain : c'est un causeur. Presque toutes ses pièces sont tirées de ses romans. *Latréaumont, Les Mystères de Paris, Mathilde, Le Morne au diable, Le Juif-Errant* obtinrent des succès populaires sur divers théâtres. *La Prétendante,* comédie en trois actes et en prose à laquelle il collabora avec Prosper Dinaux (qui mit en ordre tous les scénarios de ses autres pièces), est le seul ouvrage que Sue n'ait pas emprunté à ses feuilletons. *La Prétendante* est une comédie historique très-médiocre, représentée au Théâtre-Français le 6 août 1841. Cet ouvrage respire le plus pur esprit royaliste.

M. Félix Pyat, contemporain d'Eugène Sue, est plus que lui un homme de théâtre. M. Félix Pyat, avant d'aborder le mélodrame philosophique, écrivit deux pièces contre la personne du roi Louis-Philippe. *Une Révolution d'autrefois ou les Romains chez eux,* drame en collaboration avec Théodore Burette et représenté à l'Odéon le 1er mars 1832, nous montre comme un tableau normal de la monarchie le règne de ce fou couronné, Caïus Caligula, que les prétoriens mettent à mort pour le remplacer par Claude. « Tuer Caligula pour avoir Claude, dit Chéréas en résumant la pièce, c'était bien la peine ! » Ce qui voulait dire : détrôner Charles X pour avoir Louis-Philippe, autant valait ne pas changer.

Un autre drame en trois actes, intitulé *Arabella,* reproduisait sous des noms espagnols la fin tragique du prince de Condé. Le vieux prince, poussé à bout par Arabella, veut révoquer son testament. « Que deviendrai-je ? se dit la femme perverse ; je suis déjà sans époux, je serai sans fortune. Et dire que je n'ai besoin que d'un peu de courage! » Elle se glisse furtivement chez le prince qui dort. On entend le son lourd d'un meuble qui tombe, un soupir étouffé, puis un bruit violent d'espagnolette. Le valet de chambre du prince entre chez son maître et le trouve pendu ; une épée est là, tout près de lui, dans son fourreau. « Un Médina-Cœli (lisez un Bourbon), s'écrie le valet de chambre, ne se serait pas pendu à côté d'une épée. (*Brisant l'épée* : ) Ils n'en hériteront pas! »

Le 22 février 1834, le théâtre de la Porte-Saint-Martin représentait *le Brigand et le Philosophe*, drame en cinq actes avec un prologue en deux parties, par MM. Félix Pyat et Auguste Luchet. Les attaques contre le roi Louis-Philippe ne semblent plus à l'auteur d'*Une Révolution d'autrefois* et d'*Arabella* un moyen de succès suffisant. C'est à la société, c'est à l'humanité tout entière que va s'en prendre désormais le dramatiste. Cette fois il tentera nettement d'établir, en composant son personnage d'Oscar, que les spéculateurs à la Bourse sont d'aussi grands scélérats que les brigands qui assassinent sur les grands chemins. La thèse est originale ; mais faire l'éloge du vol et du meurtre pour déprécier les tripoteurs d'affaires, ce n'est pas précisément là, quoi qu'en dise l'auteur, écrire une œuvre morale. N'importe, il soutient son propos et il se retranche derrière Molière « qu'on accusa d'avoir attaqué la religion dans *Tartuffe* et la médecine dans *le Malade imaginaire* ». C'est le cas de répéter que comparaison n'est pas raison, car Molière n'attaque l'hypocrisie que pour louer la vraie piété, tandis que M. Pyat loue le vice pour nier absolument l'honneur et la vertu, qui, selon lui, ne se rencontrent nulle part. « Oscar, dit la préface du *Brigand et le Philosophe*, n'est ni un *Moor* ni un *Sbogar*, ni aucun de ces brigands poétiques, héroïques, vertueux en dehors d'un monde méchant ! Oscar est méchant comme le monde. Le monde l'a fait brigand ; et, comme le brigand ne vaut ni plus ni moins que le monde, il veut rentrer dans le monde pour exercer à la ville son métier de la forêt. Maintenant la question est là (continue M. Pyat) : Pourquoi la société, qui punit le vol sur le grand chemin, ne le punit-elle pas à la Bourse ? Pourquoi la société, qui sait que l'homme naît avec de mauvais et de bons penchants, est-elle constituée de façon que ses lois amènent presque toujours le développement des mauvais penchants aux dépens des bons ? » Mais, monsieur le philosophe, peut-on répondre au sophiste, la société punit le vol partout où il est constaté. Il ne suffit pas de prétendre qu'un homme a volé pour le punir : il faut prouver qu'il a volé ! Sans cela où serait la justice ? Et pourquoi aussi accuser la loi de développer les mauvais penchants ? La loi est faite, au contraire, pour les réprimer; si elle est mal faite, changez-la.

Mais revenons à Oscar, le brigand. Oscar, avec sa bande, attend dans la montagne un passage de voyageurs pour *prélever un impôt sur le luxe* (le mot st de l'auteur du mélodrame). Oscar arrête une comtesse, à qui il rend la liberté afin de s'en faire une protectrice à la ville, où il a dessein de se retirer pour exercer sa profession en grand. « Vois-tu, dit-il à son lieutenant, le mal n'est pas de voler, le mal est dans la manière de voler. Si tu travailles contre la loi, tu gagnes peu et tu te caches; mais si tu voles, le Code à la main, juste comme il faut voler pour être marchand, huissier, courtier, oh! alors tu gagnes beaucoup et tu paies patente. Les gendarmes mêmes te portent les armes en cas de décoration. »

Arrivé à la ville, Oscar tue son lieutenant Hermann et livre le corps à la justice, qui pend le cadavre croyant pendre Oscar. Sous un nom d'emprunt, il se présente ensuite chez la comtesse d'Anspach qu'il a sauvée dans la montagne. C'est chez la comtesse qu'il rencontre le philosophe Werner, élève de Gall et grand phrénologiste. Ce savant philosophe est, par-dessus le marché, un parfait gredin, comme tous les personnages de la pièce. Il vit depuis vingt ans en concubinage avec la comtesse; il est le père adultérin de ses deux enfants, dont l'un a été volé dans son berceau. Cet enfant volé est naturellement Oscar; mais on ne l'apprend qu'au dénouement. Grâce à la reconnaissance de la comtesse, Oscar roule bientôt carrosse; il gagne de l'argent à la Bourse en répandant de fausses nouvelles, et il devient juge, puis président du tribunal criminel. Il condamne au lieu d'être condamné. Son secret est découvert par la fille de la comtesse. Le président du tribunal poignarde celle qui possède son secret, pour ne pas être dénoncé ; puis il fait fusiller le brigand Wolf, son ancien complice, afin de l'empêcher de parler. Le grand-duc est si enchanté de son président de la cour criminelle qu'il le nomme comte et grand-croix de son ordre. Mais tout se dévoile enfin par le retour de Wolf, qui a été mal fusillé. Wolf vit assez pour dénoncer les peccadilles de l'*habile* magistrat, qui, outre ces méfaits déjà connus, se trouve encore avoir été l'assassin de sa sœur et l'amant de sa mère. Il se livre aux gendarmes en disant au phrénologue Werner, dont il est le fils retrouvé : « Ma tête sera belle à étudier, n'est-ce pas, mon père ? »

Le tableau est complet, comme on voit ; rien n'y manque, pas même le certificat de haute moralité que se donne l'auteur à lui-même dans sa préface en se comparant à Molière et à Shakespeare. Ceci se passait au théâtre de la Porte-Saint-Martin, en février 1834, un an avant le rétablissement de la censure.

L'année suivante, M. Pyat, toujours en collaboration avec Auguste Luchet, mit en drame de fantaisie la biographie du célèbre armateur dieppois Ango qui, en 1530, bloqua le port de Lisbonne avec sa flotte et força le roi de Portugal à envoyer une ambassade en France pour demander la paix au roi François I$^{er}$. Fidèle à son système, et prenant une autre fable, M. Pyat charge le vainqueur de Marignan de toutes les infamies pour pouvoir, à un moment donné, le traiter de lâche, quelque violent que soit cette fois le paradoxe. François I$^{er}$ viole la femme du marin dieppois, Ango empoisonne sa femme et provoque le roi, qui refuse de se battre. « Il fuit, le lâche! » s'écrie Ango. Le roi appelle au secours et s'évanouit de peur. Après l'avoir injurié à son aise, Ango se jette par la fenêtre pour couronner l'œuvre et il se noie. Voilà de l'histoire *ad usum populi*. Toutes les biographies avaient beau répéter que l'armateur Ango mourut du chagrin que lui causa la perte de ses richesses, la farce n'en était pas moins jouée, et le mélodramaturge avait terrassé en effigie un tyran de plus. C'était le Père Loriquet perfectionné et compliqué du Bazile de Beaumarchais.

La préface des *Deux Serruriers*, autre mélodrame du même auteur joué à la Porte-Saint-Martin en juin 1841, met sur la sellette la pauvre censure, rétablie dans le cours de l'année précédente par les lois de septembre, et lui fait dire des énormités pour se donner le plaisir de la pourfendre à son tour. Le dramatiste-philosophe avoue que cette fois il cherche à provoquer la haine du pauvre contre le riche; c'est sa thèse du jour. D'après cette poétique de renversement, c'est le pauvre qui doit être riche, c'est le riche qui doit être pauvre, à moins que l'auteur ne prétende que tout le monde doit être pauvre, attendu que tout le monde ne peut pas être riche.

Le père Samuel Davys meurt de misère au premier acte du drame de M. Félix Pyat. Il a été riche autrefois, il s'est trouvé ruiné pour avoir imprudemment prêté sa signature à un ami. Il est donc pour beaucoup dans le malheur qui l'accable, ce qui n'empêche pas qu'il ne mérite la pitié; mais ce n'est pas une raison non plus pour qu'il dise : « La misère est un péché que l'homme expie par d'éternels efforts pour en sortir, et rarement il en sort s'il est honnête. » Ainsi tout malheureux apprend par le nouvel axiome de M. Pyat qu'il n'a qu'un moyen de cesser d'être malheureux : c'est de cesser d'être honnête. La conclusion est précise. Quant à nos deux serruriers, Georges et Burl, celui qui est honnête mène l'existence la plus dure dans le monde que M. Pyat lui arrange pour les besoins de sa cause, et le coquin nage, comme de raison, dans des flots d'or et de volupté. Georges est condamné pour le vol commis par Burl, et Burl est acquitté par des juges naturellement idiots. Mais comme ce dénouement ne suffirait pas à la censure, toute benoîte qu'on la connaisse, tout change au dernier acte : Burl meurt et Georges reconnu innocent sort de prison pour épouser la fille d'un banquier.

En mars 1842, M. Félix Pyat développe une autre thèse dans *Cédric le Norvégien*, drame joué à l'Odéon au milieu d'une opposition très-vive du parterre. En remontant aux temps héroïques de la Scandinavie, le dramatiste ne pouvait pas se livrer si facilement à ses renversements d'idée habituels. Il laisse à l'écurie le coursier fougueux du radicalisme social pour enfourcher le *dada* politique, somptueusement sellé et bridé, secouant sur l'acier de son chanfrein les panaches les plus éblouissants de la rhétorique tragique. Le paradoxe qu'il s'agit de soutenir cette fois, c'est que l'esclave vaut mieux que le roi, et que l'esclave couronné devient, par le fait, aussi mauvais, aussi lâche et aussi féroce que s'il n'avait jamais exercé d'autre métier. Le parterre de l'Odéon ne mordit pas à cette amorce nouvelle. La prétention poétique du style jetait un crêpe d'ennui sur le drame, qui d'ailleurs n'était pas combiné et développé avec le talent habituel de l'auteur.

Après l'échec de *Cédric*, M. Pyat abandonne pour un instant le paradoxe combiné et il se livre au paradoxe simple. Sa pièce de *Diogène*, représentée à l'Odéon le 12 janvier 1846, obtint un très-grand succès et fut louée très-justement par les journaux, qui avaient malmené fort les ouvrages précédents.

Nous arrivons au *Chiffonnier de Paris*, le plus bruyant et le plus populaire des drames philosophiques de l'auteur. Un chiffonnier et une couturière rayonnent dans la sphère de la vertu la plus éthérée ; un banquier et sa fille sont représentés comme les types les plus ignobles du crime. Le père a tué un garçon de recette de la banque pour lui voler son portefeuille, et il fait condamner à mort, sous une fausse accusation d'infanticide, l'héroïne de la pièce. Quant à la fille du banquier, elle se confesse ainsi : « J'aimais ; mon père voulut me marier malgré moi. Pour mieux résister à mon père, je cédai à mon amant. Je devins mère ; je voulais élever mon enfant..., mais le même jour son père mourut en duel. Je ne pouvais plus réparer ma faute aux yeux du monde, et j'ai changé la faute en crime pour la cacher. » Frédérick Lemaître, par l'immense talent qu'il déploya dans le rôle du chiffonnier

Jean, aurait fait à lui seul le succès de la pièce, quand bien même le scandale ne l'y aurait pas aidé.

Nous avons vu et apprécié le passage de M. Félix Pyat dans la littérature dramatique. Il faut reconnaître chez lui une certaine vigueur d'exécution et une certaine poésie de sentiment. Le désir de faire du nouveau le domine au plus haut point. C'est cet appétit qui l'amena au paradoxe érigé en axiome, et consistant à placer en haut tout ce qui est en bas et à mettre en bas tout ce qui est en haut. Cette formule littéraire lui donna la formule philosophique ; celle-ci lui donna la formule politique, et le voilà entré de plain pied dans le *révolutionarisme* à outrance, jusqu'à ce que mort s'ensuive. Comme ce magicien qui a créé un monstre, cet homme, nous avons connu jadis si bienveillant, si aimable et si spirituel, fut affolé devant son œuvre, poursuivi par ce fils de son imagination, et il a beau fuir au bout de la terre, il ne peut échapper aux dents et aux ongles qu'il a aiguisés.

A la suite de ces coryphées, le chœur des dramaturges du boulevard fit retentir ses voix multiples ; et pendant trente années, entrecoupées de deux révolutions, le peuple de Paris ne connut d'autre littérature que la glorification de la blouse et l'ignominie de l'habit. La censure, rétablie en 1835, était pourtant en exercice ; mais, tout entière à protéger le huis clos de la politique, elle n'entrevoyait même pas la gravité du délit qu'elle autorisait. C'est ainsi qu'on put jouer *le Riche et le Pauvre* de M. Émile Souvestre, véritable provocation à la jacquerie. La pyramide renversée passa de la parole aux faits et devint le symbole de toutes les luttes. Jamais paradoxe ne rencontra un tel succès. Cette école démoralisatrice a fini ses ravages au théâtre, mais elle a laissé de bien mauvais fruits. Anicet Bourgeois et M. Adolphe D'Ennery sont venus faire une heureuse diversion à cette prédication du mal et donner à l'esprit du peuple parisien un divertissement plus honnête.

## CHAPITRE XIII.

**LE MÉLODRAME ET SES TRANSFORMATIONS.**

(Suite.)

### I.

**Anicet Bourgeois, — M. Adolphe D'Ennery,
dramatistes populaires.**

Anicet Bourgeois et M. Adolphe D'Ennery sont les Pixérécourt et les Caigniez du mélodrame contemporain, qu'ils ont perfectionné et rajeuni. Le prêche méphistophélique des anabaptistes du boulevard n'eut aucune influence sur la production des nouveaux chefs d'école, qui ne demandèrent le succès qu'aux seules ressources de leur talent. Comme les créateurs du genre, ils se montrent, toujours et avant tout, dans leurs ouvrages, d'une moralité irréprochable. Ils renient, peut-être à tort, le bon vieux titre de *mélodrame*, et leurs affiches comme leurs brochures ne mentionnent que des *drames*. Ils conservent pourtant avec grand soin la musique d'accompagnement qui motiva l'ancienne qualification. Le répertoire d'Anicet Bourgeois, comme celui de M. D'Ennery, a de plus vastes proportions que le répertoire de Pixérécourt, lequel contient pourtant cent vingt-six pièces jouées ou non jouées. Il est vrai que Pixérécourt travailla presque toujours sans collaborateur. Les pièces d'Anicet Bourgeois atteignent le chiffre de trois cents ; celles de M. D'Ennery passent le nombre de deux cents. Je n'ai pas la prétention d'examiner en détail une si volumineuse production ; je vais seulement en dessiner le contour et tâcher d'en apprécier la valeur générale.

Anicet Bourgeois commença sa carrière théâtrale en 1825, au théâtre de la Gaîté, par un mélodrame en trois actes intitulé *Gustave ou le Napolitain*. La première pièce de M. D'Ennery, lequel comptait cinq années de moins qu'Anicet, est de 1831. Elle s'intitule : *Émile ou le Fils d'un pair de France*. Anicet avait pour collaborateur, dans sa pièce de début, le vieux Benjamin Antier, et M. D'Ennery, Charles Desnoyers, comédien, auteur, et plus tard directeur de l'Ambigu. Les nouveaux venus adoptèrent le système de composition dramatique de leurs devanciers, mais ils améliorèrent très-ingénieusement l'art de faire naître et de suspendre l'intérêt et d'agencer les événements d'une manière vraisemblable. Cette habileté de main, qui les fit surnommer plaisamment les *charpentiers* et les *carcassiers* du théâtre, ils la tenaient de Scribe, le véritable inventeur de cette science nouvelle. Anicet et M. D'Ennery ont écrit en collaboration une dizaine de *drames*, parmi lesquels *la Dame de Saint-Tropez* et *le Médecin des enfants*, deux de leurs plus vifs succès. Leur manière de composer est la même ; l'habileté scénique est égale des deux côtés. On ne peut donc ni la comparer ni établir les qualités ou les défauts qui leur sont personnels. Anicet possédait pourtant à un plus haut degré le don précieux de l'invention. Lorsque naissait l'idée première d'un sujet, soit qu'elle sortît de sa méditation, soit qu'un collaborateur la lui apportât, son esprit en saisissait rapidement toutes les conséquences, et, souvent, en une seule journée il improvisait un scénario développé qui servait de point de départ à la confection définitive. Il avait la fibre dramatique très-vibrante ; son esprit était franc, naturel, et très-plaisant quand il le fallait, comme le témoignent quelques-uns de ses vaudevilles : *Passé minuit, Pourquoi? Le Premier Coup de canif*. Le gros sel qu'on peut blâmer dans ses féeries ne saurait lui être reproché : c'était le goût des directeurs qu'il traduisait pour leur complaire. Il était incapable de risquer un calembour dans une conversation privée.

Alexandre Dumas appréciait si bien l'habileté d'Anicet Bourgeois qu'il le choisit pour collaborateur secret dans plusieurs de ses ouvrages : *Térésa, Angèle, Caligula*. Je ne crains pas d'affirmer que si la forme avait été chez Anicet à la hauteur de la pensée, il eût pu prendre rang immédiatement après Alexandre Dumas dans le théâtre moderne ; mais il manquait d'études premières, et, dès qu'il se trouva lancé au théâtre, il n'eut ni le temps ni le courage de se livrer aux études sérieuses. Ceci explique pourquoi il n'eut jamais un style à lui. Dans les ouvrages écrits avant 1830, on retrouve le langage courant de l'école de Pixérécourt et de Ducange. En 1832 et en 1834, *Perrinet Leclerc* et les personnages de *la Vénitienne* pastichent le jargon des écrivains à la suite de l'école romantique. Quand l'auteur traite des sujets historiques ou plutôt pseudo-historiques, et qu'il fait parler des héros, des rois ou des reines, comme Salomon, Nabuchodonosor, Charlemagne, Isabeau de Bavière, Léon VI, Louis XI, le manque de personnalité et l'insuffisance de la langue se révèlent plus ouvertement encore. Les sujets intimes, et surtout ceux qui mettent en scène des types bourgeois ou populaires, dissimulent jusqu'à un certain point ce défaut de forme, si regrettable chez un auteur aussi bien doué sous le rapport de l'imagination et de la science des effets scéniques. *Marianne*, *La Dame de Saint-Tropez*, *Le Médecin des enfants* sont de vrais chefs-d'œuvre dans leur genre. Le premier de ces ouvrages fut écrit en collaboration avec M. Michel Masson. Quant aux féeries, Anicet a composé la meilleure et la plus célèbre de toutes : *Les Pilules du diable*. Si l'on voulait classer les trois cents ouvrages donnés au théâtre par l'auteur de *Passé minuit*, il faudrait les diviser en quatre catégories : les pièces héroïques ou pseudo-historiques, les pièces intimes, les mélodrames pittoresques et les féeries. Dans la première de ces divisions se trouvent *Perrinet Leclerc*, *La Vénitienne*, *L'Impératrice et la Juive*, *Jeanne Hachette*, *Le Temple de Salomon*, *Latude*. Parmi les meilleures des pièces intimes, il faut ranger *Marianne*, *La Dame de Saint-Tropez*, *Le Médecin des enfants*, *Marthe et Marie*. Je mettrais au nombre des pièces populaires : *La Bouquetière des Innocents*, *Les Mystères du carnaval*, *La Dame de la halle*, *La Fille du chiffonnier*, et parmi les pièces pittoresques : *Les Fugitifs*, *La Prière des naufragés*.

Le genre historique ou héroïque demandait une exécution plus soutenue et plus brillante que les autres genres. C'est par ce côté que pèche *Perrinet Leclerc*, drame très-ingénieusement conduit, plein de situations émouvantes, et qu'Anicet écrivit en collaboration avec M. Lockroy, lequel créa dans la pièce le rôle du fils de l'échevin Leclerc, livrant Paris aux Bourguignons et à Isabeau de Bavière pour se venger de l'offense que lui a fait subir le connétable d'Armagnac. *L'Impératrice et la Juive*, drame où M. Lockroy demeura le collaborateur d'Anicet, fut également représenté à la Porte-Saint-Martin, en juillet 1834, avec un très-grand effet. M^lle Georges y faisait le personnage de Zoé, femme de l'empereur d'Orient Léon VI ; M. Lockroy, celui de Jean, cocher du cirque de Constantinople. M^lle Ida Férier jouait un rôle travesti, celui du jeune Manuel, fils de l'empereur. Cette pièce bizarre est très-savamment et très-fortement construite. L'action y est multiple, d'une violence extrême et ne faiblit pas un instant depuis l'exposition jusqu'au dénouement. On la reprendrait aujourd'hui avec le même succès qu'elle obtint il y a près de quarante ans. Par exemple, il ne faut pas chicaner les auteurs sur les biographies historiques de leurs personnages. Il se pourrait bien qu'ils eussent donné à Léon VI, en l'an 896, la femme de Justinien, cette fameuse Théodora qui fut danseuse et courtisane, et qui monta sur le trône d'Orient en 527. Que nous importe? C'est une des licences du drame; Calderon fait bien tirer le canon par les soldats de Judas Macchabée pour prendre Jérusalem devenu port de mer. Ce qu'il y a de certain, c'est qu'à part quelques taches faciles à enlever, ce mélodrame est très-riche en situations fortes et en coups de théâtre.

*La Vénitienne*, dont l'idée première est empruntée à un roman de Cooper, mais dont tous les incidents appartiennent à l'auteur français, n'est pas précisément une pièce historique, puisqu'il n'y paraît que des personnages d'invention ; mais cette pièce a la prétention de peindre la vie de Venise sous la tyrannie du Conseil des Dix. La politique ombrageuse du Conseil est représentée par un *bravo* qui se tient debout et masqué entre les colonnes de la place Saint-Marc, prêt à assassiner les gens quand il en reçoit l'ordre officiel. Ce bravo devient dans le drame une très-belle figure. L'ouvrage, signé d'Anicet Bourgeois tout seul, mais auquel travailla Alexandre Dumas, obtint un triomphe éclatant à la Porte-Saint-Martin en mars 1834. *Nabuchodonosor*, joué en 1836, et *Djengis-Khan* en 1837, constituent des mélodrames de la période de Caigniez, un peu rhabillés à la moderne ; ce sont des prétextes à décorations plutôt que des actions dramatiques. Les combats à la hache et au sabre et les canons chinois peints en vert agrémentaient la scène de ces produits de l'industrie dramatique exposés au Cirque olympique à la grande satisfaction du public.

Anicet ne fut pas plus heureux lorsqu'en 1839, en collaboration avec M. D'Ennery, il mit à la scène pour l'Ambigu la chronique de *Jeanne Hachette*, la Jeanne d'Arc de Beauvais. En société avec M. D'Ennery, Anicet donna en 1846 à la Gaîté, sous le titre du *Temple de Salomon*, une nouvelle version du jugement du Sage des sages, qui ne se distingue pas non plus par une grande invention, quoique les auteurs aient singulièrement compliqué la vieille machinerie biblique offerte en 1802 par Caigniez, sur le même sujet, au parterre de l'Ambigu. *Marceau* apparaît en 1848, au théâtre de la Gaîté, comme pièce de circonstance. Dans cet ouvrage l'auteur nous montre côte à côte Marceau, Kléber, Bonaparte, Talma, Chénier et Robespierre. Cette épopée mélodramatique, qui ne vaut pas mieux que celle de *Jeanne Hachette*, se termine par la mort du pacificateur de la Vendée et par la translation de ses dépouilles mortelles au Panthéon. La silhouette de saint Vincent de Paul tracée mélodramatiquement dans *les Orphelins du pont Notre-Dame*, drame d'Anicet et de M. Michel Masson, joué à la Gaîté en janvier 1849, n'est guère plus historique que les portraits de Jeanne Hachette et de Louis XI. Les enfants enlevés, dont l'un retrouve sa mère, grâce à une cicatrice qu'il porte à l'épaule; la scène empruntée au *Monastère abandonné* de Pixérécourt, où le personnage sympathique échappe au poison préparé par le traître, parce qu'on a changé de place les deux carafes, dont l'une contient le toxique; l'arrêt de mort donné en blanc par le cardinal de Richelieu : tout cela est tiré de la vieille ferraille de l'ancien boulevard et ne pouvait pas constituer un bon drame, quelle que fût l'habileté des arrangeurs. Le Charlemagne de la légende des *Quatre fils Aymon* n'est pas moins fantastique que le titre de la pièce, laquelle procède par les moyens de la féerie.

Nous voilà bien loin des belles scènes de *Perrinet Leclerc*, de *l'Impératrice et la Juive* et de *la Vénitienne*.

Dès l'année suivante, Anicet Bourgeois entre résolûment, par *Marianne*, dans la série de ses drames intimes, qu'il avait déjà inaugurée en 1844 avec l'émouvante histoire de *la Dame de Saint-Tropez*, où Frédérick se montra un si admirable comédien. Ce n'est plus cette fois M. D'Ennery, c'est M. Michel Masson qui collabore avec Anicet au drame de *Marianne*, où M$^{me}$ Guyon trouva l'une de ses plus belles créations. Cet ouvrage fait le plus grand honneur à celui qui l'a conçu. Le style, cette fois, convient aux personnages, qui ne sauraient s'exprimer dans une autre langue que celle des camps et de la condition populaire à laquelle ils appartiennent. L'année 1851 donna deux succès modérés au drame *le Muet* et à celui de *Marthe et Marie*, l'un écrit pour la Gaîté, l'autre pour l'Ambigu par Anicet et M. Michel Masson. Tout l'intérêt du premier de ces ouvrages reposait sur le personnage du Muet, rôle travesti, composé pour faire valoir le talent sympathique de M$^{lle}$ Fernand. C'était une reproduction du jeune Théodore placé par Bouilly dans son drame de *l'Abbé de L'Épée*. Le second drame était destiné à mettre en relief, l'une à côté de l'autre, M^me Guyon et M^me Naptal-Arnault. Ce fut pour Laferrière qu'Anicet écrivit, de 1853 à 1857, *Georges et Marie*, *Le Médecin des enfants*, *L'Aveugle* et *Le Fou par amour*. *Le Médecin des enfants* fut, on s'en souvient, un triomphe pour le comédien et une affaire lucrative pour la direction de la Gaîté. Laferrière retrouva dans cette interprétation le succès de *Gaspard Hauser*, qu'Anicet et M. D'Ennery avaient confié à son talent en 1838.

Parmi les pièces pittoresques et les pièces à sujets populaires, *Les Fugitifs*, épisode de la guerre de l'Inde, *Les Pirates de la savane*, *La Fille des chiffonniers*, *La Bouquetière des Innocents*, ouvrages composés en société avec M. Ferdinand Dugué, figurent au premier rang et priment sans contredit *les Mystères du carnaval* et *la Dame de la halle*. *Le Bossu*, joué à la Porte-Saint-Martin en 1862, fut tiré par Anicet d'un très intéressant roman de M. Paul Féval, et arrangé pour la scène avec toute l'habileté dont était capable l'auteur de *la Vénitienne*. Quant aux féeries, Anicet collabora aux plus brillants produits de ce genre, inspirés par *Le Pied de mouton* de Martainville. Il suffit de citer *Les Pilules du diable*, *Les Sonnettes du diable*, *Le Diable d'argent*, *L'Étoile du berger*, *Les Quatre Parties du monde*, *La Corde de pendu*, pour établir la grande habileté d'Anicet Bourgeois et son universalité dans toutes branches de la dramaturgie bourgeoise et populaire. *Les Pilules du diable* ont de beaucoup dépassé le nombre de mille représentations à Paris. Anicet disposa cet ingénieux *libretto* avec Ferdinand

Laloue, et ils admirent pour un tiers dans le partage des droits d'auteurs l'inventeur des trucs, M. Laurent, faute d'avoir consenti avant la représentation à lui payer les 1,800 francs qu'il réclamait pour prix de son travail.

En somme, le répertoire d'Anicet Bourgeois, examiné dans son ensemble, gagne beaucoup en valeur, au lieu de perdre comme tant d'autres. On est forcé d'y reconnaître une grande richesse d'invention et un nombre considérable de scènes traitées avec un talent tout à fait supérieur.

En rendant la justice qu'elle mérite à la composition si vaste et si complète de l'auteur de *Marianne*, j'ai implicitement loué les travaux de M. Adolphe D'Ennery. M. D'Ennery est l'auteur pour moitié de deux des meilleurs drames d'Anicet ; il a, en outre, collaboré avec son ami à dix autres succès. Son répertoire se divise également en tableaux de mœurs populaires, en drames intimes, en pièces pittoresques à spectacle et en féeries. C'est le même système dramatique. Toutefois M. D'Ennery semble se rapprocher plus volontiers des anciens maîtres du boulevard. C'est ainsi que nous revoyons chez lui le *traître* et la *femme innocente* très-franchement accusés. Le *niais*, par exemple, ne se signale plus, comme autrefois, par ce magnifique parti pris d'amusante bêtise qui fit sa gloire et son attrait : il vise à l'esprit et aux *mots*, il est plus savant et moins naïf.

Le cadre des tableaux populaires mis au théâtre par M. D'Ennery est très-large et présente de très-curieux aspects. L'auteur, fidèle à la tradition de ses devanciers, y mêle avec la plus soigneuse habileté le terrible et le comique. Le terrible se base généralement sur un assassinat commis ou à commettre ; l'élément de gaieté s'attache plutôt aux paroles du personnage qu'aux situations. Les types esquissés dans *les Bohémiens de Paris*, Crève-Cœur l'Abruti, Renaud dit Montorgueil, le forçat honnête, condamné pour un autre, et le forçat en rupture de ban qui se pavane sous les habits d'un dandy en attendant qu'il aille rejoindre la chiourme, remuèrent vivement la fibre des spectateurs de l'Ambigu en 1845. MM. D'Ennery et Grangé nous montrèrent dans cet ouvrage les mystères nocturnes des couchées de vagabonds sous les arches des ponts, les joies du cabaret de la *Chatte-Amoureuse* et l'asile classique des carrières Montmartre. Dans *Marie Jeanne*, MM. D'Ennery et Mallian peignirent avec les couleurs les plus vraies les malheurs d'une pauvre femme du peuple réduite à la misère par l'inconduite de son mari qui vole, pour aller boire, l'argent destiné à payer les mois de nourrice de son enfant. M$^{me}$ Dorval, qui créa ce rôle sympathique, fit pleurer toute une génération par la vérité de sa douleur dans la scène où elle va déposer mystérieusement son enfant à l'hospice. « Jamais actrice, disait Théophile Gautier dans un feuilleton, ne s'est élevée à cette hauteur ; l'art n'existait plus : c'était la nature même, c'était la maternité résumée en une seule femme. »

Frédérick Lemaître traduisit plus tard, avec son énergie et son invention habituelles, les angoisses du pauvre Paillasse à qui l'on enlève sa femme et ses enfants. M. D'Ennery, aidé cette fois par M. Marc Fournier, avait donné pour épouse à son saltimbanque la fille du duc de Montbazon : rien que cela ! quitte à se débattre ensuite avec les difficultés de la position sociale, ce qui l'obligea à un dénouement qui ne dénoue rien. Le rôle de Paillasse, dont Frédérick Lemaître avait fait l'une de ses belles créations, amena l'auteur à écrire pour lui *le Marchand de coco*, qui aurait tout aussi bien pu s'intituler « le Marchand de casquettes de loutre » ou « le Marchand d'allumettes chimiques ». Frédérick, par son merveilleux talent, éleva la fontaine de réglisse du père Gaspard à la hauteur du sac à la malice de Belphégor. Le parterre de l'Ambigu partagea ses cruelles alternatives et battit des mains lorsqu'il le vit triompher du traître Fauvel, le persécuteur de Louise Bernard. M. D'Ennery avait cette fois pour collaborateur M. Ferdinand Dugué. *L'Escamoteur* fut pour Paulin Ménier ce qu'avait été Paillasse pour Frédérick Lemaître, c'est-à-dire que ce comédien, d'une originalité si parfaite, mit le cachet de son talent sur le rôle de Beaujolais, le vengeur de l'innocente Hélène et le punisseur du traître d'Armentières. M. D'Ennery reprit ensuite avec Dumanoir la thèse qu'il avait déjà soutenue dans *Marie Jeanne*. Dans *les Drames du cabaret* il donna en exemple la mauvaise conduite de l'ouvrier Baudry, qui passe sa vie à boire, bat sa femme, casse un bras à son jeune enfant et manque de tuer son autre fils en le poussant sous une roue d'engrenage. L'ivrogne, par ses cruels traitements, force sa fille à déserter le domicile paternel et à s'aller jeter dans la rivière ; heureusement tout s'arrange pour le mieux, et Marthe Baudry, repêchée par le mauvais sujet chargé de la tuer, vit aussi longtemps que son succès.

*Les Oiseaux de proie* peuvent faire le pendant des *Bohémiens de Paris*, mais cette fois les personnages ne sont pas pris dans la classe populaire. Ce sont quatre coquins du monde moyen qui vivent des dépouilles de leurs dupes, soit par le jeu, soit par d'atroces combinaisons d'intrigue. MM. d'Armenouville, Maugiron, Chateau-Raynard et Capranica exploitent les terreurs d'une certaine duchesse de Guérande en la menaçant de faire savoir à son mari qu'il existe de par le monde une fille naturelle qu'elle eut d'un autre homme *ante nuptias*. La crédule duchesse est sur le point de leur donner ses deux filles en mariage pour sauver sa réputation (ce qui n'est pas précisément d'une excellente mère), lorsque la conversion d'un des coquins démasque les autres et amène un dénouement heureux. Ce drame, peint avec de grosses couleurs, plut beaucoup au public et obtint un fructueux succès.

Les drames intimes de M. D'Ennery n'ont pas de caractère particulier. Les sujets en sont bien choisis et ils ont généralement pour cadres, comme les drames populaires, des crimes qualifiés. Je passe sur *la Citerne d'Albi*, pure reproduction de l'ancien mélodrame. *La Grâce de Dieu*, que tout le monde a vu jouer, fut l'un des grands succès de larmes de M. D'Ennery. *La Bonne Aventure*, écrite avec le concours de M. Paul

Foucher, émut profondément les habitués de la Gaîté en 1854 ; elle faisait passer sous leurs yeux les forfaits sans nombre du secrétaire d'ambassade Anatole Ducormier. Cet aimable diplomate empoisonne dans une tasse de tisane une pauvre malade, et il cache le papier qui contient le reste du poison dans le coffret d'une autre femme que l'on accuse, que l'on condamne et qu'une tireuse de cartes vient justifier au dénouement. Dans *la Femme adultère* ce sont de bons parents qui, pour s'assurer l'héritage de Ferdinand d'Orby, lui persuadent que sa femme est infidèle et la font enfermer aux Madelonnettes. Ferdinand délivre sa femme, dont il a reconnu l'innocence ; mais l'un des bons parents verse du laudanum dans une tasse de thé destinée à la jeune femme et laisse croire qu'il a profité du sommeil de la belle pour déshonorer le mari. Tout s'explique après un entr'acte plein de réticences terribles. La jeune femme, tout en dormant, s'en est tirée à son honneur et à celui de son mari, car un clerc de notaire, le comique de la pièce, était présent à la scène et il affirme que l'honneur est resté sauf. On doit le croire. Ces diverses pièces se ressentent quelque peu du mauvais mélodrame de 1830. *La Duchesse de Marsan*, *Valentine d'Armentières* sont des succès moyens. *L'Aïeule* est un grand succès, dont le sujet n'est autre chose, nous l'avons dit, que celui du *Monastère abandonné*, traité d'une autre façon, en remplaçant le *traître* par une *traîtresse*. *Le Centenaire*, si bien joué par Lafont, *les Deux Orphelines*, cette double odyssée si intéressante de deux jeunes filles aussi innocentes que malheureuses et persécutées, ont été acclamés par les foules populaires.

Les pièces pittoresques et à spectacle de notre auteur forment un répertoire considérable, depuis les onze tableaux du *Maréchal Ney* jusqu'à *la Prise de Pékin* en 1861. *La Bergère des Alpes*, qui date de 1852 (collaborateur M. Dugué), nous montre que, si l'on a vu des rois épouser des bergères, on peut voir aussi des petits-fils de ducs se donner la même satisfaction. L'avalanche qui force le jeune Fernand à passer cinq mois bloqué dans un chalet des Alpes, en compagnie d'une belle chevrière, amène cette union, que traversent bien des péripéties. Le rôle de la chevrière, joué par M$^{me}$ Naptal-Arnault, fit sur le public une sensation profonde. *La Case de l'oncle Tom* nous déroule tour à tour l'Ohio charriant des glaçons, un site sauvage où l'on entend le bruit des cascades tombant de la cime des rochers, la chasse aux nègres marrons avec des chiens pour traqueurs, puis un marché d'esclaves à la Nouvelle-Orléans, où se lamente la quarteronne Élisa qui veut racheter son fils et qui le voit adjuger au traître Harris. On se rappelle la vogue de *la Prière des naufragés* en 1853, composée par M. D'Ennery en société avec M. Dugué, celle du *Paradis perdu* du même auteur, celle des *Chevaliers du brouillard*, qui dure encore. En 1858, c'est *Cartouche* qui, sous les traits de Dumaine, fait affluer le public à la Gaîté pour applaudir la pièce très-amusante et très-*mouvementée* de MM. D'Ennery et Ferdinand Dugué.

Les féeries de l'auteur de tant de drames émouvants

sont des plus curieuses et des mieux réussies d'après la poétique du genre. Il suffit de citer *Les Cinq cents Diables, Les Sept Châteaux du diable, Les Sept Merveilles du monde, L'Étoile du berger* (avec Anicet), *La Poule aux œufs d'or*. M. D'Ennery n'a pas dit adieu au théâtre.

---

## II.

#### Autres auteurs à succès.

En dehors de leurs fournisseurs habituels, de ceux que l'on peut appeler les auteurs patentés, les théâtres de boulevard ont trouvé et trouvent encore un notable profit dans la collaboration passagère de quelques écrivains travaillant d'ordinaire pour d'autres scènes. C'est ainsi que nous avons vu Mélesville (Duveyrier de son nom patronymique), le plus constant des collaborateurs de Scribe, commencer sa carrière par un bouquet de mélodrames cueilli parmi les plus fines fleurs du Parnasse de Pixérécourt et de Caigniez. Au centre de ces primeurs mélodramatiques brillent *Aben-Hamet, Boleslas et les Frères invisibles*. La première de ces pièces date de 1815. Mélesville revient de temps à autre, entre deux succès du Gymnase, à ses anciennes amours. Il participe à la confection de l'amusant *Bourgmestre de Sardam*, où Potier se montra si plaisant, à *la Berline de l'émigré* (qui fut une chute), à la noire action de *la Chambre ardente*, où M^{lle} Georges créa le rôle de la marquise de Brinvilliers, et Provost celui du chevalier de Sainte-Croix. Vers le même temps, Balissan de Rougemont, l'auteur d'un nombreux répertoire de gais vaudevilles et d'arlequinades, obtenait un succès de vogue à la Porte-Saint-Martin avec *la Duchesse de la Vaubalière*, que le directeur Harel sut si bien exploiter par l'invention des trois queues qui interceptaient la circulation sur le boulevard. Dupeuty, le spirituel auteur de tant de vaudevilles, broya sur la sombre palette mélodramatique *Fualdès*, *Le Pauvre Idiot*, *La Faridondaine*, *La Poissarde* et enfin *Victorine ou la Nuit porte conseil*, la meilleure de ses productions en ce genre. Rosier, auteur de comédies et de vaudevilles, donna au boulevard, en 1839, le mélodrame intitulé *Le Manoir de Montlouvier*, qui fut une des belles créations de M^{lle} Georges. Charles Lafont, poëte couronné par l'Académie et qui se distingua par plusieurs œuvres littéraires, s'inclina aussi devant la muse du mélodrame et laissa comme souvenir à la Porte-Saint-Martin *la Famille Moronval*, dont M^{lle} Georges joua le principal rôle. Charles Desnoyer, Alboize, Antony Bérand demeurèrent fidèles au boulevard ; Desnoyer y partagea plusieurs succès d'Anicet Bourgeois, et donna de son chef plusieurs autres ouvrages réussis, comme *Caravage*, *Le Comte de Sainte-Hélène*, *Le Facteur*, *Rita l'Espagnole*, *Richard Savage*. Alboize travailla aux *Chevaux du carrousel*, à *Jacques Cœur*, au *Tribut des cent vierges* et à *La Voisin*. Antony Béraud restera plus célèbre par l'amitié de Frédéric Soulié que par le mérite de ses *Aventuriers*, de son *Cagliostro*, de son *Rôdeur* et de son *Nostradamus*. Il attacha son nom à l'un des grands triomphes du mélodrame pittoresque, *le Monstre et le Magicien*, joué à la Porte-Saint-Martin en 1826, avec le concours d'un pantomime anglais, Cooper, qui fit courir tout Paris. Cet excellent Carmouche, qui fut aussi un très-gai vaudevilliste, fit tressaillir d'horreur le public de son temps quand il collabora au *Vampire*, au *Pauvre Berger* et aux *Deux Forçats*. Fontan est resté plus intéressant par ses malheurs politiques que par ses mélodrames : *Jeanne de Flandre*, *L'Espion*, *Le Maréchal Brune*, *Le Procès du maréchal Ney*. Il collabora au *Pauvre Idiot* avec Dupeuty.

Du sein de ces limbes mélodramatiques se détache, en 1837, M. Joseph Bouchardy, qui se révèle comme un nouveau Pixérécourt par l'explosion de *Gaspardo le pêcheur*, suivi, dans la même année, de *Longue-Épée le Normand*. *Le Sonneur de Saint-Paul*, le succès le plus lucratif qu'ait jamais obtenu un théâtre du boulevard, mit le comble à sa gloire en 1838, et fit de lui la providence des administrations théâtrales. A compter de ce moment les directeurs ne voulaient plus que du Bouchardy : il était le succès, il était la fortune. L'étoile d'Anicet Bourgeois en pâlit dans son ciel ; les grands ancêtres de la tragédie populaire, *Le Pèlerin blanc*, *L'Homme à trois visages*, *Tékéli* et *L'Illustre Aveugle*, se retournèrent de rage dans leurs tombes,

*Christophe le Suédois*, *Lazare le pâtre*, *Pâris le bohémien* succèdent à l'immortel *Sonneur*; mais on remarque déjà un temps d'arrêt dans l'enthousiasme du public. Le mouvement du drame est pourtant le même, les coups de théâtre ne sont pas moins nombreux; l'intérêt de curiosité n'est pas moins surexcité ni conduit avec un art moins consommé. Pourquoi donc ce refroidissement dans les bravos et dans les recettes? Le nouveau grand homme n'est pourtant sur son piédestal que depuis cinq ans. Il est loin de la légende d'Alexandre Duval, de Casimir Delavigne, de Scribe, de Pixérécourt, de Caigniez et des autres dieux tombés. Les derniers de ses ouvrages ne sont pas plus mal venus que leurs aînés.

Après la tiède réussite des *Enfants trouvés*, les *Orphelines d'Anvers* obtiennent un regain de popularité en 1844. *Bertram le matelot*, *La Croix de Saint-Jacques* et *Jean le cocher* se maintiennent honorablement sur l'affiche, mais on sent que le temps de la vogue est passé. *Le Secret des cavaliers*, *Micaël l'esclave*, joués en 1857 et 1859, ne retrouvent plus les acclamations qui accueillirent, vingt ans auparavant, le triomphateur excentrique. Il se console philosophiquement et il laisse le champ libre à d'autres. Le procédé de Bouchardy consistait dans l'incohérence et dans l'impossibilité des événements, qu'il pressait les uns sur les autres, sans jamais les expliquer. Le spectateur demeurait étonné, abasourdi du commencement à la fin, et ce n'est qu'en rentrant chez lui qu'il pouvait s'apercevoir qu'on l'avait peut-être mystifié.

Trois des meilleurs drames du boulevard moderne témoignent du talent multiple de M. Cormon, qui réussit également dans l'opéra comique, dans la comédie et dans le vaudeville, et dont le répertoire atteint le chiffre de cent ouvrages environ. Les quatre drames populaires que je rappelle, et que tout Paris a vu représenter, sont intitulés : *Paris la nuit* (Gaîté, 1842), *le Canal Saint-Martin* (1845), *les Crochets du père Martin* (1848), *les Deux Orphelines* (avec M. D'Ennery, 1874). M. Grangé, qui collabora aux *Crochets du père Martin*, a plutôt l'encolure d'un vaudevilliste que celle d'un dramaturge, quoiqu'il ait participé à l'un des plus sombres échantillons du genre, *l'Hôtel de la Tête-Noire*. M. Grangé avait également mis la main au mélodrame non moins lugubre portant le titre de *Fualdès*. Lambert Thiboust, le charmant vaudevilliste à qui nous devons *les Jocrisses de l'amour*, ne sacrifia-t-il pas lui-même au dieu de Pixérécourt en donnant à la Gaîté *la Petite Pologne* avec M. Ernest Blum, et *le Crétin de la montagne* avec MM. Cormon et Grangé ? *La Petite Pologne* débute bien, comme un mélodrame du bon temps, par un forçat qui s'évade du bagne et qui se bat au couteau avec un jeune peintre, lequel le tue et s'empare de l'argent volé par le voleur. Mais, dès le second acte, l'action s'adoucit ; elle fait passer sous nos yeux des scènes et des types populaires assez franchement gais, et tout se termine par un dénouement heureux d'une irréprochable moralité.

Les pièces écrites pour le boulevard par Félicien Mallefille ont l'inconvénient, bien rare aujourd'hui, d'être un peu trop littéraires pour le lieu ; le langage procède du style cultivé, les passions des personnages tendent volontiers à s'analyser elles-mêmes, le développement des scènes passe la proportion permise par la poétique d'un genre qui veut l'action matérielle avant tout. *Glenarvon*, le premier drame de Mallefille, joué à l'Ambigu en 1835, fut très-apprécié du public, non pas à cause de son mérite, mais malgré cette qualité. Le drame intitulé *Les Sept Enfants de Lara*, représenté l'année suivante à la Porte-Saint-Martin, était empreint du souffle romantique, quoiqu'il ne se conformât guère au *romancero* castillan. La pièce déchaîna les sifflets dès les premiers mots, lorsque, le rideau étant levé, on entendit, comme dans les *Perses* d'Eschyle, tous les acteurs en scène laisser échapper en chœur un retentissant *hélas! hélas! hélas!* Les grands coups d'épée et le tumulte de la mise en scène rachetèrent cependant en partie les hardiesses de la pensée et du style. *Le Paysan des Alpes* (Gaîté, 1837) et *Randal* (Porte-Saint-Martin, 1838) réussirent modérément; *Tiégaut le Loup* (Ambigu, 1839) fut une chute complète, quoique l'auteur eût eu recours pour cette fois aux prédications anti-sociales et qu'il eût modifié son langage jusqu'à lui donner une forme incorrecte pour se concilier son auditoire. Dans un autre drame qu'il intitula *Forte Spada* et qui fut représenté à la Gaîté en 1845, Mallefille, pour réussir, se fit le disciple de Bouchardy. Les imbroglios ornés d'enlèvements et de meurtres, les coups de théâtre violents et brutaux, il n'oublia rien pour tenter la fortune ; aussi fut-il applaudi ; mais la contrefaçon ne put lutter contre le modèle, et *le Sonneur de Saint-Paul* ne perdit pas un fleuron de sa couronne. *Les Mères repenties*, le plus franc succès de Mallefille, parurent sur la scène de la Porte-Saint-Martin en 1858, et le Vaudeville reprit la pièce en 1860. C'était une composition hardie et originale. Le rôle du comte Platon Rovenkine, traduit par Brésil, celui de Jeanne sa femme, par M<sup>me</sup> Guyon, celui de Rose-Marie, par M<sup>me</sup> Laurent, perdirent, grâce à une habile interprétation, ce qu'ils contenaient de sécheresse et de dangereuse audace. Les défauts de la pièce disparurent ainsi, et ses qualités seules furent mises en relief.

J'ai fait l'éloge de M. Auguste Maquet en vantant le haut mérite du théâtre d'Alexandre Dumas. La grande habileté de M. Maquet se reconnaît également dans les drames qu'il a signés seul. Qui n'a vu *Le Château de Grantier, Le Comte de Lavernie, La belle Gabrielle, La Maison du baigneur*, tant de fois joués et tant de fois repris sur divers théâtres ?

Les scènes du boulevard doivent à M. Marc Fournier *Les Libertins de Genève, Le Pardon de Bretagne* et *Les Nuits de la Seine*, qui sont loin de valoir *Paillasse* que l'ancien directeur de la Porte-Saint-Martin fit en collaboration avec M. D'Ennery. M. Édouard Plouvier n'est pas un auteur exclusivement voué au genre du boulevard. C'est un écrivain, c'est un poëte dont la carrière littéraire s'ouvrit en 1850 par une comédie jouée au Théâtre-Français, ce qui n'empêcha en rien le succès de ses drames : *Les*

*Vengeurs, Le Sang-mêlé, Le Comte de Saules, L'Outrage, L'Ange de minuit.* Il écrivit seul les trois premières de ces pièces, les autres avec M. Barrière. M. Victor Séjour se partagea également entre les scènes littéraires et celles du mélodrame. En 1852 il entreprit de mettre le *Richard III* de Shakespeare à la mode des faubourgs, et il n'y réussit que trop, car il le déguisa si bien qu'il le rendit méconnaissable. Peut-être eut-il raison, car le succès fut retentissant. *Les Noces vénitiennes* furent suivies du *Fils de la nuit*, dont le vaisseau fit fureur. *Les Massacres de Syrie, Le Marquis caporal* et *Les Volontaires de 1814* appartiennent à l'école pittoresque. M. Séjour prit Mocquard, le secrétaire de l'empereur Napoléon III, pour collaborateur dans *les Massacres de Syrie* et dans *la Tireuse de cartes*. La réussite des *Mystères du Temple*, du *Compère Guillery* et du *Martyre des cœurs* fut moins accusée.

Notre fécond romancier M. Paul Féval occupe un petit espace en surface dans la nomenclature des auteurs mélodramatiques. Il obtint pourtant de vrais succès d'argent au boulevard avec diverses pièces tirées de ses livres : *Le Fils du diable, Les Mystères de Londres, Le Bossu*. Ce fut Frédéric Soulié qui arrangea pour la scène la première de ces actions, et Anicet Bourgeois la troisième. Quoique ces arrangements aient constitué à l'habile romancier d'assez beaux bénéfices, il n'en resta pas moins fidèle à ses publications, ce dont les amateurs de bons livres ne se plaindront pas. M. Féval, qui a collaboré avec les *maîtres char-*

*penticrs*, connaît maintenant tous les secrets de la construction théâtrale, et il pourrait fabriquer des produits de fine qualité tout aussi bien que les fournisseurs en titre. M. Jules Barbier est encore un poëte qui a sacrifié, dans ses moments de loisir, à la muse du boulevard. Le travailleur infatigable de l'Opéra-Comique, de la Comédie-Française et de l'Odéon donna en 1850 un grand succès populaire au théâtre de la Porte-Saint-Martin : *Jenny l'ouvrière*, drame écrit en collaboration avec M. Decourcelle. Ses autres ouvrages du même genre sont : *Henriette Deschamps*, *Le Mémorial de Sainte-Hélène* (avec Michel Carré), *Cora ou l'Esclavage*, *La Sorcière ou les États de Blois* (avec Anicet Bourgeois). C'est aussi en passant que M. Théodore Barrière, l'auteur applaudi des *Filles de marbre* et des *Faux Bonshommes*, aborde le boulevard. Il fait représenter *L'Ane mort*, *La Boisière* (avec M. Jaime fils), *Une Pécheresse* (avec M$^{me}$ de Prébois), *La Maison du pont Notre-Dame*, *Les Grands Siècles*, *Histoire de Paris* (avec M. Henri de Kock), *La Vie d'une comédienne* (avec Anicet Bourgeois), *Le Château des Ambrières* (avec M. Taillade), *L'Outrage* et *L'Ange de minuit* (avec M. Édouard Plouvier), *Les Enfants de la louve* (avec M. Victor Séjour), *Le Crime de Faverne* (avec M. Léon Beauvallet). Ces divers ouvrages ont eu leurs jours.

Brisebarre, qui débuta en 1835, au théâtre du Palais-Royal, par le vaudeville intitulé *La Fiole de Cagliostro*, et dont le répertoire se compose de plus de cent ouvrages, donna au boulevard une série de drames dont plusieurs se distinguent par une extrême originalité. C'était un esprit chercheur, inventif et qui, dans sa forme mélodramatique, ne manquait jamais d'enfermer une idée morale, quelquefois profonde. Sa pièce intitulée *Histoire d'une rose et d'un croque-mort*, représentée à l'Ambigu en 1851, et qu'il écrivit en collaboration avec Eugène Nyon, est un ouvrage curieux, imprégné d'un certain parfum de poésie et de philosophie qu'on ne trouve guère d'habitude dans ce genre de composition. *Les Pauvres de Paris*, où la misère en habit noir est peinte avec une âpreté sauvage, firent une vive impression sur le public de l'Ambigu en 1856, et, l'année suivante, *la Route de Brest* procura aux cœurs tendres des émotions non moins poignantes. On versa une pluie de larmes sur la destinée du jeune Lovel de Quélern qui, de faiblesse en faiblesse et de faute en faute, arrive à se rendre le complice d'une bande de voleurs et d'assassins. *Rose Bernard*, *Les Ménages de Paris* et surtout *Léonard* complètent les succès populaires de Brisebarre sur les scènes mélodramatiques. Son collaborateur dans ces divers ouvrages est M. Eugène Nus. M. Adolphe Belot, qui a des titres littéraires, est une nouvelle recrue pour le mélodrame ; mais il ne livre en pâture au public du boulevard que la troisième mouture de ses romans, dont la réussite a reçu d'avance deux consécrations, celle de la presse et celle de la librairie.

Un poëte, un écrivain littéraire, M. Paul Meurice, le collaborateur d'Alexandre Dumas dans la traduction de l'*Hamlet* de Shakespeare, qui eut tant de retentissement à l'ancien théâtre Historique, brûla aussi quelques kilogrammes d'encens sur les trépieds du mélodrame. En 1852, son *Benvenuto Cellini*, avec l'aide de Mélingue, fit encaisser d'abondantes recettes au théâtre de la Porte-Saint-Martin. *Schamyl*, *Paris*, drame cyclique, joués également à la Porte-Saint-Martin, obtinrent le même accueil bienveillant que *l'Avocat des pauvres*, *Fanfan la Tulipe* et *François les Bas-Bleus* à la Gaîté et à l'Ambigu.

*Tragaldabas*, pièce tombée à la Porte-Saint-Martin, popularisa le nom de M. Auguste Vacquerie bien plus que ses succès littéraires au Théâtre-Français et à l'Odéon. Le drame romantique intitulé *Les Funérailles de l'honneur*, représenté en 1861 à la Porte-Saint-Martin par Rouvière, Clarence et M<sup>me</sup> Marie Laurent, aurait certainement fait sensation s'il se fût présenté vingt-cinq ans plus tôt; il contient de belles scènes empreintes d'une excellente couleur. L'idée première en est héroïque et grandiose. C'est en 1848 que le fameux *Tragaldabas* parut, sous les traits de Frédérick Lemaître, à la Porte-Saint-Martin. La soirée de cette première représentation restera célèbre dans les annales du théâtre. C'est à l'*école du bon sens* que l'auteur attribue la cabale montée contre son ouvrage. « Les deux premiers actes furent bien accueillis, dit M. Vacquerie dans son livre *Profils et Grimaces*, et l'on put un moment craindre une réussite éclatante. » L'opposition commença au troisième acte, et ce fut au quatrième qu'elle se donna pleine carrière. Ce quatrième acte ne faisait pas partie du drame primitif; c'est Fré-

dérick Lemaître, jouant le personnage principal, qui avait exigé de l'auteur cette adjonction. Frédérick, vêtu de ferraille et qui n'avait pas essayé son armure avant la première représentation, « se met à faire un bruit de casseroles et de pincettes et à charivariser chaque vers ». Du cinquième acte on n'entendit pas un mot, tant le vacarme fut violent. Victor Hugo et Balzac, assis aux fauteuils d'orchestre, se distinguèrent parmi les applaudisseurs acharnés de *Tragaldabas*. M. Auguste Vacquerie, qui avait prévu et peut-être désiré un renouvellement des luttes d'*Hernani* et du *Roi s'amuse*, avait pris soin d'insulter les siffleurs dans une période où il les rangeait parmi les ânes à deux pieds. La pièce fut interrompue un quart d'heure. « A un moment, dit M. Auguste Vacquerie, je vis une chose bizarre. Tragaldabas, engagé comme âne savant dans une troupe de saltimbanques, était sur leur chariot, sa peau d'âne sous le bras; en le regardant, je remarquai que deux des saltimbanques sifflaient. « Tiens,
» dis-je tout haut, voici une chose qui n'a pas dû arri-
» ver souvent : un auteur sifflé par ses propres ac-
» teurs... » Frédérick descendit du chariot avec la peau d'âne, s'avança vers la rampe et fit signe qu'il avait quelque chose à dire. Tout se tut. Il fit alors, en face, à droite et à gauche, trois saluts dont la gravité fut un peu corrigée par la tête d'âne qui chaque fois s'inclinait avec la sienne, puis il prononça textuellement ces paroles mémorables : « Citoyens et messieurs, inté-
» ressés ou désintéressés, c'est le moment plus que
» jamais de crier : Vive la République ! » L'étonnement

du public fut grand, comme on peut le penser ; les siffleurs rirent comme les autres, et l'on se sépara au milieu des rires et des bravos. » Cette pièce de *Tragaldabas*, œuvre un peu attardée, marque les derniers confins de la terre romantique.

On trouvera peut-être que j'ai accordé trop d'espace au mélodrame. Je l'ai fait sciemment, car le mélodrame tient, selon moi, une très-grande place dans l'histoire de ce siècle comme dans sa littérature. C'est le théâtre du peuple, et l'on a pu voir par les faits quel rôle il a joué dans les diverses périodes qu'il a traversées. Moralisateur sous le Consulat et sous le premier Empire, il exerce sur les mœurs des faubourgs parisiens une excellente influence, et ce n'est qu'après 1830 qu'il devient l'apôtre du mal. Quelques années lui suffisent pour confondre toutes les notions du juste et de l'injuste, et pour rendre sympathiques les brigands et les assassins, qui n'inspirent plus la terreur, mais la plus folle gaieté. Les gouvernements qui se succèdent laissent faire et laissent passer.

---

## III.

### Les acteurs du mélodrame.

Les théâtres du boulevard, dans la première période de leur exploitation, produisirent nombre d'acteurs à succès, mais peu d'acteurs de talent. Il en fut autrement dans la seconde période. La phraséologie des pièces de Pixérécourt et de Caigniez donne l'idée de ce qu'étaient leurs interprètes. M^lle Lévesque, qui créa en 1800 le rôle de *Cœlina ou l'Enfant du mystère*; M^me Bourgeois, qui joua d'origine, en 1803, l'Alexina de *Tékéli* et, en 1810, la princesse des *Ruines de Babylone*; le célèbre Tantin, le triple héros de *l'Homme à trois visages*; Lafargue, si bruyamment applaudi dans le rôle du calife Haroun, déclamaient cette prose boursouflée comme ils auraient scandé les hexamètres d'une tragédie de Baour ou de Lehoc. En 1819, Frénoy débitait du même ton le Spalatro du *Belveder*. *Les Niais*, du même cycle, dégoisaient au contraire leurs facéties avec un laisser-aller qui faisait concurrence aux tréteaux de Bobèche et de Galimafré. Lorsqu'en 1820 Adèle Dupuis interpréta le personnage de la *fille de l'Exilé*, le genre commençait à se dégrossir. Klein, le roi des niais de son temps, était déjà un vrai comique, qui ne rappelait nullement les gros lazzis de Corse dans *Madame Angot*. Au même moment, Victor Ducange, secondé par M^lle Vsannaz qui interpréta sa *Thérèse ou l'Orpheline de Genève*, apportait dans le mélodrame une facture plus savante et un style plus humain.

En 1822 et 1823 se révèlent enfin M^me Dorval et Frédérick Lemaître, qui révolutionnent complétement la poétique du genre. On applaudit chez eux le talent naturel et sympathique dont ils firent preuve, l'un dans *les Deux Forçats*, et l'autre dans *Lisbeth*. En 1827, les deux nouveaux artistes paraissent ensemble dans *Trente Ans ou la Vie d'un joueur*, et ils atteignent d'un coup aux sommets de la renommée. En 1828, ils jouaient encore ensemble *la Fiancée de Lamermoor*, et en 1829 *Sept Heures*, où ils furent magnifiques. En 1831, Marie Dorval est proclamée par le public une grande comédienne, dans le mélodrame comme en dehors du mélodrame, quand elle a créé l'Adèle d'Hervey d'*Antony* et *Marion Delorme*. C'est en 1835 qu'elle compose dans *Chatterton* sa délicieuse figure de Kitty Bell. Elle alterne ensuite le mélodrame avec les pièces littéraires, *la Main droite et la Main gauche* avec *Marie Jeanne*, etc. Le succès la suit partout, même lorsqu'elle joue, à côté de Mlle Mars, Catarina Bragadini dans *Angelo*. Cette femme sans beauté, sans élégance, avec une voix éraillée, avait un cœur d'élite et une passion qui la transfigurait. Elle arrivait aux plus irrésistibles effets dans les rôles qui semblaient le plus s'éloigner de sa nature. Dans les personnages populaires, comme *Marie Jeanne*, c'était l'idéal de la perfection. Sans éducation première, Marie Dorval s'était fait par la lecture une certaine instruction. Elle reproduisait sur des albums toutes les pensées qui l'avaient frappée dans les ouvrages anciens et nouveaux. Je ne sais ce que sont devenus ces albums, que j'ai quelquefois feuilletés. Cette intelligence supérieure devinait tout ce qu'elle n'avait pas appris. Personne n'a jamais raisonné comme elle sur la pratique du théâtre. C'était merveille de l'entendre. On demeurait étonné de ses réflexions si justes et si profondes.

Frédérick Lemaître, d'une nature plus vigoureuse et non moins poétique, apporta au théâtre une partie des qualités et des imperfections que l'on signalait chez Marie Dorval. Quoiqu'il fût de haute taille et d'une physionomie expressive, sa tournure et son geste manquaient de distinction, même aux beaux jours de sa jeunesse. Son organe mal exercé, en ses commencements, garda toujours un empâtement peu harmonieux, qui ne fit que s'accroître avec l'âge. Ces défauts natifs furent également ceux d'Édouard Kean, le grand tragédien anglais, avec lequel il eut tant de points d'analogie. Kean n'avait pas pourtant la belle tête du jeune Frédérick, et il fallait qu'il fût doué d'une grande puissance attractive pour amener le public à se laisser émouvoir par cet ingrat visage. Tour à tour pensionnaire des Funambules, du Cirque olympique, de l'Odéon, de l'Ambigu, de la Porte-Saint-Martin, de la Comédie-Française, de la Renaissance, des Variétés, des Folies-Dramatiques, Frédérick a joué tous les genres avec la même verve, la même ampleur et le même succès, depuis le maréchal d'Ancre, Othello, Ruy Blas, Edgar, Richard d'Arlington et le Méphistophélès de Goethe, jusqu'à Robert Macaire, jusqu'au Chiffonnier, jusqu'à *Paillasse*. Sur les innombrables personnages qu'il a mis au monde, il a laissé l'empreinte de sa griffe de lion. Ses plus complètes et ses plus profondes inspirations, il les a trouvées dans *Trente Ans ou la Vie d'un joueur*, dans *Ruy Blas*, dans *Richard d'Arlington* et dans *la Dame de Saint-Tropez*. Ce furent là vraiment des effluves de génie qui n'ont rien de commun avec les effets trouvés par les autres comédiens de talent de notre temps.

Bocage fut aussi un inventeur prime-sautier, mais moins ample et plus conventionnel que Frédérick Lemaître. De longs bras osseux, de longues jambes maigres et cagneuses, d'étroites épaules, avec un soupçon de gibbosité, un œil ardent, un sourire sardonique, une verve infernale de diction et de mouvement, tel fut le bizarre accouplement de défauts et de qualités qui lui donna son prestige. Il y avait dans ses façons d'agir, de marcher, de parler, d'écouter, de regarder, quelque chose du dompteur de bêtes qui fascine et qui impose. Ce n'est qu'après s'être éloigné du charme, qu'on sentait s'élever en soi le sentiment critique. C'est le rôle d'*Antony* (mars 1831), rôle qu'il composa selon les idées du temps et de l'auteur, qui le mit décidément en vogue et lui donna la teinte d'exagération qu'il porta depuis dans tous ses rôles. Même lorsqu'il ne parlait pas, il fallait que le public s'occupât de Bocage. Pour arriver à cette fin, il prenait son air fatal et il exécutait ses roulements d'yeux qui semblaient toujours couver des éclairs et des tempêtes. Le Buridan de *la Tour de Nesle*, qu'il créa avant Frédérick (mai 1832), acheva de le placer au premier rang. Il se trouva lié aux grandes batailles de l'école romantique. Dans *Térésa*, dans *Angelo*, dans *Don Juan de Marana*, Alexandre Dumas en fit l'Atlas de ses œuvres, ce qui n'empêcha pas Bocage d'aller appuyer à l'Odéon, en 1843, la tentative réactionnaire de Ponsard qui venait de lui confier le rôle de Brutus dans *Lucrèce*. Ce même théâtre de l'Odéon avait déjà fourni, en 1842, à l'acteur nomade le personnage du major Palmer dans *la Main droite*. Ce fut à la Porte-Saint-Martin que Bocage représenta le vieux paysan philosophe de *Claudie*. En débitant son discours de la Gerbaude et en plaidant les circonstances atténuantes de la grossesse anticipée des jeunes filles en général et de Claudie en particulier, Bocage avait l'air d'un avocat parfaitement convaincu et aussi certain de la moralité de sa cliente que lorsque, dans *Antony*, il poignardait Adèle d'Hervey pour empêcher qu'elle ne fût déshonorée. S'il parut trop solennel dans le bonhomme berrichon de *Claudie*, il se montra, en revanche, plein de distinction et de naturel dans *les Beaux Messieurs de Bois-Doré*. Ce rôle fut le dernier que créa Bocage, en l'année 1863. Bocage était un comédien philosophe et humanitaire, en théorie du moins, car dans la pratique, comme directeur de théâtre, c'était le plus autoritaire des maîtres. Il croyait fermement qu'il réformait la société avec ses tirades et ses grands gestes. Ce qui flattait le plus sa passion politique dans le rôle de Brutus, c'était de s'entendre dire au dénouement : « Salut ! premier consul de Rome ! » Un de ses grands chagrins, un jour qu'il jouait dans *Claudie*, vint d'un éclat de rire qui retentit dans la salle pendant qu'il détaillait son discours de la Gerbaude. Deux chats avaient tout à coup traversé la scène en se poursuivant. « Ces choses-là n'arrivent qu'à moi, s'écriait Bocage en rentrant dans sa loge. Un chat, passe encore ; mais deux chats, cela ne s'était jamais vu ! »

Mélingue, un éminent artiste aussi, restera, dans le souvenir des générations, le vrai représentant des héros de cape et d'épée du répertoire. Ce grand pourfendeur de traîtres, cet intrépide batailleur toujours triomphant, a éclairé des rayons de sa popularité la seconde série des pièces d'Alexandre Dumas, comme Bocage avait illustré la première. Mélingue, c'est d'Artagnan en chair et en os, c'est Monte-Cristo avec toutes ses suites, mais c'est aussi le comte Hermann, personnage tout différent, rôle de sentiment concentré, créé par l'artiste avec une *maestria* sans égale. Ceux qui ont critiqué son exubérance dans les personnages à rapières et à rodomontades qu'il a eu mission de représenter n'ont pas réfléchi qu'il n'appartenait pas au comédien de corriger son auteur, et qu'il devait entrer franchement dans la convention qu'il avait accepté de traduire. La plupart des autres rôles joués par Mélingue ont été naturellement modelés sur les batailleurs d'Alexandre Dumas, les directeurs, selon l'usage, ne voulant pas de fourniture qui ne fût conforme au patron modèle du moment. Chicot, le Bossu, Salvator Rosa, Benvenuto Cellini marquent parmi les plus belles compositions de Mélingue.

Laferrière était un amoureux éternellement jeune, dont le foyer de chaleur sympathique semblait ne devoir jamais s'éteindre. Comme le grand comédien Baron, il eût été capable, à soixante-seize ans, de tomber encore aux pieds de Chimène et de s'en relever sans aide, ce que ne put jamais faire l'élève chéri de Molière lorsqu'il effectua sa dernière rentrée sur le théâtre de ses anciens exploits. En 1832, Laferrière possédait déjà un talent assez fait pour que Dumas lui confiât, dans *Térésa*, le rôle d'Arthur de Savigny, il y a de cela quarante-trois ans. En 1847, Dumas rappelait près de lui au théâtre Historique l'incandescent jeune premier pour qu'il participât avec Mélingue au *Chevalier de Maison-Rouge*. En 1849, Laferrière se faisait applaudir encore, à côté de Mélingue, dans le rôle de Karl du *Comte Hermann*, et en 1854 il assurait sur le théâtre de l'Odéon le succès de *la Conscience*, autre pièce de l'illustre et fécond dramaturge. Laferrière avait déjà partagé sur cette scène de l'Odéon le triomphe de Ponsard dans *l'Honneur et l'Argent*. Au boulevard, il fut de presque tous les succès où se trouvait un personnage de son emploi, depuis *le Pauvre Idiot* jusqu'au *Médecin des enfants*.

Le boulevard a produit dans Paulin Ménier un artiste d'une rare originalité, pour qui les auteurs n'ont encore su écrire que trois rôles : Pierre Chopart, l'*Escamoteur* et le père Martin. Le féroce et goguenard fantaisiste du *Courrier de Lyon* tranche singulièrement avec le sentimental et vertueux Martin, l'homme aux crochets, et cette opposition donne la mesure de tout le parti qu'un auteur comme Alexandre Dumas aurait pu tirer des faces multiples qu'offre un tel interprète.

Un des plus curieux talents que nous ayons vu figurer au boulevard, c'est le tragédien Rouvière, qui passa de la rive gauche à la rive droite pour jouer au théâtre Historique le Charles IX de *la Reine Margot*, après avoir représenté les héros classiques. Rouvière avait aussi sa dose de création géniale, mais fortement mêlée d'excentricités, et touchant même par quelques points à la folie. Dans le Charles IX il fut très-beau et d'une sagesse relative. Quand il représenta l'*Hamlet* de Shakespeare, arrangé par Dumas et M. Meurice, il trouva moyen d'être souvent grotesque par son exagération. Il rencontra pourtant de bonnes inspirations qui lui valurent un très-brillant accueil. Dumaine a fait oublier Guyon, l'une des illustrations de son temps, et il lui est supérieur sur bien des points. Les succès de M$^{me}$ Laurent succèdent aux succès de M$^{me}$ Mélingue et de M$^{me}$ Guyon. M$^{lle}$ Lia-Félix, sœur de Rachel, et M$^{lle}$ Jane Essler, actuellement en possession des jeunes premiers rôles sur les scènes de drame, ont joué d'abord la tragédie avec un certain talent. On voit que les théâtres du mélodrame (ou du drame) ont fourni un large contingent à l'apport de notre siècle.

## CHAPITRE XIV.

**LE GENRE DU VAUDEVILLE. — SES DIFFÉRENTS THÉATRES ET SES ACTEURS.**

### I.

#### Coup d'œil d'ensemble.

Le vaudeville, genre national s'il en fut, régna en France depuis les temps reculés de notre histoire, sous la forme de noëls, de vaux-de-vire, de chansons, de couplets; mais ce n'est qu'au XVIII° siècle, à la Comédie-Italienne et aux foires Saint-Laurent et Saint-Germain qu'il prit la forme de pièce dialoguée mêlée d'ariettes et de flonflons. Le vaudeville ne posséda un théâtre à lui et portant son nom qu'en l'année 1792, époque où Piis et Barré ouvrirent à Paris, dans la rue de Chartres, une salle spéciale bâtie par Lenoir sur l'emplacement du Vauxhall d'hiver. Le succès du nouveau genre fut si général et si prononcé, que la direction de la rue de Chartres se dédoubla et que Piis alla s'établir rue Saint-Martin, dans la salle Molière, qui prit le nom de *théâtre des Troubadours*. Les *Troubadours* ne vécurent que deux ans.

Le théâtre de la Montansier, installé au Palais-Royal en 1790, dans l'ancienne salle des Beaujolais, joua d'abord des pièces sans couplets. Il adjoignit à sa troupe, en 1798, le fameux Brunet, dont la réputation commençait à naître et qu'il substitua au comédien Beaulieu dans les Cadet-Roussels et les Jocrisses, alors en cours de succès. Il l'avait enlevé au théâtre de la Cité, et il se disposait à en faire son acteur à recettes. La vogue de Brunet fut en effet très-considérable. L'Opéra, l'Opéra-Comique et la Comédie-Française finirent par se liguer contre le terrible Jocrisse, et ils obtinrent, en 1807, son expulsion du Palais-Royal par ordre supérieur. Brunet et ses acteurs se réfugièrent au théâtre de la Cité pendant qu'on leur bâtissait la salle des Panoramas sur le boulevard Montmartre.

Au beau temps des Variétés-Montansier, lorsque Baptiste cadet, depuis sociétaire de la Comédie-Française, créait en 1792 *le Désespoir de Jocrisse*, comédie-folie en deux actes de Dorvigny, le couplet, nous l'avons dit, n'émaillait pas encore la prose des pièces. Ce n'est qu'après l'ouverture du théâtre de la rue de Chartres qu'il envahit les folies d'Aude et de Dorvigny, les grands fournisseurs de la Montansier. Ces deux auteurs étaient les princes de la bohême dramatique de leur temps. Le théâtre leur commandait des pièces qu'il leur payait deux louis et qu'ils écrivaient sur la table d'un cabaret. Aude, grand gaillard très-maigre et dont les petits yeux de souris brillaient comme des chandelles, avait acheté sa maîtresse (avec laquelle il vécut cinquante années) à un forgeron, son mari, qui la lui avait cédée après boire. Dorvigny affichait la prétention d'être fils naturel du roi Louis XV.

En 1820, le genre du vaudeville étend son domaine par la création d'un nouveau théâtre, le *Gymnase-Dramatique*. En 1827, il conquiert la scène des *Nouveautés*, sur la place de la Bourse. En 1831, l'ancien théâtre des Beaujolais et de la Montansier, livré d'abord, après l'expulsion de Brunet, à l'acrobate Forioso, puis aux chiens savants, puis métamorphosé en café-spectacle, redevient un véritable théâtre, et c'est le genre du vaudeville qu'il adopte, sous la direction de MM. Dormeuil et Charles Poirson. Le couplet s'introduit jusque dans les théâtres de mélodrame, à la Porte-Saint-Martin, à l'Ambigu, à la Gaîté; il envahit même le Petit-Lazary, les Funambules et la scène de Bobino, sans compter ses deux nouveaux asiles les Folies-Dramatiques et les Délassements-Comiques, l'ancien théâtre fondé par Valcourt à la fin du xviiie siècle, puis démoli et rebâti.

Le vaudeville, dans sa forme de pièce à couplets, demeura en possession de la faveur publique pendant plus d'un demi-siècle. C'est seulement vers 1850 que l'école réaliste proscrivit le pont-neuf de ses compositions. Les pièces de circonstance sont aujourd'hui les seuls ouvrages qui aient conservé les flonflons.

## II.

### La rue de Chartres.

Le répertoire de la rue de Chartres, dans sa première période, qui embrasse la République, le Directoire, le Consulat et l'Empire, vit surtout des pièces de Barré, Radet et Desfontaines, les heureux collaborateurs des arlequinades jouées par Laporte, *Arlequin afficheur*, *Arlequin cruel*, *Arlequin taquin*, etc. L'engagement de Joly lui donne toute une série de pièces gaies un peu plus humaines, comme *Lantara*, *Les deux Edmond*, *Gaspard l'Avisé*, *Le Mariage extravagant*, pendant que M$^{me}$ Belmont et M$^{me}$ Hervey, deux actrices d'un talent sérieux, attirent la foule avec *Fanchon la Vielleuse* et *Honorine ou la Femme difficile à vivre*. M$^{lle}$ Rivière, belle personne qui jouait les grandes coquettes et les travestis, se vit applaudir avec frénésie dans une comédie-drame intitulée *Jeanne d'Arc*, où ses beaux yeux et l'éclat de son armure firent plus pour le succès que la prose de l'auteur et le talent de l'actrice. Les revues à couplets de Dieulafoy, de Désaugiers, de Du Mersan, de Dupeuty, de Jouy, de Merle, et quelques pièces du genre poissard, *Une Matinée chez Bancelin*, *La Famille des lurons*, vinrent à propos varier les affiches. Virginie Déjazet joua, vers cette époque, la fée Nabotte dans *la Belle au bois dormant* de Bouilly, et elle quitta la scène de la rue de Chartres en 1817, à l'âge de dix-neuf ans, pour aller donner des représentations en province.

Le Vaudeville comptait parmi ses femmes-étoiles Minette, qui jouait avec une naïveté merveilleuse les niaises et les ingénues égrillardes ; Clara, qu'on aimait à voir, dans les travestis, en habit collant à la taille et en culotte courte ou en maillot. Jenny Vertpré, qui avait joué tout enfant avec Déjazet, au petit théâtre des Capucines, rue de la Paix, entra avec elle au Vaudeville, où elle resta jusqu'à l'âge de seize ans, sans être beaucoup remarquée.

L'arrivée au Vaudeville de Gontier et de M<sup>me</sup> Perrin, qui coïncidait avec les premiers grands succès de Scribe, ouvrit une nouvelle carrière de fortune au théâtre de la rue de Chartres. Mais la naissance du Gymnase-Dramatique, qui lui enleva à la fois le prince des auteurs et le prince des acteurs, Scribe et Gontier, força bientôt Désaugiers à céder la direction à Bérard, qui lui-même ne put se maintenir sur ce trône chancelant, et qui rendit à Désaugiers ce sceptre peu enviable. Désaugiers mourut en 1827. Après un court passage à la direction, MM. Deguerchy et Bernard-Léon cédèrent le théâtre, en 1829, à M. Étienne Arago. Aux notabilités de la troupe de ses prédécesseurs, parmi lesquels brillait déjà le jeune Lafont, M. Arago joignit Lepeintre aîné, Arnal, Émile Taigny, Volnys, M<sup>mes</sup> Suzanne Brohan, Albert, Dussert, Guillemain, Wilmen et Fargueil. Le genre changea encore, et les pièces historiques se montrèrent sous les satins et les velours des règnes de Louis XIII, de

Louis XV et de Louis XVI. L'on put voir défiler ainsi *Marie Mignot*, *La Camargo*, *Faublas*, *Madame Du Barry* et les héros du roman de Laclos, *Les Liaisons dangereuses*. M<sup>mes</sup> Dussert, Albert et Suzanne Brohan prêtèrent les grâces de leurs personnes et le charme de leur talent à ces exhibitions passagères. Lepeintre aîné parut sous les traits de Louis XV, et Lafont sous l'habit de Jean Du Barry, beau-frère de la comtesse.

---

### III.

**Le théâtre des Variétés. — Jocrisse. — Cadet-Roussel. — Brunet. — Potier. — Odry.**

Lorsque le théâtre des Variétés, expulsé de la salle Montansier en 1807, ouvrit au public son nouveau domicile, le 24 juin de la même année, sur le boulevard Montmartre, sa clientèle, qui l'avait abandonné pendant sa translation à la Cité, lui revint plus nombreuse que jamais. L'administration se partageait entre cinq personnes, parmi lesquelles se trouvait Brunet, le sympathique et populaire acteur. Brunet continua la série de la bêtise typique en 1798, par *Cadet-Roussel professeur ou l'École tragique*. C'était au théâtre Montansier, que les brochures du temps appellent tantôt le théâtre Montansier-Variétés, tantôt le théâtre du Palais-Variétés. En 1799, Brunet représenta *Cadet-*

*Roussel barbier* ; en 1801, il fit réussir une autre folie d'Aude, *Cadet-Roussel aux Champs-Élysées ou la Colère d'Agamemnon.*

Dans *Cadet-Roussel barbier*, le héros s'engageait, à raison de trente-cinq sous par jour, pour jouer la tragédie. Quand le père Roussel et la mère Roussel voyaient le tyran verser le poison dans la coupe de carton doré, on les entendait crier du parterre : « Ne bois pas, Cadet ! » Et Cadet répondait en interrompant sa tirade : « Papa, ne craignez rien : je n'ai pas de mal du tout. » A son arrivée aux Champs-Élysées, Cadet racontait aux ombres pressées autour de lui, et parmi lesquelles on voyait Agamemnon, Voltaire, La Fontaine, Dancourt, etc., qu'il avait pris un gros rhume en *s'époumonant* dans la tragédie d'*Othello ou le Maroquin de Venise.* « J'ai joué quintidi, disait-il, je me suis mis au lit sextidi, j'ai eu une fièvre de cheval septidi, le transport m'a pris octidi, je suis mort nonidi et je suis arrivé décadi soir ici. » Brunet fit passer tour à tour devant son public *Cadet-Roussel beau-père, Cadet-Roussel au Jardin Turc, Cadet-Roussel misanthrope, maître d'école, esturgeon*, etc., épreuves différentes du type primitif qui mettaient en relief l'acteur aimé du parterre et qui lui donnaient l'occasion de débiter ses lazzis sur les événements du jour.

Quand Brunet prit possession du théâtre du boulevard Montmartre en 1807, il ouvrit par une pièce de Désaugiers intitulée *Le Panorama de Momus*, dans laquelle paraissait toute la troupe, qui comptait dans ses rangs, à côté du farceur en vogue, l'excellent Tiercelin, acteur plein de naturel et de verve, Joly, Dubois, Vaudoré, Bosquier-Gavaudan, Lefèvre, Odry, M^mes Mengozzi, Granger, Élomire, Cuisot, Drouville, Flore, Baroyer et Vautrin.

Cadet-Roussel et Jocrisse reprirent le cours de leurs succès, et Brunet continua de nuancer, comme il les avait compris, ces deux types de la bêtise, l'une malicieuse et l'autre naïve. Cadet-Roussel est bête comme Jocrisse, mais il tient ce don de l'étude, et il l'exploite de son mieux pour mystifier les gens. Jocrisse possède une niaiserie naïve qu'il doit uniquement à la nature. Ce n'est pas lui qui s'engagerait à trente-cinq sous par jour pour déclamer des alexandrins au café des Aveugles, à la manière des grands acteurs de la rue Richelieu ; ce n'est pas lui qui soutiendrait des thèses littéraires avec le poëte Beuglant, qui tiendrait tête à l'ombre d'Agamemnon dans les Champs-Élysées et qui voudrait en remontrer aux mânes de M. de Voltaire. Le pauvre Jocrisse se contente de prendre des familiarités avec son maître, M. Duval. Son nom, qui se trouve cité dans Molière comme un terme injurieux, était déjà connu au XVI^e siècle.

La plus ancienne et la meilleure de ces farces, c'est le *Désespoir de Jocrisse*, comédie-folie en deux actes dramatisée par Dorvigny et jouée d'origine par Baptiste Cadet à la Montansier. On y voit Jocrisse adolescent au service de M. Duval, commissionnaire en vins, escorté de Nicette sa sœur, de Nicole sa mère et de son petit frère Colin, représenté par M^lle Mars enfant. Non-seulement il casse déjà les porcelaines et les meubles, mais il ouvre la cage du serin favori qui s'envole au dehors, poursuivi par le chat de M. Duval. Le chat veut croquer l'oiseau, qui s'échappe ; le chien veut manger le chat ; Jocrisse casse la patte de l'angora d'un coup de bâton et fait fuir Azor, qui se perd et ne revient pas. En partant pour la ville, M. Duval avait écrit le mot « poison » sur un panier de vin de Bourgogne, afin de le soustraire à la gourmandise de Jocrisse ; mais Jocrisse, désespéré par ses bris de porcelaine, boit toutes les bouteilles de poison, afin que son maître ne le retrouve pas vivant, et il est ivre-mort quand M. Duval revient pour lui pardonner ses bévues. Dorvigny continua ce type favori, en 1799, par *Jocrisse congédié*, puis vinrent *Jocrisse changé de condition* et *Jocrisse jaloux*. En 1804, Sidony et Servières, s'emparant sans façon du sujet de leur confrère, font jouer un *Jocrisse suicidé*. En 1809, Désaugiers donne un *Jocrisse aux enfers*. Armand Gouffé s'empare à son tour du personnage, et fait jouer une pièce intitulée *Jocrisse autre part*. Du Mersan et Brazier font jouer en 1816 un *Jocrisse grand-père*, puis un *Jocrisse apprenti cornac* et un *Jocrisse chef de brigands*. Sewrin confectionne un *Jocrisse maître et valet* et un *Jocrisse corrigé* ; Patrat invente un *Jocrisse commissionnaire* ; Honoré un *Jocrisse au Palais-Royal*. Puis MM. Duvert et Varner donnent à leur tour, en 1841, *la Sœur de Jocrisse*, où Alcide Tousez prend le rôle de Brunet, et Lemenil celui de M. Duval. On vit aussi un *Jocrisse en ménage*, un *Jocrisse marié*, un

*Jocrisse millionnaire*, un *Jocrisse somnambule.* Les petits journaux de ce temps-ci ont ressuscité le type sous le nom de Calino.

Deux ans après l'ouverture du théâtre des Panoramas, Potier arrivait de Nantes pour compléter l'excellent ensemble de la troupe qu'avait formée Brunet. Potier, qui devint l'un des plus grands comédiens du théâtre moderne (telle était l'opinion de Talma), ne fut pas compris tout d'abord. On critiqua son organe, qui en effet était faible, sourd et enroué, et on le trouva très-outrecuidant d'avoir débuté dans un rôle créé par le père des Jocrisses. Mais peu à peu les préjugés s'effacèrent, et, quand il eut joué le personnage de M. de Boissec dans *Le ci-devant Jeune Homme*, l'opinion publique lui donna le premier rang et lui accorda toute sa faveur. *La Chatte merveilleuse, Je fais mes farces, Les Anglaises pour rire* furent pour Potier des triomphes, et pour les Variétés une fortune.

Le genre exploité par les Variétés vécut longtemps de gros sel et de calembours. C'est là qu'excellait Brunet, et il prolongea tant qu'il put cette exhibition de mauvais goût, même quand le public en fut rassasié. Odry le secondait, par sa bouffonnerie transcendante, dans ces pièces sans nom, où l'on riait des gestes et de la voix des acteurs bien plus que des mots qu'ils débitaient. *Monsieur Vautour, L'Intrigue sur les toits, La Famille des innocents, Les Habitants des Landes, Les Deux Magots, Je fais mes farces, Monsieur Dumollet* marquent autant que les *Jocrisses* parmi les heureuses créations de Brunet, qui, dans sa carrière théâtrale, joua plus de quatre cents rôles. Talma venait souvent rire aux folies de son ancien condisciple, car le grand tragédien et le grand farceur avaient épelé ensemble à l'école, chez M. Vaperot, cul-de-sac de la Bouteille, rue Comtesse-d'Artois.

Potier, en apportant aux Panoramas la véritable note de la comédie, contribua plus que personne à éclairer le public sur la nullité absolue des ouvrages dont il faisait ses délices depuis dix ans ; mais, pour son malheur, il inspira une jalousie effrénée au directeur-acteur. Les sommes énormes, qui tombaient chaque soir dans la caisse de ce petit théâtre des Variétés, quand les théâtres d'ordre étaient loin de regorger de spectateurs, irritaient contre Cadet-Roussel les burgraves de l'Opéra-Comique et de la rue Richelieu, qui recommencèrent leurs intrigues de 1807 et firent partager leurs colères au ministre de l'intérieur. Ce fonctionnaire, dans ses solennelles réceptions, fulminait au nom de Corneille et de Racine et lavait rudement la tête au pauvre Jocrisse. Et Jocrisse lui répondait avec son air de mouton résigné : « Ce n'est pas moi pourtant qui puis faire du tort à Talma : nous ne jouons pas le même emploi ! » Il faut avouer que dans cette affaire le plus jocrisse des deux n'était pas le directeur des Variétés.

Aux types déjà un peu usés de la grosse farce succédèrent les pièces populaires et grivoises. Flore, qui avait débuté au boulevard Montmartre dans la pièce d'ouverture, et qui s'était fait remarquer dans les rôles de Manette de *Cadet-Roussel beau-père,* de Sophie de *l'Intrigue hussarde*, de Mariole, la fruitière savoyarde du *Coin de rue*, se surpassa en représentant l'échantillon le plus épicé du genre : Madame Fraîche-Marée de *la Marchande de goujons*. Ce succès, très-lucratif pour l'administration des Variétés, déchaîna les foudres officiels, et peu s'en fallut que les carreaux du Jupin administratif ne réduisissent en poudre la petite bonbonnière des Panoramas. Brunet devint triste et morose. Ses ennuis se compliquèrent de chagrins d'amour, car le vieux Jocrisse s'était attelé au char d'une de ses plus charmantes pensionnaires, Pauline Jourdheuil, sortie du théâtre des Jeunes-Élèves de la rue de Thionville, où Pelletier de Volmérange dressait des recrues pour la Comédie et l'Opéra-Comique. C'est à cette école que se formèrent Firmin du Théâtre-Français, Fontenay de la rue de Chartres, Lemonnier de Feydeau, Rose Dupuis, Aldégonde, M<sup>lles</sup> Cuisot et Virginie Déjazet.

Pauline était une très-jolie femme, d'une tournure distinguée et dont la physionomie ingénue avait du premier coup subjugué le trop sensible Brunet. Le directeur des Variétés laissa partir ses meilleurs acteurs, Tiercelin, Potier, Lepeintre aîné, Arnal. Vernet et Odry lui restèrent seuls fidèles. Vernet était un excellent comédien qui joignait la fantaisie au naturel le plus parfait et que l'on n'admira pas moins dans le Jean-Jean des *Bonnes d'enfants* et dans le bossu de *la Marchande de goujons*, que dans *Prosper et Vincent* ou dans *le Père de la débutante*. Odry, le bouffon excentrique qui franchissait d'une façon si désopilante les dernières limites du bon sens, après avoir passé, en 1803 et en 1805, sur la scène de la Gaîté et de la Porte-Saint-Martin, avait débuté aux Variétés par un rôle de paysan que sa femme ne laisse jamais parler. Ce rôle n'avait pas quinze lignes, et le débutant y produisit un tel effet que de ce jour commença sa réputation. Cette pièce de Brazier et Merle avait pour titre *Quinze Ans d'absence*. Odry devint depuis le grand bouffon du théâtre des Variétés, le héros de *l'Ours et le Pacha* et de tout un répertoire facétieux. Le nez retroussé d'Odry, sa tête penchée, son œil en coulisse sont encore présents au souvenir de la génération qu'il a divertie, et personne ne l'a encore remplacé dans son odyssée des *Saltimbanques*. Tiercelin, que perdit Brunet, était aussi un acteur de race qui représentait les types populaires dans toute la crudité de la nature. Il portait à la ville des boucles d'oreilles, et, armé d'un gros bâton, il était toujours suivi d'un énorme dogue qui l'accompagnait même au théâtre.

Après le départ de ses grands comiques, Brunet, voyant décroître ses recettes et l'amitié de Pauline, céda son trône à l'un de ses auteurs habituels, Armand Dartois, qui hérita en même temps du sceptre directorial et de la sultane favorite.

## IV.

**Le Gymnase. — Le théâtre des Nouveautés. — Changement de genre sur toutes les scènes de vaudeville. — Le Palais-Royal.**

Nous voyons alors surgir à l'horizon du boulevard Bonne-Nouvelle le théâtre du Gymnase-Dramatique, qui ouvre ses portes le 23 décembre 1820 et qui oppose un genre nouveau, tout frais ganté et parfumé, aux grivoiseries populaires de son voisin des Panoramas. Le Gymnase, pour son ouverture, fit débuter Perlet, un vrai comédien que le Théâtre-Français voulut lui prendre. Il produisit la petite Léontine Fay, Déjazet, Gontier, M$^{me}$ Perrin et toute cette troupe d'élite qui fit valoir l'innombrable répertoire de l'auteur de *Michel et Christine* et du *Mariage de raison*. Nous avons parcouru, dans le chapitre consacré à Scribe et à ses collaborateurs, l'histoire du *théâtre de Madame*. Nous n'y reviendrons pas.

En 1827, le théâtre des *Nouveautés*, élevé par Bérard sur la place de la Bourse et administré par Langlois, se met aussi à exploiter le vaudeville. On applaudit sur cette scène nouvelle le transfuge Potier, Bouffé, Philippe, Volnys, Derval, M$^{me}$ Albert, M$^{lle}$ Déjazet et une excellente troupe secondaire. Le flonflon du pur vaudeville n'ayant pas amené de recettes dans la caisse des *Nouveautés*, Langlois se retire et cède la direction à Bossange et Bohain, qui essaient de réduire à leur cadre le drame historique. Parmi ces pièces historiques, les talents réunis de Bouffé, de Volnys, de Thénard, de Derval et de M<sup>mes</sup> Albert et Déjazet firent réussir une imitation de Shakespeare, *Henri V et ses Compagnons*, due à la collaboration de Romieu et de l'auteur de ce livre. La musique de la pièce, arrangée par Adolphe Adam et Gide, n'était autre chose qu'un pastiche de morceaux pris dans les maîtres. Le vaudeville ne perdit pas ses droits ; il fit bruire ses grelots avec Philippe, le plus verveux des chanteurs de flonflons, avec Potier qui l'entremêla de drame dans *Antoine ou les Trois Générations*, avec Lafont qui joua merveilleusement *Jean* de Théaulon et Signol, avec Bouffé dans *le Futur de la grand'maman*. Le vaudeville, en avance sur le théâtre d'aujourd'hui, se fit poitrinaire et but du bouillon d'escargots dans *Valentine ou la Chute des feuilles*; il se fit hydrophobe dans *l'Enragée*. C'est à M<sup>me</sup> Albert que l'on dut ces deux créations d'hôpital, où son très-grand mérite lui permit de n'être pas ridicule. Malgré ses efforts, le théâtre des Nouveautés ferma le 15 février 1832, et l'Opéra-Comique prit possession du bâtiment de Bérard, en attendant qu'il pût aller s'installer à Favart.

Depuis 1830 jusqu'aujourd'hui, le genre du vaudeville a conservé ses théâtres, et, de modification en modification, il a fini par n'être plus du tout le vaudeville. Le 17 juin 1838, le bâtiment de la rue de Chartres fut réduit en cendres. Les actionnaires obtinrent du ministre six semaines de délai pour se procurer un nouvel emplacement, qu'ils ne purent trouver. Le vaudeville ne rouvrit que le 16 janvier 1839, au boulevard Bonne-Nouvelle, dans la petite salle du Bazar, puis, après quinze mois de séjour, il s'établit dans l'ancienne salle des Nouveautés, en mai 1840, lorsque l'Opéra-Comique prit enfin possession de la salle Favart.

Dans la nouvelle salle qu'il occupe aujourd'hui au coin du boulevard et de la Chaussée-d'Antin, le gai Vaudeville, devenu un capitaliste sérieux, vit gros et gras sous la direction paternelle d'une compagnie financière, assez riche pour payer sa gloire quand il le faut. Cette compagnie pratique un culte particulier pour les œuvres de M. Victorien Sardou. Dans les entr'actes de deux pièces de son écrivain de prédilection, elle aime mieux végéter avec des reprises que de donner à son auteur favori le chagrin de voir le succès d'un confrère. C'est là une préoccupation qui fait grand honneur au cœur de la compagnie, mais moins peut-être à son esprit de prévoyance pour le cas où il deviendrait nécessaire de changer un genre qui ne sera pas éternel. Le talent de M$^{lle}$ Fargueil, talent considérable et d'une parfaite originalité, les excellentes qualités de Saint-Germain, comédien fin et délicat, de Parade et de Delannoy, gagneraient beaucoup à ne pas être voués à perpétuité au même genre de rôles et à ne pas débiter toujours la même phrase et le même trait d'esprit. La compagnie a trop d'intelligence pour ne pas comprendre que M$^{lle}$ Fargueil, l'une des meilleures actrices de notre temps, a surtout besoin de renouveler la monotonie de sa gloire par des créations réellement nouvelles.

Les Variétés se donnèrent divers directeurs qui maintinrent quelque temps le genre du vaudeville à couplets, puis le théâtre tourna à l'opérette et aux farces excentriques. Ces exhibitions n'ont pas la naïveté bête du répertoire de Brunet, mais elles divertissent considérablement un certain public. Des auteurs de beaucoup d'esprit ont participé à ce carnaval littéraire, à cette dégringolade du goût, et en ont retiré de gros profits. Nous reparlerons de ces livrets d'opérettes quand nous aborderons le chapitre de la musique.

Le Gymnase est celui des théâtres de vaudeville qui se respecta le plus dans tous les temps. Il conserva tant qu'il le put le genre de Scribe, continué par ses collaborateurs, jusqu'au jour où il se donna à la comédie-drame dite réaliste. Il n'exploita jamais ni la farce à outrance, ni le calembour, ni la grimace, ni les poses plastiques, c'est une justice à lui rendre.

Le Palais-Royal de Dormeuil et Poirson se créa un genre à lui, tenant le milieu entre l'ancien vaudeville des Variétés-Montansier et la bonne comédie-vaudeville. Il eut de tout temps un merveilleux ensemble d'acteurs et de très-jolies pièces, depuis le répertoire de Bayard et Dumanoir jusqu'à celui de M. Eugène Labiche.

Après 1830, les ouvrages destinés aux théâtres de vaudeville furent presque tous écrits en vue d'un acteur ou d'une actrice en vogue : Arnal, Déjazet, Lafont, Bouffé, Rose Chéri, M^me Fargueil. Le Palais-

Royal, plus riche en sujets, chercha plutôt les scènes d'ensemble, et il mit à la disposition de ses auteurs une troupe où, en dehors de Déjazet, son étoile fixe, on trouve Achard, Alcide Tousez, Ravel, Grassot, Hyacinthe, Lhéritier, Geoffroy, Gil Peres, Brasseur, et d'autres encore.

---

## V.

**Arnal et son répertoire. — MM. Duvert et Lauzanne.**

Arnal, un des plus originaux et des plus fins parmi les comiques de ce temps, représente l'acteur nomade par excellence. Il passe tour à tour des Variétés au théâtre de la rue de Chartres, puis au Gymnase, qu'il abandonne bientôt pour entrer au Vaudeville. Il quitte le Vaudeville pour revenir aux Variétés, qu'il délaisse encore, en 1850, pour passer au Palais-Royal. On le voit, après quelques mois de retraite, reparaître pour donner des représentations aux Bouffes-Parisiens, au Gymnase et au Vaudeville. Ce comique si plaisant était né en 1798, et il avait été soldat sous l'Empire, sergent dans les tirailleurs, puis ouvrier fabricant de boutons, et enfin comédien tragique au théâtre d'amateurs de Doyen, comme il le dit lui-même :

Du fougueux roi de Pont, l'ennemi des Romains,
Je peignis les fureurs et des pieds et des mains,

Il commença par être choriste au théâtre des Variétés, puis il joua les amoureux, emploi qui ne lui convenait guère mieux que les tragiques. Dans *les Ouvriers ou les Bons Enfants*, comédie grivoise en un acte de Francis, Brazier et Du Mersan, représentée le 27 avril 1824 sur la scène des Variétés, Arnal jouait le rôle du vertueux Pierre Bidot, compagnon charpentier, qui soutient sa mère et sa sœur du fruit de son travail. Blessé dans une chute, il refuse d'accepter la collecte faite pour lui par ses camarades, et il se trouve récompensé de ses généreux sentiments par le patron Marcel qui lui donne la fourniture du bois de tous ses bâtiments et qui, par-dessus le marché, paie le repas de noce de son courageux ouvrier. C'était là certainement un rôle digne du prix Monthyon et qui aurait pu être joué par Moessard dans sa jeunesse ; mais l'effet n'était pas brillant pour l'acteur chargé de l'interpréter. Fatigué d'attendre, Arnal entre au Vaudeville de la rue de Chartres, en 1827. Ce n'est qu'en 1829 qu'il commence à se faire remarquer dans *l'Humoriste* de Dupeuty, où il jouait un valet comique, une espèce de Jocrisse. Le rôle de Luquet, marchand de bouteilles, dans la pièce en deux actes de Rochefort et Dupeuty intitulée *Madame Grégoire ou le Cabaret de la Pomme-de-Pin*, le mit un peu plus en relief en 1830. Il développait cette fois encore un type de niais, et il avait pour partenaire le jeune Lafont, qui comptait alors vingt-neuf printemps et dont les belles rieuses des loges admiraient la taille fine, l'œil brillant et les façons distinguées. Dans cette même année 1830, dix jours avant qu'éclatât la révolution de Juillet, Arnal joua Barnabé dans *la Famille de l'apothicaire*, où M. Duvert commença pour lui cette phraséologie si amusante, si bizarre et si impossible où les mots, savamment détournés de leur sens, se heurtent d'une façon si plaisante et constituent une langue à part pleine de fantaisies et d'imprévu. Le personnage avait cette fois toute l'importance d'un premier rôle ; il mettait en relief les qualités naturelles du comédien. Arnal y fut charmant dans ses terreurs maritales, placé entre sa future, Héloïse, et son épouse secrète, Henriette, représentée par Suzanne Brohan.

MM. Duvert et Lauzanne écrivent ensuite pour Arnal dans le même système, le vaudeville intitulé *Heur et Malheur*, où l'apothicaire Barnabé devient l'amusant Montivon. En 1832, Arnal joue le personnage de l'infortuné Bélan dans *Un de plus*, vaudeville tiré du *Cocu*, roman de Paul de Kock, puis le grotesque fabricant de briquets phosphoriques des *Cabinets particuliers*, vaudeville dans lequel M. Duvert se donne de la folie à cœur joie. *Mademoiselle Marguerite*, du même auteur, avait, quelques mois auparavant, fourni à l'acteur en vogue le rôle du clerc d'huissier Bouginier qui se déguise en cuisinière pour s'introduire chez le père de sa future femme. En 1833, Arnal obtient un nouveau succès dans la pièce intitulée *C'est encore du bonheur*, par MM. Arnould et Lockroy, et il se montre comédien parfait dans *Une Passion* de MM. Varin et Desvergers. Puis viennent *Les Gants jaunes* et *Le Poltron* en 1835, *Renaudin* de Caen, *Le Bal du grand monde* et *Le Mari de la dame des chœurs* en 1836, trois de ses plus étourdissantes créations. Les années suivantes, c'est *Le Cabaret de Lustucru, Passé minuit* où Bardou lui donne si plaisamment la réplique, puis *Le Plastron, La Mansarde du crime, Un Monsieur et une Dame, L'Homme blasé,* cette épopée burlesque qui obtint un nombre si considérable de représentations et où Leclère, représentant le serrurier Ravinard, luttait avec son compère Nantouillet-Arnal, à qui jettera l'autre par la fenêtre. Dans la même année 1843, il joue *Patineau* de M. Léon Dumoustier, où Leclère le seconde encore dans le personnage du porcelainier Rafflé ; *Brutus ou le Dernier Soldat du guet* ; *Foliquet, coiffeur de dames*; Pézénac dans *Madame Barbe-Bleue* ; et enfin, en 1844, le premier clerc du procureur Laverdure dans *le Carlin de la marquise.*

Il semblerait qu'après ces créations à perdre haleine, la verve d'Arnal dût se trouver épuisée. Nullement. En 1845, il joue le Pingouin de *Riche d'amour* avec cette même gaieté si franche et si entraînante ; il semble commencer une carrière nouvelle. L'invention de MM. Duvert et Lauzanne se montre aussi inépuisable que le talent du comédien. Puis viennent *La Poésie des amours, Malbranchu, J'attends un omnibus, A la Bastille, Le Pont cassé, Le Supplice de Tantale.* En 1852, MM. Duvert et Lauzanne écrivirent pour Arnal un rôle plus compliqué, celui de Pluchard dans la pièce en deux actes intitulée *Une Queue rouge.* Malgré tout le talent du comédien et l'esprit des autours, la pièce n'obtint qu'une réussite modérée mais, quelques mois plus tard, Arnal retrouvait tout le prestige de sa communicative gaieté dans la folie de MM. Labiche et Marc Michel *Un monsieur qui prend la mouche*. Il joua aussi, dans la même année, une pièce de l'auteur de ce livre, en collaboration avec M. Charles Narrey, sous le titre de *Déménagé d'hier*, où il fut imprévu et charmant comme toujours. Sa mémoire commençait pourtant à devenir rebelle, et il parlait déjà de ne plus accepter de rôles trop développés. L'ancien pupille de la garde impériale comptait alors cinquante-huit ans bien sonnés, mais il avait conservé toute la vivacité de la jeunesse. C'est à cette époque qu'il provoqua en duel un de ses camarades des Variétés et qu'il nous choisit pour témoins, M. Charles Narrey et moi. Nous eûmes la chance d'arranger l'affaire, qu'Arnal voulait pousser à fond et qui donna beaucoup de besogne à notre diplomatie.

Arnal songeait sans regrets au moment où il se retirerait dans la vie privée. Sa fortune lui permettait de vivre oisif et dans une certaine aisance. Il avait acheté à Auteuil une charmante maison de campagne ayant appartenu à Musard. Un incident bizarre et peu connu lui fit prendre tout à coup la résolution de vendre cette maison, qu'il avait réparée et meublée avec le plus grand soin. Étant un jour en visite chez lui, je le trouvai morose et soucieux. Il m'avoua qu'il cessait de se plaire à Auteuil, parce qu'il se voyait depuis quelque temps en butte aux persécutions des portières et des cuisinières des maisons voisines. Je le pressai, et il me raconta cette tragique histoire. Devant la grille de la villa Musard, s'étendait circulairement un bassin surmonté d'un jet d'eau lançant dans les airs ses gerbes diamantées. Dans ce bassin (les délices du maître) nageaient de jolis poissons rouges qu'Arnal, nouveau Louis XIV, aimait à nourrir de sa main. Il s'aperçut que le nombre de ses favoris aux écailles dorées diminuait à vue d'œil, et il s'embusqua une nuit pour saisir le voleur en flagrant délit. Soudain, entre chien et loup, il vit apparaître sur la margelle du bassin un gros matou qui, étendant la griffe, pêcha un poisson et s'enfuit dans le taillis. Arnal, qui était armé, poursuivit le délinquant, le tua sans miséricorde, l'enterra clandestinement, puis alla se coucher. Le lendemain et le surlendemain survinrent d'autres maraudeurs à quatre pattes, qui eurent le sort du premier. Les poissons vécurent, mais le bonheur d'Arnal était perdu. Les cuisinières et les portières du voisinage, soupçonnant les exécutions nocturnes de l'artiste, devinrent ses ennemies acharnées, et, dans ce péril extrême, notre grand comique, menacé du sort d'Orphée, ne trouva pas d'autre remède à ses maux que l'exil. Il partit comme le Dante pour aller goûter le pain amer de l'étranger. La maison d'Auteuil fut vendue, et Arnal reprit sa vie nomade. Il reparut pourtant au Gymnase et au Vaudeville pour y jouer quelques rôles épisodiques dans *Héloïse Paranquet*, dans *les Idées de madame Aubray*, dans *le Petit Voyage*, dans *le Choix d'un gendre* ; puis il se retira tout à fait en Suisse, où il mourut en philosophe, revenu des vanités du monde. Le nom d'Arnal restera dans l'histoire du théâtre comme un type d'originalité parfaite. Arnal n'était pas un comédien profond étudiant les caractères et sachant leur donner des formes variées ; il était toujours Arnal, un comique personnel, excentrique, mais il ne chercha jamais ses effets dans la charge vulgaire et de mauvais goût. MM. Duvert et Lauzanne, ses auteurs privilégiés, ont dépensé un très-grand talent à construire l'édifice compliqué de ses rôles, qui ne sont plus guère à la taille des acteurs d'aujourd'hui.

## VI.

### Virginie Déjazet et son répertoire.

Virginie Déjazet eut, comme Arnal, ses auteurs attitrés qui modelèrent son répertoire sur les diverses aptitudes de l'actrice favorite. Dans son passage à l'ancien Vaudeville, Déjazet n'eut pas de créations importantes. Elle vivait toujours sur son succès enfantin de la fée Nabotte de *la Belle au bois dormant*. Son séjour aux Variétés fut également infructueux. C'est seulement en 1821 que son talent se révéla, lorsqu'elle joua au Gymnase, dans *la Petite Sœur* et dans *le Mariage enfantin*, les rôles masculins à côté de la petite Léontine Fay. Après six ans passés au Gymnase et deux ans au théâtre des Nouveautés, où son plus grand succès fut le *Bonaparte à Brienne*, qu'elle reproduisit cent cinquante fois à Paris et plus de trois cents fois en province, Virginie Déjazet entra, en 1831, au théâtre du Palais-Royal pour créer le rôle du grand-duc dans *l'Audience du prince* et la belle fermière du *Philtre champenois*. Puis vinrent *les Chansons de Béranger* d'Émile Vanderburch, *Vert-vert*, *La Ferme de Bondy* où débuta Levassor en 1832. *La Fille de Dominique*, jouée en 1833, n'était qu'un canevas destiné à présenter Déjazet sous le cotillon de bure de la paysanne Margot, puis sous la coiffe d'une présidente folle d'amour, puis sous l'uniforme d'un tambour des gardes françaises. Villeneuve, l'auteur de cette comédie-vaudeville en un acte, avait donné pour compères à la charmante Catherine Biancolelli, Derval, Sainville et Levassor. *Frétillon ou la Bonne Fille*, que Bayard qualifia de vaudeville en cinq actes et que Déjazet joua en 1834, offrit au talent de l'actrice un rôle beaucoup plus compliqué, mais plus difficile à faire admettre au public à cause de la grande inconvenance du sujet. La petite ouvrière Camille était représentée quittant sa mansarde pour les splendeurs du monde interlope et dépensant l'argent de ses amants pour payer les dettes d'un certain Ludovic qui se laissait faire avec un laisser-aller peu édifiant. Ce personnage avait pour interprète Achard. Parmi les autres amants de Frétillon, le boursier Godureau et le soldat Marengo étaient échus à Sainville et à Leménil. Le fin sourire de la comédienne sut adoucir l'immoralité de la pièce de Bayard, qui eut un nombre considérable de représentations fructueuses. Cinq mois avant *Frétillon*, la charmante actrice avait obtenu un autre succès dans le rôle de la modiste Fifine, l'héroïne du vaudeville de Paul de Kock *le Commis et la Grisette*, où Carafon, garçon limonadier, amoureux de la fabricante de chapeaux, se désolait d'être contraint de servir à table son rival Robineau qui mangeait trois petits pains dans un œuf à la coque. Robineau c'était Achard, et dans le garçon limonadier s'incarnait le désopilant Alcide Tousez. Le parterre riait de tout cœur lorsque l'amoureux Robineau menaçait la grisette d'aller se jeter dans le puits, et que Déjazet lui répondait : « Jetez-vous plutôt dans mes bras, ce sera moins froid. » Au commencement de cette année 1834, Déjazet avait produit un grand effet dans le rôle hasardé de madame Fromageot de la folie-vaudeville *Un Scandale*.

L'année suivante, Dumanoir, Anicet Bourgeois et Brisebarre font jouer à Déjazet un double rôle où elle se montre sous les traits d'une douairière septuagénaire pour se métamorphoser ensuite en une jeune fille de dix-huit ans. La pièce, écrite pour trois acteurs, Déjazet, Leménil et Derval, réussit grandement sous le titre de *la Fiole de Cagliostro* et fut souvent refaite depuis sous d'autres titres. Dans *la Marquise de Prétintaille*, que le Palais-Royal donna en 1836, signée de Bayard et Dumanoir, Déjazet avait à représenter une belle et fière marquise qui, sous le costume d'une paysanne, se laisse aller par une nuit sombre aux entreprises d'un jeune et vigoureux paysan, et qui le marie, au dénouement, pour le récompenser de son audace. C'était encore Achard qui jouait le villageois Jean Grivet, et le directeur Dormeuil faisait l'infortuné mari de la dédaigneuse marquise. En 1838, le rôle de Virginie Bobinard, dans *la Maîtresse de langues*, montra l'actrice sous une forme un peu accentuée de grivoiserie. L'ex-marchande de modes, l'ex-dame de comptoir se produisait chez un boyard russe comme institutrice et pétrifiait la famille d'admiration en jouant sur le cornet à piston un galop de Musard et en dansant un cancan prodigieux. Dans la même année, deux mois avant *la Maîtresse de langues*, le rôle de *Mademoiselle Dangeville* avait ramené Déjazet aux travestissements. Elle représentait successivement dans ce vaudeville la comédienne Dangeville, le petit paysan Jacquot en sabots et en blouse, la marquise de Nesles le poing sur la hanche et le fleuret à la main, et la chinoise Kching-Ka triomphant de la vertu de maître Patouillet-Levassor, professeur au collège des Jésuites.

*Les Premières Armes de Richelieu*, de Bayard et Dumanoir, jouées à la fin de 1839, portèrent à son apogée la popularité de Déjazet. *Le Vicomte de Létorières*, composé par les mêmes auteurs et d'après les mêmes procédés, ne réussit pas moins que le jeune Richelieu, dont il était l'aimable contrefaçon. Les autres succès de Déjazet au Palais-Royal furent : *Sous*

*Clé, Sophie Arnould, Les Beignets à la cour, La Croix d'or, Indiana et Charlemagne, Carlo et Carlin.*

En 1846, Déjazet passe aux Variétés avec un engagement de cinq ans. Elle y joue d'abord un vaudeville en trois actes de MM. Leuven et Brunswick, intitulé *Un Conte de fées*, qui continue pour l'illustre comédienne la série de pièces à travestissements. Déjazet est secondée cette fois par Lafont dans le rôle du chevalier Raffaello Garucci, joueur, libertin, volage, prodigue, qui se vante d'avoir déjà mangé trois oncles et deux tantes : total, cinq grands parents. Sous le costume de la vieille marquise de Villani, Déjazet décide le chevalier à l'épouser. On devine que *la Fiole de Cagliostro* va renaître, et que la vieille marquise redeviendra une charmante jeune fille, à la grande satisfaction du chevalier et du public. *La Gardeuse de dindons* mettait Déjazet en pleine pièce pseudo-historique. On y voyait figurer l'empereur d'Allemagne Léopold II et l'impératrice, s'occupant tous deux de la marier à un comte de Neubourg accusé d'avoir voulu la séduire. Après maintes péripéties, Gothe, la gardeuse de dindons, plus philosophe que M. de Voltaire lui-même, refusait la couronne de comtesse et revenait à son fiancé Hermann le bûcheron et à ses chers volatiles. En cette même année 1846, se souvenant des triomphes de Richelieu et de Létorières, Déjazet se fait arranger par Dumanoir et M. Clairville une pimpante et joyeuse pièce sous le titre de *Gentil Bernard ou l'Art d'aimer*. MM. de Saint-Georges et Bernard Lopez lui taillent ensuite, dans les Mémoires de l'abbé de Choisy, une comédie-vaudeville en deux actes. La volage Déjazet quitte les Variétés pour retourner au Vaudeville, où elle joue *la Douairière de Brienne*, puis elle rentre aux Variétés dans *les Trois Gamins*, et elle va créer à la Gaîté *le Sergent Frédéric*. En 1859 nous la retrouvons directrice du théâtre qui porte son nom. C'est là que, toujours jeune et plus habile comédienne que jamais, elle joue pour l'ouverture de sa petite salle, en septembre 1859, *les Premières Armes de Figaro* de M. Victorien Sardou à l'aurore de sa carrière dramatique.

Depuis la chute de son premier ouvrage à l'Odéon, *la Taverne des étudiants* (1er avril 1854), M. Sardou ne pouvait trouver de directeur pour accepter ses ouvrages. Dans sa reconnaissance pour le bon accueil qu'il avait rencontré, M. Sardou publia *les Premières Armes de Figaro*, avec une dédicace à Mlle Déjazet. « Parmi tant de couronnes tombées à vos pieds, disait l'auteur à la directrice, acceptez la mienne, Madame : elle vous rapellera sans cesse un bienfait que vous oublieriez dans le nombre, si je n'écrivais ici pour mémoire ce nom très-obscur et trop heureux de se faire lire à la lueur du vôtre. — Victorien Sardou. »

Déjazet fut également sans égale dans deux autres pièces que M. Sardou écrivit pour son petit théâtre en 1860 et en 1862 : *Monsieur Garat* et *les Prés Saint-Gervais*. L'inimitable comédienne eut la douleur de ne pas voir réussir son entreprise, malgré l'immense activité qu'elle déploya. Hier encore, sans s'apercevoir que les hivers ont marché pour elle du même pas que les printemps, elle parcourait la province et elle émerveillait les spectateurs par son talent qui ne vieillit pas.

---

## VII.

### Bouffé.

Bouffé peut être aussi rangé au nombre de ces acteurs types qui ne sont pas seulement les fermes soutiens d'un théâtre spécial, mais qui créent des théâtres et des auteurs. Le talent de Bouffé avait longtemps végété sans produire de résultat pour sa renommée. Et pourtant, dès son enfance, le jeune ouvrier doreur portait en lui le démon de la scène. Il raconte lui-même que, dès 1809, son père et sa mère, grands amateurs de spectacles, le conduisaient à l'Opéra-Comique et aux Variétés, où il put voir et étudier Gavaudan, Ellevion, Potier, Tiercelin, etc. Après s'être essayé chez Doyen, il débuta au *Panorama-Dramatique*, dans un mélodrame du baron Taylor intitulé *Ismaël et Mariam*. Il recevait pour appointements soixante-quinze centimes par jour. Il fut bientôt porté à trois mille francs par an. En 1824 il entrait à la Gaîté, où il créait *Le Cousin Ratine* et *Le Pauvre de l'Hôtel-Dieu*, puis *La Mauvaise Langue*, *La Salle de police*, *Le Moulin des Étangs*, *Le Mulâtre et l'Africaine* et le rôle de Vendredi dans *Robinson Crusoé.* En 1827 on l'engageait aux Nouveautés, où il obtenait un grand succès dans *Caleb,* dans *le Futur de la grand'maman,* dans le Falstaff d'*Henri V et ses Compagnons.* Les applaudissements du public le placèrent, dès ce moment, sur la ligne de Lafont et de Potier, qui jouaient alors au même théâtre. En 1831, il débutait au Gymnase par le rôle du bossu médisant dans *la Maison en loterie* de Picard, mise en musique par Piccini. Il trouva bientôt des personnages plus à sa convenance, et son succès fut considérable dans *Michel Perrin* et dans *Les Vieux Péchés. Le Bouffon du prince, Le Gamin de Paris, La Fille de l'avare, Les Enfants de troupe* montrèrent toute la souplesse de ce talent à la fois profond et de surface, qui traduisait avec la même vérité la gaieté de la jeunesse et les passions du vieillard. Il composa avec un tact merveilleux *Le Conscrit de l'an VIII, Le Père Turlututu, Le Pauvre Jacques,* ces trois oppositions si tranchées. *L'Oncle Baptiste, Clermont, Maurice* et *Le Muet d'Ingouville* s'ajoutent à la liste de ses bonnes créations du Gymnase. Trop mal rétribué en raison des recettes qu'il amenait dans la caisse de son directeur, Bouffé paya un dédit de cent mille francs pour rompre son engagement, et il entra aux Variétés quand Nestor Roqueplan prit la direction de ce théâtre. Bouffé, d'accord avec ses auteurs, transporta son répertoire au boulevard Montmartre, et il y attira les recettes, qui cessèrent d'alimenter les coffres du Gymnase. Mélesville, en 1844, fut chargé de refaire pour Bouffé le *Caleb* de Walter

Scott et de retourner le drap pour empêcher le public de reconnaître l'étoffe. C'est ce qu'il opéra en confectionnant *le Chevalier de Grignon.* Le vieux valet de chambre Nogent, cachant la misère de son jeune maître le duc de Morangy sous les ruses les plus ingénieuses, n'était autre chose que le héros domestique du romancier écossais, rogné pour la circonstance. *L'Abbé galant* et *Jean le Toqué* furent les adieux de Bouffé à la scène. Il ne reparut plus en public qu'à de longs intervalles, et il ne put, en dépit de sa bonne volonté, s'engager à un service actif et suivi. Toujours souffreteux sans être précisément malade, Bouffé, retiré dans son hameau, envie le sort de son ami Lafont qui, plus âgé que lui mais plus robuste, étonna si longtemps les spectateurs par la persistance de sa jeunesse.

## VIII.

### Lafont. — Rose Chéri. — Autres célébrités.

Lafont, qui fut d'abord chirurgien de marine et qui fit, en cette qualité, deux voyages aux Indes, s'essaya, comme Bouffé, au théâtre d'amateurs de Doyen, et Désaugiers l'engagea, en 1822, au théâtre de la rue de Chartres pour remplacer Gontier. Il avait alors vingt et un ans. Il était plein de verve, beau cavalier, le sourire aux lèvres et l'œil à fleur de tête. Il plut au public dès ses premiers débuts. En 1830 il jouait, avec beaucoup de charme et d'entrain, Belrose dans *Madame Grégoire*, entre Arnal et M^{me} Doche, et, en 1831, le comte Du Barry, frère de la favorite dans la pièce d'Ancelot et de M. Étienne Arago, *Madame Du Barry*. Ce n'est pourtant qu'aux Nouveautés, en 1832, qu'il prit décidément le premier rang dans le rôle de Jean, jeune homme sans éducation au premier acte et parfait gentleman au second.

Le deuxième passage de Lafont au Vaudeville nous le montre, en 1834, dans le petit drame d'Ancelot et Saintine intitulé *Les Liaisons dangereuses*. Il fut charmant de rouerie et d'hypocrisie dans la composition de cet odieux rôle du comte de Valmont qui séduit la prude M^{me} de Tourvel, représentée par M^{me} Albert. La scène du duel et de l'expiation, qui termine la pièce par la mort du coupable, montra que le jeune comédien du vaudeville avait aussi les qualités du drame. En 1836, Lafont entrait dans la personnalité de Casanova de Sungalt et plaçait sous les yeux des spectateurs l'épisode de la prison du fort Saint-André, où l'aimable chevalier d'industrie se débat entre ses trois maîtresses. Engagé en 1839 aux Variétés, Lafont obtient un succès hors ligne dans *le Chevalier de Saint-Georges* de Mélesville et Roger de Beauvoir, en 1840. La même année il jouait *le Chevalier du guet*, qui fut pour lui un succès non moins retentissant. Lafont se distingua aussi dans *la Nuit aux soufflets*, dans l'*Halifax* d'Alexandre Dumas, dans *les Deux*

*Brigadiers* et surtout dans *le Lion empaillé* de Léon Gozlan, qu'il créa d'une façon si remarquable au même théâtre, le 3 octobre 1848. Ce plaidoyer contre la vie de vieux garçon fut un triomphe pour Lafont, qui fit du personnage de Mauduit une étude de détails aussi fine qu'elle était réelle et bien observée.

Nous retrouvons plus tard Lafont au Gymnase, où il déploie les ressources de son mérite, mûri et perfectionné par l'âge, dans *le Père prodigue* de M. Alexandre Dumas fils, dans le *Montjoie* de M. Octave Feuillet, dans *les Ganaches*, dans *la Perle noire* de M. Sardou ; puis il créa au Vaudeville le Prince de Monaco de *Rabagas*, et à l'Ambigu le *Centenaire* de M. D'Ennery. Jamais Lafont ne fut un plus excellent comédien que dans ses dernières années. Il est mort sur la brèche, dans toute la force de son talent, après avoir signé deux nouveaux engagements, l'un pour Londres, l'autre pour Paris.

Rose Chéri, qui fut pendant dix-huit ans l'étoile du théâtre de M. Montigny, eut aussi ses auteurs et son répertoire. Elle avait débuté au Gymnase en 1842, sans beaucoup d'effet. C'est en 1845 qu'une pièce en deux actes de Bayard et Charles Lafont, *Un Changement de main*, suivie à quatre mois de distance par *les Couleurs de Marguerite*, comédie-vaudeville de Bayard et de M. de Biéville, vint la mettre en évidence. C'est aussi à cette époque qu'elle épousa son directeur, M. Montigny. Le rôle de Marguerite est un peu terne, mais celui d'Hélène de *la Protégée sans le savoir* a tout ce qu'il faut pour faire valoir les qualités d'une actrice.

C'est tour à tour l'ingénuité, l'esprit, la sensibilité. Cette jolie petite pièce de Scribe obtint un succès très-vif auquel contribua pour une large part le talent de la principale interprète. *La Protégée sans le savoir* nous reporte au mois de décembre 1846. En mars de la même année, Rose Chéri avait joué *Geneviève ou la Jalousie paternelle*, autre pièce de Scribe, où elle avait été remarquée ; puis, en août, ce fut *Clarisse Harlowe*, où l'actrice de vaudeville s'éleva aux grands effets du drame passionné. *Clarisse Harlowe* et *Manon Lescaut*, réduites aux proportions de la petite scène Bonne-Nouvelle, démontrèrent que la charmante comédienne pouvait aussi bien reproduire les hautes conceptions du génie que le joli papillotage de la fantaisie moderne.

M. Émile Augier préféra Rose Chéri aux sociétaires de la rue Richelieu pour traduire sa Philiberte dans la pièce de ce nom et son Antoinette dans *le Gendre de M. Poirier*. M. Dumas fils lui donna le rôle de Diane de Lys et lui dédia la pièce. Il s'empressa d'écrire pour elle le rôle de Suzanne dans *le Demi-Monde* et celui d'Albertine dans *le Père prodigue*. M$^{me}$ Sand écrivit, pour Rose Chéri, Camille du *Démon du foyer* et Sara Melvil de *Flaminio*. L'éminente artiste contribua pour sa bonne part au succès des ouvrages que nous venons d'énumérer. Rose Chéri (de son nom Rose-Marie Cizos) mourut dans la fleur de l'âge, en septembre 1861. Des actrices de mérite lui ont succédé, mais ne l'ont pas remplacée. M$^{me}$ Pasca est celle qui peut-être la rappelle le mieux, du moins dans la partie dramatique, car M^me Pasca n'a ni la gaieté de bon goût, ni la grâce, ni le charme de Rose Chéri. On applaudit avec justice les belles qualités de M^me Fromentin et de M^lle Pierson. M^lle Desclée arrivait à des effets surprenants par son énergie et faisait oublier sa défectueuse articulation et les intermittences de son débit, souvent trop pressé et trop saccadé. Une mort prématurée a ravi cette charmante actrice au théâtre, où elle avait péniblement conquis sa place parmi les étoiles du genre. Quoique ce fût un talent incomplet, elle laissera le souvenir d'une intelligence d'élite et d'une véritable organisation d'artiste, dont les qualités dépassèrent de beaucoup les défauts.

C'est aussi au théâtre de M. Montigny que s'est formé Geoffroy, le créateur du *Mercadet* de Balzac et du *Bourgeois de Paris ou les Leçons au pouvoir*, comédie satirique des mœurs politiques de l'époque, représentée au Gymnase en 1850 et qui avait pour auteurs Dumanoir, Clairville et Cordier. Geoffroy, ancien ouvrier bijoutier, avait joué en province et en Italie, et il avait débuté à Paris, à la Gaîté, dans le mélodrame intitulé *La Belle Écaillère*. *Le Collier de perles*, *Le Mariage de Victorine*, les rôles de Mercadet et du marchand de nouveautés Morin, ceux du maëstro dans *le Démon du foyer* et du menuisier Bienvenu dans *le Pressoir* de M^me George Sand, *Un Mari qui n'a rien à faire*, *Les Amoureux de ma femme*, *Les Cœurs d'or*, *Le Camp des bourgeoises* établirent sur des bases sérieuses la réputation de ce consciencieux artiste. *Le Voyage de M. Perrichon* et *la Poudre aux yeux* de M. Eugène Labiche ne tardèrent pas à le placer au premier rang parmi les comédiens des théâtres de genre.

Ces deux derniers ouvrages, que distingue ce cachet particulier inhérent à toutes les pièces de M. Labiche, appartiennent à cette comédie moyenne dont Dancourt et Picard furent jadis les pittoresques interprètes, et qui retrace avec une fidélité rare les petites passions et les petites vanités du monde bourgeois. Le carrossier Perrichon, ce type de l'égoïsme et de la sottise qui ne peut supporter le poids de la reconnaissance, et qui préfère l'homme qu'il est censé avoir sauvé à celui qui l'a lui-même et bien réellement tiré d'un gouffre où il se noyait, met en œuvre une véritable idée de comédie que M. Labiche a développée avec une verve infinie. *La Poudre aux yeux* reprend à nouveau la périphrase de cette pensée de La Rochefoucauld, déjà plusieurs fois traduite au théâtre : « Pour s'établir dans le monde, on fait tout ce qu'on peut pour y paraître établi. » La dernière interprétation de MM. Labiche et Édouard Martin est une composition d'une grande gaieté. Geoffroy y jouait à ravir le personnage si amusant du beau-père Ratinois qui répond au chasseur emplumé de M. Malingear par un nègre galonné qu'il emprunte à l'antichambre d'un créole son voisin. L'épouse du docteur Malingear, inventant pour son mari une clientèle qu'il n'a pas, et frappant elle-même à la porte de son cabinet pour faire croire aux visiteurs que les clients absents s'impatientent d'attendre, parle un langage très-comique, et tout ce monde rappelle des types que chacun a connus.

Le vaudeville, ayant décidément déserté le Gymnase, dont la nouvelle poétique substituait le sermon au rire, se réfugia tout épouvanté chez MM. Dormeuil, Choler et Plumkett, où M. Labiche l'accompagna.

---

## IX.

**Geoffroy. — Le théâtre de M. Labiche. — Le répertoire et le genre du Palais-Royal. — Le comique excentrique. — Gil Peres. — Hyacinthe. — Sainville. — Lhéritier.**

Geoffroy paraît pour la première fois sur la scène du Palais-Royal le 27 février 1863, dans une nouvelle comédie de MM. Labiche et Delacour, *Célimare le Bien-Aimé*. L'acteur et la pièce furent reçus avec des acclamations. On rit de ce bon rire épanoui qui se communique comme l'étincelle électrique, en voyant les tribulations de ce lovelace de la rue des Lombards, placé entre sa nouvelle femme et les deux maris de ses anciennes maîtresses, Vernouillet et Bocardon, tous deux désolés de perdre un ami pareil, tant ils étaient habitués à vivre ensemble. Célimare ne parvient à se débarrasser de ses deux amis acharnés qu'en faisant un appel de cent mille francs à leurs portefeuilles, ce qui les met en fuite et pour toujours. Hyacinthe et Lhéritier, excellents dans les rôles des deux maris, partagèrent avec Geoffroy les honneurs du triomphe de cette comédie désopilante, excentrique dans la forme, mais au fond très-réelle.

M. Eugène Labiche est le véritable représentant de la comédie dans la forme du vaudeville. Il ne fulmine pas contre la société, il se contente de rire de ses travers, qualité rare surtout aujourd'hui. Il ne soutient pas de thèse doctorale sur tel ou tel chapitre du Code civil, mais il oppose les faits aux faits et les individus aux individus pour en tirer des effets comiques qui sont toujours naturels et bien trouvés. La forme excentrique que donne M. Labiche à ses comédies est nécessitée par le genre de talent de ses interprètes. C'est la gaieté à outrance qui forme le fond du répertoire du Palais-Royal. De là ces folles odyssées du *Chapeau de paille d'Italie*, de *l'Affaire de la rue de l'Ourcine*, de *la Cagnotte*, des *Deux Merles blancs*, de *la Sensitive*. A côté de ces folies, M. Labiche donne cet amusant petit acte qu'il intitule *Le Misanthrope et l'Auvergnat*; *La Grammaire*; *L'Avare aux gants jaunes*, qui, placé dans un autre milieu, aurait été un excellent sujet de comédie de mœurs; *Les Petites Mains*, jouées au Vaudeville; *La Poudre aux yeux* (au Gymnase); *Les Petits Oiseaux*; *Le plus heureux des trois* (avec M. E. Gondinet), l'un des grands succès du Palais-Royal, et *Doit-on le dire ?*

A propos de *la Grammaire*, petit acte écrit par M. Labiche en collaboration avec M. Joly, je dois révéler aux curieux que ce pseudonyme de Joly cache un magistrat municipal du nom de Leveau. Il changea de nom devant cette plaisanterie du directeur : « Comment voulez-vous que je nomme sur mon affiche Labiche et Leveau ? on ne manquerait pas de se demander quels sont ces animaux-là ! »

M. Labiche n'a fait qu'un essai au Théâtre-Français avec sa comédie en trois actes intitulée *Moi*. Cet essai n'est pas suffisant, et l'auteur se doit à lui-même de le renouveler en choisissant un sujet plus gai que l'égoïsme en partie double. Mais l'auteur de *Célimare le Bien-Aimé*, du *Voyage de M. Perrichon* et de tant d'autres charmantes comédies, vraiment comiques et bien observées qui n'ont jamais besoin de s'appuyer sur les situations du mélodrame, est trop choyé au théâtre du Palais-Royal pour se risquer dans des parages moins hospitaliers. Il dispose de la plus excellente troupe de comiques qu'on ait réunie depuis les Variétés de Brunet. Il est vrai que le théâtre a perdu Grassot, Sainville, Alcide Tousez, Leménil, Levassor ; mais il lui reste Geoffroy, Gil Peres, Brasseur, Hyacinthe, Lhéritier, Ravel, qui sont aussi des maîtres en leur genre.

Les amis de la gaieté folle n'ont pas oublié Alcide Tousez, d'abord poêlier fumiste, puis comique de banlieue, qui débuta au Palais-Royal, en 1833, dans *le Valet de ferme* et qui créa tant de personnages drôlatiques : Melon dans *la Salamandre*, Jobin dans *Vert-vert*, Magloire dans *la Servante du curé*, Crampon dans *les Enfants du délire*, Falempin dans *les Baigneuses* ; et cet excellent Grassot, ancien ouvrier dans une fabrique de papiers peints, puis horloger, puis comédien de province sous le nom d'Auguste. Depuis 1838, Grassot faisait les beaux jours du Palais-Royal, après avoir passé trois ans au Gymnase. Il mourut en 1860. On ne remplaça jamais le marquis de Belœil des *Coulisses*, le Cabassol de *Paris-Orléans et Rouen*, le Roquet de *l'Étourneau*, le Tourteret de *Deux Papas très-bien*, le beau-père au pot de myrte du *Chapeau de paille d'Italie*. Bouffon tant que vous voudrez, mais bouffon spirituel, à prendre comme il était, sans prétention à réformer le monde par ses grimaces, et cherchant seulement à l'amuser. Levassor était d'un comique plus réservé que ses deux camarades; il ne possédait pas leur entrain et leur chaleur communicative. Déjazet l'avait amené au Palais-Royal, où il fit presque toute sa carrière. Le pauvre Levassor, parfait dans toutes ses créations, se souvenait trop qu'il avait été élevé pour le commerce. Son travail excessif dans ses tournées de province avança le terme de sa vie.

Gil Peres, comme Arnal, a procédé au comique excentrique par la tragédie qu'il joua jadis à Chantereine dans une représentation mémorable. En l'absence de Ligier, annoncé sur l'affiche, on colla sur les joues de Gil Peres la barbe du vieil Horace, et on le lança sur la scène, avec cet air effaré que vous lui connaissez et dont la peur augmentait l'expression. L'effet fut immense dans la salle, mais le public riait si fort qu'il n'eut pas le temps d'admirer. Après avoir traversé l'Odéon et plusieurs autres scènes parisiennes, Gil Peres est devenu partie intégrante de tous les succès du Palais-Royal, où il n'y a pas de fête sans lui.

Hyacinthe vient du théâtre Comte, où, tout enfant, il se faisait déjà remarquer. De 1833 à 1847 il établit aux Variétés une considérable quantité de rôles dans lesquels se forma sa réputation. Les pièces principales où il créa des rôles à ce théâtre sont *Madame d'Egmont, L'If de Croissy, Les Saltimbanques* (rôle de Gringalet), *La Canaille, Les Trois Épiciers, Le Maître d'école, La Vendetta, Un Voyage en Espagne* de Théophile Gautier. En 1847, nous le voyons débuter au Palais-Royal par *le Trottin de la modiste*. En 1849, il se signale, à côté de Sainville, dans *le Tigre du Bengale. L'Affaire de la rue de l'Ourcine, Les Noces de Bouchencœur, La Sensitive, La Mariée du mardi-gras, Les Diables roses, Les Jocrisses de l'amour, La Vie parisienne, Tricoche et Cacolet, Le Réveillon, Doit-on le dire?* montrèrent l'étendue de son talent. Lhéritier a participé, comme Hyacinthe, à toutes les victoires du Palais-Royal. Il est aujourd'hui, comme son camarade, en possession de l'entière faveur du public, qu'il est parvenu à consoler de la perte de Sainville. Brasseur, avec ses créations originales, brille aussi d'un éclat particulier parmi les étoiles qui émaillent ce ciel joyeux où trônent la gaieté folle et le rire inextinguible.

# TABLE DES MATIÈRES.

Pages.

AVANT-PROPOS . . . . . . . . . . . . . . . . . . . 1

## PREMIÈRE PARTIE.

## LE THÉATRE CONTEMPORAIN EN FRANCE.

CHAPITRE I<sup>er</sup>. . . . . . . . . . . . . . . . . . . . 7
    I. — Les changements d'idées et les changements de forme. . . . . . . . . . . . . . . . . . . 7
    II. — Le théâtre consulaire et impérial. . . . . . . 11
    III. — Organisation des théâtres par l'empereur Napoléon I<sup>er</sup>. . . . . . . . . . . . . . . . . . 16
    IV. — Prédominance de la tragédie sous l'Empire. — Les chercheurs. — Sébastien Mercier et sa doctrine. — Népomucène Lemercier et ses œuvres. . . 23

CHAPITRE II. — **Les purs et les mitigés.** . . . . . . . . 36
    I. — 1<sup>er</sup> *groupe* : LES PURS. — Arnault. — Raynouard. — Luce de Lancival. — Delrieu. — Baour-Lormian. — Brifaut. — Jouy. — Lucien Arnault. — Ancelot. — La cohorte. — Évolution dans le vide. . . . 36
    II. — 2<sup>e</sup> *groupe* : LES MITIGÉS. — Difficulté de produire du nouveau. — Benjamin Constant. — Chateaubriand. — L'air ambiant de la routine. . . . . 46
    III. — Casimir Delavigne et son œuvre. . . . . . . 50
    IV. — Les satellites du genre mitigé. — Alexandre Soumet. — Pierre Lebrun. — Alexandre Guiraud. . . 61

CHAPITRE III. — **Coup d'œil général sur le mouvement romantique au théâtre. — Substitution du drame à la tragédie.** . . . . . . . . . . . . . 65

# TABLE DES MATIÈRES.

|  | Pages. |
|---|---|
| CHAPITRE IV. — **Le drame**. | 75 |
|    I. — Le drame classique. | 75 |
|    II. — Le drame romantique. — Victor Hugo, chef d'école. | 80 |
| CHAPITRE V. — **L'école romantique. — Alexandre Dumas** | 106 |
| CHAPITRE VI. — **Suite de l'école romantique.** | 136 |
|    I. — Alfred de Vigny. | 136 |
|    II. — Frédéric Soulié. | 141 |
|    III. — Balzac. | 150 |
|    IV. — Lamartine. | 160 |
|    V. — Henri de Latouche. | 161 |
| CHAPITRE VII. — **Fin de l'école romantique. — Une nouvelle école. — Coup d'œil rétrospectif sur la comédie du premier Empire et de la Restauration.** | 168 |
|    I. — Vue d'ensemble. | 168 |
|    II. — Picard. | 171 |
|    III. — Alexandre Duval. | 178 |
|    IV. — Étienne. | 184 |
|    V. — Andrieux. — Roger. — Dupaty. — Creuzé de Lesser. — Pigault-Lebrun. — Chéron. — Hoffman. — M<sup>me</sup> de Bawr. — Riboutté. — Georges Duval. — Dieulafoy. — Désaugiers. — Planard. — Gosse. — Résumé. | 192 |
|    VI. — Scribe ; sa gloire, sa décadence, son influence sur le théâtre contemporain. | 203 |
|    VII. — Les collaborateurs de Scribe et ses imitateurs. | 226 |
| CHAPITRE VIII. — **L'école du bon sens. — François Ponsard.** | 231 |
| CHAPITRE IX. — **L'école de la fantaisie.** | 245 |
|    I. — Définition. | 245 |
|    II. — Alfred de Musset. | 247 |
|    III. — M. Octave Feuillet. | 261 |
|    IV. — Léon Gozlan. | 271 |
|    V. — M<sup>me</sup> George Sand. | 279 |
| CHAPITRE X. — **L'école de la tradition.** | 288 |
|    I. | 288 |
|    II. — La tragédie depuis 1840. | 289 |
|    III. — Le drame de la même période. | 292 |
|    IV. — La comédie. — Le Théâtre-Français et l'Odéon. | 294 |

# TABLE DES MATIÈRES.

Pages.

**CHAPITRE XI. — Le personnel tragique et comique du Théâtre-Français depuis 1800 jusqu'à nos jours.** . . . . . . . . . . . . 307

   I. . . . . . . . . . . . . . . . . . . . . . . . . . . 307
   II. — Talma. . . . . . . . . . . . . . . . . . . . 308
   III. — Les contemporains et les successeurs de Talma dans les premiers rôles. . . . . . . . . . . . 317
   IV. — Les premiers rôles de femmes dans la tragédie et dans la comédie. — M<sup>lle</sup> Raucourt. — M<sup>lle</sup> Duchesnois. — M<sup>lle</sup> Georges. . . . . . . . . . . . 324
   V. — M<sup>lle</sup> Contat et M<sup>lle</sup> Mars. . . . . . . . . . 329
   VI. — Rachel. . . . . . . . . . . . . . . . . . . 336
   VII. — Autres premiers rôles, jeunes premières, amoureuses, valets et soubrettes. . . . . . . . . 343

**CHAPITRE XII. — Le mélodrame et ses transformations.** . . 350

   I. — Généalogie du drame populaire. . . . . . . . . 350
   II. — Guilbert de Pixérécourt. . . . . . . . . . . . 353
   III. — Caigniez. . . . . . . . . . . . . . . . . . . 363
   IV. — Victor Ducange. . . . . . . . . . . . . . . . 368
   V. — Quelques burgraves de l'ancien mélodrame. — Baudoin-Daubigny et Poujol. — Boirie. — Frédéric du Petit-Méré. — Cuvelier. — Hubert. — Benjamin Antier. — Bernos. — Martainville. . . . 374
   VI. — Le mélodrame révolutionnaire, humanitaire et socialiste. . . . . . . . . . . . . . . . . . . . 381

**CHAPITRE XIII. — Le mélodrame et ses transformations** (suite). 396

   I. — Anicet Bourgeois et M. D'Ennery, dramatistes populaires et moralisateurs. . . . . . . . . . . . . 396
   II. — Autres auteurs à succès dans le drame. . . . . 411
   III. — Les acteurs du mélodrame. . . . . . . . . . 423

**CHAPITRE XIV. — Le genre du vaudeville ; ses différents théâtres et ses acteurs.** . . . . . . . . 432

   I. — Coup d'œil d'ensemble. . . . . . . . . . . . . 432
   II. — La rue de Chartres. . . . . . . . . . . . . . 435
   III. — Le théâtre des Variétés. — Jocrisse. — Cadet-Roussel. — Brunet. — Potier. — Odry. . . . . . . . 437
   IV. — Le Gymnase. — Le théâtre des Nouveautés. — Changement de genre sur toutes les scènes de vaudeville. — Le Palais-Royal. . . . . . . . . . 445

# TABLE DES MATIÈRES.

|   |   | Pages. |
|---|---|---|
| v. | — Arnal et son répertoire. — MM. Duvert et Lauzanne. | 449 |
| vi. | — Virginie Déjazet et son répertoire. . . . . . . | 455 |
| vii. | — Bouffé. . . . . . . . . . . . . . . . . | 461 |
| viii. | — Lafont. — Rose Chéri. — Autres célébrités. . . . | 463 |
| ix. | — Geoffroy. — Le théâtre de M. Labiche. — Le répertoire et le genre du Palais-Royal. — Le comique excentrique. — Gil Perès. — Hyacinthe. — Sainville. — Lhéritier. . . . . . . . . . . . . . . . . | 469 |

Poitiers. — Typographie A. Dupré.

Contraste insuffisant
**NF Z 43**-120-14

www.ingramcontent.com/pod-product-compliance
Lightning Source LLC
Chambersburg PA
CBHW071623230426
43669CB00012B/2049